고대 중국 사회와 문화 10강

고대 중국
사회와 문화
10강

거자오꾸앙(葛兆光) 지음
이종미 옮김

동국대학교출판부

한국어판 서문

이종미 선생의 호의 덕분에 필자가 십수 년 전 전적으로 칭화대학(清華大學) 학생들을 위해 쓴 『고대 중국 사회와 문화 10강』을 한국어로 번역, 출판하게 되어 매우 기쁘다.

그 당시, 나는 업무상 칭화대학 인문 교양과목 중 중국 문화 분야에 관련된 과정을 맡았다. 과연 대학생에게 무슨 얘기를 할 것인가, 어떻게 말할 것인가? 비록 중국의 대학생들이 대학에 들어오기 이전에 이미 중국 역사, 문화, 사회와 관련된 일부 지식을 배웠을지라도, 그들의 지식의 틀과 관찰하는 입장에서의 문제는 여전히 많이 존재했다. 모두가 알다시피, 중국의 중·고등학교 지식의 배후에는 지나치게 많은 정치색이 깔려 있어서, 수많은 고대 중국에 관한 역사 지식이 현대의 정치적 입장과 안목으로 선택, 편집되어 읽히고 있다. 상당히 많은 고대 중국의 문화 내용이 정치적 도그마에 의해 간소화되고 압축되어 해석되었기에 복잡한 역사가 간단한 교조가 되고, 풍부한 문화가 말라비틀어진 원칙이 되었으므로, 이것은 마치 살아 있는 화려한 동물 세계가 박물관에 박제된 것과 같이 역사와 문화의 생명을 잃어 버렸다.

그리하여 대학, 특히 칭화대학의 교수로서, 이미 틀이 잡힌 학생들의 전통문화 지식에 필자 자신의 역사와 문화적 입장, 관념과 지식을 다시 뒤섞지 않을 수 없었다. 한국의 독자 여러분께서도 필자가 이 작은 교재에서 단지 고대 중국의 유가 학설과 국가 사회만을 언급한 것이 아니라, 불교, 도교, 심지어는 민간신앙까지 언급하였고, 단지 고대 중국의 천하, 중국과 사이四夷 관념을 어떻게 현대 세계 관념으로 전환했는지를 토론했을 뿐만 아니라, 현대로 걸어가는 중국인이 어떻게 한족의 중국 전통문화를 이해해야 하는지를 토론했다는 것을 알아 주시기를 바란다.

이 책의 내용은 책 출간을 전후하여 칭화대학, 일본의 교토대학(京都大學), 홍콩진후이대학(香港浸會大學)과 홍콩시립대학(香港城市大學)에서 여러 해 동안 강의하다가, 2002년에 이르러서야 칭화대학출판사에서 정식으로 출판했다. 이듬해인 2003년에는 홍콩 상무인서관(商務印書館)에서도 번체자 본을 출판했다.

헤아려 보면 시간은 쏜살같이 흘러 이 책을 출판하고부터 이미 10여 년이 흘렀다. 필자도 북경의 칭화대학에서 상해의 푸단대학(復旦大學)으로 옮겨 왔다. 이제 한국어판이 곧 출간되려 하는 즈음에, 필자는 이종미 선생의 번역 작업에 대해 매우 감사하며, 한국의 독자 여러분께도 이 책이 즐겨보는 책이 되기를 희망한다.

2014년 4월
거자오꾸앙(葛兆光)

옮긴이 서문

『고대 중국 사회와 문화 10강』은 각 강마다 개별적으로 중국의 고대 사상과 문화의 주류였던 유, 불, 도 관련 특정 주제를 다루면서도 전후의 다른 주제와 매우 긴밀한 관계를 유지하고 있다. 본서의 주요 내용을 옮긴이의 관점으로 살펴보면 대체로 다음과 같이 요약할 수 있다.

불교의 중국 전래는 고대 중국의 수많은 부분에 커다란 영향을 끼쳤다. 먼저, 중국이 천하의 중심이라는 중국인의 세계관을 와해시키고 중국 사상체계에 자아를 조정할 수 있는 계기를 마련해 주었다. 동시에 인생, 자연에 관한 여러 가지 불교적 이치가 중국의 보편적인 신앙 속으로 들어가기 시작했다. 불교의 종파 중에 선종은 유일하게 가장 중국화된 불교 종파이고 관세음보살의 존재는 중국 민중의 생활에 가장 많은 영향을 미쳤다.

중국 고대의 유가 학설은 국가와 정치에 관한 학설이다. 고대 중국에서는 가족과 의식이 무엇보다도 중요한데, 중국의 수많은 국가와 정치 관념도 여기에서 나오기 때문이다. 한대漢代 이후 유학은 통일 왕조의 정치의식 형태가 되었으며, 이런 국가 학설은 곧 절대 권력을 가지는 진리가 되어 줄곧 고대 중국인의 가정, 종족 및 국가에 대한 이해와 해석을 지배하고 독점해 왔다.

도가는, 도道 중심으로 철학의 이치를 논하고 우주, 사회, 사람의 존재를 분석하는 것이다. 도가사상에서는 노자와 장자가 대표적인 인물이다. 노자는 도를 사회 통치에 쓰거나 사람의 생명을 보양하는 데 썼다. 그러나 장자의 도는 사람의 사회에 대한 태도와 자연에 대한 관계를 더 중시하고, 개인의 정신적 자유를 더 중시했다.

중국의 자생 종교인 도교는, 고대 중국인의 인성을 가장 본질적으로 반영한 종교이다. 그것은 고대 중국 민중의 생사 문제와 보편적 생활 이상을 가장 중심적인 위치에 놓았으며, 사람들을 위해 생명을 초월하고 길함을 추구하고 흉함을 피하는 길을 설계하였다.

이러한 고대 중국의 사회와 문화를 관통하는 주요 사상을 살펴봄으로써 고대 중국뿐 아니라 현대 중국과 중국인도 더 철저히 이해할 수 있을 것이다.

본서에는, 독자의 이해를 돕기 위하여 풍부한 그림과 다양하고 대표적인 원문헌을 수록함으로써 참고할 수 있도록 했다. 그리고 하나의 강마다 '생각해 볼 문제'를 넣어 학습하는 학생이나 독자가 주동적으로 특정 주제에 대해 자문할 수 있게 했다. 또한, 더 깊이 연구하고자 하는 연구자들에게도 연구에 필요한 전문적인 논저 목록을 제공하고 있으므로 교양서임과 동시에 전공 서적의 역할을 하는 매우 흥미로운 서적이다. 따라서 옮긴이는 본서가 현대 중국과 고대 중국을 이해하고자 하는 독자들에게 내면 깊이 자리잡은 중국인의 사고방식의 근원을 깊이 있게 관찰하는 계기가 될 수 있기를 희망한다.

거자오꾸앙 교수께『고대 중국 사회와 문화 10강』을 번역하고 싶다는 얘기를 한 것이 벌써 10여 년 전의 일이다. 그 후 1강씩 번역하여『중국어문학역총』에 2007년부터 2012년까지 연재했다. 이것을 기초로 수정과 자료를 더하여 이제 책으로 내게 되었다. 이 책이 미완성의 상태에 있다는 데 대한 부담감이 오랫동안 옮긴이의 어깨를 짓누르고 있었다. 드디어 이 책에 대한 옮긴이의 책임을 다하고 일을 마무리한 셈이다.

한 권의 책이 세상에 나오기까지는 얼마나 많은 사람의 수고와 정성이 깃들어야 하는지 모른다. 이 자리를 빌려 이 모든 분들께 감사의 인사를 전하고 싶다. 먼저 옮긴이를 믿고, 단번에 한국어 번역을 승낙해 주신 거자오꾸앙 교수께 깊은 감사를 드린다. 그리고 번역 과정에서 의미가 모호한 부분은 저자와, 그리고 친구 까오샤오홍(高曉虹), 장샤오이엔(張小艶) 두 교수의 성실한 답변 덕분에 문장이 더욱 명확해졌다.

당시 흔쾌히 출판에 동의해 주셨던 김윤길 선생님, 세심하게 교정을 봐 주신 이덕열 선생님, 도움을 주신 박세훈 팀장님, 디자인과 편집에 힘써 주신 출판부 여러분들께 감사를 드린다. 특히 이 책의 전체 구조를 책임지고 늦은 밤, 심지어 주말까지 반납한 채, 번거로움을 마다 않고, 옮긴이와 토론과 교정 작업을 해 주신 심종섭 편집장님의 공력은 백 번 말해도 모자랄 것이다. 다시 한번, 좋은 책을 만들고자 하는 여러 선생님들의 노력에 대해 경의를 표하고 감사 인사를 드리고 싶다. 마지막으로 옮긴이의 문장을 열심히 읽어 준 동생 종호, 그리고 아낌없는 격려와 사랑을 보내 준 가족들에게 고마움을 전한다.

2014년 6월 3일
이종미 적음

일러두기

1. 고대 중국인의 인명은 한국에서 읽는 한자음으로 표기하고 신해혁명(1911년) 이후 생존한 인물에 대해서는 중국어음으로 표기하였다.
2. 본서에 나오는 모든 지명은 한국 한자음으로 표기하였다. 단, 지금 우리가 익히 알고 있는 중국 이외의 지명에 대해서는 일반적으로 쓰이는 지명으로 표기하였다.
3. 본서의 본문에 있는 괄호 안의 설명은 저자의 주석이다.
4. 그림과 그림 아래 설명이 원서와 다른 것은 저자가 새로 추가한 내용이거나 잘못된 내용을 바로잡은 것이다.

차 례

한국어판 서문 5
옮긴이 서문 7

제1강 고대 중국의 천하관
1. 둥근 하늘과 네모진 땅: 천하, 중국과 사이   18
2. 고대 중국의 '천하'에 대한 회의와 환상   26
3. 하나의 삽입곡: 불교의 중국 전래와 중국의 세계관   33
4. 마테오 리치의 「산해여지도」 이후: 중국 세계관의 전환   40

제2강 가족과 의식
1. 백여 년 전의 한 장례로부터 시작하는 이야기   59
2. 호칭: 한족의 친족 구별   63
3. 남녀유별과 장유유서   66
4. 장례: 친족 질서의 제도화와 의식화   74
소결: 중국의 가족과 의식의 사회생활에서의 의의   79

제3강 국가와 유가 학설
1. 고대 중국의 질서: 가정, 종족에서부터 국가까지   89
2. 유학의 기원   93
3. 질서에 관한 학문으로서의 유학   98
소결: 중국에 영향을 끼친 유가 사상   105

제4강 불교 전래의 경로: 그리고 고대 중국 교통로에 관한 추측

1. 서역 실크로드의 재발견　　　　　　　　　　　　　　　117
2. 불교의 서역 전래설: 전통의 관점　　　　　　　　　　　123
3. 의문의 제기: 펠리오, 량치차오와 후스의 의견　　　　　127
4. 서남통도와 남해통로에 관한 추측　　　　　　　　　　　129
소결: 문화 전파와 교류의 다양한 통로　　　　　　　　　　136

제5강 불교의 동쪽 전래와 중국에 끼친 영향

1. 인도 불교에 관한 전설　　　　　　　　　　　　　　　　146
2. 불교의 인간세계에 대한 기본 판단: 십이연기와 고난의 인생　148
3. 해탈의 도: 사제와 삼학 그리고 기타　　　　　　　　　　151
4. 불교의 중국 전래와 민중에게 미친 보편적인 영향　　　　154
소결: 불교 사상의 의의　　　　　　　　　　　　　　　　　161

제6강 『단경』과 선종

1. 선종사에서의 이름난 전설과 그 상징적인 사상사적 의의　173
2. 『단경』 자체의 이야기　　　　　　　　　　　　　　　　177
3. 『단경』 중의 몇 가지 주제어　　　　　　　　　　　　　182

제7강 관세음보살의 이야기에 투영된 불교의 중국화

1. 불교 경전 속의 관음보살　　　　　　　　　　　　　　　196
2. 관세음보살의 여러 가지 형상과 그 이야기　　　　　　　200
3. 고대 중국의 관음보살에 관한 색다른 상상　　　　　　　203
4. 관음 고사 속의 문화접촉 문제　　　　　　　　　　　　　205

제8강 고대 중국의 도가: 노자에서 장자까지

1. 전국시대의 도가   218
2. 도가도, 비상도: 『노자』의 도론   221
3. 노자에서 장자까지   224
4. 장자가 논한 정신적 자유와 초월   226

제9강 영생과 행복의 추구: 고대 중국의 도교

1. 외단과 그 근거   242
2. 내단과 양생   248
3. 도가 신선의 계보   253
4. 신선, 귀신과 사람의 소통 의식   257
5. 세속의 곤액 해결: 도교의 법술   261
소결: 중국의 종교인 도교   267

제10강 고대 중국에서 두 개의 신앙 세계

1. 대전통과 소전통   285
2. 유, 도, 불 및 그 외 각종 종교의 민중생활 속의 혼융   287
3. 민중 종교 신앙의 기본 관념   293
4. 민중 종교 관념의 전파 경로   295

결어 현대 중국을 이해하는 경로

1. 중국: '고대'에서 '현대'로의 궤적   307
2. 중국(한족) 문화의 몇몇 측면   310
3. 중국(한족) 문화의 몇몇 측면(계속)   315
4. 중국(한족) 문화의 몇몇 측면(다시 계속)   321
5. 중국의 문화 전통은 대체 어떤 것인가?   324

후기 329
찾아보기 331

제1강

고대 중국의 천하관

1. 둥근 하늘과 네모진 땅: 천하, 중국과 사이
2. 고대 중국의 '천하'에 대한 회의와 환상
3. 하나의 삽입곡: 불교의 중국 전래와 중국의 세계관
4. 마테오 리치의 「산해여지도」 이후: 중국 세계관의 전환

유럽인 콜럼버스(Cristoforo Colombo)가 신대륙을 발견하고, 마젤란(Fernão de Magalhães)이 지구 일주 항해를 한 것은 서양 역사상 가장 자랑할 만한 대사건 중의 하나이다. 이는 인류가 마침내 자기가 살고 있는 이 '세계世界'를 온전히 인식했음을 상징하기 때문이다. 뿐만 아니라, 문화사와 사상사 관점에서 보면, 이 일들은 서양인들에게 또 다른 특별한 의미가 있다. 즉 서양인들의 눈으로도 세상에는 본래 다양한 문화와 전통이 있으며, 각양각색의 서로 다른 민족과 지역이 있다는 것을 확인하게 되었다. 이는 유럽인이 자기 세계관을 형성하는 데 있어 상당히 큰 영향을 끼쳤고, 그 결과 그들의 유럽 또는 서방 문명에 관한 자기 입장이 형성되기도 했다. 그러므로 '세계' 또는 '지구'에 대한 인식은 단지 천문학과 지리학 부문의 문제가 아니라, 민족과 국가와 문명 관념까지 연결된 커다란 문제이기도 하다.

중국에는 이미 고대부터 중국인이 매우 긍지를 느끼게 하는 천하관天下觀 하나가 있었다. 이런 천하관은 고대 중국인의 마음속에 '세계'의 범위와 '중국'의 위치를 확립시켜 주었다. 그것은 대략 2~3천 년 전에 형성되었으며, 그 시대의 중국인들이 실제로 세계 구석구석까지 가지는 않았지만, 중국인들 역시 자신의 경험과 상상 속에 하나의 '세계'를 건설하고, 흔히 그것을 '천하天下'[1]라고 불렀다. 그들은 상상했다. 첫째, 자기가 있는 곳이 이 세계의 중

---

1 천하天下: '세계'와 같은 의미지만, 이 책에서 저자오꾸앙(葛兆光) 교수는 천하와 세계를 구분하여 사용하고 있다. 그가 서신으로 옮긴이의 질문에 답한 내용에 따르면, 천하는 고대 중국의 세계에 대한 호칭으로 나를 중심으로 한 '온 세상 모든 곳'을 가리킨다. 그에 반하여 세계는 불교가 중국에 전래된 이후의 천하에 대한 호칭으로 그것은 하나하나의 중심이 없는 광대

심이며 문명의 중심이기도 하다. 둘째, 천하의 대지는 마치 바둑판이나 '회回' 자 모양처럼 중심에서 사방으로 끊임없이 뻗어 나간다. 셋째, 지리 공간이 언저리에 있을수록 더 황폐하고 야만스럽고 문명의 등급도 낮다.

1. 둥근 하늘과 네모진 땅: 천하, 중국과 사이[2]

대략 전국시대 때 완성된 『상서尚書』「우공禹貢」등 고대 전적典籍 가운데는 '구주九州'·'오복五服'의 기록이 있다.

구주는 기주冀州·연주兗州·청주青州·서주徐州·양주揚州·형주荊州·예주豫州·양주梁州·옹주雍州인데, 대체로 오늘날의 하북河北·산동山東·강소江蘇·호북湖北·호남湖南·하남河南·사천四川·섬서陝西·산서山西 등지로, 이 지역들이 바로 고대 중국인들 마음속의 세계이다. 이들 지역이 우임금(大禹) 치수 시 관심을 가졌던 천하였다고 한다. 그래서 이를 우역禹域이라고도 부른다.

오복[3]은 '왕王'이 소재한 낙양洛陽 일대의 '중심'을 제외하고, 중심인 '왕기王畿'[4]를 에워싸고 있는 것과 네모반듯한 500리 전복甸服·500리 후복侯服·500리 수복綏服·500리 요복要服, 그리고 머나먼 황복荒服을 말한 것으로, 이것이 바로 고대 중국인 상상 속의 회回 자와 비슷한 모양의 대지이다.(그림 1)

한 공간을 가리킨다.
2 사이四夷: 중국 변방의 네 민족을 이름. 동이東夷·서융西戎·남만南蠻·북적北狄의 총칭.
3 오복五服: 고대 왕기王畿의 둘레를 500리씩 구획으로 나누어 거리의 원근에 따라 5등급의 지대로 나눈 것이다. 오복은 전복甸服·후복侯服·수복綏服·요복要服·황복荒服을 말한다. 여기서 '복服'은 천자를 섬긴다는 의미이다.
4 왕기王畿: 천자天子 도성 근처의 토지.

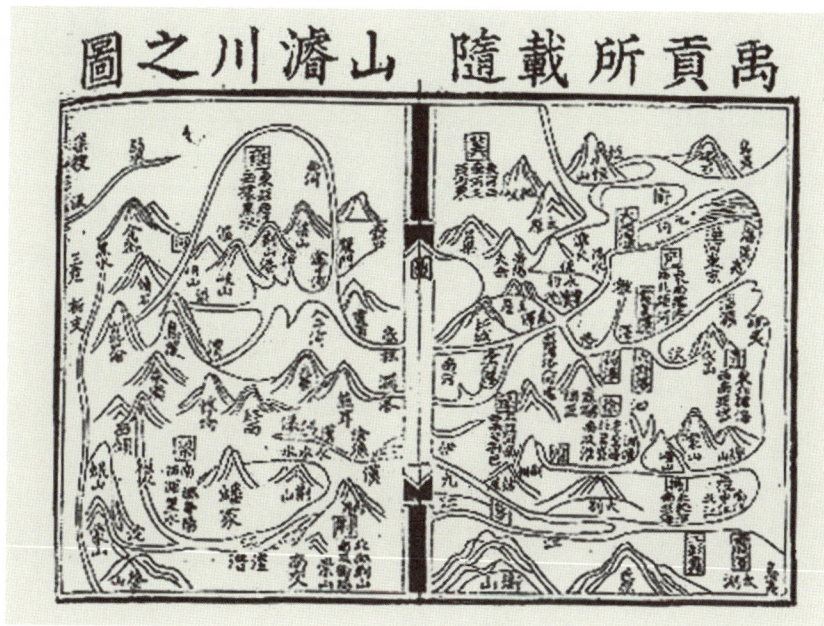

그림 1
「우공구주도禹貢九州圖」.
이것은 명대明代 목판본
『우공회소禹貢滙疏』5 중의
삽도이다.

　이런 생각은 대체로 전국시대에 이미 매우 보편적이었으며, 그래서 이 시기에 한漢민족 초기 관념 속의 공통 공간이 존재하기 시작했다. 『국어國語』「주어周語」에도 '오복(전·후·수·요·황)'을 기록하였으며, 『주례周禮』「하관夏官」 '직방씨職方氏'에서는 이런 공동 국가에는 광활한 국토를 총괄하여 관리하는 기구가 있어야 했는데, 이 '오복五服'을 확대시켜서 '구복九服(왕기 및 후侯·남男·전甸·채采·위衛·만蠻·이夷·진鎭·번藩 등 구복으로 나눴음)'이 되었다고 상상했다.(그림 2) 하지만 기록이 이렇게 변화되었다고 해서 중심에서 변두리까지 뻗어 나간다는 고대 중국인의 공간 구조 관념이 바뀐 것은 아니다. 또한 중심에서 변두리로 가면서 문명의 등급이 차츰 내려간다는 생각도 바뀌

---

5 『우공회소禹貢滙疏』: 명대明代 모서징茅瑞徵이 저술한 것으로 『우공회소禹貢滙疏』 15권을 말한다.

제1강 고대 중국의 천하관　19

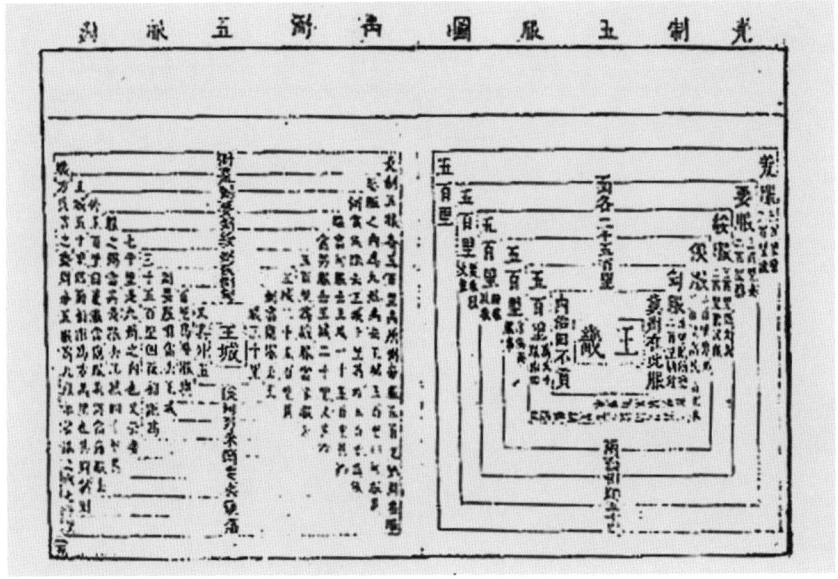

그림 2
「천하오복도天下五服圖」 또는 「구복도九服圖」. 고대인 상상 속의 회回 자 모양의 대지는 바로 이처럼 중심으로부터 사방으로 확대된 것이다.

지 않았다.

　이런 관념과 상호 검증할 수 있는 것이, 고대의 유명한 전적들 가운데 일부에 전해지는 세계에 관한 상상, 묘사와 전설들이다. 『초사楚辭』[6]·『장자莊子』[7]·

---

6 『초사楚辭』: 전국시대 남쪽 지방 초楚나라의 시가. 초나라 회왕懷王 때 현신 굴원屈原이 참소를 당하여 유배되면서 「이소離騷」를 지어 자신의 슬픔을 표현했다. 그 후 송옥宋玉, 당륵唐勒 등의 사람들이 굴원의 문체를 모방하여 글을 지었는데 많은 명작들이 나오면서 극히 중요한 문학 분야가 되었다. 이런 문체의 작품을 통칭하여 초사라고 한다. 초사는 남방 문학을 대표하며 주로 6·7언으로 되어 있으며 개인의 정감을 묘사하여 낭만적이고 신비스런 분위기를 띠고 있다. 운韻의 사용과 길고 상세한 서술은 한부漢賦의 효시가 되었다. 한漢나라 때 유향劉向이 굴원, 송옥, 가의賈誼 등의 작품을 모아 『초사』를 집성했다. 거기에 왕일王逸이 주석을 달고 『초사장구楚辭章句』라고 했다.

7 『장자莊子』: 전국시대 장주莊周 지음. 『한서漢書』 「예문지藝文志」에 52편이라고 되어 있으나 지금 전해지는 것은 진晉나라 때 곽상郭象 판본으로 남은 33편뿐이다. 당나라 때 『남화경南華經』으로 이름이 바뀌었다. 옛 주석으로는 진晉나라 사마표司馬彪, 향수向秀, 곽상 등의 것이 있고, 당나라 성현영成玄英의 소疏, 청나라 때 왕선겸王先謙의 집해集解, 곽경번郭慶藩의 집석集釋 등이 있다. 책의 내용은 대략 『노자老子』와 비슷하며 언어는 자유분방하고 종지가 심오하다.

『목천자전穆天子傳』[8]·『산해경山海經』[9] 등의 고대 전적들은 중국 주위의 세계가 어떤 모양인지, 어떤 사람이나 신이 있는지 당시에 흔히 이루어지던 상상을 서술했을 것이다. 서쪽의 곤륜崑崙, 동쪽의 봉래蓬萊라든지, 주목왕周穆王이 서쪽 곤륜산에 가서 서왕모西王母를 만났다든지, 어떤 이는 동쪽의 봉래산에 가서 장생하는 불사약을 얻었다고 하는 것 등등이 바로 이런 것들이다. 이 중에서 가장 전형적인 것은 『산해경』이다.

『산해경』에 기록된 것은 바로 고대인들 상상 속의 세계로, 거기에는 무슨 여인국(女國)[10]·무복국無腹國·기굉국奇肱國[11]·천흉국穿胸國[12]·우민국羽民國[13]

---

[8] 『목천자전穆天子傳』: 주목왕이 서쪽으로 순행했던 일을 기재한 것으로 중국에서 가장 오래된 소설이다. 진晉나라 곽박郭璞은 이 책에 주를 달았다.

[9] 『산해경山海經』: 중국 고대의 신화와 전설이 풍부한 지리서. 백익伯益이 지었다고 전해지지만 책 속에 하夏 상商의 지명이 다수 있는 것으로 보아 주周와 진秦 시대 사이에 나온 것으로 보인다. 지금 전해지는 것은 18편으로 진晉나라 때 곽박郭璞의 주『산해경주山海經注』, 청나라 학의행郝懿行의 『산해경전소山海經箋疏』가 있다. 이 책에는 고대 전설 속의 산천, 부족, 산물産物, 초목, 새와 짐승, 풍속 등이 기술되어 있는데 내용은 주로 기괴하고 특이한 것들이며 고대 신화, 전설, 그리고 지리와 관련된 많은 정보들을 담고 있다. 처음에는 지리 서적으로 분류되어 있었으나 청나라 때 『사고전서四庫全書』에서는 소설가류에 분류했다.

[10] 여인국(女國): 『산해경』에서는 여자국女子國이라고 한다. 『산해경』 권7의 「해외서경海外西經」에는 "여인국은 무함국巫咸國의 북쪽에 있는데 두 여자가 이곳에 살고 있다. 사방에 물이 에워싸고 있다. 일설에는 그들이 한 문 가운데 살고 있다고 한다.(女子國在巫咸北, 兩女子居, 水周之. 一曰居一門中)"라고 했다.

[11] 기굉국奇肱國: 『산해경』 권7의 「해외서경」에는 "기굉국은 일비국一臂國의 북쪽에 있다. 그곳의 사람들은 팔 하나에 눈이 3개이며, 눈은 음양으로 나뉘어 음은 위에 양은 아래에 있으며 길량吉良이라는 말을 탄다. 거기에 또 새가 있는데 머리 두 개에 적황색 몸으로 그들 옆에 서식한다.(奇肱之國在其北, 其人一臂三目, 有陰有陽, 乘文馬, 有鳥焉, 兩頭, 赤黃色, 在其旁.)"라고 했다.

[12] 천흉국穿胸國: 관흉국貫胸國이라고도 한다. 『산해경』 권6의 「해외남경海外南經」에는 "관흉국은 그 동쪽에 있었는데 그곳 사람들은 가슴에 구멍을 뚫었다. 일설에 관흉국은 질국載國의 동쪽에 있다고 여겼다.(貫匈國在其東, 其爲人匈有竅. 一曰在載國東.)"라고 했다.

[13] 우민국羽民國: 『산해경』 권15 「대황남경大荒南經」에는 "또 성산이 있고 감수는 마지막에 이 산까지 흘러왔다. 계우국季禺國이라는 나라가 있었는데 그들은 전욱顓頊제의 자손으로 기장밥을 먹었다. 또 우민국羽民國이라는 나라가 있었는데 이곳 사람들은 깃털이 자랐으며, 또 난민국卵民國이라는 나라가 있었는데 이곳 사람들은 알을 낳고 또 알 속에서 부화되어 태어났다.(又有成山, 甘水窮焉. 有季禺之國, 顓頊之子, 食黍. 有羽民之國, 其民皆生毛羽. 有卵民之

등이 등장한다. 그러나 『산해경』의 각 부분을 자세히 고찰해 보면 이 상상의 공간 세계는 여전히 하나의 중심과 사방으로 구성된 대지임을 알 수 있다. 그리고 고대 중국인들은 자기들은 중앙에 위치하고 있으며, 천하는 여전히 하나의 회형回形 구조라고 상상했음도 알 수 있다. 『산해경』이 기록한 사주四周는 산(山: 南山·西山·北山·東山·中山)·해내(海內: 海內南·海內西·海內北·海內東)·해외(海外: 海外南·海外西·海外北·海外東)·대황(大荒: 大荒東·大荒西·大荒南·大荒北)으로 구별되기 때문이다. 『산해경』에는 본래 그림이 있었다고 하는데, 만약 이미 유실된 『산해경』의 그림을 지금 볼 수 있다면, 거기에 묘사된 세계 역시 중산中山을 중심으로 사면이 산이고 다시 그 밖은 해내와 해외이며, 가장자리는 대황으로 이루어진 네모진 모양일 것이다.

이런 관념은 어떻게 기원起源했을까? 지금까지도 그다지 분명하게 밝혀지지는 않았다. 그러나 추측에 의하면, 그것은 아마도 고대 중국인의 공간에

그림 3 『금석색金石索』[14]에 「두위제거斗爲帝車」[15]라는 한나라 화상석畫像石[16]이 실려 있다. 옛날 사람들은 천제天帝가 북두北斗를 타고 하늘 끝까지 간다고 상상했다.

國, 其民皆生卵.)"라고 하였다.

대한 상상과 관련이 있을 것이다. 고대 중국인들은 '하늘은 둥글고 땅은 네모지다'라고 믿었기에 그들의 상상 속에서 하늘은 둥근 것이어서 삿갓처럼 이 대지 위를 덮고 있으며, 그 중심은 북극성과 북두성의 자리로서 천상의 가장 높은 신인 태일太一이 바로 그곳에 있다고 하였다.(그림 3) 반면에 대지는 네모져서 바둑판과 같은 모양이며 중심이 낙양洛陽 일대이므로 왕도 당연히 그곳에 있어야 했다. 이런 우주 공간에 관한 상상은 뿌리깊이 박혀 있을 뿐 아니라, 일면 완벽하고 합리적인 배치이기도 했다. 그러므로 수많은 고대의 가장 중요한 물건들은 모두 이러한 공간 배치를 모방했다. 천지天地에 제사 지낼 때 사용하는 옥종玉琮(그림 4), 명당明堂[17]과 환구圜丘[18] 같은 것에서부터 훗날 하늘에 제사 지내는 천단天壇(그림 5)에 이르기까지, 이런 구조와 격식을 본떠야지만 비로소 천지天地에 제사 지낼 수 있는 권력을 획득할 수 있었다. 또한 고대 왕궁과 도성 같은 것도 하늘은 둥글고 땅은 네모진 모양을 모방해야 이곳에 당연한 적법성이 있다는 것을 상징할 수 있었다. 심지어는 박국博局[19]이나 식반式盤[20] 같은 몇몇 놀이와 점치는 데 사용하는 도구, 그리

---

14 『금석색金石索』: 청나라 때 금석학金石學 저서. 종합성을 띤 고대 기물器物 도보圖譜로 강소江蘇 남통南通의 풍운붕馮雲鵬, 풍운원馮雲鵷 형제가 함께 모아 인종仁宗 가경嘉慶 말에 완성했다. 12권이며 금색金索과 석색石索의 두 부분으로 나뉜다. 금색 6권에는 상·주로부터 한·송·원 시기의 종정鐘鼎, 병기兵器, 권량權量, 역대 전폐錢幣, 새인璽印, 동경銅鏡 등을 수록하였으며, 석색 6권에는 역대 석각石刻과 글자가 들어 있는 벽돌과 기와 등을 수록하였다. 각각의 기물에 대해서는 대부분 그 모양을 그린 도안과 명문銘文의 탁본을 수록하고 있다. 뒷면에는 저자의 해석문과 고증을 통하여 교정한 내용이 들어 있다.

15 「두위제거斗爲帝車」: 제거는 북두성을 이른다. 『사기』「천관서天官書」에 "북두는 천제의 수레로 하늘의 중앙에서 운행하고 사방을 주재하고 제어한다.(斗爲帝車, 運于中央, 臨制四鄕)"라고 하였다.

16 화상석畫像石: 한대漢代에 성행했던 화상畫像 조각 예술품. 사당祠堂과 묘실墓室을 쌓은 돌 조각에 그리거나 조각하여 장식했다. 내용에는 역사적인 인물, 신선 이야기, 생활의 실상 등이 있었다.

17 명당明堂: 고대 천자가 대전大典을 거행하는 장소.

18 환구圜丘: 천자가 하늘에 제사 지내는 단. 후세의 천단.

19 박국博局: 장기판.

20 식반式盤: 고대 중국에서 역수曆數를 추산하거나 점치는 도구. 천반天盤과 지반地盤으로 나

그림 4
옥종. 그 안쪽은 원형이고 바깥면 주위는 사각형으로 천지를 상징한다고 한다. 어떤 연구자는 고대 옥종에는 천지와 통하는 기능이 있으므로 중대한 제사에 자주 사용되었음을 제기했다.

고 훗날의 바둑 같은 것에서까지도 이런 공간의 구조와 격식을 모방했다.

바로 이런 공간 관념이 중국인들에게 세계와 문명에 관한 기본 관념을 형성시켰으며, 앞에서 말한 바와 똑같이 그들 자신이 거처하는 중앙의 문명이 사예四裔[21]보다 높은 위치에 있다고 여겼다. 그리고 사방은 문명이나 재부財富를 막론하고 모두 중앙보다 현저히 뒤떨어지므로 중앙의 제약과 관할을 받아야 마땅하다고 생각했다.

누는데, 천반은 원형이고 지반은 정사각형이다. 윗면에는 북두와 28수宿의 성상星象, 방위가 그려져 있고, 더불어 182개의 원점이 새겨져 있다.

21 사예四裔: 사방의 먼 국경 지대. 『좌전左傳』「문공文公」'18년'에는 "사방의 국경 지역까지 달려가서 그들에게 요괴를 막도록 하였다.(投諸四裔, 以禦螭魅)"라고 하였다.

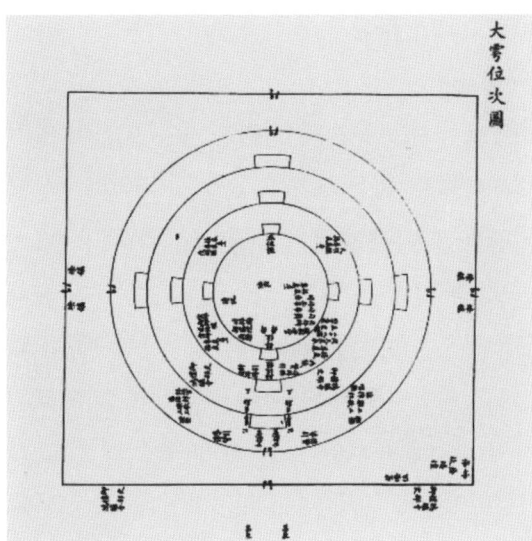

그림 5-1 청나라 때의 「대우위차도大雩位次圖」

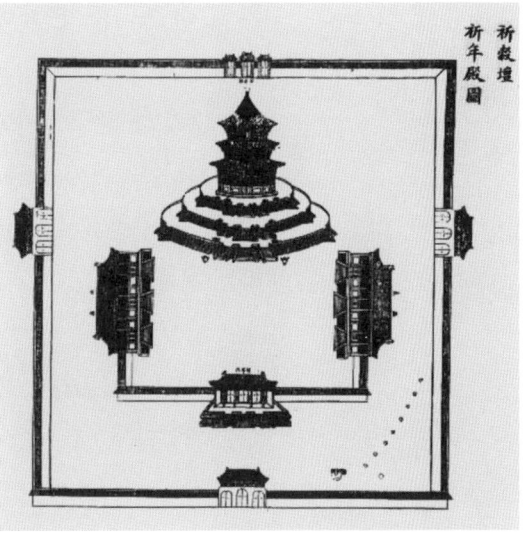

그림 5-2 청나라 사람이 그린 「천단기년전도天壇祈年殿圖」. 하늘에 제사 지내는 장소는 하늘의 둥근 모양과 땅의 네모진 모양을 모방해야 했다.

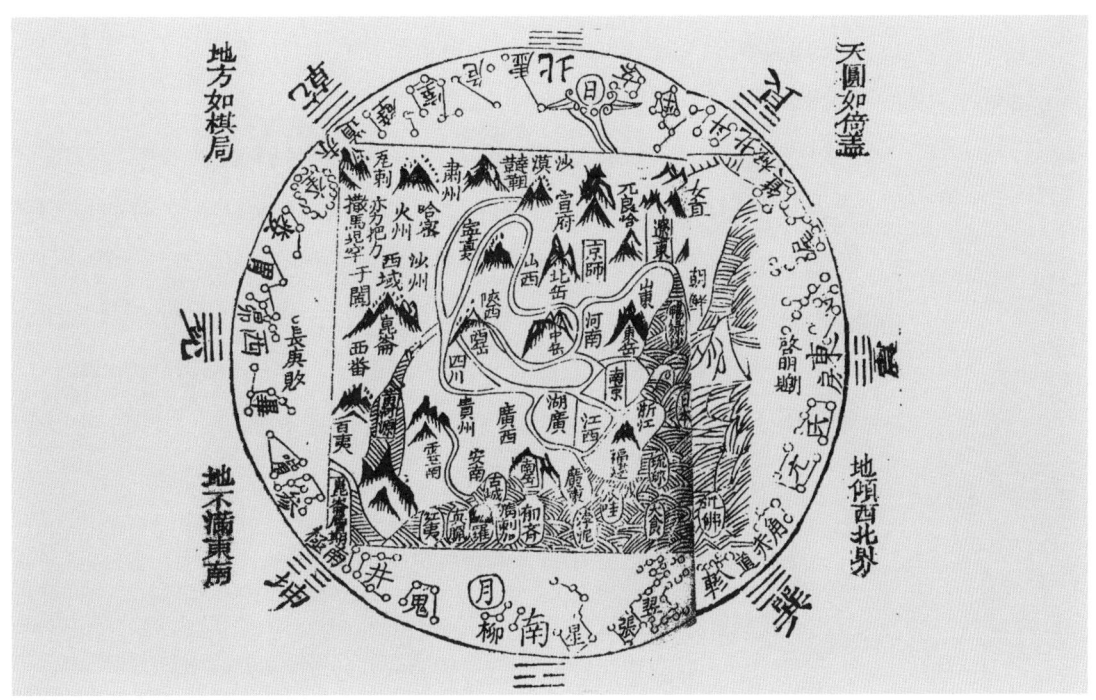

그림 5-3 하늘은 둥글고 땅은 네모진 「천지정위도天地定位圖」

제1강 고대 중국의 천하관 25

2. 고대 중국의 '천하'에 대한 회의와 환상

하지만 고대 중국에서도 이런 세계지도에 대해 회의를 품은 이들이 있었다. 옛사람들도 이미 중국 땅 밖에 또 더 넓은 세계가 있을 것이라고 상상했다. 예를 들어 전국시대에 담천연談天衍이라 불렸던 추연鄒衍[22]의 '대구주大九州'라는 견해가 있었다. 그는 중국의 '구주'는 단지 천하의 81분의 1에 불과하다고 상상했다. 중국이 소재한 곳은 적현신주赤縣神州라고 부르는데 그 외부에 또 여덟 개 주가 있으니, 이것이야말로 하나의 대구주였다. 그 외부는 바다로 에워싸여 있으며 이 구주의 밖에 또 다른 여덟 개의 '구주'가 있고 각각 바다가 둘러싸고 있으니 이것이야말로 전체 세계라는 것이다. 하지만 이런 상상의 세계는 결코 중국인의 천하관을 변화시키지 못했다. 사람들은 흔히 이런 상상을 화두로 삼아 이야기하면서도 그것은 단지 일종의 문학적인 환상일 뿐이라고 여겼고, 결코 진실이라고는 여기지 않았다. 아주 오랫동안 중국인은 여전히 스스로가 천하의 중심에 살며, 높은 곳에서 사방의 야만스런 외족들을 굽어본다고 생각했다.

이런 상황이 한대漢代에 이르면서 변화하여 새로워질 수 있는 계기가 나타났다. 기원전 138년부터 기원전 126년까지, 즉 한 무제武帝 건원建元 3년부터 원삭元朔 3년까지 장건張騫[23]이 황제의 명을 받고 사신으로 서역에 나갔다가 천신만고 끝에 한 제국으로 돌아왔다. 그는 십수 년 동안 직접 보았던 것들, 예를 들면 대원大宛(지금의 타슈켄트 부근)·강거康居(지금의 타지키스탄·아제르바이잔공화국·우즈베키스탄·카자흐스탄 남부)·대월지大月氏(지금의 파미르고

---

22 추연鄒衍(기원전 305?~기원전 240?): 전국시대 제齊나라 사람. 사변思辯에 뛰어나며, 중요한 학설로는 구주설과 오덕종시설五德終始說이 있고, 음양가陰陽家를 대표하는 인물이다. 연燕나라 소왕昭王이 스승으로 모셨으며, 그의 주장이 과장되고 상식에서 벗어나므로 제나라 사람들은 그를 '담천연'이라고도 불렀다.

23 장건張騫(?~기원전 114): 자字는 자문子文. 서한西漢 성고成固(지금의 陝西省 城固縣) 사람. 무제 때 공을 세워 박망후博望侯에 봉해졌으며, 사신으로 오손, 대원, 강거, 대하 등지에 갔다.

원 서쪽 아프가니스탄 국경 내) · 대하大夏(지금의 인도 서북쪽 · 파키스탄 카슈미르 부근), 그리고 이야기로 들은 오손烏孫[24] · 안식安息(이란 국경 내) · 조지條枝(시리아 일대) · 신독身毒(인도)의 상황들을 무제에게 보고했다.

　이 일은 중국 역사상 매우 중요한 의미가 있다. 첫째, 이것은 중국인의 주변 세계에 대한 실제 지식들을 동아시아의 한 귀퉁이로부터 동으로는 일본과 조선, 북으로는 몽골과 시베리아, 남으로는 남해와 동남아시아, 서로는 파키스탄 · 아프가니스탄 · 시리아 · 인도 · 이란 일대까지 확대시켰다. 다시 말해서 이때 이미 대략 오늘날의 아시아 전역, 심지어 더 넓은 한 지역을 이해하게 되었다. 둘째, 이것은 중국인의 외부 세계와의 교류에 대한 욕망을 자극하여 장건의 서역 파견 이후, 장건은 다시 서남로를 열었고, 반초班超[25]와 반용班勇[26] 부자는 서역의 교통로를 개척했으며, 감영甘英[27]은 페르시아만 지역에까지 다다르는 등의 거동들이 있었다. 셋째, 이것은 중국인들에게 역사 · 경제 · 문화의 배경과 무대를 관찰하도록 함으로써 중원의 한漢 제국에서 시작하여 아시아 전역, 심지어 유럽과 아시아 사이로까지 확장시켰다.

　그렇지만 이상하게도 이러한 일련의 일들이 고대 중국인 영혼 깊은 곳의 천하관을 진정으로 변화시키지는 못했으니, 그 당시 중국인들 상상 속의 천하는 여전히 '중국'이 중심이었던 것이다. 비록 인도, 아프가니스탄, 이란,

---

24 오손烏孫: 국명. 한나라 때 서역西域에 세워졌으며, 그 위치는 지금의 신강성新疆省 내 온숙현溫宿縣 이북 이녕현伊寧縣 이남 지역이다.
25 반초班超(32~102): 자字는 중승仲升. 부풍扶風 평릉平陵 사람이다. 동한 시기 반표班彪의 아들이자 반고班固의 동생으로 한나라 명제明帝 시기에 서역에 가 50여 국을 굴복시켰으며, 공을 인정받아 정원후定遠侯에 봉해졌다.
26 반용班勇: 자字는 의료宜僚. 반초班超의 셋째 아들. 안제安帝 때 서역장사西域長史를 역임하고 북흉노를 격파하여 변방이 평화로워졌다.
27 감영甘英: 생몰년 미상. 자字는 숭란崇蘭. 동한 사람. 한漢 화제和帝 영원永元 9년(97) 서역도호西域都護 반초의 명을 받들어 로마제국에 파견되었다. 그는 사절단을 거느리고 쿠차(龜茲, 지금의 新疆 庫車)를 출발하여 조지條支(條枝라고도 함) · 안식 등 여러 나라에 가고 지금의 페르시아만에까지 도착했지만 로마제국까지 가지는 못했다.

파키스탄 등 중앙아시아와 서아시아 여러 나라가 더해지고, 다시 조선·일본·동남아 국가, 또 북쪽의 광활한 토지가 있어 이른바 '천하'는 중국보다 훨씬 넓었지만, 한나라 때부터 당나라 때에 이르기까지 그들에게는 문화적으로 숨소리조차 없는 것 같았으므로 중국인들은 외부에 하나의 '세계'가 있다는 것을 전혀 느끼지 못했다. 아주 오랫동안 중국인들은 이 점에 대해 줄곧 한 치의 의심도 없이 확고하게 믿고 있었다. 그 원인은 불교를 제외하고, 중국은 이제껏 진정한 문명의 도전을 받은 적이 전혀 없었으므로 중국인은 시종 자신들이 세계의 중심이고, 한漢의 문명이 세계 문명의 최정상이며, 주변 민족은 야만적이고 미개한 민족으로, 한漢민족의 윤리를 따르지 않는 사람들을 구제해야 하며, 구제할 수 없다면 떼어 낼 수밖에 없다고 믿었던 데 있다. 말하자면 중국인은 전쟁이란 방식으로 천하를 통일하지 않으며, 흔히 문화적으로 '다른 나라를 복종시킨다'는 것이 가능하다고 여겼다. 따라서 고대 중국인의 '중국'은 흔히 문명의 공간 개념이었지 명확한 국가의 경계가 있는 지리 개념은 아니었다. 따라서 중국인들은 무릇 주변 국가이면, 그들 문명의 등급이 중국보다 낮으므로 당연히 중국에게 배우고, 공물을 바치며, 신하의 예를 갖추어야 한다고 믿었다.(그림 6)

이런 관념과 중국인의 세계에 대한 실제 지식과는 관계가 없다. 한대漢代에 이미 유럽과 아시아 대륙을 왕래하는 실크로드를 뚫었으며, 당대唐代의 중국은 외부 세계와 교류가 매우 빈번했고, 이후 원대元代에는 제국의 강역疆域이 더욱 확장되어 거의 모두 갈 수 없는 곳이 없었으며, 명대明代 초기에 정화鄭和[28]가 서양에 도착하여 실제로 지나간 공간 역시 중국 본토의 몇 배나

---

28 정화鄭和(1371~1435): 본래 성은 마馬, 이름은 화和로 회족回族. 명나라 때 운남雲南 곤양昆陽 사람. 조상 대대로 이슬람교를 신봉하는 가정에서 성장했으며 조부와 부친이 아라비아에 간 적이 있다. 그 자신도 어려서부터 외부 상황에 대해 조금 이해하고 있었다. 명 초에 붙잡혀 남경에 오고 나서 입궁하여 내시가 되었다. 그가 총명하고 근면하여 수차례 공을 세우고 명 성조의 총애를 받아 성으로 '정'을 받은 후 정화로 바꾸었다. 영락永樂 3년(1405)에 정화는 성조의 명을 받들어 일곱 차례나 서양까지 항해했다.

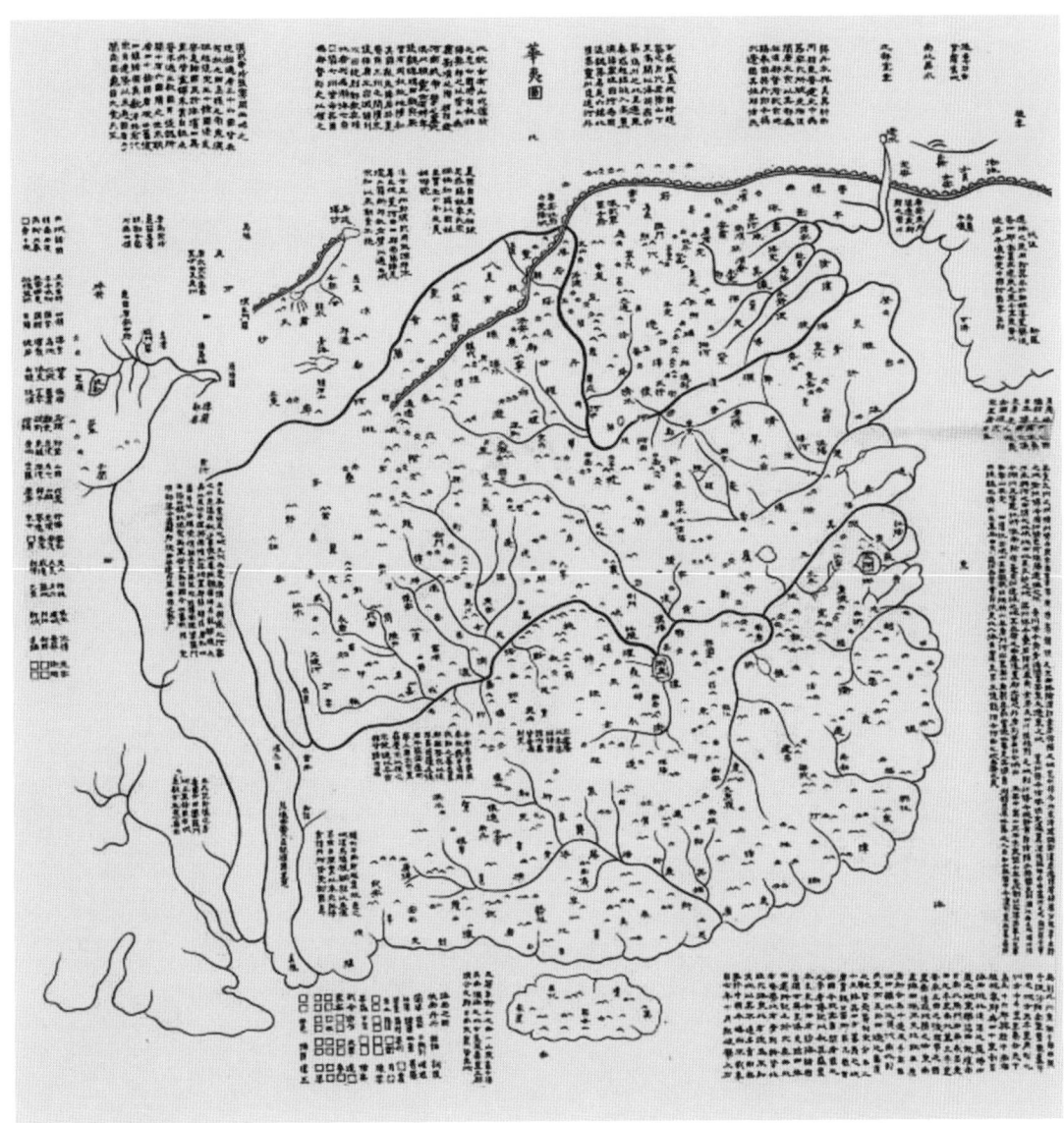

그림 6-1 화이도華夷圖

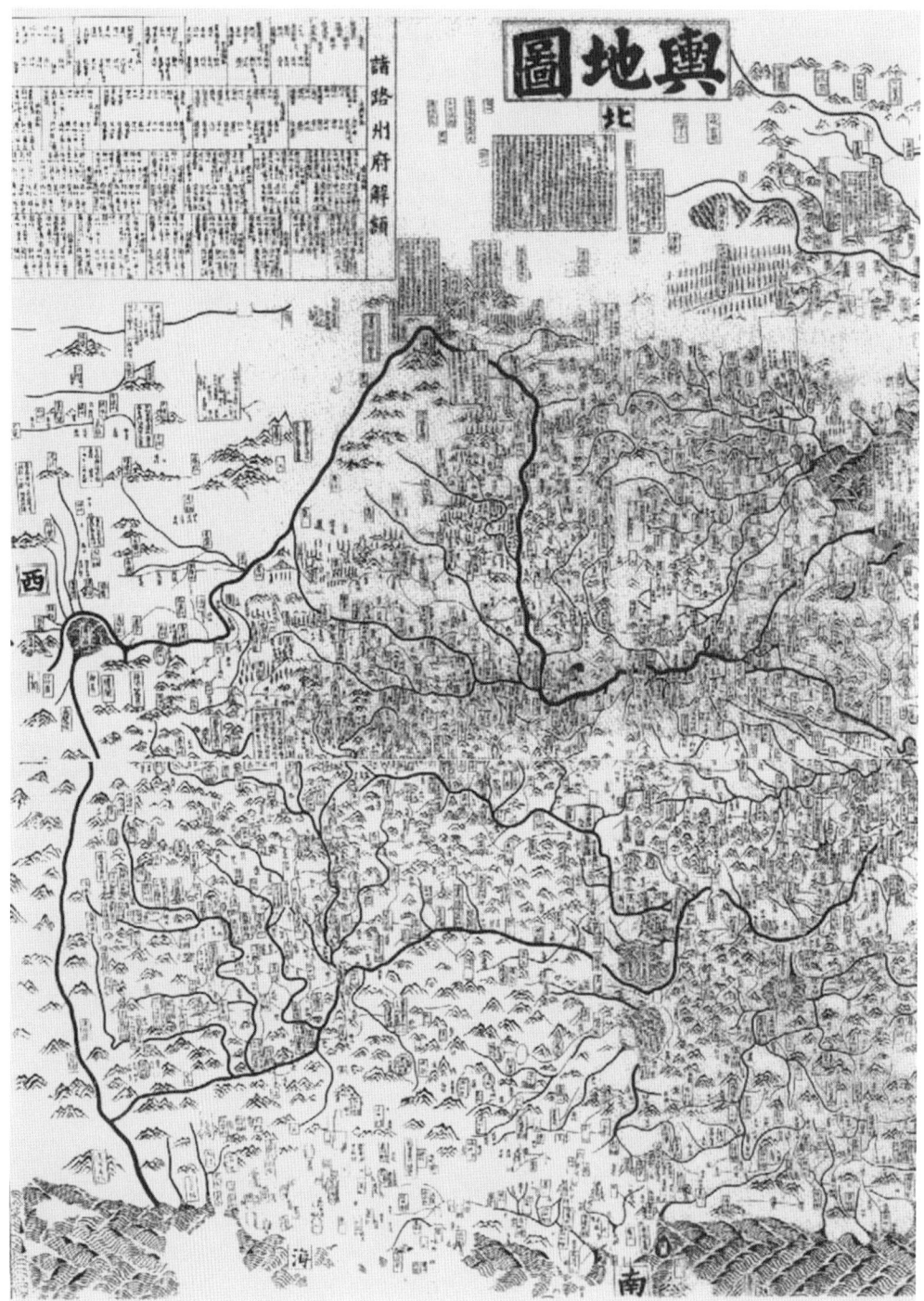

그림 6-2 여지도輿地圖

그림 6-3 여지도輿地圖

그림 6 송대에 그려 제작한 (1) 화이도, (2) 여지도, (3) 여지도는 당시 중국인 관념 속의 천하를 나타냈다.(『중국 고대 지도집中國古代地圖集』(戰國時代부터 元나라까지)에서 발췌함. 北京, 文物出版社, 1990)

되었다.

    사람들이 알고 있는 각종 문명 상황도 이미 매우 많았다. 『불국전佛國傳』· 『대당서역기大唐西域記』[29]로부터 송대宋代의 『영외대답嶺外代答』· 『제번지諸蕃志』에 이르기까지, 또 원元·명明 시기의 『진랍풍토지眞臘風土志』[30]· 『도이지략島夷志略』[31]· 『영애승람瀛涯勝覽』[32]· 『성사승람星槎勝覽』· 『서양번국지西洋番國志』에 이르기까지 수많은 문헌에 중국 이외의 사정을 기록했다. 그러나 고대 중국의 '천하'· '중국'· '사이'에 관한 사상과 상상은 줄곧 변화가 없었다. 16세기 후반기에 이르러 이미 충분히 세계화된 서양인이 중국에 오고서야 이런 상황은 비로소 변화를 맞았다. 명대明代 만력萬曆 12년(1584)에 이탈리

---

[29] 『대당서역기大唐西域記』: 간단하게 『서역기』라고도 함. 당대 현장玄奘이 구술口述하고 제자 변기辯機가 편찬한 책으로 모두 12권이며, 현장이 불경을 구하러 가면서 겪은 여러 나라의 풍토를 적은 것으로 고대 인도를 이해할 수 있는 중요한 전적이다.

[30] 『진랍풍토지眞臘風土志』: 원대元代 주달관周達觀 지음. 1권. 주달관은 자호自號가 초정일민草庭逸民으로 절강성浙江省 온주溫州 사람. 원정元貞 원년(1295) 원의 사신으로 진랍국眞臘國을 방문했다. 진랍은 지금의 캄보디아에 위치하며, 그 명칭은 『수서隋書』에서 처음으로 보이기 시작했다. 주달관은 대덕大德 원년(1297)에 귀국한 후 이 책을 지었는데 당시 캄보디아의 성곽·왕궁·국왕의 외출·군대·관청·언어·문자·복식·도구·무역·풍속·인심 등의 광범위한 내용을 기록했다. 특히 찬란한 앙코르 문화에 대하여 상세히 기재하고 있다. 또한 이 책은 항해하는 선박의 항선航線과 나침반으로 유도한 바늘의 위치가 담겨 있어 원대 해상 교통 연구에 중요한 자료이기도 하다.

[31] 『도이지략島夷志略』: 원대 중국과 외국의 해상 교통 및 지리 방면의 명저. 1권. 왕대연汪大淵 지음. 왕대연은 자 환장煥章, 강서江西 남창南昌 사람으로 항해가이다. 원래 서명은 『도이지島夷志』였으나 청대에 이르러 『도이지략』으로 바뀌었다. 이 책에서 언급한 국가와 지역은 220군데이며 그 영토·특산·지명·풍속·인심 등에 대한 것이 상세히 기재되어 있다. 이 책에서는 내용을 100가지 항목으로 나누어 기록하고 있는데, 그중 앞의 99가지 항목은 모두 작자가 직접 본 것으로 신뢰할 만하다. 하지만 마지막 100번째 항목은 앞의 항목들과 달리 『태평광기太平廣記』 같은 옛 기록을 간추려 실었다. 『도이지략』의 완성 시기는 "至正己丑冬"으로, 바로 원元 순제順帝 9년(至正九年, 즉 1349년) 겨울을 말한다.

[32] 『영애승람瀛涯勝覽』: 명나라 마환馬歡이 경태景泰 2년(1451)에 지음. 마환은 회족回族 사람으로 아라비아어에 능했다. 책을 쓰기 전에 내시 정화를 따라서 영락永樂 11년(1413), 19년, 선덕宣德 6년(1431) 등 세 차례에 걸쳐 서양에 갔다. 그가 서양에 가서 직접 겪었던 20개국의 항로·기후·지리·정치·풍속·인문·토산품·공예·무역·화폐 등의 상황을 기록하였으며, 영락 14년부터 쓰기 시작하여 35년에 걸쳐 수정·정리하여 경태景泰 2년(1451)에 완성했다. 정화 연구에 가장 중요한 문헌의 하나로 꼽는다.

아 선교사인 마테오 리치[33]의 「산해여지도山海輿地圖」가 광주廣州 조경肇慶에서 발표되었는데(나중에 북경의 이지조李之藻가 맡아서 판각 인쇄할 때 「곤여만국지도坤輿萬國地圖」라고 고쳐 불렀음), 그제야 중국인은 '세계' 만국萬國의 실제 존재를 보고 의식하기 시작하였다.

3. 하나의 삽입곡: 불교의 중국 전래와 중국의 세계관

사실, 한대漢代의 장건 이후부터 마테오 리치(Matteo Ricci)가 중국 땅에 오기 전까지의 장구한 세월 동안 전통적인 중국의 세계관이 그래도 깨질 수 있었던, 이런 폐쇄적이고 자아중심적인 세계관을 타파한 가장 좋은 계기가 바로 불교의 중국 전래이다. 역사지도를 통해 역사상의 '중국'을 볼 수 있는데, 그 영토 변화가 비록 매우 크긴 했지만 대체로 구주가 중심이 되었다. 동쪽으로 큰 바다에 인접했으며, 서쪽으로는 고원과 설산雪山, 북쪽으로는 대지가 모두 빙설로 뒤덮여 있었다. 게다가 흉노匈奴·돌궐突厥·거란(契丹)·여진女眞, 그리고 훗날의 만주족이 있고, 남쪽에는 무성한 숲이 있어 폐쇄된 천하관을 형성하기가 매우 쉬웠다. 그러나, 이런 상황에서 중국인들의 천하 관념을 진정 최초로 철저히 흔들어 놓은 것은 바로 인도에서의 불교 전래일 것이다.

'민족이나 국가'라는 것이 국제적으로 인정하는 명확한 경계가 그어지고

---

33 마테오 리치(Matteo Ricci, 1552~1610) : 이탈리아 천주교 예수회 선교사이다. 자는 서태西泰이며 명明 만력萬曆 10년(1582) 중국으로 파견되었다. 처음에는 광동의 조경肇慶에서 선교활동을 했다가 나중에는 중국 주재 예수회 회장을 지냈다. 만력 29년에는 북경으로 가 자명종과 「곤여만국지도」 등을 올렸고 동시에 사대부들과도 교제했다. 공맹의 학문과 종법에서 조상을 받드는 사상을 천주교와 융합해야 한다고 주장했다. 사서오경四書五經을 연구하고 라틴어문의 번역과 주석을 달았으며, 중국에 여러 가지 서방의 자연과학 지식을 소개했다. 저역서로는 서광계徐光啓와 공역한 『기하원본幾何原本』과 『천주실의天主實義』가 있다.

국가의 주권 관념이 자리잡은 뒤에 곧 형성되었는데, 이것 역시 근·현대의 사정이라는 것을 우리는 알고 있다. 하지만 고대 중국에도 국가라는 단어가 있었다. 한대漢代의 동경銅鏡 뒷면에는 이미 '얼마나 경축할 일인지, 국가 백성이 편히 쉬고 오랑캐를 섬멸하여 천하가 순종하나니'[34]와 같은 수많은 명문銘文이 흔히 새겨져 있었다. 하지만 대략적으로 말하면, 고대 중국의 '국가'는 중심은 명확하지만 변경은 모호한 하나의 문화 개념이었다. '무릇 우리 족속이면 그 마음도 반드시 같다'라는 것은, 바로 '나와 동일한 문화이면 모두가 한 국가'라고 말할 수 있었다.

반대는 당연히 '우리 족속이 아니면 그 마음도 반드시 다르다'는 것이며, 무릇 문화 차이가 있으면 바로 사이四夷로서 한 국가에 속하지 않는다는 뜻으로 이해할 수 있다. 문화를 동일시하는 표준이란 '마음이 같다'로, 문화 가치를 동일시하는 것이다. 그러므로 국경의 법률적인 구분은 그다지 대수롭지 않았다. 고대 중국의 경전 『예기禮記』「왕제王制」에 "중국과 변방 지역, 동·서·남·북·중 다섯 곳의 백성은 모두 각자의 성격이 있어 그것을 서로 바꿀 수 없다."[35]라고 했다. 무릇 문화에서 신하로 복종하거나 동일시하면 모두 '화하華夏의 울타리'로 삼아 선을 그을 수 있다. 그러나 문화적으로 복종하지 않거나 동일시하지 않으면 모두 '다른 나라이며 다른 풍속'이다. 그러므로 고대 중국에서의 국가·문명·진리는 공간 위에서 중첩되었다. 그래서 항상 "천하가 한 집안이다.", "해내海內에 지기知己가 있다.", "사해四海 안에서는 모두가 형제이다."[36]라고 말한다.

그러나 이런 관점의 배후에는 매우 심각한 모순이 하나 있다. 바로 그들의 세계관이 한편으로는 중국을 중심으로 한 특수주의이고, 한편으로는 보

---

34 "多賀國家人民息, 胡虜殄滅天下服." 여기서 '호로胡虜'는 진秦·한漢 시기 흉노匈奴를 지칭하는 말이었지만, 후세에는 중원中原과 대적하는 북방 부족의 통칭으로 사용되었다.
35 『예기禮記』「왕제王制」: "中國戎夷, 五方之民, 皆有性也, 不可推移."
36 "天下一家", "海內有知己", "四海之內皆兄弟"

편주의라는 것이다. 하나의 문명 중심밖에 없으면서도 또한 문명에 보편적으로 적용되는 세계관으로, 진리를 사해에 놓으면 모두 틀림없다는 세계관인 것이다.

그러나 한대漢代 이래 한혈마·포도·유리·개자리(苜蓿)[37]의 수입이 있었음에도 불구하고, 계속하여 깊은 눈에 우뚝 솟은 코를 가진 이방인의 진입이 있었음에도 불구하고, 당대唐代 장안에 이국인의 숫자가 많기로는 십만·수십만에 이르렀는데도 불구하고, 그것들이 결코 중국 고유 문명에 근본적인 충격을 일으키지는 못했다. 보통, 중국처럼 이렇게 문명의 역사가 유구한 국가는 또 다른 고도로 발달한, 화하문명과 대적할 수 있는 '문명'이 출현해야만 비로소 중국의 전통에 근본적인 영향을 발생시킬 수 있다. 그런데 인도에서 전해진 불교는 곧 중국에 근본적인 충격을 가져왔다. 바로 세상에는 2개 이상의 문명 중심이 있을 수 있다는 것이었다.

불교의 이론과 관념을 보면, 세 가지는 중국문명이 근본적으로 호환하고 받아들일 수 없는 것이었다. ① 종교 권력은 세속의 황권과 병립할 뿐 아니라, 사회 등급과 가치의 우선순위를 차지하여, 종교 신도는 황제를 존경하지 않을 수 있고 부모를 존경하지 않을 수는 있으나, 불佛·법法·승僧의 삼보三寶를 존중하지 않을 수는 없다. ② 천하의 중심은 인도에 있으며 인도는 중국의 지리적 위치에 비하여 더 적도에 접근해 있다. 그러므로 상당히 긴 시간 동안 정오에 해가 내리쬘 때 물체의 그림자가 없게 된다. 그래서 그곳은 바로 천하의 중앙이라고 믿을 수 있다. ③ 가장 높은 진리·가장 우수한 인물·가장 정확한 생활방식은 유학에 있는 것이 아니라 도리어 불교에 있다. 이런 까닭에 불교는 한층 더 높은 문명이며, 최소한 다른 종류의 자아체계自

---

37 개자리(苜蓿): 콩과에 속하는 2년생 풀. 비료를 만들거나 소·양·말들이 뜯어먹게 하는 풀로 널리 심었으나 지금은 산이나 들에도 퍼져 귀화식물로 자라고 있으며 따뜻한 곳에서 잘 자란다.

我體系·자급자족의 문명이기도 한 것이다.

물론, 훗날 불교는 중국화되었으며 '삼교합일三敎合一' 중의 일교一敎가 되었고, 심지어 중국 주류를 이루는 의식 형태인 유가 학설에 굴복했다. 그러나 인도 불교는 일찍이 한 차례 중국문명의 천하 유일 관념에 충격을 가했던 것이다. 불교가 전래될 때, 특히 위魏·진晉·남북조南北朝·수隋·당唐 시기에 여러 불교 신앙을 받아들인 중국인들은 '화하문명이 유일한 것은 아니다', '천하에서 중국이 가장 중심은 아니다', '중국문명이 꼭 더없이 높은 것이라고 할 수는 없다'는 것을 인정하지 않을 수 없었으며, 이것은 당연히 세계를 새로이 인식할 수 있는 기회였다. 고대 중국에서 그린 천하 지도 중에서, 지금 봐서 중국을 천하 정중앙에 두지 않은 유일한 지도가 바로 송대宋代의 불교도 석지반釋志磐이 엮은 책 『불조통기佛祖統紀』[38] 안에 있는 세 폭의 지도이다. 이는 송대 이전에 극히 드물게 보이는 다원화된 세계관이다. 세 폭의 지도를 이루고 있는 「동진단지리도東震旦地理圖」·「한서역제국도漢西域諸國圖」·「서토오인지도西土五印地圖」는 무의식중에 중심이 세 군데인 세계를 구성하였으며, 그 밖에 불교의 수미산須彌山에 관한 이야기, 그리고 천하에는 네 개의 큰 대륙이 있는데 중국은 그중 한 대륙에만 존재한다는 등의 관점(그림 7)은 일찍이 중국인에게 세계관을 바꿀 수 있는 자원을 제공하였다.

하지만 이러한 충격은 결코 중국인의 세계관을 근본적으로 동요시키지는

---

38 『불조통기佛祖統紀』: 불교 서적. 남송南宋의 승려 지반이 천태종天台宗 입장에서 정사正史의 체재를 모방하여 엮은 불교 사서史書. 총 54권이며「본기本紀」,「세가世家」,「열전列傳」,「표표」,「지志」 등으로 나뉘어 있다. 종감宗鑒의 『석문정통釋門正統』과 경천景遷의 『종원록宗源錄』 두 서적의 내용을 빼거나 보충하여 엮었다. 이 책에서 인용한 전적을 대장경전大藏經典·천태교문天臺敎文·석문제서釋門諸書·유종제서儒宗諸書·도문제서道門諸書(이런 분류명칭 아래 인용한 서적이 열거되어 있음) 등으로 분류했다. 모두 170부로 불교의 역사적 사실이 대량 수록되었으므로 역대 학자들이 매우 중요시했다. 보우寶祐 6년(1258)에서부터 함순咸淳 5년(1269)까지 11년에 걸쳐 완성되었다.

그림 7-1
『불조통기』
「동진단지리도」

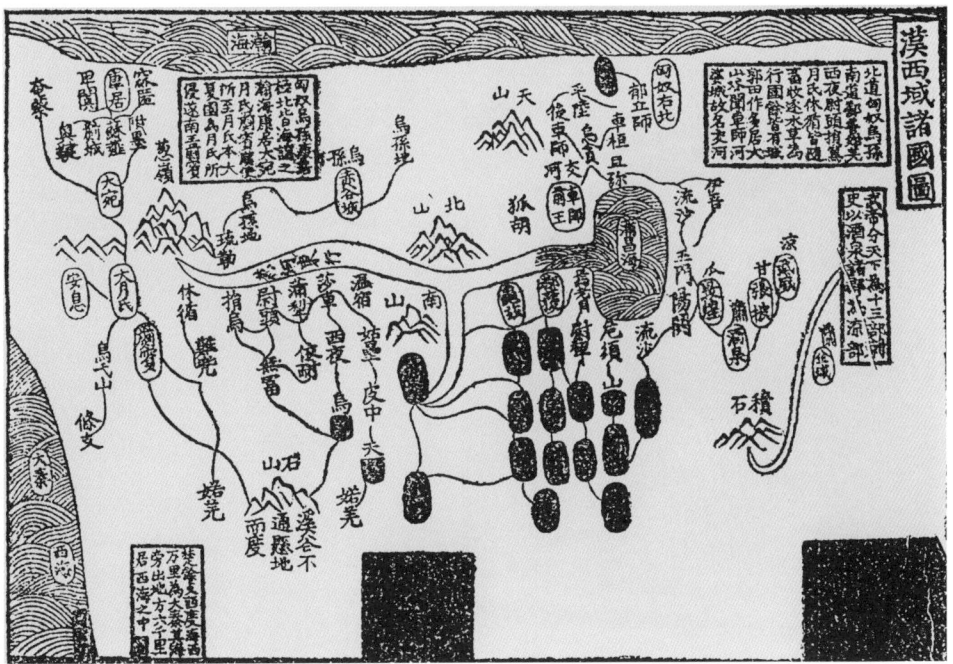

그림 7-2
『불조통기』
「한서역제국도」

제1강 고대 중국의 천하관

그림 7-3
『불조통기』
「서토오인지도」

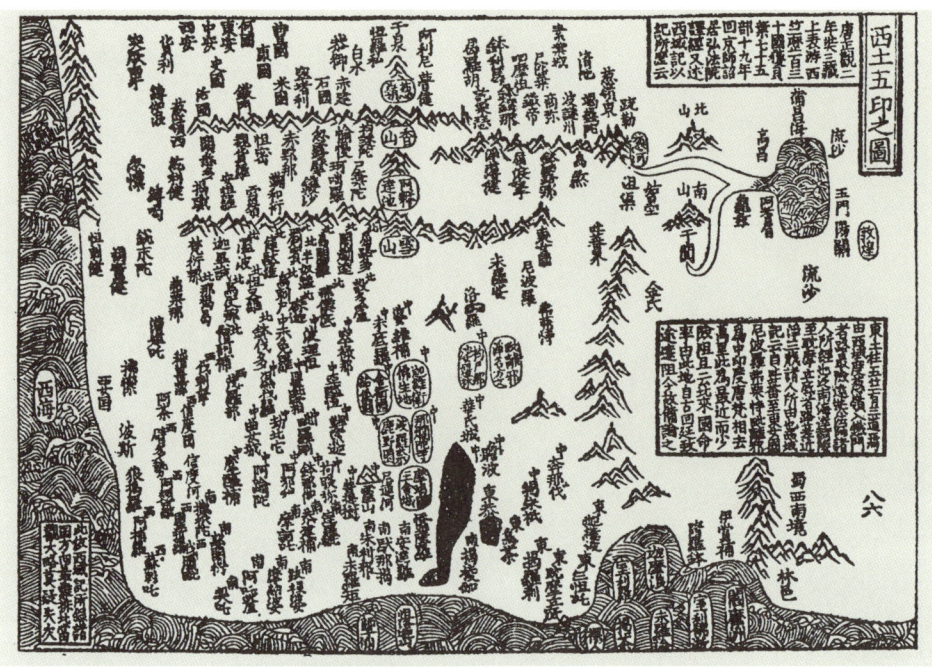

그림 7 이 세 폭의 지도에서 중국(동진단)이 유일한 중심은 아니다.

그림 8-1
16세기 유럽 지구본

못했으며 다시 수백 년이 지난 16세기 후반기에 이르러 많은 서양 선교사들이 중국에 들어오고서야 비로소 근본적인 변화가 발생하게 되었다.(그림 8)

그림 8-2
서양 사람이 그린
「중화제국도」

그림 8-3
서양 사람이 그려 제작한
「중국지도」

그림 8
선교사들이 들어온 이후 각종 서양 지리의 새로운 지식도 중국으로 전해졌다.

제1강 고대 중국의 천하관 39

4. 마테오 리치의 「산해여지도」이후: 중국 세계관의 전환

1584년은 바로 명대 만력萬曆 12년으로 이탈리아에서 온 선교사 마테오 리치가 광주廣州 조경肇慶에 도착한 때이다. 매우 총명하며 박학다식하고 기억력이 좋은 이 선교사는 오래지 않아 그 지역 지부知府[39]였던 왕반王泮의 지지를 얻어 「산해여지도山海輿地圖」를 새겨 인쇄했다. 이는 중국에서 판각하여 인쇄한 최초의 서양식 세계지도였다.(그림 9)

16세기 후반기에서 17세기까지 이 지도에 근거하여 그린 각종 지도가 끊임없이 나타났는데 지금 볼 수 있는 것은 10여 종이 있다.(그림 10)

당시 마테오 리치조차도 조금 우려했던 것은 중국 황제가 이런 지도를 보고 '중국을 이렇게 작게 그렸으니 중국인을 멸시한 것'이라고 책망하지는 않을까 하는 점이었다. 실제로 매우 많은 보수적인 문인과 대신들이 이 한 장

그림 9-1 「세계지도(곤여만국지도)」(현재 남경박물관 소장): 마테오 리치가 그렸던 「산해여지도山海輿地圖」를 몇 차례 수정한 후 북경의 궁중에서 다시 6폭의 병풍에 그려 제작한 것이다.

---

39 지부知府: 명·청 시대 한 부府의 행정지휘관.

그림 9-2
초기 유럽에서 그린 세계지도
(홍콩과학기술대학도서관 소장)

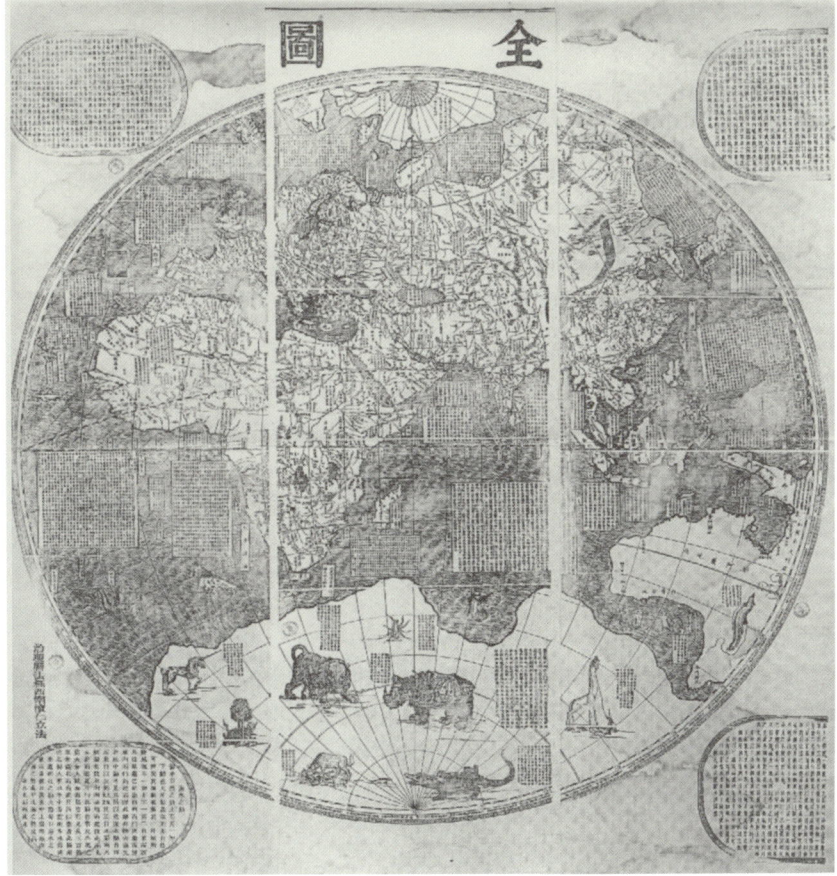

그림 9-3
남회인南懷仁[40]이 그려 제작한 세계지도(일부)

의 세계지도를 공격한 적이 있었다. 그 주장은 대체로, 의도적으로 외부 이민족들을 과장하고 중국을 부정적으로 묘사했으며, 아울러 『산해경』의 상상

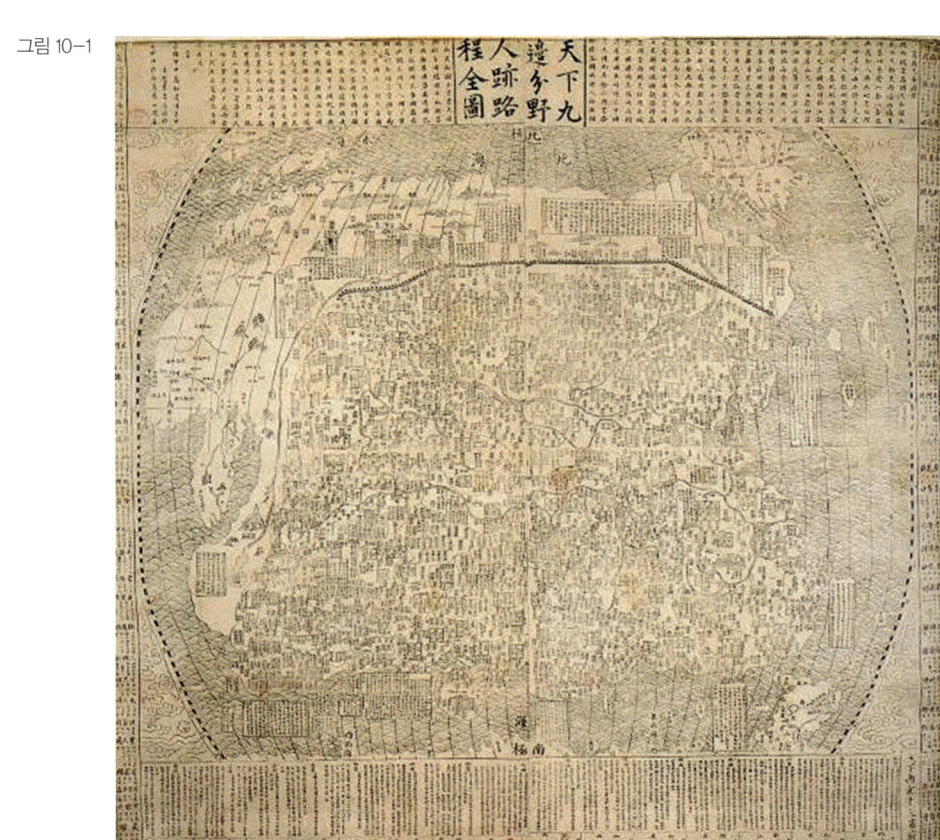

그림 10-1

---

40 남회인南懷仁(1623~1688): 페르디난트 페르비스트(Ferdinand Verbiest)의 중국식 이름. 벨기에 사람(예전의 네덜란드령). 선교사로 자字는 돈백敦伯, 또 다른 자는 훈경勳卿이다. 1641년 9월에 예수회에 들어갔고 1658년에 중국에 왔는데 청초淸初 중국에 왔던 선교사 가운데 가장 영향력 있는 인물 중의 하나였다. 그는 강희황제 때 천문역법에 정통했으며 대포를 만드는 데 뛰어나 많은 대포를 만들었다. 당시 흠천감欽天監(황실 천문연구소)의 업무상 최고 책임자로 관직은 공부시랑工部侍郎에 이르렀다. 1688년 1월 북경에서 세상을 떠났는데 향년 66세였으며 시호는 근민勤敏이다. 저서로 『강희영년력법康熙永年曆法』, 『곤여도설坤輿圖說』, 『서방요기西方要記』 등이 있다.

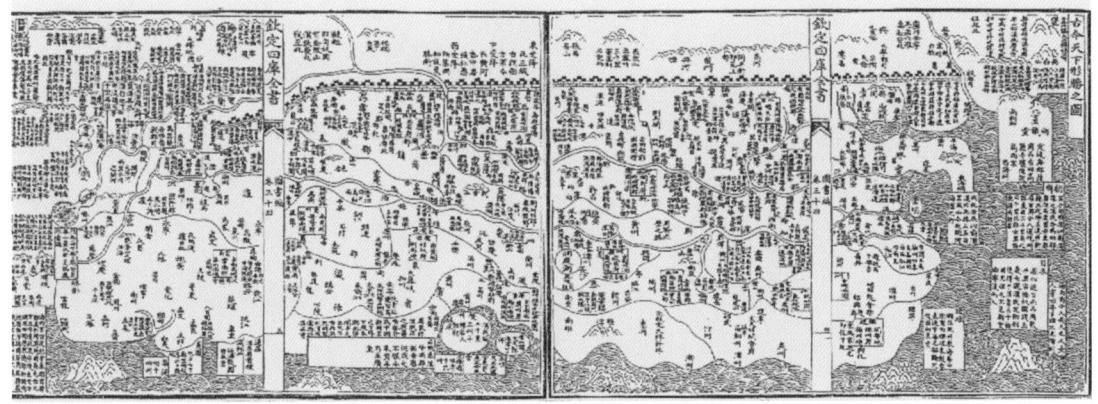

그림 10-2

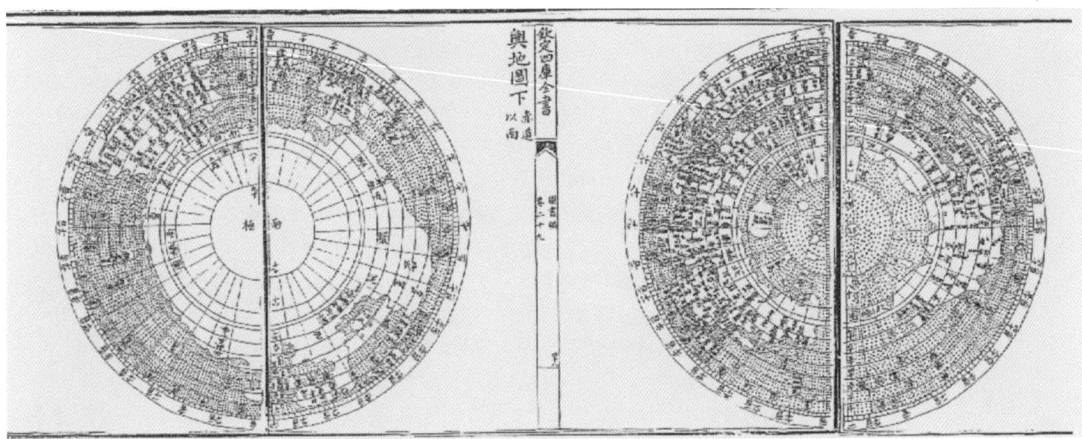

그림 10-3

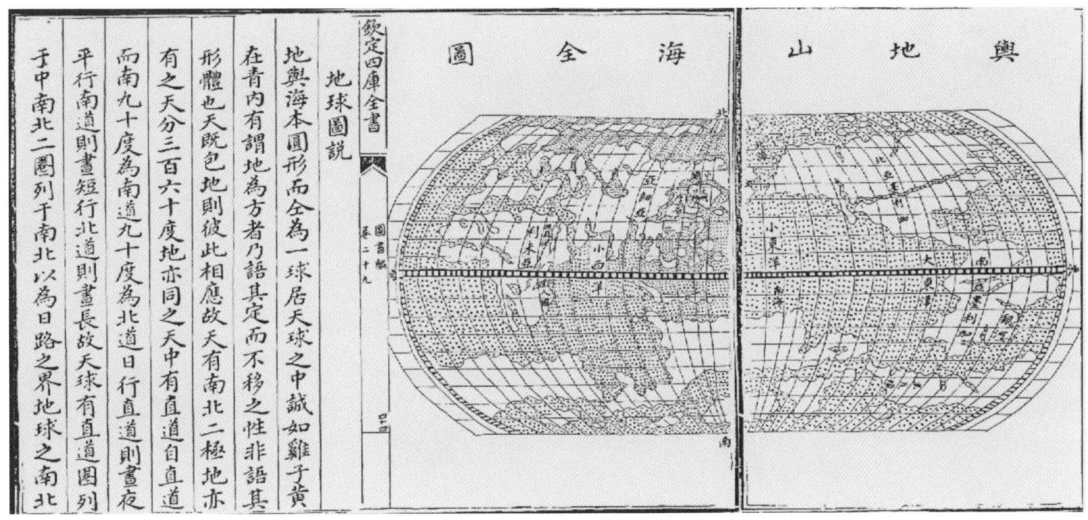

그림 10-4

그림 10 명청 시대 여러 가지 서양 세계지도에 근거하여 중국 본토에서 모방 판각한 지도

세계 및 추연의 '대구주'를 연결시키는 등 중국 고서적이 만들어낸 거짓말을 표절하는 것에 불과하여 '중국 수만리 땅을 하나의 대륙이라 하니 거짓은 공격하지 않아도 저절로 깨질 것이다'라는 것이었다.

반면에 매우 흥미롭게도 이지李贄[41]·방이지方以智[42]·사조제謝肇淛[43]·이지조李之藻[44]·서광계徐光啓 등 지식인들은 이런 세계지도를 받아들였다. 게

---

41 이지李贄(1527~1602): 명대明代 사상가이며 문학가. 자는 탁오卓吾, 호는 굉보宏甫, 별호別號는 온릉거사溫陵居士이며 천주泉州(지금의 福建省) 사람. 가정嘉靖 31년(1552) 거인擧人이 되었으나 회시會試에는 응시하지 않았다. 일찍이 공성지현共城知縣(共城은 지금의 하남성 輝縣市인데, 공성의 현지사를 말한다.) 요안지부姚安知府(운남성 요안의 부지사이다.)를 역임했으나 얼마 되지 않아 관직을 사임했다. 각지에서 강연하였으나 후에 "감히 허튼소리를 하여 세상을 어지럽히고 백성을 미혹하게 하여 속인다.(敢倡亂道, 惑世誣民)"는 죄명으로 하옥되어 자살했다. 그는 학문적으로 왕수인王守仁과 선학禪學의 영향을 받았으며 공개적으로 이단異端을 자청했다. 공리功利를 중시하는 주장을 했으며 "옷 입고 밥 먹는 것이 바로 인륜이며 만물의 이치(穿衣吃飯卽是人倫物理)"라고 여겼고 전통적인 교조敎條에는 반대했다. 『육경六經』·『논어』·『맹자』 등 유가 경전은 단지 당시 제자弟子의 기록일 뿐이며, 결코 "만세 최고의 의론(萬世之至論)"이 아니라고 여기고 "공자가 옳고 그르다고 여겼던 것으로써 옳고 그름을 판단하는(咸以孔子之是非爲是非)" 것에 반대했다. 문학의 창조 면에서는 복고와 모방을 반대하고 자기 견해를 펼칠 것을 주장하였으며 소설 희곡 등을 중시하였다. 저서로 『이씨분서李氏焚書』·『속분서續焚書』·『장서藏書』·『이온릉집李溫陵集』 등이 있다.

42 방이지方以智(1611~1671): 명말明末 청초淸初 문학가·사상가·과학자. 호는 녹기鹿起, 동성桐城(지금의 安徽省) 사람. 숭정崇禎 13년(1640) 진사進士. 한림원검토翰林院檢討를 역임했으며 명말 복사復社 영수領袖의 한 사람이다. 명의 계왕桂王이 영력永曆 정권을 세운 뒤 경연강관으로 임명되었으나 내시 왕곤王坤에게 모함을 받아 직책을 박탈당했다. 명이 망하자 삭발하여 승려가 되었으며 이름을 대지大智로 바꾸었다. 자는 무가無可이며 별호別號로 홍지弘智·우자대사愚者大師·약지화상藥地和尙 등이 있다. 어려서부터 총명하고 책을 많이 읽었으며, 천문·지리·역사·생물·의약·문학 등에 모두 정통했다. 저서로 『부산전집浮山全集』, 『물리소지物理小識』, 『통아通雅』 등이 있다.

43 사조제謝肇淛(1567~1624): 자는 재항在杭, 호는 무림武林·소초재주인小草齋主人이며 만년의 호는 산수로인山水勞人이었다. 복주福州(지금의 복건성) 사람. 만력 20년(1592) 진사. 호주추관湖州推官과 동창사리東昌司理 남경형부주사南京刑部主事 병부랑중兵部郞中을 역임했다. 선정을 펼쳤으며 시문에도 뛰어났다. 『삼산지三山志』·『오잡조五雜組』·『문해피사文海披沙』·『사휴史觿』·『전략演略』·『장계쇄어長溪瑣語』·『소초재시화小草齋詩話』·『소초재집小草齋集』 등 많은 저서를 남겼다.

44 이지조李之藻(1565~1630): 명대의 과학자. 절강浙江 인화仁和(지금의 杭州) 사람. 자는 진지振之, 호는 아존我存·양암涼庵으로 평소 '강남의 재자才子'로 칭해졌다. 만력 26년(1598) 진사進士. 29년 선교사 마테오 리치로부터 천문·수학·지리 등 과학을 배웠다. 31년(1603) 복건

다가 매우 절묘한 것은 만력萬曆 황제도 매우 기뻐했다는 것이다. 천하에 전혀 관심이 없던 황제는 '세계' 변화의 의미를 결코 이해하지 못했지만 도리어 아주 기꺼이 내시에게 이 지도에 근거하여 커다란 「곤여만국전도」라는 병풍을 그리게 했다. 이 지도를 조정과 지식층 양쪽에서 모두 기꺼이 받아들였다. 이리하여 새로운 세계지도는 중국에서 곧 합법성과 정당성을 지니게 되었다.

사실 마테오 리치의 지도는 확실히 관념상의 목적이 있었던 것으로, 중국이 대중화大中華 문화의 우월감을 버리고 천주교 문명을 받아들이게 하는 것이었다. 마테오 리치는 "그들이 자기네 국가가 많은 다른 나라에 비해서 그렇게 작다는 것을 보게 되면 거만하고 제멋대로인 점을 아마도 약간은 없앨 수 있을 것이며, 다른 나라들과 관계를 맺는 것에 즐거워할 것이다."라고 말했다. 실제로 고대 중국이 기타 국가들과 교류할 때에는 늘 속국의 종주국에 대한 배알·조공·알현이나, 대국의 소국에 대한 화친·먼 곳을 안정시킴·변방의 민족을 위로함·이민족을 다룸 등을 바탕으로 국제관계를 설정했으므로 평등이나 다원화의 관념은 거의 없었다. 그러나 이번에 그려낸 새 세계지도는 도리어 관념의 변화를 일으켰다. 새 지도는 중국인에게 다음과 같은 사실을 알려주었다.

1. 이 지도 안에서, 사람이 생활하는 세계는 더이상 평면의 세계(이는 하늘은 둥글고 땅은 네모지다는 오래된 관념을 가리킴)가 아니라 바로 원형의 세계라는 것이다.
2. 세계는 대단히 크지만 중국은 겨우 아시아의 10분의 1에 불과하며 아

학정福建學政을 맡았다. 관직에 있으면서 서양 과학을 이용하여 치수하여 현저한 업적을 이루었다. 38년 천주교 신자가 되었고 상소를 올려 서양 역법曆法의 번역을 청했다. 41년 마테오 리치와 함께 엮어 번역한 『동문산지同文算指』 여덟 권은 서양 수학을 편역한 최초의 저작이다. 또한 서광계徐光啓와 협력하여 『대통력大統曆』을 수정했고, 아울러 『숭정력법崇禎曆法』을 편찬했다.

시아 역시 세계의 5분의 1에 지나지 않는다는 것이다.(이는 '천하'의 전통 관념을 와해시킴) 중국은 절대 끝없이 광대한 유일한 나라가 아니라 도리어 아주 작은 나라라는 것이다.

3. 고대 중국의 '천하'·'중국'·'사이' 관점은 성립되지 않는다는 것이다. 중국이 꼭 세계의 중심은 아니며 '사이'가 바로 또 다른 문명의 국가일 수도 있으며, 그들의 입장에서 보면 중국이 바로 '사이'일지도 모른다.

4. '동방이나 서방의 문화 교류는 심정적으로나 세계 만물의 이치로 보나 동등하게 이루어진다'는 관점을 받아들이고, 세계 각국의 여러 문명은 평등하고 공통적이며 아울러 진정 민족, 국가, 영토를 초월하는 보편주의의 진리가 존재한다는 것을 인정해야 한다.

바로 이런 배경 아래서, 전통적으로 중화제국이 천하의 중심이며 중국은 사이四夷보다 우월하다는 '가설'은 점점 깨지게 되었다. 그러나 이러한 문화상의 '가설'은 고대 중국의 관념 세계 속에서는 영구불멸의 진리였다. 의심할 여지 없이, 그것은 전통 사상 세계 속에서 중화문명의 초석의 하나이기도 했다. 그러나 이 초석이 뒤집힐 때 중국의 관념 세계에는 곧 거대한 변화가 생길 것이었다.

물론 이 거대한 변화의 과정은 기나긴 시간이므로 매우 긴 세월이 흘러야만 그것의 현실적인 작용과 깊은 영향을 충분히 알아볼 수 있다. 이런 작용과 영향도 18세기 이후 서양 함정과 대포의 지지에 의해서야 비로소 진정 깊이 중국 지식층과 사상계로 들어갈 수 있었다. 하지만 그것은 당시에 이미 확실히 일종의 침투제가 되어 고대 중국의 세계관에 파열 흔적을 남김으로써 본래 모두가 사고할 필요조차 없이 받아들이던 관념의 기초가 깨져버렸다. 이런 새로운 '세계관'은 이미 이 오랜 중국의 지식 사상과 신앙을 조용히 와해시키기 시작한 것이다. 18세기 중엽 이후가 되자, 중국인은 한 가지 고통스런 사실, 즉 중국은 더 이상 세계의 중심이 아니라는 사실을 어쩔 수 없이 받아들이기 시작했다.

■ 참고 문헌 ■

1. 고대 중국의 전통적 관점

왕도王都를 둘러싼 사방 500리 지역을 전복甸服이라 한다. 그중 가장 왕도에 가까운 100리의 구역은 줄기가 있는 곡물을 내야 한다. 200리의 구역은 이삭을 내고, 300리 밖의 구역은 까끄라기를 없앤 이삭을 내고, 400리의 구역은 껍질이 있는 곡물을 내고, 500리 구역 내는 껍질이 없는 쌀을 내야 한다.

전복 밖 500리 범위는 후복侯服이라 한다. 100리 떨어진 곳은 경卿과 대부大夫의 채읍采邑,[45] 200리 떨어진 곳은 남작男爵이 다스리는 작은 나라,[46] 300리 떨어진 곳은 제후국諸侯國이다.

후복 밖 500리 범위를 수복綏服이라 한다. 수복에서 300리 떨어진 범위 내에 문교文敎를 관장하는 관원을 세워 문교를 시행하여 펼치고, 200리 내의 백성들은 무장하여 천자를 보위한다. 수복 밖 500리 범위를 요복要服이라 하고, 요복에서 300리 떨어진 곳은 이夷[47]요, 그 밖의 200리 범위 내는 채蔡[48]이다.

요복 밖 500리 범위는 황복荒服이라 하고, 황복에서 300리 범위 이내는 만蠻[49]이다. 그 밖의 200리 범위는 유流[50]이다. 동쪽으로 대해까지, 서쪽으로 사막까지, 북쪽에서 남쪽까지 사해 안에 전부 천자의 덕정과 교화를 보급했다.

　　五百里甸服: 百里賦納總, 二百里納銍, 三百里納秸服, 四百里粟, 五百里米.

---

45 백성들이 천자에게 각종 부역을 한다.
46 백성들은 천자를 위해 일정한 부역을 부담한다.
47 백성은 차츰 풍속을 바꾸어야 한다.
48 백성들은 세금을 감면할 수 있다.
49 백성은 풍속에 따라 예절을 간소화한다.
50 백성은 자유로이 이주하고 그들이 세금을 진공하는지는 따지지 않는다.

五百里侯服: 百里采, 二百里男邦, 三百里諸侯. 五百里綏服: 三百里揆文敎, 二百里奮武衛. 五百里要服: 三百里夷, 二百里蔡. 五百里荒服: 三百里蠻, 二百里流. 東漸于海, 西被于流沙; 朔南暨聲敎, 訖于四海.

― 『상서尙書』「우공禹貢」

각 지역을 구복九服으로 나누어 크고 작은 나라를 구별한다. 사방 1000리를 왕기王畿라고 한다. 그 밖의 사방 500리를 후복이라 하고, 그 밖의 사방 500리를 전복이라 하고, 그 밖의 사방 500리를 남복이라 하고, 그 밖의 사방 500리를 채복采服이라 하고, 그 밖의 사방 500리를 위복衛服이라 하고, 그 밖의 사방 500리를 만복蠻服이라 하고, 그 밖의 사방 500리를 이복夷服이라 하고, 그 밖의 사방 500리를 진복鎭服이라 하고, 그 밖의 사방 500리를 번복藩服이라 한다.

乃辨九服之邦國, 方千里曰王畿, 其外方五百里曰侯服, 又其外方五百里曰甸服, 又其外方五百里曰男服, 又其外方五百里曰采服, 又其外方五百里曰衛服, 又其外方五百里曰蠻服, 又其外方五百里曰夷服, 又其外方五百里曰鎭服, 又其外方五百里曰藩服.

― 『주례周禮』「하관夏官」

그래서 제하諸夏의 나라는 동일한 복服 내의 동일한 제도에 있고, 만蠻, 이夷, 융戎, 적狄의 나라는 동일한 복 내에서도 다른 제도에 있다. 봉내封內[51]는 전복이고, 전복 밖은 후복이며, 후기侯圻와 위기衛圻[52]는 빈복賓服이며, 또 만이蠻夷가 거주하는 지역은 요복이며, 융적戎狄이 사는 지역은 황복이다. 전복의 국가는 제사祭祀를 지내고, 후복의 국가는 사제祀祭를 지내며, 빈복의 국가는 시향時享하

---

51 봉내封內: 왕기(천자 도성 부근의 땅) 내를 가리킨다. 천자가 거주하는 도성 주위 500리 안의 지역이다.
52 후기에서 위기까지 사이에는 전기甸圻·남기男圻·채기采圻가 있는데 전복으로부터 2500리가 되며 위기까지가 중국의 영토이다. 이를 빈복이라고 한다.

고, 요복의 국가는 공물을 들이며, 황복의 국가는 왕이 천자를 섬겨야 한다. 날마다 제祭[53]에 참여하고, 달마다 사祀[54]에 참여하며, 철마다 제품을 바치며, 해마다 공물을 바치며, 왕이 천자를 섬기는 것, 무릇 이것이 지형과 형세를 보아 기물과 도구를 제정하고, 멀고 가까움의 칭호에 따라 공물과 헌상품에 차등을 매긴 것이다. 이것이 왕도의 법제이다.

故諸夏之國同服同儀, 蠻夷戎狄之國同服不同制. 封內甸服, 封外侯服, 侯衛賓服, 蠻夷要服, 戎狄荒服. 甸服者祭, 侯服者祀, 賓服者享, 要服者貢, 荒服者終王. 日祭月祀時享歲貢終王, 夫是之謂視形埶而制械用, 稱遠近而等貢獻, 是王者之制也.

— 『순자荀子』「정론正論」제18

2. 추연의 관점

추연鄒衍은 …… 곧 음양의 소멸과 생장의 기복을 깊이 관찰하고, 「종시終始」, 「대성大聖」의 문장과 같이 기이하고 심오한 변화를 10만여 자로 기술했다. 그의 이론은 웅대하나 법칙에 맞지 않았다. 반드시 먼저 미세한 사물에 대한 검증에서 시작한 다음, 다시 큰 사물에 미치게 하여 끝없는 지경에까지 이르렀다. …… 그는 유가에서 말하는 중국은 천하의 81분의 1에 불과하다고 여겼다. 중국의 이름은 '적현신주赤縣神州'라 했다. 적현신주 안에는 다시 아홉 개의 주州가 있는데 바로 하나라 우禹 임금이 순서대로 배열한 구주九州이다. 그러나 주의 전체 수량을 말했다고 할 수는 없으며 중국 외에도 적현신주와 같은 것이 아홉 개나 되는데 이것이야말로 구주라는 것이다. 구주는 모두 작은 바다로 둘러싸여 있으며

---

53 제祭: 천자의 부친, 조부에게 지내는 제사를 말한다.
54 사祀: 천자의 고조, 증조에게 지내는 제사를 말한다.

사람과 금수가 다른 주와 서로 통할 수 없어 마치 독립된 구역과 같으니 이것이야말로 한 주라고 할 수 있다. 이와 같은 구주는 다시 큰 바다가 그것의 외부를 둘러싸고 있어 천지의 경계선에까지 이른다.

騶衍……乃深觀陰陽消息而作怪迂之變,「終始」「大聖」之篇十餘萬言. 其語閎大不經, 必先驗小物, 推而大之, 至於無垠. ……以爲儒者所謂中國者, 於天下乃八十一分居其一分耳. 中國名曰赤縣神州. 赤縣神州內自有九州, 禹之序九州是也, 不得爲州數. 中國外如赤縣神州者九, 乃所謂九州也. 於是有裨海環之, 人民禽獸莫能相通者, 如一區中者, 乃爲一州. 如此者九, 乃有大瀛海環其外, 天地之際焉.

― 「사기」 권74 「맹자・순경열전孟子荀卿列傳」

3. 불교의 관점

저 방토를 생각해 보면 사람들도 각기 다르다. …… 만일 그 거처로 말하면, 사천하四天下 속에는 도합 4008곳이 있은즉 4008종의 인간이 있다. 그리고 만일 바로 염부제 한 방토를 두고 말하면 『누탄경樓炭經』의 말과 같다. 즉 "대국으로 따지면 모두 36개의 대국이 있으니 인종도 그와 같으며 만일 벌려 따로따로 말하면 2500의 소국이 있고 인종도 그와 같다. 또 각 나라에 여러 인종이 있으니, 즉 호胡, 한漢, 강羌, 노魯, 만蠻, 이夷, 초楚, 월越로서 각각 그 방토를 따라 빛깔 종류도 같지 않은데 다 말할 수 없다." 그러므로 『누탄경』에 말하기를, "이 남방 염부제에는 종류의 차등이 있는데 모두 6400의 인종이 있다."

尋夫方志(일설에는 '土'라고 함), 人別不同. …… 若以住處言之, 四天下中合有四千八處, 則有四千八種之人, 若直案閻浮提一方言之, 如『樓炭經』說, 大國總有三十六, 人亦同之, 若展別論, 則說有二千五百小國, 人亦同之. 又一一國中, 種

類若干, 胡漢羌魯(일설에는 '虜'라고 함), 蠻夷楚越, 各隨方土色類不同, 未可具述, 故『樓炭經』云: 此南閻浮提, 種類差別, 合有六千四百種人.

— 당唐 도세道世 편, 『법원주림法苑珠林』 권2

세상 사람에게는 해박한 지식이 부족하다. 한漢나라 때를 보면 강역이 넓었지만 1만 리를 넘지 않았는데 언뜻 이 말을 듣고도 믿을 수가 없었다. 이곳은 동쪽에 있고, 천축은 가운데에 있음을 알아야 하고, 이곳으로부터 서쪽으로 천축까지 4만 5000리이고, 천축의 서쪽으로 서해까지도 역시 4만 5000리이다. 이처럼 이곳은 염부閻浮[55]의 동쪽이라는 것은 확실하다. 세상의 유학자들은 그것을 일러 중국이라고 했다. 이 땅에 근거하여 스스로 사방의 중심이라고 여겼을 따름이다. 유학자들이 지리를 논하면서 1만 리까지만 언급한 것은 오축국의 번성과 서해의 끝을 알지 못한 것이다.

世人乏通識, 見漢時四履之盛, 不出萬里, 以故乍聞此說, 莫之能信. 須知此方居東, 天竺居中, 自此方西至天竺, 爲四萬五千里, 自天竺西向盡西海, 亦四萬五千里, 如此則此地爲閻浮之東方, 信矣. 世儒謂之中國, 且據此地自論四方之中耳. 儒家談地, 止及萬里, 則不知五竺之殷盛, 西海之有截也.

— 송宋 지반志磐 편, 『불조통기』 권32

4. 송대 중국 지식층의 관점

무릇 하늘은 위에 있고 땅은 아래에 있으니 천지의 가운데 있는 것은 중국이

---

[55] 염부閻浮: 염부주閻浮洲의 약칭인데 산스크리트어 jambu의 음역이다. 불교의 우주관에서 해와 달이 비추는 범위를 하나의 세계라고 했다. 그것은 수미산을 중심으로 산 밖은 큰 바다이고 사방에 사대주가 있는데 염부주는 남쪽에 있다. 석가모니가 교화한 세계에서 염부주는 사람이 거주하는 세계를 가리킨다.

라 하고 천지의 주변에 있는 것은 사이라고 한다. 사이는 밖이요, 중국은 안이라, 천지가 이것 때문에 안팎의 경계가 있다. 무릇 중국은, 임금과 신하는 스스로 세운 것이고, 예와 악은 스스로 제작한 것이고, 의관은 스스로 낸 것이고, 관례·혼례·제사는 스스로 시행한 것이고, 거친 삼베옷과 상례와 우는 의례도 스스로 만든 것이고, 과실과 오이·채소는 스스로 심은 것이요, 벼·마·기장은 스스로 있던 것이다. 동쪽에 사는 이를 이夷라고 하는데, 머리카락을 풀어헤치고 문신을 하며 불을 쓰지 않고 먹는 사람도 있다. 남쪽에 사는 이를 만蠻이라고 하는데, 조제雕題[56]와 교지交趾[57]이며 불로 익힌 음식을 먹지 않는 사람이 있다. 서쪽에 사는 이를 융戎이라고 하는데, 머리를 풀어헤치고 가죽을 입었으며 곡식을 먹지 않는 사람도 있다. 북쪽에 사는 이를 적狄이라고 하는데, 털옷을 입고 동굴에 거주하며 쌀을 먹지 않는 사람도 있다. 그들은 풍속에서 모두 저절로 편안하나 서로 바꾸면 혼란해진다.

夫天處乎上, 地處乎下, 居天地之中者曰中國, 居天地之偏者曰四夷, 四夷外也, 中國內也, 天地爲之乎內外, 所以限也. 夫中國者, 君臣所自立也, 禮樂所自作也. 衣冠所自出也, 冠昏祭祀所自用也, 縗麻喪泣所自制也, 果蓏菜茹所自殖也, 稻麻黍稷所自有也. 東方曰夷, 被髮紋身, 有不火食者矣; 南方曰蠻, 雕題交趾, 有不火食者矣; 西方曰戎, 被髮衣皮, 有不粒食者矣; 北方曰狄, 衣毛穴居, 有不粒食者矣. 其俗皆自安也, 相易則亂.

— 송宋 석개石介, 『조래석선생문집徂徠石先生文集』 권10 「중국론中國論」

중국은 천지의 정기正氣가 있어 천명의 집적이요, 사람의 마음이 모인 곳이

---

56 조제雕題: 고대 남방의 이마에 물들이고 문신하는 부족을 가리킨다.
57 교지交趾: 원래 옛 지역의 명칭인데 일반적으로 오령五嶺 이남을 가리킨다. 한나라 무제 때 설치한 13자사부의 하나로 관할 경계는 광동, 광서 대부분과 베트남의 북부, 중부와 같다. 동한 말에 교주로 고쳤다. 베트남은 930년대에 독립하여 나라를 세웠는데, 그 후 송나라도 그 나라를 교지라고 하였다.

요, 의관과 예악이 모인 것이요, 100대의 제왕이 서로 계승한 땅이니, 어찌 천지 밖 이적夷狄의 그릇된 기풍이 범할 수 있겠습니까!

中國, 天地之正氣, 天命之所鍾也, 人心之所會也, 衣冠禮樂之所萃也, 百代帝王之所以相承也, 豈天地之外夷狄邪氣之所可干哉?

— 송宋 진량陳亮, 『진량집陳亮集』 권1 「상효종황제제일서上孝宗皇帝第一書」

5. 서방 선교사가 중국에 온 후의 새로운 관점

만력萬曆 신축辛丑(1601) 리 씨(마테오 리치)가 손님으로 와서 나는 관직에 있는 여러 동료들을 따라 그를 방문했다. 그 벽에 '대지 전도'가 걸려 있었는데 선을 그어 나눈 눈금이 매우 상세했다. 리 씨가 말하기를 "이것은 나의 서쪽에서 온 노정이오. 도중 산천 명승 풍토 습속의 상세한 기록은, 이미 따로 거대한 책자로 만들어 도움을 받아 궁중에 들여갔소." 했다. 그가 내게 말하기를, "땅은 작은 원이고, 하늘의 큰 원 안에 있으며 각도가 서로 맞아 모두 360도인데, 무릇 땅의 남북이 (1도당) 250리 떨어져 있으니 해별시계가 정확히 1도의 차가 있소. 그 동서의 식食[58]을 증명할 수 있는데 30도의 거리마다 식의 차이는 한 시각이오."라고 하여, 내가 법규에 따라 측정해 보니 과연 그랬다. …… 줄리오 알레니Giulio Aleni가 나에게 말하기를, "……땅이(지구가) 이처럼 크나 하늘에서의 좁쌀 한 톨일 따름이라. 우리 고을 우리 마을은 또 한 좁쌀 가운데 터럭이고 나는 그 가운데 있으니 더욱 작구나. 결국 이런 작은 만씨蠻氏와 촉씨觸氏의 나라가 달팽이 뿔의 이익을 다투는 곳에서 명리를 다투어야 하겠는가?"[59]라고 했다.

---

58 식食: 일식이나 월식 같은 천체가림현상을 말한다.
59 만씨는 달팽이 오른쪽 뿔 위의 나라이고 촉씨는 왼쪽 뿔 위의 나라인데 두 나라가 땅을 다투어 15일마다 한 번씩 싸워서 죽거나 부상당한 자가 1만 명이 넘었다. 이것은 『장자』 「즉양則陽」에 나온 고사로, 작은 이익을 위하여 싸움을 일으키는 것을 비유한다.

萬曆辛丑, 利氏來賓, 余從寮友數輩訪之. 其壁間縣有大地全圖, 畫線分度甚悉, 利氏曰: "此吾西來路程也, 其山川形勝土俗之詳, 別有鉅册, 已藉手進大內矣. 因爲余說: 地以小圓處天大圓中, 度數相應, 俱作三百六十度, 凡地南北距二百五十里, 卽日星晷必差一度. 其東西則交食可驗, 每相距三十度者, 則交食差一時也. 余依法測驗, 良然. ……艾子語余: ……地如此其大也, 而在天中一粟耳, 吾州吾鄉, 又一粟中之毫末, 吾更藐焉中處, 而爭名競利於蠻觸之角也歟哉.

— 명明 이지조李之藻, 『각직방외기서刻職方外紀序』

지도에 근거해서 말해 보자면, 중국은 아시아의 10분의 1을 차지하고 있으며 아시아는 세계의 5분의 1을 차지한즉, (아시아는) 적현신주赤縣神州[60] 말고도 적현신주 같은 것이 아홉이나 더 있다. 그런데 작고 작은 이 한 쪽을 가지고 세계 천하를 살펴서 모두 오랑캐의 종족이라고 배척하니 분분히 우물 안 개구리라는 비난이 없을 수 있겠는가? 어찌 유생의 견해는 이토록 좁은가? 이들은 동해, 서해가 마음이 같으면 이치도 같다고 했다. 그러면서도 마음과 이치는 같으나 정신적 결과물은 각각 훌륭하게 펼쳐내지 못한다고 누가 말하고 있는가? 그러나 단연코 이것은 옳고 저것은 그르다고 말하는 것은 역시 큰 착오이다. 하물며 오랑캐와 중원 또한 어찌 정해진 것이 있겠는가?

嘗試按圖而論, 中國居亞細亞十之一, 亞細亞又居天下五之一, 則自赤縣神州而外, 如赤縣神州者且十其九, 而戔戔持此一方, 胥天下而盡斥爲蠻貊, 得無紛井蛙之誚乎? 曷微之儒先, 曰東海西海, 心同理同. 誰謂心理同而精神之結撰不各自抒一精彩, 顧斷斷然此是彼非, 亦大踳矣. 且夷夏亦何常之有?

— 구식곡瞿式穀, 『직방외기소언職方外紀小言』

---

60 적현신주赤縣神州: 중국을 지칭하는 말.

참고 논저

『中国古代地图集(战国至元)』, 北京: 文物出版社, 1990.

洪煨莲(원래 이름은 洪业임.): 『考利玛窦的世界地图』, 『洪业论学集』에 실려 있음, 北京: 中华书局, 1981.

陈观胜: 『利玛窦对中国地理学得贡献及其影响』, 『禹贡』第五卷第3·4合期, 1936.

艾儒略: 『职方外纪』, 谢方校释, 北京: 中华书局, 1996.

李孝聪: 『欧洲收藏部分中文古地图叙录』, 北京: 国际文化出版公司, 1996.

葛兆光: 『天下, 中国与四夷』, 『学术集林』卷十六, 上海远东出版社, 1999.

생각해 볼 문제

1. 「우공禹貢」과 『주례周禮』의 천하에 관한 상상은 어떻게 평가해야 하는가?
2. 불교의 세계에 대한 관념은 왜 중국에서 세계관의 근본적인 변화를 일으키지 못했는가?
3. 중국 고대의 세계관은 근·현대 중국에 어떤 영향을 미쳤는가?

제2강

가족과 의식

1. 백여 년 전의 한 장례로부터 시작하는 이야기
2. 호칭: 한족의 친족 구별
3. 남녀유별과 장유유서
4. 장례: 친족 질서의 제도화와 의식화
소결: 중국의 가족과 의식의 사회생활에서의 의의

제2강의 주제는 고대 중국의 윤리·정치와 관련이 있으며, 고대 중국에서 가장 커다란 영향을 끼친 유가 학설과 관련이 있다. 고대 중국의 윤리와 정치를 이해하려면 고대 유가 학설을 이해해야 하며, 그에 앞서 '고대 중국의 가족과 의식儀式'을 이해해야 한다. 고대 중국의 윤리와 정치에서도 국가에 관한 관념과 원칙은 매우 다양하게 존재했다. 이러한 관념과 원칙은 가정이나 가족에서 발전하고 전의轉義된 것이다. 고대 중국의 매우 많은 국가와 정치 관념도 의식과 상징에서 확장되어 나온 것과 관계가 있다. 그리고 사실 유가 학설의 기본 이치 역시 이런 가족 관념과 의식 속에서 번져 나온 것이다.

그러므로 여기에서 약간의 시간을 할애하여 가정과 가족의 관계·혼례·장례 등과 같이, 아주 자질구레하게 보이는 것들을 얘기해야겠다. 여기에서 특별히 일러둘 것은 이 주제에서 얘기하게 되는 고대 중국의 가족·사회 및 문화의 현상은 현대 생활과는 이미 너무도 거리가 멀어졌기 때문에, 다소의 상상력이 필요할 것이라는 것이다. 역사 문헌과 고고학 자료의 기록을 통하여 상상해 보자. 백 년 이전 심지어 더 이른 시기에 중국인이 생활하던 사회는 어떠하였을까?

1. 백여 년 전의 한 장례로부터 시작하는 이야기

아마 현대 중국인들은 고대 중국의 사회생활에서 가장 중요한 의식 가운데 하나가 장례葬禮라는 것을 상상하기는 무척이나 어려울 것이다. 사람들은 모두 죽기 마련이다. 그러므로 서양에서 동양에 이르기까지, 위로는 황제에서 아래로는 평민에 이르기까지, 누구나 장례를 치르게 된다. 그러나 고대 중국의 장례와 기타 문화 지역에서의 장례는 같지 않았다. 고대 중국의 장례가 포함하고 전달하는 문화 정보는 대단히 풍부하여, 결코 단순하게 고인과의 이별을 고하는 것만이 아니라 산 사람에게 일종의 암시로써 교육하는 상징적인 의식이기도 했다.

그래서 1880년대에 서방의 학자 그루트(J.J.M. De Groot, 1854~1921)는 하문厦門에서 완전한 장례를 한 차례 관람하게 되었다. 사후의 곡哭으로부터 시작하여 조문弔問·안장安葬에 이르기까지, 그는 지극히 충분히 표현된 중국 신앙 체계 전체를 관람했다. 이 의식은 이 서양인을 몹시 놀라게 했다. 그래서 그는 그것을 중국 종교 신앙의 중요한 기점과 기초로 여기고, 그러한 생각을 자신의 저서 『중국의 종교 체계(The Religious System of China)』 서두에 적었다. 이것이 대략 서양 학술계 최초로 중국 종교 체계를 연구한 저작일 것이다. 이 방대한 학술 저작은 1892년에 출판되기 시작하여 1910년에 마무리되었다. 모두 6권으로, 대략 당시 중국 사회와 종교에 대한 서양인의 관찰과 이해를 대표한다고 할 수 있다. 제1권의 서문에서 그루트는 이렇게 말했다. "중국에서는 영혼 숭배가 모든 종교의 기초가 된다. 그리고 그 영혼 숭배는 사람의 사망으로부터 시작되었다. 그러므로 살아 있는 사람들은 이런 문제를 생각하게 될 것이다. '유해를 어떻게 처리할 것인가?' 이 문제에 대한 태도는 산 사람들의 사상을 분명히 드러낼 것이다. 왜냐하면 그들은 이미 '유해 안에는 영혼이 계속해서 살고 있을까, 그렇지 않을까?', '그들은 다시 부활할 수 있을 것인가?' 등을 생각하고 있기 때문이다."(그림 1)

그루트의 문제 제기는 대단히 중요하다. 실제로 유해 처리와 영혼에 대한 관심은 고대 중국인의 종교 신앙의 기점과 기초이며 사망과 안장 및 사후 세계에 관한 상상을 불러일으켰으니, 고대 중국의 사회생활과 종교 신앙 속에서 지극히 중요하다. 지금 사람들이 보면, 고대 중국의 상례喪禮와 장례 의식

그림 1 청대 연화年畵 속의 염라전閻羅殿. 사후 세계에 대한 고대 중국인의 갖가지 상상으로서, 물론 염라전은 비교적 나중에 나온 것이지만 그 영향은 가장 크다.

은 정말로 너무나 복잡하고 엄숙하다. 현대인들은 고대 중국의 사상례士喪禮든, 주희朱憙가 개조한 적이 있는 상례든, 아니면 점차 변화한 청대淸代의 상례든 모두 대단히 복잡하다고 여길 것이다. 이는 마치 여기 청대 북경 상류층 가문의 상례에 관한 「상례도喪禮圖」가 이 과정을 기록한 것과 같다.(그림 2)

상장喪葬 의식 중에서 유해를 처리하는 의식은, 상례에서 조문하는 이와

그림 2
『북경풍속도보北京風俗圖譜』 속의 「괘효도掛孝圖」의 하나이다. 청대 상류층 가문의 상사喪事를 거행하는 상황을 그린 것이다.

제사에 참여하는 이의 복식, 제사 지낼 때 공양하는 제수祭需와 안장安葬의 방식, 망자亡者의 친척이 망자를 위해 준비한 복식과 장례의 시간 등을 비롯하여, 중국 고대 사회의 윤리와 정치를 구축하는 기점과 기초를 포함하고 있다. 우선 여기에는 가家, 가족家族, 종족宗族의 친소親疎와 차이에 관한 인식이 포함되어 있다. 그 다음으로 이런 친소와 차이 안에는 사회의 등급과 질서가 포함되어 있다. 마지막으로 이 등급과 질서는 심지어 가족공동체에서 국가에 이르기까지의 기본 구조를 규정했다. 그리고 이 모두는 또 마침 고대 중국 경전 중의 '예禮'[1] 특히 '사상례士喪禮'의 기록과 서로 완전히 부합된다.

그러면 고대 중국인의 개인·가정·종족 관계는 대체 어떠했는가? 그것과

---

[1] 예禮: 여기서는 중국 경서인 『의례儀禮』를 가리킨다.

고대의 장례는 어떤 관계가 있는가? 먼저 우리는 모든 중국인에게 가장 익숙한 중국식 친족에 관한 호칭부터 살펴보도록 하자.

2. 호칭: 한족의 친족 구별

중국인의 친족 호칭에 관한 복잡 정도는 세계 여러 민족 중에서 다분히 비교 부각된 것인데, 가족의 친족[2] 가운데 부모 형제·자매 외에도 또 다음과 같은 것이 있다.

조부(이예이예(爺爺) 태공太公), 조모(나이나이(奶奶) 대모大母)
　/외조부(라오예(姥爺)), 외조모(라오라오(姥姥))　　　― grandfather
　　　　　　　　　　　　　　　　　　　　　　　　　　grandmother

시아버지(구舅), 시어머니(고姑)　　　　　　　　　　　― father-in-law
　/장인(태산泰山), 장모　　　　　　　　　　　　　　　mother-in-law

큰아버지(백伯), 작은아버지(숙叔)/외삼촌(구舅) (고모부/이모부)
　　　　　　　　　　　　　　　　　　　　　　　　　― uncle

큰엄마, 작은엄마/외숙모(외종숙모)　　　　　　　　　― aunt

고모/이모　　　　　　　　　　　　　　　　　　　　　― aunt(aunty)

고모할머니 이모할머니

종형제/표형제表兄弟[3]　　　　　　　　　　　　　　　― cousin

---

[2] 친족: 일가. 원래는 6세世 이내의 혈족을 가리켰으나, 후에는 자기와 혈통 관계나 혼인 관계가 있는 사람을 이르기도 하였다. 『예기禮記』「대전大傳」: "6세에 이르면 친족으로서의 연緣이 다하는 것이다.(六世親屬竭矣)" 6세, 즉 단지 고조부高祖父의 조부祖父가 같기만 한, 이렇게 관계가 소원한 사람에 대해서는 친족에조차도 넣지 않는다는 것을 말한다.

[3] 표형제表兄弟: 중국에서는 고종형제·이종형제·외종형제를 모두 포함한 말이다.(국어사전에서 표형제는 외사촌형제)

외종(또는 고종·이종)형수, 종형수, 이종자형(형부), 이종매제(제부)

종자매/이종자매

조카/생질

형수, 제수/자형, 매제

이 외에 또 '동서지간(부인들 사이, 남편들 사이)' 등등 아주 많은데, 매우 까다로워 기억하기도 무척 힘들다.

하지만 친척에 관한 명칭이 이렇게 많이 만들어진 것은 반드시 그것의 용도가 있기 때문일 텐데, 가장 직접적인 용도는 바로 각기 다른 신분과 관계를 구분하는 것이다. 그리고 이 안에서 우리는 또 매우 분명한 하나의 경계가 있는 것을 볼 수 있다. 중국인은 부친 혈통의 친척에 대한 호칭이 있고 모친 혈통에 대해서는 또 다른 호칭이 있으며, 연장자에 대한 호칭이 있고 연소자에 대한 또 다른 호칭이 있다. 일부다처제의 고대에는, 적서지간嫡庶之間에 또 다른 호칭이 있었다. 가령 정실부인이 낳은 장자長子는 원자元子, 총자冢子, 적자嫡子라고 부르며, 첩이 낳은 아들은 서자庶子, 지자支子라고 불렀다. 만일 첩이 맏아들을 낳았다면 '장서남長庶男'이라고 밖에 부를 수 없었으니, 그 구분이 대단히 명확했다. 비교해 보면 발견할 수 있는 것은, 친족에 대한 호칭이 서양인들은 그다지 엄격하거나 명확하지 않다는 것이다. 심지어 우리와 아주 가까우며, 한족 문화의 영향을 매우 많이 받은 일본인, 한국인조차도 그토록 세밀하지는 않아 일본인의 오지상(おじさん),[4] 오바상(おばさん),[5] 오지이상(おじぃさん),[6] 오바아상(おばぁさん)[7]은 매우 모호한 것 같

---

4 오지상(おじさん): 부모님 형제. 한자로 叔父·伯父라고 쓰며, 백부·숙부·외숙부·고모부·이모부 등을 이르는 호칭이다.

5 오바상(おばさん): 한자로 叔母·伯母라고 쓰며, 백모·숙모·외숙모·고모·이모의 호칭을 이름.

6 오지이상(おじぃさん): 한자로 お祖父さん이라고 쓰며, 할아버지·외할아버지의 호칭을 이름. 祖父는 자신의 할아버지(외할아버지)를 다른 사람에게 말할 때 쓰며, お祖父さん(오지이상)은

다.⁸ 그러나 중국인은 어떠한가? 종형제, 사촌형제, 고모, 이모, 숙부, 외숙, 조카, 생질, 정말이지 조금도 흐트러져서는 안 된다.

중국인은 '삼친육척三親六戚'이라고 말하곤 한다. '삼친'이란 무엇인가? 첫째는 바로 종친宗親이다. 즉 부모, 조부모, 숙부, 백부 그리고 숙모와 형제자매처럼 자기와 같은 조상의 친척과 그들의 배우자를 말한다. 이것은 자기와 동일한 성씨의 가장 친근한 혈연관계이다. 둘째는 '외친外親'으로, 바로 모친의 부모 형제·자매를 가리키며, 그들은 비록 성씨는 다르지만 자기가 출생하기 전에 이미 필연적인 혈연관계가 있었다. 그러므로 둘째로 중요한 친족이다. 셋째는 '처친妻親'이다. 바로 처의 직계 혈족인데 이런 친척관계는 후천적인 것으로, 단지 혼인의 관계 때문에 조성된 것이므로 가장 멀다. 고대 중국의 친족 관련 호칭은 실제로 매우 복잡하여, 심지어 학문의 한 분야를 이루기까지 했다. 고대 가장 이른 시기의 자전字典인 『이아爾雅』에는 특별히 「석친釋親」편이 있다. 후에 청대에 이르러 또 이인독李因篤이 『의소경의小經』을 저술하였는데, 부모, 며느리, 장인어른, 계모 등 친족의 호칭, 각기 다른 친척에게 편지를 쓰는 격식, 이 친척들을 묘사한 시문, 만나서 행하는 각종 예의범절, 사후에 제사를 받드는 방법을 기술하여 사람들이 배우도록 했다. 얼마 지나지 않아 또 『칭위록稱謂錄』이라는 책이 발간되었다. 이 책은 번잡스러움을 마다하지 않고 여러 종류의 친족 부르는 법을 설명했다. 자신의 가족

   남의 할아버지를 부를 때 사용한다.

7 오바아상(おばぁさん): 한자로는 お祖母さん라고 쓰며, 祖母[そぼ(소보)]라고 읽으며 자신의 할머니를 다른 사람에게 말할 때 쓴다.

8 저자의 관점과는 달리, 실제 한국인이 사용하는 호칭은 일본처럼 모호하지 않고 다양하게 세분화되어 있다. 중국어에서는 손위의 남자형제를 부를 때 남자동생이나 여자동생이나 상관없이 모두 哥哥라고 하고, 손위의 여자형제를 부를 때 역시 모두 姐姐라고 한다. 하지만 한국어에서는 손위의 남자형제를 남자동생은 형이라고 하고 여자동생은 오빠라고 한다. 또한 손위의 여자형제를 남자동생은 누나라고 하고 여자동생은 언니라고 한다. 이것은 한국어 호칭의 세분화의 예로 볼 수 있을 것이다. 이뿐 아니라, 본서에 제시되는 중국인 호칭에 해당하는 명칭이 한국어에는 모두 있는 것도 중국만큼 다양하다는 하나의 증거로 볼 수 있다.

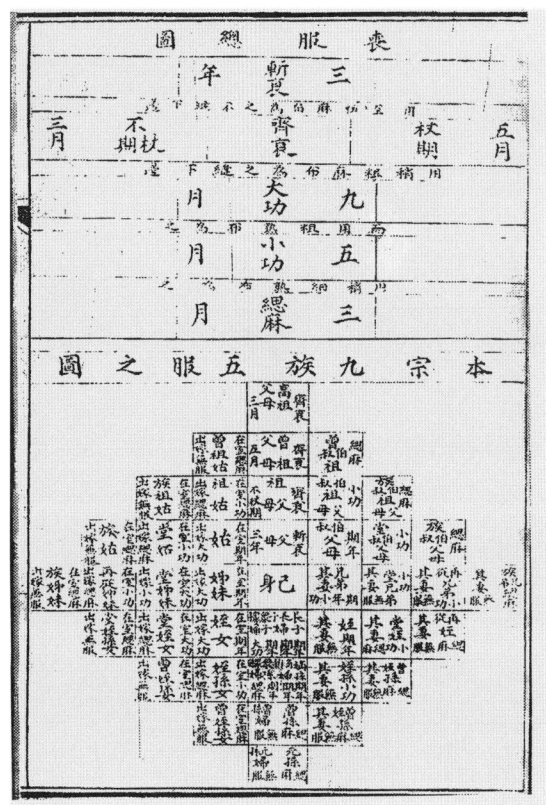

그림 3 민국民國 20년(1931) 『시헌통서時憲通書』의 「상복총도喪服總圖」와 「구족오복도九族五服圖」. 이 두 도표에서 가족의 질서를 알 수 있다.

을 어떻게 부르고, 다른 사람의 가족을 어떻게 부르며, 부친 일가의 형제자매를 어떻게 부르고, 모친 일가의 형제자매를 어떻게 부르며, 이런 사람들의 처, 심지어 그 처의 여러 친척들은 또 어떻게 부르는지 등이 포함되었다. 한 가지 예를 들면 '어머니의 남자 형제'는 통칭 외삼촌(舅)이지만 어머니의 오빠는 백구伯舅라고 부르며 어머니의 남동생은 중구仲舅라고 부른다. 어머니의 사촌형제는 외당숙(從舅)이라 부르고, '계모의 남자 형제'는 계구繼舅라고 불러 매우 명확하게 나누었다.(그림 3)

그러면 고대 중국에서는 왜 친속의 호칭을 이렇게 세세하게 나누었을까? 이렇게 세밀하게 나뉜 호칭에는 어떤 용도가 있었을까?

3. 남녀유별과 장유유서

이런 복잡한 호칭에서 볼 수 있는 것은 두 가지 중요한 원칙이다.

첫째, 동일 성씨의 부당父黨과 다른 성의 모당母黨 사이에는 뚜렷한 등급 또는 가치의 차이가 있다는 것이다. 성씨란 무엇인가? 중국에는 대단히 많은 성姓이 있다. 동일한 성은 아마도 조상이 같다는 의미일 것이다. 동성은 동일 혈통의 연속을 의미하는 것으로 부자가 주축이 된 혈연관계의 확장과 파생이다. 그것은 가장 중요한 인정의 지표가 된다.

어떤 의미에서는 성姓이 한 집안의 상징이라고 말한다. 물론, 어떤 성의 경우에는 분포 범위가 대단히 넓고 사람 수도 많아서, 모두가 같은 집안이라고 틀림없이 인정할 수는 없으며, 성과 상대적으로 말하면, 씨氏 역시도 동일한 조상이 있고 동일한 생활 구역이 있고 동일한 사당祠堂이 있는 동성이어서 더욱 긴밀하다. 이런 동성의 사람들은 같은 산기슭에 안장될 것이며, 동일한 족보에 기록될 것이며, 동일한 촌락에 거주할 것이다. 중국인은 자주 '향불(香火)'이라 말하곤 한다. 향불은 가족 사당에서 누군가가 제사 지내며, 누군가가 기념하며, 향불을 붙일 것이라는 것을 함축하는데, 이것은 동일한 '성'에 있어서 후대의 제사 활동이 지속되고 자기의 생명과 혈통도 계속됨을 의미하고 있다.

하지만 대단히 중요한 한 가지는 '동성은 혼인하지 않는다'는 것이다. 이것은 고대 중국에서 상당히 이른 시기에 확립된 원칙이다. 혈통도 좋고 향불도 좋지만, 이런 연속은 필경 다른 성씨와의 통혼을 필요로 하고 아들을 낳아야 비로소 가능하다. 그러므로 고대 중국인이 인륜의 시작을 '부부'로부터 인정하는 것은 이치에 합당한 것이었다. 혼인이 있고 나서야 비로소 후손이 번성할 수 있기 때문이다. 바로 이와 같은 이유 때문에 옛사람들은 혼례를 각별히 중시하여, 상례 바로 다음에 두었다.(민간에서는 '홍백희사紅白喜事'[9]라고 이른다) 한 남자나 여자가 성년에 이르면 '관례冠禮'나 '계례笄禮'[10]를 치른 이후에 곧 혼담이 오가는 단계에 들어간다. 고대 사람들은 혼례를 대단히 성대하게 거행했으며 매우 많은 의식의 과정을 거쳐야 했다.(그림 4)

먼저, 납채納采(예물을 보내는 것과 같음)[11]

---

9 홍백희사紅白喜事: 홍사紅事와 백사白事를 이름. 홍사는 혼사婚事를, 백사는 상사喪事를 말하는데, 일반적으로 혼인과 상례를 가리킨다.
10 계례笄禮: 고대에 여자 나이 15세가 되면 머리를 묶고 비녀를 꽂는 의식을 치렀는데 이를 '계례'라 하며, 이로부터 성년으로 인정되어 혼인할 수 있었다.
11 납채納采: 옛날 혼례에서 육례六禮의 한 가지. 남자 측이 여자 측으로 구혼 예물을 보내는 것을 말함. 『의례』「사혼례」: "혼례는 중매인에게 여자 측에 가서 혼인의 뜻을 통하도록 하

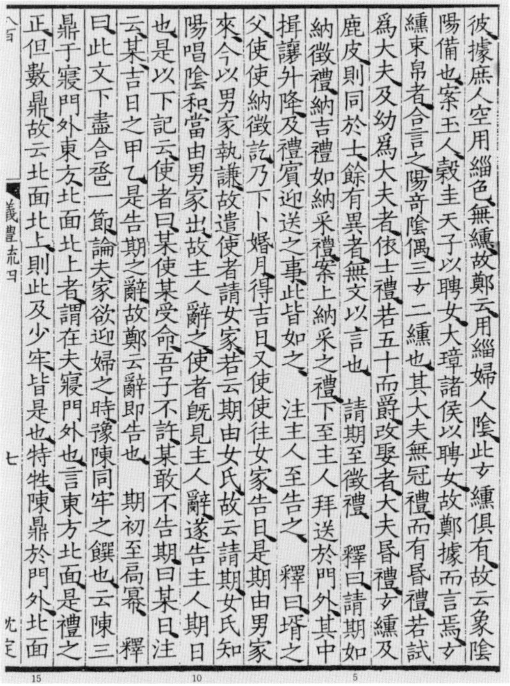
彼據庶人空用緇色無纁故鄭云用緇婦人陰此女纁俱有故云象陰陽備也案玉人穀圭天子以聘女大璋諸侯以聘女故鄭據而言焉女纁束帛者合言之陽奇陰偶三女二纁也其大夫無冠禮而有昏禮若試爲大夫及幼爲大夫者依士禮若五十而爵改娶者大夫昏禮女纁及鹿皮則同於士餘有異者無文以言也 請期至徵禮 釋曰請期如納徵禮納吉禮如納采禮案上納采之禮下至主人拜送於門外其中揖讓外降及禮賓迎送之事此皆如之 注主人至告之 釋曰壻之父使使納徵訖乃下卜婚月得吉日又使使往女家告日是期由男家來今以男家執謙故遣使者請女家若云期由女氏故云請期女氏知陽唱陰和當由男家出故主人辭之使者既見主人辭遂告主人期日也是以下記云使者曰某使某受命吾子不許某敢不告期曰某日注云某吉日之甲乙是告期之辭故鄭云辭即告也 期初至扃鼏 釋曰此文下盡合巹一節論夫家欲迎婦之時豫陳同牢之饌也云陳三鼎于寢門外東方北面北上者謂在夫寢門外也言東方北面是禮之正但數鼎故云北面北上則此及少牢皆是也特牲陳鼎於門外北面

儀禮疏四 七

그림 4 『의례儀禮』「사혼소士婚疏」 영인. 이는 경전의 기록이자 후세가 따르는 제도이다.

둘째, 납길納吉(길흉을 점침)[12]

셋째, 납징納徵(확정)[13]

넷째, 문명問名

다섯째, 청기請期(날짜를 정함)[14]

여섯째, 친영親迎(신랑이 신부 집에 가 신부를 맞이하여 옴)

이때가 되면 대체로 의례는 끝마쳤다고 할 수 있다. 그런 후에 신부가 시부모께 인사드리고 합근合巹의 예禮[15]를 거행한다. 그러면 부부로 맺어진다.(그림 5)

부부가 있음으로써 혈통을 지속시키고 두 성을 하나로 합하게 되었다. 그러나 원래 동일한 친족이 확대되고 한 성이 두 개의 성이 되었다. 그러면 이 안의 상호관계를 어떻게 처리하고 공동으로 함께 지내는 질서를 세울 것인가? 바로 이런 부부관계에서 전개된 기이하고

고, 허락하면 선택한 예물을 받아들이도록 하는데, 그때 기러기를 쓴다.(昏禮, 下達, 納采, 用鴈)"

12 납길納吉: 옛날 혼례에서 육례六禮의 한 가지. 납폐納幣 이전에 신랑 측이 혼인의 길흉을 점쳐 신부 측에 혼인하는 것이 좋음을 통지함. 『의례』「사혼례」: "납길은 기러기를 사용하며 납채의 예와 동일하게 한다.(納吉用鴈, 如納采禮)"

13 납징納徵: 납폐納幣라고도 함. 옛날 혼례에서 육례의 한 가지. 『의례』「사혼례」: "납징은 검은색과 분홍색의 비단 다섯 필과 사슴가죽 두 장을 예물로 보내며, 납길의 예와 동일하게 한다.(納徵, 玄纁, 束帛, 儷皮, 如納吉禮)"

14 청기請期: 옛날 혼례에서 육례의 한 가지. 신랑 측이 약혼 예물을 보낸 후 길일을 점쳐 중매인에게 신부의 집으로 가 혼인 날짜를 알리도록 한다. 형식적으로는 신랑 집에서 신부 집에 청하는 것처럼 한다. 그러므로 청기라고 한다. 『의례』「사혼례」: "청기는 기러기를 사용한다.(請期, 用鴈)"

15 합근合巹의 예禮: 혼례 중에 신랑 신부 두 사람이 술을 바꿔 함께 마시는 의식. 이 의식을 마치면 부부가 된다.

그림 5-1
양류청楊柳靑의 연화年畫인
「혼경도婚慶圖」

그림 5-2
청대淸代 판화「합근도合卺圖」

그림 5
고대에 결혼은 대사로서, 그것의 의의는 남녀 개인의 감정과 자손을 낳아 기르기 위함이라는 필요를 훨씬 뛰어넘는 것이었다.

제2강 가족과 의식 69

복잡하며 아주 엄격한 가정, 가족, 친족공동체의 관계는 비로소 고대 중국 사회생활의 한 가지 특징을 드러내게 되었다. 그 특징이란 바로 내內와 외外의 구별로서, 부와 모라는 두 친족 사이에 구별을 두는 것이었다. 남성 중심의 입장에서 처의 부모인 장인, 장모와 자신의 부모를 함께 거론해서는 안 되는 것이었다. 사촌형제[16]와 형제는 같지 않고, 이모와 고모는 같지 않으며, 외삼촌과 백부·숙부는 같지 않고, 생질과 조카는 같지 않고, 외조부와 외조모는 조부·조모와는 같지 않고……. 고대 중국에서 무릇 동성同姓에 속하면 곧 부계 일족의 친족으로 그 친소와 지위가 모두 모계 일족의 친족보다 높다는 것은 의심할 바 없는 하나의 원칙이었다.

비록 전통적으로 중국에서는 '남자는 주로 외부의 일을, 여자는 내부의 일을 담당한다'라고 하지만, 친족을 구별할 때에는 남성 쪽의 친척은 단지 부당父黨 쪽이기 때문에 '내內'가 되지만, 여성 쪽의 친척은 '외外'가 된다. 속담에 "팔은 안으로 굽는다."는 말이 있다. 바꿔 말하면, 고대 중국의 감정과 가치는 자기의 성姓을 존중하고 치우쳐야 한다는 것이다. 옛말에 "여자는 태어나면서 얼굴을 외부로 향한다."라는 구절이 있다. 바꿔 말하면, 여자는 이후에 결국은 시집을 가고 다른 성 쪽으로 가서 외성外姓의 입장에 서야 한다는 것이다. 그들이 출가하여 아들을 낳고 나면 그들에게 가장 중요한 일가친척은 더 이상 부모 형제·자매가 아니라, 남편과 아들이기 때문이었다.

이런 남녀 내외 구분은 고대 중국에서 매우 뚜렷하였으며 또한 매우 엄격했다. 이런 '내/외'로부터 다른 성 사이의 한계를 없애려면 어떻게 해야 할까? 단 한 가지 방법 – 혼인밖에는 없으며 이전에는 혼인을 '두 성이 결혼한다'고 하였다. 그러나 한 집안에 두 개의 성이 있으면, 두 집은 하나의 친족군親族群을 이루었다. 그러면 한 사람과 어떤 이가 친하고 어떤 이가 소원하며, 무엇이 주主이고 무엇이 차次인가의 문제가 생긴다. 그렇지 않으면 크게

---

16 사촌형제: 여기에서는 고모의 아들, 이모의 아들, 외삼촌의 아들을 가리킨다.

혼란스러울 것이다. 그래서 혼인관계를 둘러싸고 가족의 내와 외, 친과 소의 질서가 펼쳐졌다.

두 번째 중요한 원칙은 장유長幼의 구별이다.

장유의 구별이 무엇인가? 아주 간단하다. 예를 들면 동일한 brother 아래 구분해야 할 것은 형과 아우로 형제 가운데는 위아래의 순서가 있어야 하고, 형제의 배우자에게서 구분해야 할 것은 형수인지 아니면 제수인지, 동일한 sister 아래 구분해야 해야 할 것은 언니와 여동생이며, 자매의 배우자는 형부와 제부로 나누고, 동일한 uncle 아래 백伯·중仲·숙叔·계季로 나눠야 하며, 백·숙의 배우자도 백모와 숙모 등으로 분명하게 구분해야 한다. 동일계의 아랫사람은 말할 것도 없고, 여러 종류의 한 층 멀리 떨어진 숙부와 백부의 형제자매는 더 줄을 세워 위아래를 구분하여 장유의 순서로 존비의 질서를 안배해야 한다.

이 밖에, 과거 일부다처제의 시대에도 반드시 적嫡과 서庶를 구별해야 하니, 바꿔 말하면 정실과 첩실이며, 적 외에 서에서도 첩과, 하녀이면서 첩을 겸한 여자의 순서를 나누고, 그들이 낳은 자녀 또한 어머니의 신분에 따라 적출嫡出인지 서출庶出인지 구분하는데, 여기서의 구별은 엄청난 차이가 있었다.

국가와 가정을 막론하고 과거 중국에서는 직접적인 계승권은 장자長子(적장자嫡長子)에게 주는 것이라고 규정하였다. 은·상殷商 이후에 '형이 사망하면 동생이 잇는다'는 전통이 끝나고 대체로 이러한 규정이 차츰 형성되었다. 이러한 규정은 계속 전해지는 질서가 어지럽혀지지 않고 혈연 계승의 종족 계통이 끊이지 않을 것을 보장하기 위함이다. 고대에서는 '효孝·제悌'를 말하는데 효란 앞 세대에 대한 다음 세대의 충성과 복종을 가리키는 것으로 이는 불변의 진리였다. 공자가 효를 재삼 강조한 것은 가족 질서 가운데 서열이 문란해지지 않는 것을 보장하기 위함이었다. '제'는 같은 세대 사람 가운데 손아랫사람의 손윗사람에 대한 존중과 복종을 가리키는 것으로 중국 고

그림 6-1 명대明代 가족 초상화. 초상화 속에서 왼쪽, 가운데, 오른쪽으로 구분된 가지런한 배열은 엄격한 질서를 상징했다.

그림 6-2 산서山西 운성運城의 어느 사당祠堂 「조종도祖宗圖」

대인의 관념에 의하면 이 역시도 불변의 진리였다. '형제가 집안에서 싸운다'[17]는 것은 다른 사람들의 웃음거리가 될 수 있었으며, 옛말에 "맏형이 아버지"라고 한 것은, 바로 제悌가 어떤 경우에는 효孝를 위하여 전환된 것으로, 이 모두가 장유유서의 의미이다.(그림 6)

---

17 『시경詩經』「소아小雅」'상체常棣'에서 "형제가 담장 안에서는 싸우더라도, 밖에서는 남의 업신여김을 함께 막아야 하네.(兄弟鬩于牆, 外禦其務)"라고 했다. 집안 내부의 분쟁을 이르는 것이다.

이런 남녀유별과 장유유서에 의탁하여 세워진 질서는 고대 중국의 가정, 가족, 종족을 층층이 확대하고 연결시켜서 하나하나의 커다란 종족 조직을 형성했다. 그들은 흔히 한 공동구역에 거주하였으며, 공동의 조상을 가졌으며, 공동의 사당이 있었으며, 공동의 족보가 있었다. 고대 중국에서 관청의 실제 관할은 통상 현縣 정도까지밖에 미치지 못했으며, 그 아래는 흔히 가족이나 가족의 공동체에 의해 사회의 생활 질서가 유지되었다. 한 가족 안에서 일찍이 과거에 급제하거나 학교에 입학한 사람, 또는 연령과 서열이 비교적 높은 사람들이 통상 비교적 위신이 있으므로 영수급 인물이 되었다. 그들은 일정 분량의 공공 재산을 장악하고, 동성同姓의 친족관계에 대해 조정을 진행하기도 하고, 관방과의 특수 관계를 통하여 가족의 이익을 보호하고 이 거주 공간 안의 권력을 유지했다. 또한 가보나 족보를 통해 이

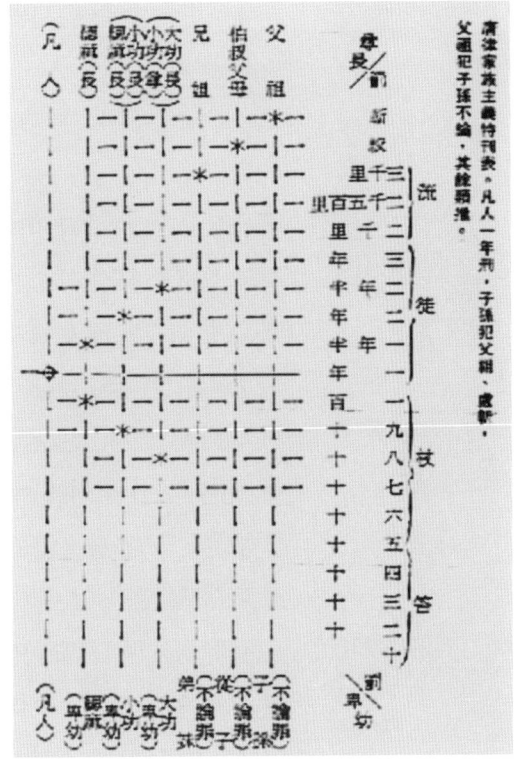

그림 7 당대唐代 법률은 친소원근의 가족 관계에 따라 형벌을 달리했다.

한 무리 사람들이 서로 인정하는 친밀 관계를 유지했는데, 특별히 '향약鄕約'이나 '족규族規' 등을 써서 이 거주 공간의 질서를 확립하려고 했다. 그리고 한 가족의 다른 계층 다른 성격의 사람들이 서로 조율할 수 있도록 했다. 그 주요한 것은 바로 '내외유별, 장유유서'의 관념·제도·의식에 의지한 것이었다. 이런 관념·제도·의식은 대가족 내부의 단결과 연속을 유지하고 있었다.(그림 7)

4. 장례: 친족 질서의 제도화와 의식화

그루트의 책에 기록된 장례는 고대 중국에서 그 의미가 상당히 중요하다. 바로 그것의 상징과 암시를 통하여, 위에서 말한 친족의 구별과 친족 화목의 질서를 보장했기 때문이다. 고대 중국인은 바로 상례 중에 남녀유별·장유유서의 질서를 규정하고, 게다가 또 이런 질서를 전체 사회로까지 확대시켰기 때문에, 이것이 결국 고대 중국 주류인 유가 사상의 기초가 되었다.

중국은 '예의의 나라'라고 불린다. 예의 예의 하는데 중요한 것은 여러 가지 의식儀式이다. 전설에는 "주공周公(즉 단旦)이 예악禮樂을 만들었다."고 하며, 공자는 어릴 적에 예기禮器를 만들고, 제상을 진설하고, 어른들의 예를 모방했다. 고대 중국에는 매우 많은 '예禮'가 있었는데, 다시 말하면 각종 의식과 제도였음을 알 수 있다.

이런 예禮의 근원은 아주 이른 시기에 있었으며, 어떤 것은 아마도 3000년 전에 이미 형성되었을 것이다. 이런 예禮는 '선비(士)'라면 누구나 반드시 이해하고 정통해야 하는 이치와 지식으로 여겨졌다. 게다가 서적으로 편성되어 필독의 경전이 되었다. 그중 상례喪禮는 또 예의 중심 소재로서, 전문적으로 '예의제도禮儀制度'를 서술한 고대 경전인 『의례儀禮』의 17편 가운데 놀랍게도 7편(「상복喪服」, 「사상례士喪禮」, 「사우례士虞禮」, 「특생궤식례特牲饋食禮」, 「소뢰궤식례少牢饋食禮」, 「유사철有司徹」)이 상례에 관한 기술이었다. 옛사람들은 죽음을 중시하고 생명을 경시했을까? 그렇지 않다. 공자는 "아직 생을 모르는데, 어찌 죽음을 알겠는가?"[18]라고 말했다. 옛사람들은 현세 생활을 매우 중시했다. 하지만 바꿔 말하면 '아직 죽음을 모르는데, 어찌 생을 알겠는가'[19]라고도 할 수 있다. 상례는 비록 망자를 위해 만들었으나 실제로는 도리어 산 자를

---

18 『논어』「선진先進」: "未知生, 焉知死?"
19 "未知死, 焉知生?"

위한 것이었다. 특히 살아 있는 친족군의 질서를 위한 것이었다. 의식儀式은 뚜렷한 한 벌의 상징 방식과 규칙적인 중복에 의지했기 때문에, 인간의 마음속에 암시의 행위가 생겨났다. 게다가 그것도 약간의 공동 관념觀念과 규칙規則을, 장엄한 의식儀式을 통하여 합리적인 방식으로 진행하면, 그것이 형성한 관념과 규칙은 참여자에 대하여 영향과 구속이 있을 것이다.

그러면 상례는 어떻게 살아 있는 자들에게 영향을 미쳤는가?

먼저 상례의 내용을 좀 살펴보도록 하자. 상장喪葬의 각종 예 중에서 고대 중국은 특별히 상복을 중시했다. 의복은 어떤 경우에는 착용한 자에 대한 제약으로, 마치 잠옷 차림으

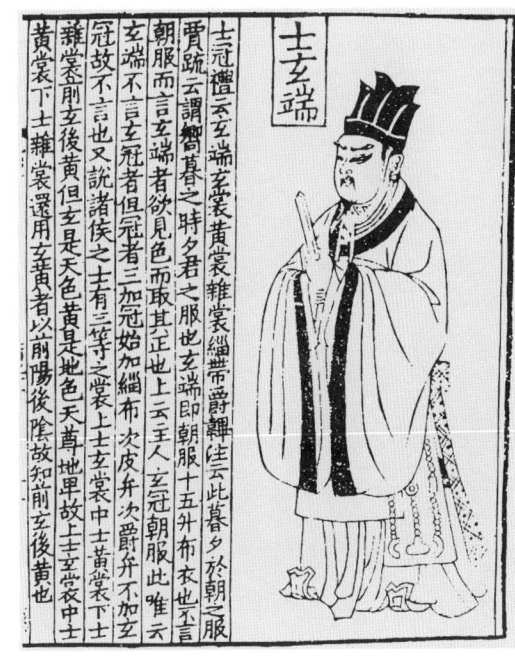

그림 8 「신정삼례도新定三禮圖」. 고대 유가는 의복제도를 매우 중시했다.

로 손님을 맞이해서는 안 되고 양복을 입고 아무 데나 앉아서는 안 되는 것처럼, 어떤 경우에는 신분과 교양의 상징이므로, 전통적인 중국에서는 특별히 의복의 상징성에 주의를 기울였다. 또한 유가儒家는 특별히 '의상의 제도'를 잘 이해하는 전문가라고 했는데, 그래서 상례에서 어떻게 의복을 입어야 하는지 규정한 '상복제도'는 각별히 중요시되었다. 그리고 후에 이른바 '오복제五服制'는 바로 상례에서 입는 다섯 가지 의복에서 파생되어 나온 친족제도이며, 이 다섯 가지 의복은 또한 상징이 되어 일련의 내용을 규정하고 있다.(그림 8)

먼저 '참최斬衰'로 '최衰'는 굵은 마포麻布로 만든 상복을 가리킨다. 가장자리는 꿰매지 않아 마치 칼이나 가위로 직접 자른 것 같으므로 '참斬'이라고 부른다. 아들이 아버지를 위하여, 아내가 남편을 위하여, 제후가 천자를

위하여, 신하가 군주를 위하여, 아버지가 장남을 위하여, 모두 이러한 의복을 입어야 했는데 친연親緣 관계가 가장 밀접하며 가장 중요함을 표시했다. 이때 단지 거친 마로 된 의복을 입어야 할뿐더러, 또한 상을 3년이나 치러야 했다.

그 다음은 '자최齊衰'[20]로 자최의 '자齊'는 가장자리를 꿰매고 마포도 약간 가늘어진 상복이다. 규정상 '아버지가 먼저 돌아가신 상태에서 어머니를 위해'(3년간), '아버지는 살아 계신 상태에서 돌아가신 어머니를 위해'(지팡이를 짚고 1년간), '남편이 아내를 위해'(지팡이를 짚고 1년간), '조부모를 위해'(지팡이를 짚고 1년간), '증조부모를 위해'(3개월간) 복상을 해야 한다.

그 다음은 '대공大功'으로, 대공의 마포는 자최齊衰에 비해 더 가늘어야 한다. 이 상복을 입으면 망자와의 관계가 또 위의 것보다 조금 더 소원함을 나타낸다. 예를 들면 부친이 아들(적장자가 아님)·장녀를 위해, 고모·자매·종형제從兄弟(한 조부모를 둔, 백부·숙부에게서 태어난 형제) 등을 위하여 입으며 복상 기간은 거의 모두가 9개월이다.

그 다음은 '소공小功'으로 소공의 마포는 더욱 가늘어졌다. 복상 기간도 5개월로 단축되었고 입는 주요 대상도 외조부모, 조부모의 형제(종조부모), 두 방계가 떨어진 종형제(같은 증조부모를 둔, 백부·숙부에게서 태어난 형제) 등이다.

마지막은 '시마緦麻'로, 이는 가장 가늘고 정교한 마포 의복이다. 복상 시기도 3개월로 단축되었다. 이 상복의 주요 대상은 장인·장모, 사위, 외삼촌, 확연한 외성外姓 친척으로서, 상대적으로 소원한 관계를 상징하고 있다. 물론 동성 가운데에서도 비교적 먼 친척인 조부모의 종형제(족조부모), 증손曾孫 등은 모두 단지 시마의 대상일 따름이다.

이상을 오복이라 일컫는다. 오복을 입어야 하는 사람은 당연히 모두 친족이라고 간주할 수 있으며, 하나의 대가족 가운데 친척에 속한다. 내친 김에

---

20 자최齊衰: 재최齊衰라고도 함.

더 말하자면, 중국 고대에는 '구족九族'이라는 관계가 있었는데, 바로 위 4대(고조高祖·증조曾祖·조祖·부父)와 아래 4대(자子·손孫·증손曾孫·현손玄孫)에 자기 자신을 더한 것이다. 이 구족 역시 결국 오복 내에 있는 것으로 무릇 구족이라면 곧 상례에서 상복을 입어야 하는 친족이다. 이런 예의 가운데 동일 가족 중에서 원근遠近과 친소親疎에도 일정한 질서가 있어야 하고, 상하와 존비尊卑가 분명하게 나뉘어야 하는데, 상복의 등급과 복상 기간을 통한 상징적인 구분은 한 가족의 사람들 사이에서 대체로 경계와 구별이 있음을 볼 수 있게 해준다. 그리고 고대 중국의 법률 역시, 이런 원칙에 근거하여 일개인과 누가 친하고 누구와는 소원한지를 규정하고 있다. 만일 누군가가 친족관계에 있는 어떤 이에게 노여움을 샀다면 곧 거기에 상응하는 죄를 규정했다. 이런 규칙으로 각 개인의 신분과 행위를 규정했다. 그러므로 어떤 이는 중국 고대의 법률은 윤리 도덕이 기초가 되는 예법禮法이라고 말하기도 한다.

1882년 그루트가 하문廈門에서 보았던 것은 바로 이런 장례였다. 하문 사람들의 장례에서는 ① 곡을 함, ② 눈을 감김, ③ 천창天窓을 엶, ④ 점포店鋪를 닫음, ⑤ 상복을 사서 비치함, ⑥ 시신을 씻김, ⑦ 장명등長明燈[21]을 비치함, ⑧ 제사 때 함께할 종이 인형을 바침, ⑨ 재灰를 구함, ⑩ 가구와 침대를 옮김, ⑪ 제수품을 진설함, ⑫ 토지에 바침, ⑬ 조문, ⑭ 고양이가 뛰어올라 시신이 벌떡 일어서는 것을 경계함 등이 포함된다는 것을 발견하였다. 이 밖에도 곡상哭喪과 초혼招魂 등이 있다. 여러 해가 지나서 또 다른 몇몇의 서방 학자들이 홍콩, 광동廣東과 복건福建을 조사하고 나서 전체 의식儀式을 ① 곡을 함, ② 상복을 입음, ③ 시신을 씻김, ④ 망자에게 수장품을 올림, ⑤ 위패位牌를 올림, ⑥ 부의금을 받음, ⑦ 위령곡, ⑧ 관을 밀봉함, ⑨ 묘지에 안장 등 아홉 가지로 분류했다.(그림 9)

---

21 장명등長明燈: 고대 한족이 관과 함께 묻던 등. 민간에서는 관을 망자의 집으로 간주하여 등이 있으면 밝고 없으면 어두우므로 장명등을 비치하여 영원한 밝음을 상징했다.

그림 9
복건福建의 진태陳埭 정씨丁氏 묘지. 지금에 이르러서도 중국인은 여전히 묘지와 분묘에 특별한 관심을 갖고 있다.

하지만 이는 아마도 지방색을 띤 제도거나 의식일 것이다. 어쩌면 점점 개조되거나 간소화된 풍속의 상례喪禮일 것이다. 고서 기록에 의하면 2~3천 년 이전의 상례는 대략 다음과 같았다.

첫날: ① 초혼招魂, ② 시신을 옮김, ③ 치아를 벌리고 다리를 묶음, ④ 제수품을 진설하고 장막을 침, ⑤ 부고訃告, ⑥ 곡을 함, ⑦ 조문, 수의와 이불을 보냄, ⑧ 명정銘旌을 비치함, ⑨ 시신을 씻김, ⑩ 밥을 입에 물림, ⑪ 수의를 입힘.

둘째 날: 소렴小殮

셋째 날: 대렴大殮, 성복成服[22]

---

[22] 성복成服: 상례喪禮의 대렴大殮 이후 친척이 망자와의 친소에 따라 서로 다른 상복을 입는 것을 말함. 『예기禮記』 「분상奔喪」에는 "오직 부모의 상을 당해서는 새벽에 별을 보면서 길을 떠나고 저녁에는 별을 보고서야 객사에 든다. 만일 바로 떠날 수 없을 경우에는 상복을 갖추어 입은 후에 떠난다.(唯父母之喪, 見星而行, 見星而舍. 若未得行, 則成服而後行.)"라고 하고 또한 "3일째에 성복한다. 손님에게 절하고 손님을 배웅하는 것을 처음처럼 한다.(三日成服,

넷째 날부터: 친소 관계에 따라 의복을 갖추고 조석朝夕으로 곡을 하며, 조석으로 제수품을 진설하며, 문상 온 조문객들을 영접하고 배웅한다.

이후에는 여러 친척이 각기 다른 등급에 따라 망자를 지키며 제사 지낸다. 그중 1주기 제사를 '소상小祥'이라 일컬으며, 2주기 제사를 '대상大祥'이라 일컫는다. 대상 1개월 후에 '담제禫祭'[23]를 거행한 뒤 망자를 종묘에 합제하면 마침내 의식은 끝이 난다.

무슨 이유 때문에 중국인은 특별히 망자에 대한 이런 의식과 제도에 큰 비중을 두었는가? 간단히 말하면, 망자에 대한 추도 의식을 통하여 살아 있는 가정과 가족의 질서를 유지하고 보호하기 위해서이다. 많은 인류학자와 사회학자의 조사에서 확실히 고대 중국, 심지어 현대 중국에서도 가족이 엄청나게 중요하다는 것을 알 수 있다. 생명의 의의든, 안전의 의의든, 감정의 의의든, 문화의 동질의식에서의 의의든 막론하고, 친지나 가족은 모두 사람에게 매우 확고한 안전과 신임 그리고 동질감을 준다. 혈연관계에서 생긴 자연스런 감정은 이런 추념하는 의식 속에서 새삼 일깨워진다. 동시에 이런 망자에 대한 제사 의식 역시 친족 질서를 제도화했다.

소결: 중국의 가족과 의식의 사회생활에서의 의의

마지막으로, 더 설명해야 할 것은 다음 세 가지이다. 첫째, 고대 중국에서 가족의 사당 제사, 향약鄕約, 족규族規, 가법家法, 가보家譜는 사회생활에서 매우 중요한 기초이며, 법률이 그다지 정밀하지 못한 상황에서도 상대적으로 비교적 안정된 질서가 유지될 수 있었던 이유는 바로 이런 것들이 있음으

拜賓送賓皆如初.)"라고 했다.
23 담제禫祭: 상복을 벗는 제사.

로써 그것을 지탱하고 사회 단위 하나하나를 구성했기 때문이다. 둘째, 역사를 통해 우리는 국가와 정부의 역량이 강성할 때 종족과 친족은 국가의 지배 역량에 대항하고 상쇄相殺하는 보호막이 되어, 국가 역량의 개인 생활에 대한 직접적인 규제를 방지하고 있음을 볼 수 있다. 반대로 국가 역량이 일단 약화된 때에는, 그것이 민간 사회에서 국가의 질서에 대한 규제를 보충하여, 사회의 생활 질서를 유지하게 하였다. 그러므로 그것은 국가와 개인 사이의 '사회'로서 양자 사이의 균형과 안정을 유지시키고 있었다. 셋째, 중국의 가족과 의식儀式에서 중대한 변화는 근대에 나타났다. 서양 문명의 유입으로 일체화된 시장, 편리한 교통, 유동 인구 등의 현상이 발생하여 국가가 점점 개인 생활을 직접 간섭하게 됨으로써 이런 중국 방식의 종족 형식은 근대에 차츰 와해되었다.

참고 문헌

1. 공자의 예에 대한 관점

(노나라의) 맹의자孟懿子[24]가 효에 대해 물었다. 공자께서 말씀하셨다. "어긋남이 없도록 하시면 됩니다." 번지樊遲[25]가 수레를 몰 때 공자께서 그에게 말씀하셨다. "맹손이 나에게 효란 무엇이냐고 묻기에, '어긋남이 없도록 하는 일'이라고 대답해 주었다." 번지가 "그것은 대체 무슨 뜻입니까?"라고 말했다. 공자께서 "살아 계실 때에는 예로써 부모를 모시고, 돌아가셔서는 예로써 장사 지내며, 예에 따라 제사 지내는 일이니라."라고 설명하셨다.

孟懿子問孝. 子曰: "無違." 樊遲御, 子告之曰: "孟孫問孝於我, 我對曰, 無違." 樊遲曰: "何謂也?" 子曰: "生事之以禮; 死葬之以禮, 祭之以禮."

— 『논어』 「위정爲政」

2. 『예기』에 서술된 예의 의의

선왕先王이 천하를 다스리는 원리가 다섯 가지이니, 덕이 있는 사람을 귀하게 여기고, 벼슬이 높은 사람을 귀하게 여기고, 노인을 귀하게 여기고, 어른을 공경하고, 어린 사람에게 자애로운 것이다. 이 다섯 가지가 선왕이 천하를 안정시키는 원리이다. 덕이 있는 사람을 귀하게 여기는 것은 무엇 때문인가? 그들은 성

---

24 맹의자孟懿子: 생몰년 미상. 노魯나라 대부大夫 중손하기仲孫何忌로 일찍이 공자에게 효孝에 관해 물었다.
25 번지樊遲(기원전 515년~?): 이름 수須, 자字 자지子遲이며 춘추시대 노나라 사람으로 공자의 제자이다.

현의 도에 가깝기 때문이다. 벼슬이 높은 사람을 귀하게 여기는 것은 그들이 군주에 가깝기 때문이고, 노인을 귀하게 여기는 것은 그들이 자신의 양친과 비슷하기 때문이고, 어른을 존경하는 것은 그들이 형과 비슷하기 때문이고, 어린 사람에게 자애로운 것은 그들이 자신의 자녀와 비슷하기 때문이다. 그러므로 지극한 효는 천자에게 가까워지고, 지극한 우애는 패자霸者에 가까워진다. 지극한 효가 천자에게 가까워진다고 말한 까닭은 비록 천자라고 하여도 반드시 부모가 있을 것이기 때문이고, 지극한 우애가 패도에 가까워진다고 말한 까닭은 비록 제후일지라도 반드시 형이 있을 것이기 때문이다. 위에서 말한 선왕의 가르침은 전례를 따르며 바꾸지 아니할 것이니, 천하를 이끄는 원리이다.

　공자가 말씀하시기를 "사랑을 세우는 것은 자신의 양친을 사랑하는 것으로부터 시작하니 이렇게 해서야 백성이 화목하도록 가르칠 수 있고, 교화의 확립은 웃어른을 존경하는 것으로부터 시작하니 이렇게 해서야 백성이 순종하도록 가르칠 수 있다. 자애와 화목으로써 교화하면 민중은 친애의 마음으로써 귀하게 여길 것이고 윗사람을 존경하여 교화하면 민중은 명령에 복종하는 것을 귀하게 여길 것이다. 효로써 양친을 섬기고 순종으로써 명령을 받아들이며 이 두 가지를 천하의 모든 곳에 시행하면 실행되지 못할 것이 없다."

　先王之所以治天下者五: 貴有德, 貴貴, 貴老, 敬長, 慈幼. 此五者, 先王之所以定天下也. 貴有德, 何爲也? 爲其近於道也. 貴貴, 爲其近於君也. 貴老, 爲其近於親也. 敬長, 爲其近於兄也. 慈幼, 爲其近於子也. 是故, 至孝近乎王, 至弟近乎霸. 至孝近乎王, 雖天子, 必有父; 至弟近乎霸, 雖諸侯, 必有兄. 先王之敎, 因而弗改, 所以領天下國家也. 子曰: "立愛自親始, 立敎自長始, 敎民順也. 敎以慈睦, 而民貴有親; 敎以敬長, 而民貴用命. 孝以事親, 順以聽命, 錯諸天下, 無所不行."

―『예기』「제의祭義」

3. 맹자, 순자, 동중서의 논의

맹자가 말했다. "또한 좋지 않겠습니까? 부모의 상사는 본래 절로 온 힘을 다해야 하는 것이오. 증자가 말씀하시기를 '부모님이 세상에 계실 때에는 예에 따라 섬기고, 세상을 떠나시고 나서는 예에 따라 장례를 지내고 예에 따라 제사 지내는 것이 효라 이를 수 있습니다'라고 했습니다. 제후의 예는 내가 비록 배운 적은 없지만 내 일찍이 들은 적은 있습니다. 3년 상을 치르며 (거칠고 가장자리를 꿰맨) 상복을 입고 죽을 먹었으니 천자에서 일반 백성에 이르기까지 (하, 상, 주) 삼 대가 모두 이러했습니다."

孟子曰: "不亦善乎! 親喪, 固所自盡也. 曾子曰: '生, 事之以禮; 死, 葬之以禮, 祭之以禮, 可謂孝矣.' 諸侯之禮, 吾未之學也; 雖然, 吾嘗聞之矣: 三年之喪, 齊疏之服, 飦粥之食, 自天子達於庶人, 三代共之."

— 『맹자』 「등문공滕文公」 상

예는 어떻게 일어났을까? 말하기를, "사람은 나면서 욕망이 있는데 욕망이 있으되 얻지 못하면 구하지 않을 수 없다. 구하는 것에 만일 분수와 한계가 없다면 다투지 않을 수 없다. 다투면 어지러워질 수 있고 어지러워지면 막다름으로 치달을 것이다. 선왕은 이런 어지러움을 혐오했기에 예의를 제정하여 그것을 분명히 했다. 사람의 욕망을 보양함으로써 또 채워 주면서 사람의 욕망이 물질에 의해 다하지 않게 하고 물질이 욕망에게 굴복하지 않게 한다. 이 두 가지가 서로 지지하고 함께 나아갔으니 이것이 바로 예의가 흥기한 원인이다."라고 한다.

禮起於何也? 曰: "人生而有欲, 欲而不得, 則不能無求. 求而無度量分界, 則不能不爭; 爭則亂, 亂則窮. 先王惡其亂也, 故制禮義以分之, 以養人之欲, 給人之求. 使欲必不窮乎物, 物必不屈於欲. 兩者相持而長, 是禮之所起也."

— 『순자荀子』 「예론禮論」

고대에 매년 지내는 네 차례의 제사는, 사시의 농작물의 생장에 따라 익음에 그 조상과 부모를 제사 지내는 것이었다. 그러므로 봄의 제사를 사祠라 하고, 여름 제사를 약礿[26]이라 하고, 가을 제사를 상嘗이라 하고, 겨울 제사를 증蒸이라 한다. 이는 그때를 놓치지 않고서 조상 제사를 모신다는 것을 말한다. 때를 지나치고 제사 지내지 않으면 사람의 아들로서의 도리를 지키는 것을 놓치는 것이다.

古者歲四祭. 四祭者, 因四時之所生孰, 而祭其先祖父母也. 故春日祠, 夏日 祇, 秋日嘗, 冬日. 此言不失其時, 以奉祭先祖也. 過時不祭, 則失爲人子之道也.

―『춘추번로春秋繁露』「사제四祭」 68

▎참고 논저 ▎

『仪礼』, 『礼记』, 『论语』는 『十三经注疏』本, 北京: 中华书局, 1980.

梁章钜: 『称谓录』, 『称谓录·亲属记』合印本, 北京: 中华书局, 1996.

袁庭栋: 『古人称谓漫谈』, 北京: 中华书局, 1997.

费成康 等 编: 『中国的家族法规』, 上海: 上海社科院出版社, 1998.

格鲁特: 『中国宗教系统』(J.J.M. Groot, *The Religious System of China*. Vol. Ⅰ-Ⅵ, 1892-1910).

川瀬昌久: 『族谱: 华南汉族的宗族, 风水, 移居』, 钱抗译, 上海书店出版社, 1999.

弗里德曼: 『中国的宗族与社会: 福建和广东』(Maurice Freedman, *Chinese Lineage and*

---

[26] 약礿: 고대 종묘 제사의 명칭. 하夏, 상商 양 대의 봄 제사를 약이라고 했다. 주대周代에는 여름 제사로 바꿨다.

　　　　　　Society : *Fukien and Kwangtang*. The Athlone Press of the University of London, 1966).

华生与罗斯基:『晚期帝国与现代中国的死亡仪礼』(James L. Watson and Evelyn S. Rawski, *Death Ritual in Late Imperia and Modern China*. Berkeley and Los Angeles: University of California Press, 1988).

多贺秋五郎:『中国宗谱の研究』(上·下), 东京: 日本学术振兴会, 1982.

▌ 생각해 볼 문제 ▌

1. 고대 중국이 종족宗族 의식에서 왜 특별히 상례와 상복을 중시했는가?
2. 사회생활 속에서 가족의 의미는 무엇인가? 이것과 고대 중국 전통 사회질서의 관계는 어떤가?
3. 현대 시장경제와 도시 생활의 배경 중에서 가족 관계 발생의 변화는 무엇인가?

제3강

국가와 유가 학설

1. 고대 중국의 질서: 가정, 종족에서부터 국가까지
2. 유학의 기원
3. 질서에 관한 학문으로서의 유학

소결: 중국에 영향을 끼친 유가 사상

제2강 고대 중국의 가정·가족과 의식에 이어서, 여기에서는 고대 중국의 국가와, 정치와 국가에 관한 학설을 얘기해 보도록 한다. '국가와 정치에 관한 학설'이란, 사실 중국 고대의 유가 학설을 토론하는 것이다. 여기 제3강에서는 유가 학설의 기원·사상 그리고 그것의 의식 형태화와 제도화의 문제를 중점적으로 살펴본다.

1. 고대 중국의 질서: 가정, 종족에서부터 국가까지

'국가'를 의미하는 영어 country, state, nation에는 모두 '가家'라는 의미가 없다. 아마도 중국인만이 늘 '국國'과 '가家'를 연결 지을 것이다. 공자는 『논어』에서 "내 들건대, 제후諸侯의 국國이나 경卿 또는 대부大夫의 가家는 재부가 적은 것을 근심치 아니하고, 재부가 균등치 않은 것만을 근심해야 한다고 한다."[1]라고 하였다. 한대漢代에 이 국가라는 단어가 크게 유행했다. 당시 동경銅鏡 뒷면에 새겨진 명문銘文에조차 '국가'라는 단어가 들어 있는 경우가 많았다. 게다가 옛말에 이르는 "가국家國에 어려움이 있다."[2]처럼, 국가를 거꾸로 하면, '가국'이라고 말할 수도 있다. 그러므로 고대 중국 사상에서는 가와 국은 단지 하나는 작고 하나는 크다는 것에 불과하다. 그래서 많은 사람

---

1 『논어』「계씨季氏」: "丘也聞, 有國有家者, 不患寡而患不均."
2 "家國有難."

들은 가와 국을 말할 때면 늘 "둥지가 뒤엎어지면 어찌 온전한 알이 남겠는가!"[3]라는 성어를 썼고, 현대의 속담에서도 "집을 보호하고 나라를 지킨다(保家衛國)."라고 하기도 한다. 이것은 고대 중국에서는 곧 '국'을 확대시킨 '가'로 여겼기 때문이다. 마찬가지로 한 집안의 어른인 부친은 한 나라의 주인인 황제와도 상관관계가 있다. 예를 들어 난을 일으키는 사람은, 공자의 관점에 따르면, 그에게 군주를 존경하는 마음이 없는 까닭은 바로 그가 부친에게 불효하기 때문이다. 집에서 효성스럽지 않으면 곧 밖에 나가서도 충성스럽지 않게 된다. 난을 일으키는 것은 군주도 없고 부친도 없는 것으로 중국 고대 관념에서 그것은 '짐승'에 불과하지 '사람'이 아니다.

그러므로 고대에 『효경孝經』과 『충경忠經』[4]이 있으며 여러 가지 효와 충에 관한 법률이 있기도 한 것이다. 옛날에 이상을 품은 사람이 국가를 다스리기를 희망하면, 먼저 작은 집을 다스리는 것으로부터 시작해야 했다. 『예기禮記』에는 매우 유명한 구절이 하나 있는데, 바로 "정심正心, 수신修身, 제가齊家, 치국治國, 평천하平天下"로서, '가'를 다스리는 도덕과 능력을 확대시키면 바로 '국'을 다스리는 밑천과 능력이 된다는 것을 일컫는다.

역사적으로 차츰 형태가 갖추어진 중국의 가치관 체계에서는 '국'의 의미와 가치는 이미 오래전에 '가'를 초월했다. 그러나 이런 '가'를 기초로 한 '국가'에 대한 가치관은 역사가 그 골격을 세웠다. 역사학자의 연구에 따르면, 고대 중국은 뿔뿔이 흩어져 있던 부족연방으로부터 공동체가 형성되었고, 그 공동체로부터 대연맹이 구성되는 식으로 국가가 이루어졌다. 근본적으로 말하면 고대 사람들의 생활의 기초와 동질감의 단위도 최초에는 역시 가정과 가족이었다. 그러므로 매우 많은 윤리 가치 관념과 질서를 유지시키는 제

---

3 『세설신어世說新語』 「언어言語」: "覆巢之下, 焉有完卵!"
4 『충경忠經』: 후한後漢의 마융馬融이 저술한 책이다. 옛 사람들은 충효를 모두 갖춰야 한다고 생각했는데 마융이 공자가 『효경孝經』을 지었다는 것에 느낀 점이 있었기에 이 『충경忠經』을 지어 보충하여 충효의 덕행이 완전할 수 있도록 하였다.

도들은 이 가정, 가족, 종족으로부터 전의轉義되어 나온 것이다. 그 합리성은 사람들 신변의 가정, 가족과 종족에 대한 동질감으로부터 나온 것으로, 이로부터 점점 확대되어 보편적인 윤리와 국가제도가 되었다.

한 가정이나 가족은 서로 다른 신분과 서열의 사람들이 하나의 공간 속에서 공동으로 생활하는데, 어떻게 하면 이런 생활에 질서가 있으면서 혼란스럽지 않게 할 것인가? 이런 질서는 무엇으로 모두가 복종하고 신뢰하게 하겠는가? 이런 가정과 가족의 문제는 국가와 정부도 마찬가지로 직면하는 문제이다. 그러나 국가나 정부가 직면해야 하는 첫 번째 문제는 바로 서로 다른 계층·문화·신앙을 가진 사람들이 모두 어떻게 한 공간 안에서 생활하며 또 질서 있게 지내게 할 것인가이다. 제2강에서 언급한 바와 같이, 가정과 가족 안에는 윤리상의 등급이 있는데 부당父黨, 모당母黨, 장유상하長幼上下, 적서친소嫡庶親疏의 구별을 포함하여 반드시 각 사람이 자신과 타인의 신분과 등급을 알게 했다. 이런 자아와 타인의 위치와 관계에 근거하여 적합한 태도를 채택하고 '나'와 '자아', '나'와 '타인'의 관계를 처리했다.

그림 1 주세페 카스틸리오네(Giuseppe Castiglione, 1688~1766)[5]가 그린 건륭 황제의 초상. 황제는 중국에서 '임금'일 뿐만 아니라 '아버지'이기도 하다. 그 역시도 국가의 상징이며 정권에 저항하면 '임금도 없고 아버지도 없다'라고 한다.

이 점에 관해서는 동방과 서방의 차이가 있고 고대와 근대가 다르다. 고대 중국에서는 은殷·주周 이후 일련의 종법이 형성되었는데, 그 원칙은 '남녀유별男女有

---

[5] 주세페 카스틸리오네: 중국어 이름 랑스닝(郎世寧, Lang Shining). 청대 중기에 궁정화가로 활약한 이탈리아 선교사. 밀라노에서 출생하고, 청나라 강희제 54년(1715)에 천주교 예수회의 선교사로 중국에 선교하러 왔다가 왕궁 여의관如意館에 들어가 궁정화가가 되었다. 일찍이 원명원圓明園의 서양루西洋樓 설계 업무에 참여했으며 강희康熙, 옹정雍正, 건륭乾隆 3대를 거쳐 중국에서 50여 년 동안 회화에 종사했다. 그는 원체회院體畵의 수법과 서양의 음양법에 의한 사실적인 절충 화풍을 창안해 내었으며, 작품으로 「백준도권白駿圖卷」과 「카자흐 족이 말을 바치는 그림」 등이 있다.

別, 장유유서長幼有序'였다. 이런 종법은 문자로 기록되어 일종의 '규정'이 되었다. 만일 이런 '규정'을 국가로까지 확대시키면 부자·형제·부부·장유의 관계를 군주와 신하·대신과 말직의 신하 그리고 사농공상에 이르는 질서가 되었고, 거기에 예(여론/공감)와 법(형법/황권)을 더하면 일종의 '제도'가 되었으며, 제도는 강제력의 지원(군대/감옥/경찰)을 받아 마침내 '국가'를 형성하였다.(그림 1)

그러면 어떻게 모든 가족의 '개인'에게 모두 이러한 규정을 준수하도록 요구할 것인가? 어떻게 모든 사람들이 이러한 규정을 기억하도록 환기시킬 것인가? 고대 중국에서 '예'는 매우 중요했다. '예'는 일종의 불문율의 관습과 규정이며, 게다가 각 개인의 일거일동 일언일행이 모두 이 '예'의 규범 아래 있었다. 고대의 예의는 아주 장황하고도 세밀하여 각 개인의 행위·사상·태도에 대하여 모두 자세히 규정하고 있었다. 물론 이런 규정은 비록 '예禮'이지만 일정한 강제력을 가진 것으로, 특히 가족·종족에 의해 향약 족규로 규

그림 2
『금산현지金山縣志』의 삽화. 윤리에 어긋난 행위를 한 사람을 능지처참하는 가혹한 형벌에 처하는 모습을 묘사했다. 이런 '예'의 제약 위에, '법'의 징벌을 더하여 국가와 사회질서를 수호하는 제도가 되었다.

정되어 내려온 이후, 징벌의 수단이 되곤 하였다.(그림 2)

이것은 거의 국법에 가까웠다. 중국에서는 옛말에 "집에는 일가의 규칙이 있고, 국가에는 국법이 있다."[6]고 했는데 '가'를 확대시키면 '국'으로, '예'에 제재 수단이 있으면 '법'이 되었다. 사실 중국의 '가규家規'와 '국법國法'은 일맥상통하는 것으로, 법률사학자의 해석에 따르면 중국의 법률 문화는 일종의 예법禮法이라고 한다. 그것이 가지는 합리성의 기초는 윤리에 대한 공감에서 나오며, 윤리에 대한 공감은 또한 친족관계의 인식 위에 세워졌다. 사람은 혈연관계 때문에 이런 '예'의 합리성을 매우 자연스럽게 인정할 것이다. 그러므로 아주 자연스럽게 그것을 받아들이고 아울러 그것을 자각하여 준수할 것이다. 결국 도덕의 감독자는 더 이상 단지 외재된 감옥과 경찰이 아니라, 내재된 이지理智와 관념觀念이었던 것이다. 공자가 "극기복례克己復禮"라 하고, 또 "예라는 것은 혼란의 발생을 막는다."[7]라고 한 것은 바로 '예'에 이런 의미가 있었기 때문이다. 이런 의미에서 '국國' 역시 더 이상 단지 외재하는 정부와 군대, 지역, 정치조직일 뿐만이 아니라 자기의 '가家'였던 것이다.

2. 유학의 기원

그러나 '가'와 '국'의 질서를 유지하려면 그냥 단지 마음속의 '관념(Idea)'에만 의지할 수는 없고, 또 문자로 적힌 '규정(Stipulate)'에만 의지할 수도 없으며 반드시 한 벌의 관념과 규정에 합리성이 부여된 '의식(Rite)'이 있어야 했다. 중국 고대의 은殷·주周 시대부터 이런 의식儀式은 특별히 복잡하였으며 '종묘宗廟', '사당祠堂' 그리고 의식은 바로 이런 '질서'와 '가치'를 긍정하고 강화

---

6 "家有家規, 國有國法."
7 『예기』「경해經解」: "夫禮, 禁亂之所由生."

하는 장엄한 장소이자 행위였다.

마찬가지로 이런 의식도 고대국가가 합법성과 정당성을 획득하는 중요한 원천이 되었다. 우리는 각 국가/정부/정당/영수가 필연적이거나 하늘로부터 받은 권력을 갖고 있지 않았으며, 국가와 정부의 합법성과 정당성은 흔히 권력의 도움을 받아 세워졌음을 알고 있다. 한 왕조가 세워지려면, 현대적인 이해에 따르면, 통상 세 가지 측면에서 지지를 얻어야 한다. 첫째 공감(관념의 동질감), 둘째 규칙과 훈계(권력의 제약), 셋째 의식儀式(상징체계)이다. 이것이 현대적 형태의 국가와는 다른 것은, 현대 민주국가의 합법성은 일정 기간 동안 계약 형식의 공감 및 선거 대의제로 구성된 공동체로부터 유래했지만, 고대의 중국은 바로 '보편적인 황권(Universal Kingship)' 위에 세워졌던 것이다. 보편적인 황권이 뒤덮인 시대에 권력이 합법성을 얻을 수 있는 하나의 경로는 하늘이 인정하는 신성한 의식을 획득하는 것이었다. 그리고 고대 중국의 유가는 바로 최초에 의식을 집행하는 사람들 쪽에서 발전되기 시작했다. 잘 알려져 있다시피, 유가 학설은 중국의 전통에서 가장 중요한 학설이다. 하지만 이 일련의 위대한 학설은 본질적으로 본다면 단지 '질서'에 관한 학문의 한 분야에 불과하다. 자세히 추적해 보면, 질서에 관한 이런 학문의 기초는 고대의 무사巫師가 여러 가지 의식을 주재하는 과정에서 발생하고 발전되어 온 지식임을 발견할 수 있다.

대단히 많은 학자들이 유학의 기원에 대하여 연구했다. 장타이옌(章太炎)[8]의 관점에 의하면 '유儒'는 원래 '수需'로 썼다. 수需는 비를 기원하는 무속인이다. 후스(胡適)는 「원유原儒」에서 '유儒'는 "은상殷商의 교사教士"로, "상례를 치르는 것과 의례 시 선창하여 사람들이 예를 행할 것을 알리는 것"을 업으

---

[8] 장타이옌(章太炎, 1869~1936): 이름 빙린(炳麟), 자 매숙枚叔, 호 타이옌(太炎). 절강성浙江省 여항餘杭 사람. 청나라 말 민국民國 초의 사상가이자 저명한 학자로 소학, 역사, 철학, 정치 등을 연구했으며, 저서로 『신방언新方言』, 『문시文始』, 『소학답문小學答問』 등이 있다.

로 하였는데, 이 모두에는 필연적인 이치가 있다고 했다. 사실, 공자도 자신이 무격巫覡⁹과는 아주 깊은 관계가 있음을 밝혔다.(그림 3)

마왕퇴馬王堆 한묘漢墓의 백서帛書 『역전易傳』 중 한 편인 「요要」에서는 공자의 말을 인용하여 말하기를, "나와 사史·무巫는 한 길에서 나왔으나 경향은 다르다."¹⁰라고 하였다. 공자는 자신과 고대 제사를 주재하고 점을 친 무축사종巫祝史宗은 동일한 갈래에서 나왔는데, 단지 자신은 귀신과 소통하는 '축祝'과 역법으로 산출한 '수數'로부터 한 걸음 더 나아가 사람 마음의 '덕德'을 추구했을 뿐이라고 여겼다. 그러므로 그는 자신이 사무史巫¹¹와는 다르며 "나는 그 덕을 구할 뿐이다."¹² "나는 제사를 주재하고 점치는 이의 계승자이나 그 도덕과 신의를 관찰할 따름이다."¹³라고 하였다. 그래서 『설문해자說文解字』¹⁴에도 유儒는 '술사術士의 호칭'이라고 하였다.

그림 3 명대明代에 그린 공자상. 공자는 유가의 창시자이다.

또 하나의 아주 뚜렷한 증거가 있다. 우리는 여러 가지 고대 문헌에서 초기의 '유儒'는 모두 복식의 상징적 의미를 매우 중시했으며, 특히 옷 입고 모

---

9 무격巫覡: 남녀 무사巫師의 병칭으로 남무사는 격覡이라고 하고, 여무사는 무巫라고 하였다.
10 "吾與史, 巫同塗而殊歸也."
11 사무史巫: 제사 지내는 사람과 무당.
12 "吾求其德而已."
13 "我後其祝卜矣, 我觀其德義耳也."
14 『설문해자說文解字』: 동한東漢 허신許慎 찬술로 30권이다. 중국에서 처음으로 자형을 체계적으로 분석하고 글자의 근원을 연구했던 자서이다. 문자의 형체와 편방의 구조에 따라 540부를 배열했다. 부수部首에 따라 엮어 배열하는 방법을 창안했다. 글자체는 소전小篆 위주로 9353자를 수록하였고, 고문古文, 주문籒文 등 다른 글자의 모양을 중문重文으로 하여 배열했는데 모두 1163자이다. 글자마다 아래에 해설을 붙였다. 대체로 글자의 의미를 먼저 설명한 다음 형체의 구조와 독음에 이르러 육서六書에 의거하여 해설했다. 근세의 주석가로는 청나라의 단옥재段玉裁, 계복桂馥, 주준성朱駿聲, 왕균王筠이 가장 정통하며 박식했다.

자 쓰는 학문에 공을 들였다는 것을 알 수 있는데, 이는 곧 고대의 무사巫師[15]와 매우 흡사했다. 복식의 상징적 의미를 중시하는 것은 본래 초기의 무축사종이 의례를 준비하며 형성된 습관으로 초기의 종교적 의식에서 신령을 상징했던 무축巫祝은 복식의 상징적 의미에 특별히 마음을 써야 했다. 문헌에서 보면 '유'가 중시한 복식은 매우 전통적이고도 복고적인 색채를 띠었다. 유라는 자가 입은 의복은 모두 고대 무사巫師가 의식을 주재한 복장이다. 장포章甫[16]는 은대殷代의 모자로 높다란 유관儒冠이다. 구리絇履는 장식이 있는 화려한 장화다. 신紳은 널따랗게 묶인 거친 허리띠이다. 진홀搢笏은 허리띠에 홀笏을 끼우고 있는 것이다. 『순자荀子』에서는 공자의 말을 인용하여 유자儒者는 "지금의 풍속에 살면서 옛날의 복식을 입는다."[17]라고 했다. 그들이 고대의 의복을 입을 때에야 비로소 자신이 고대의 예악禮樂 전통을 계승해야 함을 일깨워줄 것이라고 한다.

유자에게 의식은 단지 의식이기만 한 것이 아니라 곧 일종의 암시이다. 의복은 단지 의복이기만 한 것이 아니라 바로 일종의 상징이다. 이런 의식과 상징은 사회에 있어서는 질서에 대한 확인이며, 개인에 있어서는 기호와 욕심에 대한 제약이다. 『순자』에서 공자가 애공哀公에게 회답한 내용을 인용하여 "상복을 입고 지팡이에 기댄 사람은 음악을 듣지 않는 것이지 결코 귀로 듣지 못하는 것이 아닙니다. 상복을 입었기 때문에 그들이 그렇게 하게 된 것입니다. 제사 예복을 입은 사람은 고기 요리를 먹지 않는 것이지 결코 입이 그 맛을 모르는 것이 아닙니다. 제사 예복을 입었기 때문에 그들이 그렇게 하게 된 것입니다."[18]라고 했다. 요지는, 상중에 있는 사람이 상복을 입고

---

15 무사巫師: 박수무당과 무당의 통칭.
16 장포章甫: 장부章父라고도 하는 은·상대殷商代의 관모.
17 『순자荀子』「애공哀公」: "居今之俗, 服古之服."
18 『순자』「애공」: "資衰苴杖者不聽樂, 非耳不能聞也, 服使然也, 黼衣黼裳者不茹葷, 非口不能味也, 服人使然也."

음악을 들을 수 없다는 것은 귀로 듣지 못함이 아니라 상복이 그가 막 혈육을 잃은 슬픔에 처했음을 일깨우기 때문이며, 엄숙한 예복을 입은 사람이 어육을 먹지 않는 것은 결코 입이 먹지 못하는 것이 아니라 의복이 그가 막 정결한 재기齋期에 처했음을 일깨우기 때문이라는 것이다. 그러므로 유가의 복식은 사람의 신분과 수양 심지어 상태까지를 상징하며, 상징 또한 거꾸로 사람의 신분·수양·상태를 제약하는데, 이런 상징체계를 통하여 유자는 질서를 정돈할 수 있다고 믿었다.

『예기』 등의 서적에서는 고대의 제사가 매우 성대하고 매우 장엄했다고 기록했다. 제사에서는 먼저 정신을 몰입시켜야 했다. 제사 며칠 전에는 혼령을 애써 상상하고 되새겨야 하며, 당일에는 제사 지내는 방에 들어가 제사 대상 혼령과 귀신을 상상해야 했다. 집을 한 바퀴 돌며 혼령의 모습을 본 것처럼 상상해야 했으며, 문을 나서서도 혼령의 탄식을 들었다고 상상해야 했다. 둘째로는 제사에 엄격한 순서가 있어 등급마다 다른 규격이 있으며, 제사마다 순서가 달랐다. 무엇이 먼저이고 무엇이 뒤인지 뒤섞여서는 안 되었다. 고대 의식에서는 몇 가지 중요한 사항이 있는데, 모두 '질서'에 연관되었으며 제사의 대상, 제사자가 설 위치와 복장, 제수의 규격, 심지어 제사에 참여한 사람의 표현과 표정까지도 분명히 의식해야 했다. 셋째로는 제사 때에는 재계하여 신체를 청결히 해야 할 뿐 아니라 엄숙한 감정과 성의 있는 태도를 지녀야지 단지 형식에 그쳐서는 안 되었다. 이는 제사 때 귀신을 대면하여 그들을 감동시킬 수 있느냐 없느냐 하는 것이 지극히 중요했기 때문이다.

그중에서 두 번째 항목은 더욱 중요한데, 각 참여자와 관련이 있었으며 이런 의식을 주재하는 무사巫師들은, 훗날 이 일련의 의식 안에서 원근과 친소를 구분하고 장유와 존비를 구별하는 지식을 사회질서에 관한 일련의 '예' 사상으로 발전시켰다. 물론 유가 학설이 세워지기까지 그들은 지속적으로 매우 많은 고대 의식의 지식을 보존했고, 이런 지식은 고대 유가 경전 중의 하나인 『의례』에 기록되어 있다.

결론적으로 유자는 어느 누구보다도 의식과 상징을 중시한 것 같다. 어째서 그랬을까? 의식의 질서는 사회질서를 상징했고 무축巫祝은 줄곧 의례儀禮의 질서를 맡아 보았으며, 유사儒士는 바로 무축의 후예이기 때문에 이러한 의식과 상징의 전통을 답습하고 의례의 습관을 계승하였으며 상징적인 지식을 장악한 것이다. 그들에게서 하夏, 상商, 주周 삼 대의 의식·상징, 그리고 의식과 상징이 포괄하는 가정, 가족, 종족 및 공동체에 관한 질서 지식이 대대로 전해 내려오고 있다.

3. 질서에 관한 학문으로서의 유학

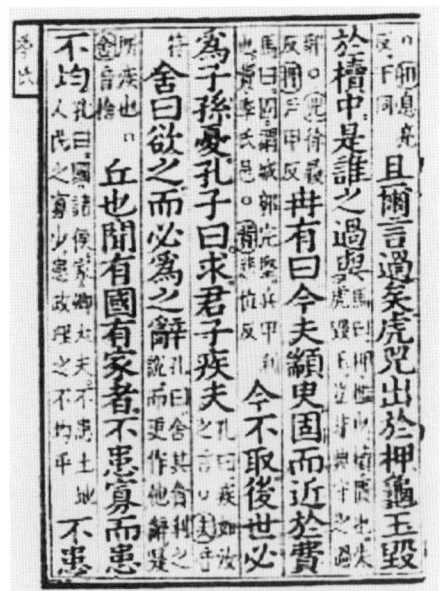

그림 4 『논어』 영인. 『논어』는 공자의 언행을 기록했는데, 나중에 고대 중국의 경전이 되었고 옛 사람들의 생활과 도덕의 지침이기도 했다.

하지만 유가는 공자로부터 시작하여 점점 무사의 지식 범위를 벗어났고 유가 사상은 차츰 하나의 높이까지 끌어올려져 매우 훌륭한 가정·사회·국가에 관한 학설이 되었다고 해야 할 것이다.(그림 4)

유가의 학설 가운데 가장 중요한 것은 다음의 세 가지이다. 첫째, 의례儀禮의 규칙으로부터 인간세상의 질서에 이르기까지, 그들은 더욱더 '예'의 의미를 중시했다. 둘째, 상징의 의미로부터 '명名'의 사상이 발전되어 나왔다. 셋째, 예의의 근원적 가치를 연구하여 들어가면 '인仁'을 찾게 된다. 즉 '인'은 질서를 지키고 규칙을 존중하는 심리와 감정의 기초이다.

첫째, 가족 의례의 예禮로부터 사회적 도덕윤리의 '예'에 이르고, 나아가 국가 제도적인 '예법'으로 발전했다.

은나라와 주나라 이래의 의례儀禮는 가정의 조상에 대한 제사, 친족과 화목하게 지내는 것, 자제를 교육시키는 의식에서 발전된 것이었다. 그것이 점차 확대되어 하늘이나 산천에 지내는 제사 등과 같은 국가적인 전례典禮가 형성되었다. 그러나 어떤 예의를 막론하고, 제사의 대상과 시간 그리고 공간 및 제사의 순서·제수 의절儀節 등등의 측면에서 봐도 상하의 구별 및 등급의 순서가 있는 차등 방식 구조가 세워질 필요가 있다. 의례에 표현된 이러한 외재된 규칙은 사실 인간세계의 질서를 정돈하기 위하여 존재한다. 형식상으로는 제수祭需, 음악과 춤, 장제葬制, 제례祭禮의 차별이 있는데 이를 '의례'라고 일컫는다.

하지만 의례儀禮의 의미는 결코 외재한 의식儀式만이 아니고, 사람을 구속하는 제도인 것만도 아니다. 의례의 의미는 여전히 의식에 숨겨진 윤리 관념과 윤리 질서이며, 일부 보기에 아주 순수한 관념 형태의 것조차도 모두 의식과 관련이 있다. 공자 시대에 이르러 유자儒者는 종종 외재된 의례의 규칙만 이해하는 것이 아니라, 그것이 표현하는 사상과 관념 및 이런 사상 관념의 사회질서에 대한 의미를 밝히는 것을 더욱더 중시했다. 공자는 "예에 맞지 않으면 보지 말며, 예에 맞지 않으면 듣지 말며, 예에 맞지 않으면 말하지 말며, 예에 맞지 않으면 행하지 말라."[19]고 하였다. 그렇게 하는 목적은 예의를 따르는 자각적인 습관을 배양하는 것으로써 단지 여러 동작과 자세의 규정만이 아니며, 일부 희생물이나 음악과 춤의 제도인 것만도 아니다. 공자의 말에 따르면 이런 것이다. 어떤 사람이라야 사회에서 인정받을 수 있는가? 사회에서 인정받는 사람이 되려면 외출했을 때 귀빈을 본 것처럼 사람들을 공경하여 예의가 있으며, 백성들이 큰 제사를 이어나가게 하며, 마음속에는 경외심을 품고 규정을 지키며, 반드시 예를 이해해야 한다.

공자가 구상한 인간세상에서의 예의를 『논어』에서 볼 수 있는데, 자세는

---

19 『논어』「안연顏淵」: 子曰: "非禮勿視, 非禮勿聽, 非禮勿言, 非禮勿動."

마땅히 "절하는 것처럼 몸을 구부리고 몸 둘 바를 모르는 것 같으며, 서 있을 때는 문 가운데를 막지 않는다."[20]는 식이어야 했다. 서 있을 때에는 마땅히 얼굴빛을 평화롭게 하고 시시각각으로 조심해야 하며, 말할 때는 매우 겸허해야 하며, 말하지 않을 때도 큰소리로 숨을 헐떡여서는 안 되었다. 공자는 세상 각 계층의 사람 모두 이런 예의에 따라 자신의 행동거지를 규범에 맞게 한다면, 곧 질서가 있게 된다고 상상했다. 그래서 공자는 그런 규범을 벗어난 사람 혹은 일을 매우 혐오했다. 계씨季氏가 마당에서 팔일무八佾舞를 추자 공자는 극심하게 분노했다.[21] 맹손孟孫, 숙손叔孫, 계손季孫의 3가三家가 『시경』「옹雍」[22]의 악곡으로 가묘에서 제례를 거행하자 공자는 또 크게 화를 냈다. 그러면서 그는 "이러한 일을 용인할 수 있다면, 또 어떤 일을 용인할 수 없겠는가?"[23]라고 말했다. 그는 두 번이나 같은 말을 했다. "예를 배우지 않으면 사회에 발을 붙일 수 없다."[24] 예의란 단지 일종의 동작과 자세뿐이 아니고 또한 일종의 제도만도 아니며, 게다가 그것이 상징하는 것은 일종의 질서로서, 이 질서를 안정시킬 수 있도록 보장하는 것은 예의에 대한 사람들의 경외와 존중이며, 예의에 대한 경외와 존중은 또 사람들의 도덕과 윤리의 자각에 의탁하고 있음을 공자는 분명히 의식했던 것이다.

둘째, 의식의 '의儀'와 '분分'으로부터 사회 등급 사이의 '정명正名'에 이르

---

20 『논어』「향당鄕黨」: "鞠躬如也, 如不容, 立不中門."
21 일일佾은 고대 악무樂舞의 행렬로 한 줄에 여덟 명인 것을 일일一佾이라고 한다. 예의 규정에 따르면 천자天子는 팔일八佾, 제후諸侯는 육일六佾, 대부大夫는 사일四佾, 선비(士)는 이일二佾로써 한다. 계씨는 대부이므로 마땅히 사일로써 해야 마땅하나 도리어 천자의 예인 팔일로써 했으니, 이것은 천자의 예에 대한 참용僭用이었으므로 예를 중시하는 공자에게 비판을 당한 것이다.
22 「옹雍」: 『시경詩經』「주송周頌」의 편명. 무왕武王이 문왕文王을 제사 지내는 시이다. 공자는 『논어』「팔일八佾」에서 『시경詩經』「옹雍」을 인용하여 "제사를 돕는 사람은 제후이고 천자는 엄숙하게 제사를 주재한다.(相維辟公, 天子穆穆)"라고 했다. 대부인 계씨가 이 악곡을 가묘의 제사에 사용했기에 공자는 화가 났던 것이다.
23 『논어』「팔일八佾」: "是可忍, 孰不可忍."
24 『논어』「계씨季氏」: "不學禮, 無以立."

며, 다시 국가 각 계층의 신분 정리에 이르게 된다. 사람들에게 매우 익숙한 공자의 한마디 말이 있는데, 그것은 바로 "반드시 혼란스런 명칭을 바로잡을 것이다."[25]이다. 그의 생각은 사람의 '명名'에 의지하여 신분의 '실實'을 확정하는 것이다. 실제 신분 등급에 따라 각종 사회관계를 처리해야 비로소 예제禮制의 규범에 부합된다. 예제의 규범에 부합되어야 비로소 형벌의 원칙을 세울 수 있다. 형벌의 규칙이 있으면 민중이 비로소 어떻게 사람 노릇을 하고 일을 처리할지 알게 된다. 그러므로 틀림없이 '명'을 확립함으로부터 시작하여 '명'에 대한 정리를 통해 사회질서를 정리해야지 '상하 순서가 있다'고 할 수 있다.

'명'을 중시하는 이런 태도는 사실 의식의 상징적 의미를 중시하는 태도와 관련이 있다. 고대 무축사종巫祝史宗이 주재한 의식은 그 상징적 의미가 극히 강렬했다. 그러한 색채·방위·순서·복식·희생물·음악과 춤 등은 사실 본래 부호의 일종이며 암시의 일종이며 은유의 일종일 뿐으로, 결코 사실 세계 자체는 아니다.

그러나 문명 시대에 진입한 이래로 사람들은 사실 계속하여 이러한 상징 속에서 이 세계를 이해하고 느꼈기 때문에, 중국 고대 사상 세계에서 상징의 의미는 극히 중요했다. 유가는 이러한 형식의 상징적 부호가 바로 사실 세계 자체로서, 그것들은 질서 정연하므로 사실 세계가 질서 정연할 수 있도록 암시하고 촉진할 수 있고, 그것들의 붕괴는 곧 세계 질서의 붕괴를 의미한다고 믿었다. 사람들이 '실'에 대한 '명'의 제한·규범과 정돈 작용을 믿게 될수록, '부호符號'를 통한 또 한 차례의 정리와 재확인으로 '사실'에 대한 정리와 확정에 도달하기를 자주 희망했다. 상징과 부호의 연상으로 생겨난 심리적 역량이 실제 역량으로 여겨질 때, 사람들은 '정명正名'을 통한 '정실正實'을 희망한다. 바꿔 말하면, 명의名義에 대한 규정에 의지하여 확인하거나 사회가

---

[25] 『논어論語』「자로子路」: "必也正名乎."

질서의 합리성을 확인하도록 강요한다는 것이다. 예를 들면, 왕은 왕이고 제후는 제후이고 선비는 선비인 것은, 각자 명칭의 확인을 통하여 신분 등급을 정리했으므로, '군군신신君君臣臣 부부자자父父子子'라는 것은 바로 이런 의미이다. 그러므로 유가에는 처음부터 바로 '정명正名'의 강렬한 소망이 있었다.(그림 5)

셋째, 의식儀式에서의 혼령에 대한 '경敬'으로부터 사회의 타인에 대한 '인仁'에 이르고, 나아가 국가 내부의 화목과 안정에 이르게 된다.

'예禮'와 '명名'에 의지한 질서화와 상징화에 기대어 공자는 질서 정연하고 상하 차례가 있으며 협조하고 화목한 사회를 찾아낼 수 있기를 희망했다. 하지만 그 역시도 동시대 사람들과 마찬가지로, 더욱 많은 당시 문란한 정치와 끊임없는 전쟁의 배후에 숨겨진 심층 문제를 보았다. 이런 문제가 바로 이러한 '예禮'의 의식儀式에서 그 보편적 정당성은 어디에서 왔는가, 이런 '명名'의 구별에서 그 근본적 실체의 원천은 대체 무엇인가, 무엇으로 사람들의 '예禮'와 '명名'에 대하여 인정하는 것을 보장할 것인가였다. 바꿔 말하면, 바로 어떻게 하면 이 사회질서와, 사회질서를 보장하는 도덕과 윤리를 위하여 사람들이 공통으로 인정하는 최종의 가치근거와 심리적 실체를 찾아낼 것인가라는 것이다. 통상 사람들은 어떤 사물과 현상이 좋다거나 좋지 않다고 말할 것이다. 그러나 왜 좋은지, 왜 좋지 않은지 공통적으로 인정하는 표준이 반드시 있어야 하며, 이 표준은 반드시 전제도, 논증할 필요도, 의심할 여지도 없는 것이어야 한다. 공자의 시대에 그가 제기한 것은 '인仁'이란 한 글자이다. '예禮'가 반드시 '이履'해야만 하는 이유는 그것이 '인'과 부합하기 때문이며, '명名'이 반드시 '정正'이어야 하는 까닭은 이렇게 하여야만 비로소 '인'에 도달할 수 있기 때문이라고 그는 여겼다.

'인仁'이란 무엇인가? 『논어』「안연顔淵」의 단도직입적인 한 구절의 말에 따르면, 바로 '사람을 사랑한다'는 것이다. 이 '사람을 사랑한다'는 것은 내심 깊은 곳의 평화·겸손·공경 그리고 친밀한 감정에서 나온다. 비록 그것이

그림 5
「만세사표萬世師表」[26] 탁본

---

26 만세사표萬世師表: 공자에 대한 존칭. 청나라 성조聖祖인 강희제가 만세사표萬世師表 네 글자를 공자묘孔子廟의 편액으로 썼는데, 나중에 이로써 특별히 공자를 지칭하게 되었다.

아마 맨 처음에는 혈연에서 온 자연스런 가까운 정감이었겠지만, 유가에서는 이미 상당히 보편적인 감정으로 확장되었다. '인'은 외재된 예절일 뿐 아니라, 입장을 바꿔 생각하는 체험이기도 하다. 이른바 "자기가 하고 싶지 않은 일을 다른 사람들에게 시키지 말라."[27]라고 하는 것은 바로 내심 깊은 곳의 '사람'에 대한 평등과 친절에서 나오는 것으로, 남과 자기를 하나로 보는 이런 감정은, 사람은 마땅히 남을 존중해야 한다는 관념을 끌어낼 수 있으며, 유가에서는 "남에게 부탁하려 하면 반드시 먼저 타인의 요구를 받아들여야 하고, 남이 자기를 사랑하게 하려면 반드시 먼저 남을 사랑해야 합니다. 남이 내게 복종하게 하려면 반드시 먼저 남에게 복종해야 합니다. 남에게 베푼 은덕은 없으면서 요구하려고 하면, 그것은 잘못입니다."[28]라고 하였다. 당시 상당히 많은 사람들이 이미 이런 '나'와 '타인'의 평등과 우애에 관한 관념을 갖고 있었으며, 게다가 이미 이렇게 '개인'을 초월하여 '사회'의 관계를 처리하게 된 원칙을 보편적이고 합리적인 '일반적인 법칙'으로 보았으며, 타인과 입장을 바꿔 생각하는 이런 감정으로 윤리의 초석을 세웠다. 『논어』의 "인덕이 있는 사람은 자기가 성공하려 하면 남이 성공하도록 하게 하고, 자신이 통달하려 하면 남이 통달하도록 하게 한다."[29]는 것이 바로 이 의미이다. 어떤 이는 이것이 바로 『논어』에서 공자가 말한 "일이관지一以貫之"하는 "충서지도忠恕之道"라고 한다.

하지만 사람들은 사회규범인 '예'와 도덕관념인 '선'이 대체 무슨 근거로 사람마다 의심 없이 따르기를 요구하느냐고 추궁할 수도 있다. 공자는 이 점에서 사람의 성정性情의 선근善根과 선인善因, 즉 '사람을 사랑한다'라는 마음의 근원을 찾아 혈연에서 친척 관계의 정감으로까지 거슬러 올라갔다.

---

27 『논어』「위령공衛靈公」: "己所不欲, 勿施於人."
28 『국어』「진어晉語」: "將有請於人, 必先有入焉. 欲人之愛己也, 必先愛人. 欲人之從己也, 必先從人. 無德於人, 而求用於人, 罪也."
29 『논어』「옹야雍也」: "夫仁者, 己欲立而立人, 己欲達而達人."

『논어』「양화陽貨」에 "인간의 본성은 서로 비슷하나, 인간의 습성은 서로 차이가 심하다."[30]라고 하였는데, 여기에서의 '성性'은 바로 사람의 본성이다. 공자가 보기에, 모든 감정 중에서 혈연의 사랑은 의심의 여지가 없는 것으로 이러한 진정한 성정이 진정한 감정을 끌어내며, 이 진정한 감정은 바로 '효孝'와 '제悌'이다. 사람에게는 이런 진정한 감정이 있으며, 게다가 이 진정한 감정에 따라 타인과의 관계를 처리하면 곧 '사람을 사랑한다'는 마음이 생기고, 이 사람을 사랑함에서 저 사람을 사랑함에까지 이른다. 감정을 내부에서 외부로 층층이 추론해 가면, 부모형제를 사랑하는 것에서부터 그 밖의 다른 사람들을 사랑하는 것에까지 이를 수 있는데, 혈연도 내부에서 외부로 층층으로 넓혀 나갈 수 있다. 그러므로 유가儒家에서는 "사람됨이 부모에게 효도하고 공손하면서도 웃어른을 거스르는 사람은 극히 드물다. 웃어른을 거스르지 않으면서도 반란을 일으키는 것을 좋아한 사람은 아직까지 없었다."[31]라고 단정했다. 이는 국가 질서와 이성적 사회를 세우는 심리적 기초를 제공했다.

소결: 중국에 영향을 끼친 유가 사상

말할 필요 없이 자명해지는 이런 권위적인 율령은, 바로 외재된 예악禮樂으로부터 내재된 감정으로 전환되어, 고대 사상세계의 신비감은 옅어지기 시작했으나, 도덕적 색채가 돌출되기 시작하였다. 중국 사상사는 그것의 가장 중요한 변화 과정을 완성하였는데, 공자 유가의 이런 신사상으로부터 싹터 나왔으며, 감정과 인성에 의지하여 사회질서를 실현하고 국가를 세우는

---

30 『논어』「양화陽貨」: "性相近也, 習相遠也."
31 『논어』「학이學而」: "其爲人也孝悌, 而好犯上者鮮矣, 不好犯上而好作亂者, 未之有也."

학설이었다. 그러나 한대漢代 이후에 유학은 통일 왕조의 정치의식 형태가 되었으며 이런 국가 학설은 곧 절대권력을 가지는 진리가 되어 줄곧 고대 중국인의 가정, 종족 및 국가에 대한 이해와 해석을 지배하고 독점해 왔다.

▍참고 문헌 ▍

1. 유자儒者의 효제孝弟 및 예禮와 인仁에 관한 논술

　유자有子[32]가 말했다. "사람됨이 부모에게 효도하고 공손하면서도 웃어른을 거스르는 사람은 극히 드물다. 웃어른을 거스르지 않으면서도 반란을 일으키는 것을 좋아한 사람은 아직까지 없었다. 군자는 근본을 소중히 여기나니, 근본만 확고히 서면 도는 저절로 생기기 마련이다. 부모에게 효도하고 어른들에게 공손한 것, 그것이 인仁의 근본이다."

　有子曰: "其爲人也孝弟, 而好犯上者, 鮮矣; 不好犯上, 而好作亂者, 未之有也. 君子務本, 本立而道生. 孝弟也者, 其爲仁之本與!"

— 『논어』 「학이學而」

　중궁仲弓[33]이 인仁에 관해 질문했더니 공자께서 말씀하셨다. "대문을 나가 밖에서(남과 만났을 때는)는 마치 국빈을 맞이한 듯이 대하며, 백성을 부릴 때에는 종묘에서 큰 제사를 받들듯이(경건한 마음으로) 임해야 한다. 자기가 하고 싶지 않은 일을 남에게 억지로 시키지 말아야 한다. 그렇게 하면 나랏일에 있어서도 원망이 없으며 집안에서도 원망이 없을 것이다."

32　유자有子(기원전 518~?): 공자의 제자로 성은 유有, 이름은 약若이며, 자는 자유子有이다. 춘추시대 노나라 사람으로 공자 제자 72현인의 한 사람이다. 공자보다 13살이 적었다. 일설에는 33세가 적었다고 하는데 33세설이 더 믿을 만하다고 한다. 그의 모습이 공자와 많이 닮아서 공자 사후에 공자 제자들의 존경과 중시를 받았다.
33　중궁仲弓: 공자의 제자. 성은 염冉, 이름은 옹雍이며, 자는 중궁仲弓이다. 생몰년은 미상이며 공자 문하생 중에서 덕행과에 올라 있다.

제3강 국가와 유가 학설　107

仲弓問仁. 子曰: "出門如見大賓, 使民如承大祭. 己所不欲, 勿施於人. 在邦無怨, 在家無怨."

— 『논어』 「안연顏淵」

공자께서 말씀하셨다. "대저 예는 선왕이 천도天道를 받들어 인정을 다스리는 것이다. 따라서 예를 잃어버린 자는 죽을 것이며 예를 얻은 자는 생존할 것이다. 『시경詩經』에 이르기를, '저 쥐에게 사지가 있음을 보라. 사람이고서 도리어 예가 없구나. 사람이고서 도리어 예가 없다면, 어찌 빨리 죽지 않겠는가?'라고 했다. 그러므로 예는 반드시 천도에 바탕을 두고, 지리를 본받아, 귀신의 대열에 들어가며 초상·제사·활쏘기·수레몰기·관례·혼례·조회·방문 등등에 미친다. 따라서 성인은 예로써 민중에게 보여주므로 천하 국가가 되어 잘 다스려졌다."

孔子曰: "夫禮, 先王以承天之道, 以治人之情. 故失之者死, 得之者生. 『詩』曰: '相鼠有體, 人而無禮; 人而無禮, 胡不遄死?' 是故夫禮, 必本於天, 殽於地, 列於鬼神, 達於喪祭, 射御, 冠昏, 朝聘. 故聖人以禮示之, 故天下國家可得而正也."

— 『예기』 「예운禮運」

느낀 대로 직접 풀어내는 것은 야만인의 표현 방식이다. 예의, 도리는 그렇지 아니하다. 사람이 기분이 좋으면 이에 기뻐하고, 기뻐하면 이에 읊조리고, 읊조리면 몸이 들썩이고, 들썩이면 춤을 추고, 춤을 추면 (즐거움이 극에 다다라서) 성낼 것이고, 성내면 슬퍼할 것이고, 슬퍼하면 탄식할 것이고, 탄식이 그치지 않으면 손으로 가슴을 칠 것이고, 가슴을 치면 발을 구르며 뛰어오를 것이다. 감정의 정도에 따라 절제하는 것, 이것이 바로 예라는 것이다.

有直情而徑行者, 戎狄之道也. 禮道則不然, 人喜則斯陶, 陶斯詠, 詠斯猶(搖), 猶斯舞, 舞斯慍, 慍斯戚, 戚斯嘆, 嘆斯辟, 辟斯踊矣. 品節斯, 斯之謂禮.

— 『예기』 「단궁檀弓」 하, 자유子游의 말을 인용하여

2. 유자의 국가질서에 관한 관념

제齊나라 경공景公이 정치에 관해 공자께 물으셨다. 공자께서 삼가 말씀드렸다. "임금은 임금답게, 신하는 신하답게, 아비는 아비답게, 자식은 자식답게 하는 일입니다." 경공이 말씀하셨다. "좋은 말씀이오. 참으로, 만일 임금이 임금답지 못하고, 신하가 신하답지 못하고, 아비가 아비답지 못하고, 자식이 자식답지 못하다면 비록 곡식이 있다 한들 내가 어찌 이것을 먹을 수 있겠소?"

齊景公問政於孔子. 孔子對曰: "君君, 臣臣, 父父, 子子." 公曰: "善哉! 信如君不君, 臣不臣, 父不父, 子不子, 雖有粟, 吾得而食諸?"

— 『논어』「안연」

공자께서 말씀하셨다. "천하에 바른 질서가 있으면 예악을 제정하고 정벌을 행하는 권한이 천자로부터 나오고, 천하에 바른 질서가 없으면 예악을 제정하고 정벌을 행하는 권한이 제후로부터 나온다. 제후로부터 나올 때는 10대十代 안에 이 권한을 잃지 않는 일이 드물며, 제후의 대부로부터 나올 때는 5대 안에 이 권한을 잃지 않는 일이 드물며, 제후의 배신陪臣이 국권을 장악할 때는 3대 안에 이것을 잃지 않는 일이 드물다. 천하에 바른 질서가 있으면 정권이 대부大夫 손에 있지 않고, 서민이 정치를 두고 왈가왈부하지 않는다."

孔子曰: "天下有道, 則禮樂征伐自天子出; 天下無道, 則禮樂征伐自諸侯出. 自諸侯出, 蓋十世希不失矣; 自大夫出, 五世希不失矣; 陪臣執國命, 三世希不失矣. 天下有道, 則政不在大夫. 天下有道, 則庶人不議."

— 『논어』「계씨季氏」

유가儒家는 육예六藝[34]로써 법도를 삼고 있는데, 육예의 원문과 주석서가 굉장히 많으므로 여러 세대를 거쳐 공부해도 그중의 학문에 통달할 수 없으며, 살아 생전에 그 예의를 규명할 수 없으니, 그래서 유가는 "광범위하나 요점을 잡아낸 것은 극히 적고, 애를 쓰고도 효과는 극히 적다."라고 하였던 것이다. 군신과 부자의 예의를 안배하고, 부부夫婦와 장유長幼의 구별을 규정한 것은 가령 백가百家라도 그것을 고칠 수 없는 것이다.

夫儒者以六藝爲法. 六藝經傳以千萬數, 累世不能通其學, 當年不能究其禮, 故曰 "博而寡要, 勞而少功." 若夫列君臣父子之禮, 序夫婦長幼之別, 雖百家弗能易也.

— 『사기史記』 권130 「태사공자서太史公自序」 6.
사마담司馬談의 '육가의 요지를 논함(論六家要旨)'에서 인용함.

유가 학파는 교화를 관장하는 사도司徒로부터 나왔으며, 군주를 보좌하며 음양에 순응하고 교화를 밝히는 자들이다. 유가는 육경六經을 깊이 연구하고 인의仁義의 사이에 있으면서 요순堯舜의 도를 따랐다. 문왕文王과 무왕武王을 본받고 공자를 종사로 삼아 그들의 언사를 중히 했으니 그 도는 가장 심오한 것이다. 공자가 말하기를, "만일 내가 칭찬하는 사람이 있다면 시험해 본 다음의 일이다."라고 하였다.

당唐과 우虞의 융성, 은나라와 주나라의 번성에서 중니仲尼의 대업은 이미 시험받고 효과를 나타낸 것이었다. 그러나 그다지 지혜롭지 못한 자는 이미 정미함을 잃고, 바르지 못한 사람은 또한 시대에 따라서 부침浮沈하며, 도의 근본에 위배되어 말 그대로 떠들썩한 말로써 민중의 총애를 얻었다. 후대의 사람들이 그들을 모범으로 삼았기에 오경五經[35]이 서로 모순되자 유가 학설은 점점 쇠퇴해 갔다. 이것이 바로 천박한 유생의 폐단이다.

---

34 육예六藝: 유가의 육경. 즉 『시詩』, 『서書』, 『역易』, 『예禮』, 『악樂』, 『춘추春秋』를 말한다.
35 오경五經: 유가의 중요한 다섯 가지 경전. 『시詩』, 『서書』, 『역易』, 『예禮』, 『춘추春秋』를 말한다.

儒家者流, 蓋出於司徒之官, 助人君順陰陽明教化者也. 游文於六經之中, 留意於仁義之際, 祖述堯舜, 憲章文武, 宗師仲尼, 以重其言, 於道最爲高. 孔子曰: "如有所譽, 其有所試." 唐虞之隆, 殷周之盛, 仲尼之業, 已試之效者也. 然惑者旣失精微, 而辟者又隨時抑揚, 違離道本, 苟以譁衆取寵. 後進循之, 是以五經乖析, 儒學浸衰, 此辟儒之患.

— 『한서漢書』 권30 「예문지藝文志」

4. 유학 통일 시대

"『춘추春秋』는 통일을 높이 평가합니다. 이것은 천지의 영원한 원칙이며 고금 공통의 이치인데, 지금 스승이 (말하는 것은) 이치가 다르고, 사람들은 논의가 다르며, 제자백가는 연구 방향이 다르고 취지도 같지 않습니다. 그러므로 지위가 위에 있는 군주가 통일의 표준을 잡지 못하여 법령과 제도가 자주 변하므로 지위가 아래 있는 백성은 마땅히 어떻게 지켜야 하는지 모릅니다. 신臣은 육예六藝에 속하지 않는 과목과 공자孔子 학술의 학설은 모두 일률적으로 금지시켜 그것들이 똑같이 발전하지 못하게 해야 한다고 생각합니다. 옳지 않은 학설이 사라진 후에 학술체계를 통일할 수 있고 법령과 제도가 밝혀질 수 있으므로 백성도 복종의 대상을 알게 됩니다."

"『春秋』大一統者, 天地之常經, 古今之通誼也. 今師異道, 人異論, 百家殊方, 指意不同, 是以上亡以持一統; 法制數變, 下不知所守. 臣愚以爲諸不在六藝之科, 孔子之術者, 皆絕其道, 勿使並進. 邪辟之說滅息, 然後統紀可一而法度可明, 民知所從矣."

— 『한서』 권56 「동중서전董仲舒傳」에 건원建元 원년元年(기원전 140) 동중서의 상서를 기록한 것임.

'삼강三綱'이란 무엇을 말하는가? 군주와 신하, 아버지와 아들, 남편과 아내의 관계를 말한다. '육기六紀'는 무엇을 말하는가? 제부諸父,[36] 형과 동생, 족인族人, 제구諸舅,[37] 스승과 연장자, 붕우를 가리킨다. 따라서 「함문가含文嘉」에서 "군주는 신하의 큰 줄기가 되고, 아버지는 아들의 큰 줄기가 되고, 남편은 아내의 큰 줄기가 된다."고 말한다. 또 "아버지와 형을 공경하고, 육기의 도道가 실행되면 제구 사이에 범절이 있고, 족인들 사이에 서열이 있고, 형제 사이에 우애가 있고, 스승과 연장자는 존경받고, 붕우 사이가 오래 간다."라고 말한다. 강綱과 기紀는 무슨 뜻인가? '강'은 '펼치다(張)'라는 뜻이고, '기'는 '다스리다(理)'라는 뜻이다. (그물코에서) 큰 매듭이 강綱이고, 작은 매듭이 기紀이다. 이로써 위와 아래에 펼쳐서 다스리면 인도人道를 가지런하게 할 수 있다.

　　三綱者, 何謂也? 謂君臣, 父子, 夫婦也. 六紀者, 謂諸父, 兄弟, 族人, 諸舅, 師長, 朋友也. 故『含文嘉』曰: "君爲臣綱, 父爲子綱, 夫爲妻綱." 又曰: "敬諸父兄, 六紀道行, 諸舅有義, 族人有序, 昆弟有親, 師長有尊, 朋友有舊." 何謂綱紀? 綱者, 張也; 紀者, 理也. 大者爲綱, 小者爲紀, 所以張理上下, 整齊人道也."

― 『백호통白虎通』「삼강육기三綱六紀」

▌참고 논저 ▌

葛兆光: 『七世紀前中国知识 思想与信仰世界』, 上海: 复旦大出版社, 1998.
郝大维·安乐哲(David L. Hall and Roger Ames): 『孔子哲学思微』(Thinking through

---

36 제부諸父: 고대에 천자天子가 같은 성姓의 제후에 대하여, 제후가 같은 성의 대부大夫에 대하여 '부父'라고 높여 불렀는데 여럿이면 곧 제부諸父라고 했다. 여기서는 큰아버지와 작은아버지를 가리킨다.
37 제구諸舅: 고대에 천자가 다른 성의 제후에 대하여, 제후가 다른 성의 대부에 대하여 구라고 높여 불렀는데, 여럿이면 제구諸舅라고 했다. 여기서는 어머니의 남자 형제를 가리킨다.

Confucious), 中译本, 南京: 江苏人民出版社, 1996.

▎생각해 볼 문제 ▎

1. 고대 중국의 '가家'와 '국國'에 관한 관념은 어떻게 관련지어졌는가?
2. 유가의 역사적 기원에 관한 전통적 견해와 현대적 해석.
3. 유가의 국가, 정부와 개인에 관한 관념은 어떻게 중국에 영향을 끼쳤는가?

제4강

불교 전래의 경로:
그리고 고대 중국 교통로에 관한 추측

1. 서역 실크로드의 재발견
2. 불교의 서역 전래설: 전통의 관점
3. 의문의 제기: 펠리오, 량치차오와 후스의 의견
4. 서남통도와 남해통로에 관한 추측
소결: 문화 전파와 교류의 다양한 통로

제4강에서 토론하려는 것은 중외 문화 교류와 관련된 화제로, 정확히 말하면 고대 중국의 대외 교통 경로에 관한 것이다. 하지만 오늘의 화제는 불교가 중국에 전해진 것을 중심부에 놓아야 하고, 여기에서 또 고대 중국의 연구에서 의문을 갖는 정신과 상상력이 필요한지의 문제를 얘기해 보고자 한다.

1. 서역 실크로드의 재발견

이는 지리상의 발견과 고고학적 발견에 관한 이야기이다. 신강 로프노르(羅布泊)는 매우 신비한 지방으로 일찍이 아주 많은 탐험가가 탐험을 위해 갔었다. 1860년대에 가장 먼저 러시아인 프르제발스키(Przhevalsky, Nikolay Mikhaylovich)[1]가 고대에 말하던 '포창해蒲昌海'가 곧 '로프노르'라는 것을 알아냈다고 선포했다. 그러나 1868년 독일 지리학자 리히트호펜(Ferdinand Paul Wilhelm Richthofen, Freiherr von)[2]이 그의 착오를 지적했다. 후에 리히트호펜의

---

1 프르제발스키: 러시아 탐험가. 1869년경 몽골 울란바토르까지 여행했고, 고비사막을 가로질러 북경北京에서 멀지 않은 중국의 장가구張家口까지 갔다. 1876년에는 타클라마칸사막까지 갔으며, 그 후 고비사막, 투르키스탄을 거쳐 세계 최대의 호수 가운데 하나인 이식쿨(Issyk-kul)에 도착했다. 그는 그 근처 카라쿨(Kara-kul: 지금의 프르제발스키)에서 티푸스로 죽었다. 그의 저서로는 『몽골, 탕구트족의 지대, 티베트 북부의 고독』, 『이닝에서 톈산 산맥을 넘어』 등이 있다.
2 리히트호펜(1833~1905): 독일의 유명한 지리학자·지질학자. 저서로 『중국, 그 여행의 결과와

그림 1-1
옛 누란의 고도

그림 1-2
니아尼雅 유적지

이를 기초로 한 연구』 5권, 『현대 지리학의 과제와 방법』, 『19세기 지리학의 원동력과 방향』 등이 있다.

제자인 스웨덴 사람 스벤 헤딘(Sven Hedin)[3]은 여섯 차례나 중앙아시아와 티베트를 탐험했다. 1900년과 1901년 그는 로프노르 호(羅布泊: 타림 분지 동쪽 부분에 있는 호수) 근처에서 한대漢代의 오수전五銖錢, 동경銅鏡, 그리고 무엇보다 대단히 많은 목간木簡과 종이로 된 문서를 발견했다. 그는 이런 문헌을 독일 학자 칼 힘리(Karl Himly)에게 넘겨 연구할 수 있도록 해 주었다. 칼 힘리는 여기에 적지 않은 한문과 토카라어(Tocharian language)[4] 문서가 있음을 밝혀냈고 그 결과 마침내 2000년 동안 사라졌던 옛 누란樓蘭[5]이 여기에서 발견되었다.(그림 1)

본래 이 지방은 스벤 헤딘이 와서 발견하기를 기다릴 필요가 없었다. 중국인들은 오래전에 이미 이곳을 알고 있었다. 18세기 중엽 바로 청대 건륭乾隆 연간에 중국 관방官方에서 그려 제작한 『가욕관嘉峪關에서 안길연安吉延 등지까지의 도리道里 지도』에서는 '로프노르'를 표시하였다. 맨 처음 신강 순무新疆巡撫로 부임했던 유금당劉錦棠과 후임이었던 위광도魏光濤가 1890년 이후에도 부하 관리로 하여금 '돈황 현에서 로프노르에 이르는 남쪽 지역의 지도'를 그리게 했다. 그러나 당시 근본적으로 중외 교통을 고찰할 만한 의식이 없었고, 이 지역과 이 고도古都의 역사적인 의미에 주의를 기울이지도 않았으며, 또 그곳에 도대체 무엇이 있는지, 역사적으로는 무슨 의미가 있는

---

3 스벤 헤딘(1865~1952): 스웨덴의 탐험가. 지리학자. 주로 중앙아시아를 탐사했다. 1934년 콘체다리아(Konche Darya: 쿰다리아라고도 하는데 모래의 강이라는 의미임)를 카누를 타고 탐험했다. 1893년부터 여러 차례 중앙아시아를 학술 탐사했다. 이 과정에서 중앙아시아 타림분지 동부에서 고대 왕국 누란樓蘭의 유적을 발굴해 전 세계의 학계에 신선한 충격을 불러일으켰다. 또한 그 당시 거의 알려지지 않았던 타클라마칸과 티베트를 탐사하고 지도를 제작하여 서양인들에게 알렸다.
4 토카라어: 500~1000년경 타림분지의 중국령 투르키스탄 북부에서 사용하던 인도유럽어. 지금은 사어가 되었다.
5 누란樓蘭: 옛 나라 이름. 지금의 신강성新疆省 선선현鄯善縣 동남쪽에 위치하며, 한나라 때 서역으로 통하는 요충지로 소제昭帝 때에 이르러 선선鄯善으로 이름이 바뀌었다. 『한서』 권 96 「서역전西域傳」 상 '선선국鄯善國': "선선국의 원래 이름은 누란이다.(鄯善國, 本名樓蘭)"

지 실제 고찰하지도 않았다. 단지 일반적인 의미에서의 '안다'는 것은, 결코 학술에서의 '발견'과는 같지 않기 때문에 현대 학술사에서는 모두 옛 누란樓蘭 유적지의 발견자를 스벤 헤딘으로 말하고 있다.

이런 고도와 유적 발견의 주요 의의는 무엇일까? 바로 실지 답사의 고찰에서 문헌에 기재된 일단의 중국과 외국의 교통 역사를 실증했다는 점이다. 고대 중국은 대체 언제부터 서쪽과 남쪽의 이민족과 교류했을까? 이 문제는 지금도 분명히 말할 수 없다. 하지만 고대 문헌을 고찰한 바에 따르면, 통상 장건이 서역과 교통한 것을 중서 교통 개척의 시초로 간주한다. 기원전 138년 장건이 명을 받아 서역에 사신으로 간 이야기는 사마천의 『사기』 「대원열전大宛列傳」에 기재되어 있다. 그래서 후대 사람들은 중국과 세계 교류의 개창자를 장건으로 여겼다. 장건의 '도로 개통'도 중국과 외부 세계의 연락이 시작된 상징이 되었으며, 이로부터 장안에서 출발하여 중앙아시아와 서아시아에 이르는 도로, 즉 후에 일컫게 되는 실크로드 역시 사람들 마음속에 중국과 외국 교통의 가장 중요한 도로가 되었다.

이 도로는 동서의 도로를 연속적으로 수천 리 연결했는데, 경로는 현재 중국의 신강新疆과 파키스탄, 아프가니스탄, 이란, 이라크, 터키, 타지키스탄, 아제르바이잔공화국 등지를 지

그림 2 양관陽關 유적지. 옛날 사람들은 양관을 언급하면 곧바로 "서쪽으로 양관을 나가면 이제 벗이 없구나(西出陽關無故人)."라는 시구를 떠올렸다.[6]

---

6 이 시구는 왕유王維의 「원이元二를 안서로 보내며(送元二使安西)」의 일부이다.

나며, 남쪽으로는 인도에 이르고 서쪽으로는 지중해에 이르렀다. 나중에 한漢·당唐 제국과 외부의 문화 교류를 언급하기만 하면 이 도로를 생각하게 되었다.(그림 2)

그러나 천 년이 지나 이 길은 오히려 점점 황폐해졌다. 9~11세기에 한편으로는 당대 후기의 투루판·송대의 서하西夏 등 이민족의 훼방으로, 다른 한편으로는 오아시스 감소와 사막 확대 및 도로가 갈수록 험난해지는 등의 이유로 중국 중원 지역과 서부 대다수 이민족의 무역 통로가 차츰 옮겨졌을 뿐만 아니라 항해 기술의 향상으로 해상 교통이 주요한 위치를 차지했다. 특히 근대에 자동차·비행기·선박을 광범위하게 이용하면서 사람들은 더 이상 이 길이 필요치 않게 되었다. 그래서 거의 수세기 동안 이 길은 점점 사람들이 기억에서 사라져 갔다. 사실 중국 역사에서 거의 천여 년 동안, 대략 기원전 2세기에서 서기 10세기까지 장구한 시간 속에서 이곳은 사람들의 왕래가 빈번하고 매우 번화한 중요한 통로였다.(그림 3)

로프노르(Lop Nor)와 옛 누란 유적지의 발견과 이후에 이루어진 대단히 많은 고고학적 발견은, 이 도로 위에서의 각 고대 왕국의 구체적 위치를 실제로 증명했다는 데 그 의의가 있다. 그래서 매우 많은 역사학자, 고고학자와

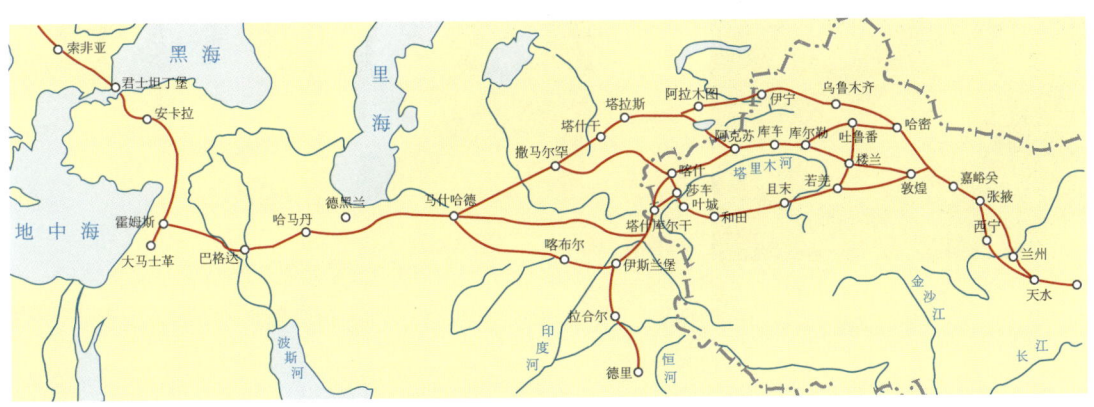

그림 3 실크로드 지도. 고대에 중앙아시아와 서아시아로 통하는 길은 천산남도天山南道와 천산북도天山北道의 두 갈래였다.

탐험가들의 주의력은 점점 이곳에 집중되었다. 옛 누란과 이 도로의 기타 지방에서는 실제로 매우 많은 고대 유물이 발견되었다. 옛 그리스 스타일을 가진 것도 있고, 고인도풍을 지닌 것도 있었다. 이런 유물들은 이곳이 한漢·당

그림 4 신강 위리尉犁에서 출토된 남자 시신과 고차庫車[7]에서 출토된 8, 9세기의 마니교摩尼敎 두루마리 경전. 위리와 고차는 고대에 굉장히 번화했던 도로의 유적으로, 당시의 성대한 상황을 상상할 수 있다.

---

7 고차庫車: 고대에는 쿠차(龜玆)라고 불렀다.

唐 시대 사이에 매우 중요한 중서 문화 통로였다는 것을 증명했다.(그림 4)

역사의 기록과 학자들의 연구에 근거해 보면 다음과 같은 것을 알 수 있다. 이 고대의 통로 대부분은 남북 양도로 나눠지는데, 북로는 바로 타림분지 북부의 천산산맥을 따라 로프노르로부터→투루판(차사車師)→언기焉耆[8]→윤대輪臺[9]→쿠차(龜茲)[10]→소륵疏勒[11]→대원大宛→강거康居(타지키스탄)→대하大夏(아프가니스탄)로 이어진다. 남로는 타림분지 남부의 곤륜崑崙산맥을 따라서 바로 선선鄯善[12]으로부터→정절精絕(타클라마칸)→우전于闐[13]→사차莎車[14]→포리蒲犁(타슈쿠르간)→대월지大月氏→신독身毒(인도)으로 되어 있다.

2. 불교의 서역 전래설: 전통의 관점

고대에 백마타경白馬駄經의 고사가 있는데, 그 내용은 다음과 같다. 후한後漢 영평永平 연간(58~75)에 한나라의 명제明帝가 밤에 자면서 금으로 된 사람이 공중으로부터 날아 내려오는 꿈을 꾼 뒤 수하의 대신에게 물었다. 부의

---

8 언기焉耆: 카라샬(kara shar). 옛 서역 나라 이름. 다른 이름으로 오기烏耆, 오전烏纏, 아기니阿耆尼라고도 불렀다. 국도는 원거성員渠城으로 지금의 신강 언기焉耆 서남쪽 40리 도시 부근. 처음에는 흉노匈奴에 복속되었다가 서한西漢 신작神爵 2년(기원전 60) 후한 서역도호부西域都護府에 속하였다.
9 윤대輪臺: 옛 지명. 지금의 신강 윤대輪臺 남쪽. 본래 윤두국侖頭國으로 한 무제 때 이광리李廣利에게 멸망당했다.
10 쿠차(龜茲): 한대漢代 서역에 있던 국가의 하나로 지금의 신강성新疆省 고차庫車와 사야沙雅 사이에 있다.
11 소륵疏勒: 카슈가르. 옛 서역 나라 중의 하나. 왕망王莽 때 '세선世善'이라고 불렀으며 당대唐代에는 구사佉沙라고 불렀다. 지금의 신강 카슈가르 시 일대로 소륵현疏勒縣을 말한다.
12 선선鄯善: 옛 서역 나라 이름. 원래 이름은 누란이다.
13 우전于闐: 옛 서역 나라 이름. 우전于寘이라고도 하며, 지금 신강의 화전和田을 말한다.
14 사차莎車: 야르칸드(Yarkand).

傅毅가 해몽하여 이르기를, 서역西域에 '신神'이 있어 '부처(佛)'라 하는데 폐하의 꿈은 아마도 이 일을 실증하는 것인 듯하다고 말했다. 그래서 황제는 두 사람을 파견하여 '신'을 찾아 나서게 했는데, 이 두 사람은 때마침 천축天竺[15]에서 '섭마등攝摩騰'이라는 중천축中天竺 승려를 만났다. 그들은 함께 백마로 『사십이장경四十二章經』과 부처상을 낙양洛陽으로까지 실어 왔다. 황제는 무척이나 기뻐하여 낙양 서문 밖 한 지점에 절을 세웠는데, 이것이 중국에 불교도가 있게 된 시초이며 이 절이 바로 훗날의 '백마사白馬寺'라고 한다. 그리고 섭마등 등의 사람들은 바로 서역의 그 길을 통해 온 것이다.

확실히 한대에서 당대까지 매우 많은 서역인들은 이 길을 통하여 중국에 왔다. 그러므로 대다수의 사람들은 불교 전래도 주로 이 경로를 통해서 이루어졌으며, 이 사람들도 틀림없이 이러한 지방을 지나서 돈황敦煌에 도달했다고 믿는다.(그림 5)

1938년 탕용통(湯用彤)의 『한위양진남북조불교사漢魏兩晉南北朝佛敎史』와 1957년 에릭 쥐르허(Erik Zürcher)[16]의 「불교의 중국 정복(佛敎征服中國)」에서부터 1980년대 런지위(任繼愈)의 『중국불교사中國佛敎史』와 상당수 일본의 '중국불교사'들에 이르기까지 이런 관점을 받아들였다. 그리고 모두가 잘 아는 이야기로, 남북조南北朝와 당대唐代의 법현法顯[17]과 현장玄奘이 인도에 가서 불

---

15 천축天竺: 옛 인도의 명칭. 『후한서』「서역전西域傳」'천축': "천축국은 신독이라고도 하며, 월지月氏의 동남쪽 수천 리에 있다.(天竺國一名身毒, 在月氏之東南數千里.)"

16 에릭 쥐르허(1928~2008): 네덜란드의 저명한 중국학자. 라이든대학에서 중국어 및 중국문학을 전공했다. 1959년 「불교의 중국 정복」으로 박사학위를 취득했다. 1962년에 라이든대학의 동아시아사 담당 교수가 되었고, 1975부터 1990년까지 중국학 주임 교수로 재직했다. 중국학 분야의 권위 있는 학술지 『통보通報』를 주관하였으며, 다른 저서로는 『중국예수회사전기(中國耶穌會士傳記)』, 『불교, 기독교와 중국사회(佛敎, 基督敎與中國社會)』 등이 있다.

17 법현法顯(약 337~약 422): 동진東晉의 고승. 평양군平陽郡 무양武陽(지금의 山西省 襄丘縣) 사람으로 속성은 공龔. 세 살에 사미沙彌가 되었고 20세에 비구계比丘戒를 받았다. 당시 율전律典의 부족을 느끼고 진나라 안제安帝 융안隆安 3년(399년) 인도에 가서 불법을 구했다. 의희義熙 8년(412년)에야 귀국하면서 『마하승지중률摩訶僧祇衆律』, 『십송률十誦律』, 『잡아비담심雜阿毗曇心』, 『대반니원경大般泥洹經』, 『미사새율彌沙塞律』, 『장아함경長阿含經』, 『잡아함경雜阿

그림 5-1 제275굴 북량北涼

그림 5-2 제299굴 북주北周

그림 5-3 제428굴 북주北周

그림 5 돈황의 불상과 벽화

경을 가져온 것과 같은 역사는 이런 관점을 더욱 실증했다.

언뜻 보기에 이 '불교 서래설'에는 아무런 의심도 들지 않았다. 사실 어떤 경우에는 '정설'과 흡사한 '역사'가 바로 문제점이 있는 것이다. 불교 전래의 문제에서는 이렇게 몇 가지 의문이 있었다.

(1) 서한西漢과 동한東漢 시기에는 천하가 대단히 혼란스러웠다. 중국과 서역의 교통은 왕망王莽 전후로 단절되었다가, 동한 영평 16년(73)에 겨우 회복되었다. 한 명제明帝의 구법과 불교의 전래는 대략 서기 50년대로, 때마침 중서 교통이 단절되었던 그 시기라고 전해진다.

(2) 『사기』·『한서』·『후한서後漢書』에 서역이 기록되었지만, 어느 곳에서도 불교가 언급되지 않았다.

장건에서 반용班勇[18]에 이르는 많은 사람들의 출사出使 기록에 근거하여 서술된 자료에 서역 불교에 관한 기록이 조금도 없다.

(3) 한대와 서부 세계의 교통로는 결코 하나만 있었던 것은 아니다. 그러면 아주 자연스럽게 사람들이 왜 불교는 서남이나 해상으로부터 전래될 수 없고, 반드시 서쪽에서 고비(戈壁)사막·사막·설산雪山을 통과하여 전해질 수밖에 없었는지 캐물을 것이다.

불교가 서역에서 전래된 노선은 상당히 많은 문헌으로 실증되는 두말 할 필요 없는 역사적 존재임은 분명하다. 그러나 이 문제는 아직 마침표를 찍는 지경에는 이르지 못하였다는 것도 분명하다. 근래 여러 학자들의 연구는 초

含經』 등을 가지고 돌아왔는데, 모두 당시 중국에 없던 대승大乘과 소승小乘의 기본 주요 서적이었다. 아울러 불타발타라(Buddhabhadra)와 함께 『마하승기율摩訶僧祇律』, 『승지비구계본僧祇比丘戒本』, 『대반니원경大般泥洹經』 등을 번역했다. 이 밖에 서쪽으로 가서 구법했던 경험을 쓴 『역유천축기전歷遊天竺記傳』에는 귀중한 서역의 고대 역사와 지리 자료가 수없이 보존되어 있어 각국 역사학자와 고고학자가 매우 중시한다.

18 반용班勇: 자 의료宜僚, 동한東漢 부풍扶風 안릉安陵 사람으로 반초班超의 셋째 아들이다. 안제安帝 때 서역장사西域長史, 평거사平車師를 지냈으며, 북쪽의 흉노를 격파하여 변경이 평화로울 수 있도록 했다. 나중에 장랑張朗과 함께 언기焉耆를 공격하였는데 장랑이 공을 쟁취하려고 먼저 도착하고 반용은 나중에 도착하여 하옥되었다가 풀려나 마침내 집에서 생을 마쳤다.

기 중국과 인도의 사이에 또 다른 통로가 존재했을 가능성에 주목하게 한다. 그들 연구에 따르면, 불교 같은 신앙은 상인의 무역을 따라 여러 가지 경로로 올 수 있는 것이지, 한 통로로만 국한해서 중국으로 스며들어 왔다고 보기는 어렵다는 것이다.

3. 의문의 제기: 펠리오, 량치차오와 후스의 의견

대단히 많은 학자들이 불교가 중국에 전래된 이 통로에 대하여 마음속에 의구심을 품고 있다. 그들은 모두 고대 중국과 외부의 연락 통로가 단 하나는 아니었을 것이며, 그렇다면 다른 통로가 있지 않았을까 하고 느꼈기 때문이다. 다음은 가장 걸출한 세 학자의 의견이다.

첫 번째는 펠리오(Paul Pelliot)이다. 펠리오는 돈황 문서를 약탈해 간 프랑스인이다. 하지만 한편으로 그는 확실히 20세기 초 가장 수준 높은 서방의 한학자이기도 하다. 1920년 그는 하노이(Hanoi)출판의 『통보通報(T'oung pao)』에 발표한 글 「모자고牟子考」에서, 기원 초에 서역의 통로가 운남과 미얀마의 통로만은 아니었고, 2세기 때 교주交州[19] 남해의 통로도 대략 불교의 중국 전래 경로였을 것이라는 견해를 제기했다. 그는 "만일 불교가 모두 서쪽으로부터 왔고, 게다가 중원의 낙양에 처음 전해졌다면 불교 관련 최초의 중국인 서적인 『모자리혹론牟子理惑論』이 왜 외진 남방 교주에서 저술되었는가?"라고 의문을 품었다.

두 번째는 량치차오(梁啓超)[20]다. 량치차오는 근대 중국에서 특출한 사상가

---

19 교주交州: 옛 지명. 지금의 베트남 북·중부와 중국 광서 지역의 일부를 일컫는다.
20 량치차오(梁啓超, 1873~1929): 자는 탁오卓如이고, 호는 임공任公이며 별호는 음빙실주인飮冰室主人이다. 광동廣東 신회新會 사람이다. 근대 정치가이자 문학가이고 캉유웨이(康有爲)의 제자이다. 이 두 사람은 청말淸末 함께 변법유신을 제창하여 사람들은 그들을 캉량(康梁)이라고 하였다. 「시무보時務報」, 「청의보淸議報」, 「신민총보新民叢報」 등을 만들어 힘껏 개혁주의를 널리 알렸다. 무술정변戊戌政變 후 일본으로 망명했다. 민국 초에 사법총장, 재정총

이자 학자이다. 1920년대에 칭화대학 연구원의 교수로 재직하면서, 불교사에 깊은 흥미를 느껴 장기간에 걸쳐 매우 많은 선구적 저작들을 내놓았다. 그중 하나인 「불교의 초기 수입(佛敎的初輸入)」 부록 2에서 그는 "불교의 도래는 육지로부터가 아니라 바다로부터이다. 중국 최초의 불교 근거지는 낙양이 아니라 바로 강회江淮에 있다."고 했다.(『불학연구 18편佛學硏究十八篇』, 25쪽.)

세 번째는 후스(胡適)이다. 후스는 신문화운동의 중요 인물일 뿐만 아니라, 또한 중국에서 사유와 학문 분야를 가장 잘 개척할 수 있었던 학자이다. 그는 일생 동안 불교사에 흥미를 가졌으며, 친구들과 늘 불교 선종禪宗 등의 문제를 토론했다. 1952년 2월 7일 그는 양리엔셩(楊聯陞)[21]에게 보낸 서신에서 "나는 불교가 중국에 전래된 것이 한나라 명제明帝 때보다 훨씬 이전이라고 굳게 믿는다. 불교 전래는 육로 한 길로만은 아니고 더 중요한 것은 해로였으며 교주는 후한 말에 이미 불교 지역이었다. 그러므로 불교는 대략 먼저 해로로 전해져서, 교주와 광주에서 양자강 유역과 동해 연안에 이르렀으며, 먼저 남방에서 유행하였다."고 했다.

천재 학자의 이런 문제 제기는 비록 증거가 그리 충분하지는 않았지만 이치에 맞지 않는 것은 결코 아니었다. 중국 정도 규모의 국가가 한 길로만 외부로 나가거나 들어오지는 않았을 것이기 때문이다. 이 의견은 문헌 자료의 발견과 고고학적 발굴의 진전에 따라, 결국 근래에 또 한 차례 열띤 토론을 불러일으켰다. 요즘 일부에서 불교 전래의 노선 문제를 다시 제기했는데, 물

장 등의 직책을 역임했다. 5·4운동 때는 '시계 혁명詩界革命'과 '소설계 혁명小說界革命'을 선도했다. 만년에는 정치토론을 멀리하고 오로지 저술과 강의에 힘썼다. 그는 정치 경제 철학 역사 언어 종교, 그리고 문화 예술, 문자 음운 등을 두루 섭렵하였고, 그의 저술에도 그의 이런 광범위한 흥미와 지식이 드러나 있다. 저서로는 『음빙실문집飮冰室文集』, 『선진정치사상사先秦政治思想史』, 『중국역사연구법中國歷史硏究法』 등이 있다.

21 양리엔셩(楊聯陞, 1914~1990): 원래 이름은 리엔셩(蓮生)으로 후에 리엔셩을 자로 삼았다. 원적은 절강浙江 소흥紹興으로 하북河北의 보정保定에서 태어났다. 1940년대 초 하버드의 중국 유학생 중에서 중국사를 전공한 뛰어난 학생이었다. 1952년 저술한 『중국 화폐와 신대간사(中國貨幣與信貸簡史)』는 그의 대표적인 저서이다.

론 이것은 한 교통로에 대한 전통적인 학설을 파괴할 관점이다. 그렇다면 이러한 관점에는 어떤 새로운 근거가 있는가? 다음 내용은 바로 몇 가지의 실마리이다.

4. 서남통도와 남해통로에 관한 추측

지도에서 우리는 역사상 '중국'이, 그 영토 면적의 변화는 비록 매우 컸지만, 그 중심은 대체로 '구주九州'였음을 알 수 있다. 동쪽으로는 대해와 접하고, 서쪽으로는 고원과 설산이 있으며, 북으로는 천지가 빙설로 이뤄진 데다가 사나운 이민족이 있었으며, 남쪽은 빽빽한 숲으로 이루어져 꽉 막힌 '천하'관을 형성하기가 매우 용이하였다. 하지만 이와 같은 상황에도 불구하고 매우 일찍부터 어떤 이는 외부로 나갈 방법을 구상하여 타 지역 사람들과 장사하는 등 다른 문명과 서로 소통하려 했을 것이다.

먼저 언급해야 할 것은 운남雲南을 경유하여 미얀마에 이르는 '서남통도西南通道'에 관한 것이다.

중국의 거의 모든 산천이 동서 방향이지만 이곳만은 남북 방향이다. 난창강瀾滄江, 노강怒江, 금사강金沙江과 횡단 산맥의 주향은 동서 방향을 남북 방향으로 바꾸었으며 남북통도가 가능케 했다. 아마도 매우 일찍부터 상인들은 이 통로를 이용했을 것이다. 예를 들어『사기』「대원열전大宛列傳」의 한 단락에는 신독국(즉 인도)에 공죽장邛竹杖[22]과 촉포蜀布[23]가 있었다고 기록되어 있다. 그것들은 어떻게 그곳에 전해졌을까?

---

22 공죽장邛竹杖: 공죽邛竹은 석죽石竹, 나한죽羅漢竹이라고도 하며 사천의 공래邛崍가 원산지로, 이 대나무는 매우 독특하고 희귀한 것으로 유명하다. 공죽장은 공죽을 가공하여 만든 지팡이.
23 촉포蜀布: 촉蜀 지방에서 생산하는 포.

확실히 매우 이른 시기부터 서남통도가 있었다. 현재 알 수 있는 고대 서남통도의 한 갈래가 성도成都로부터 임공도臨邛道, 시양도始陽道, 모우도牦牛道를 경유하여 공도邛都, 월준越雋(지금의 서창西昌에 있음. 사천四川·운남雲南·티베트의 접경지)에 이른다. 운남의 회리會理에 이르러 박남도博南道에서 운남雲南(지금의 상운祥雲), 대리大理 일대를 지나고, 다시 영창군永昌郡(지금의 보산保山)에 이른다. 그 다음 두 갈래 길로 나뉘는데, 한 갈래는 애뢰哀牢(지금의 등충騰沖[24] 일대)를 지나고, 다시 영창도永昌道에서 바모(Bhamo)[25]를 거쳐 탄국撣國(미얀마)으로 들어간다. 다른 한 갈래는 미찌나(Myitkina)를 거쳐 인도의 동북부로 직접 들어간다. 두 번째 길은 바로 북도僰道(지금의 의빈宜賓)에서 주제朱提(지금의 소통昭通)를 거쳐 현재의 곤명昆明(곡창谷昌)에 이르고, 박남도에서 운남(상운祥雲), 대리를 거쳐 다시 영창군에 이른다. 이후 곧 위 갈래와 만나 현재의 미얀마를 거쳐 인도로 들어가는데, 심지어 훨씬 멀리 대하大夏(지금의 아프가니스탄 카불 북쪽)에 다다를 수 있고, 다시 대진국(大秦, 여헌黎軒)에 도착했으니 이 길은 틀림없이 인도를 지났을 것이다.(그림 6)

여기에 참고할 수 있는 문헌상의 증거 몇 가지가 있는데, 그것들은 일찍이 불교 전래 이전에 이미 중국과 인도의 교통이 있었음을 나타낸다. 어환魚豢[26]의 『위략魏略』과 『위서魏書』 권102에서 대진국(黎軒)을 소개할 때, 그것은 "동남쪽은 교지交趾로 통하고, 수로水路는 익주益州 영창군으로 통하며 기이한 산물이 많이 생산된다."고 하였는데, 영창永昌은 바로 지금의 운남 보산

---

24 등충騰沖: 운남 서쪽에 있으며, 그 서쪽은 미얀마와 접경 지역이다.

25 바모(Bhamo): 미얀마 북부에 있는 도시. 이라와디 강 항해의 종점이며 미얀마 철도의 종점이기도 하다. 군사 요지이며 중국과 미얀마 사이의 관문 역할을 한다. 목재의 집산지이다.

26 어환魚豢: 생몰년 미상. 경조京兆(지금의 西安) 사람. 삼국시대 위魏나라 낭중郎中으로 유명한 사학자이기도 하다. 유명한 기전체 사서 『위략』을 자찬自撰했는데, 이 책은 80여 권으로 각 부가 수십 편으로 이루어졌으며 위진魏晉 시기의 중요한 역사서이다. 일반적으로 내용의 기술은 위나라 명제明帝까지라고 하나, 『삼국지三國志』 「삼소제기三少帝紀」의 주注에 『위략』이 인용되었는데, 희평嘉平 6년(254)의 일이 상세하게 기록되어 있어 그 시기가 삼소제三少帝 때에까지 이르렀음을 알 수 있다.

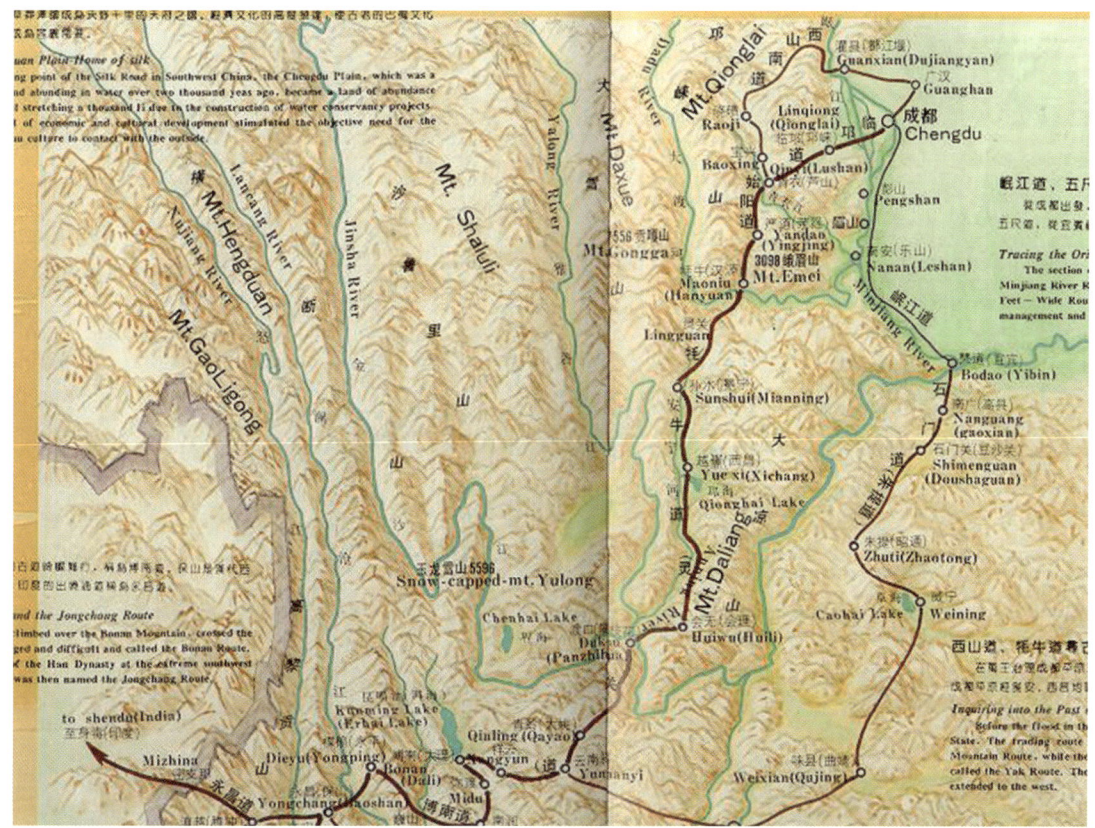

그림 6 서남통도 약도

일대이다. 『화양국지華陽國志』 「남중지南中志」에는 동한東漢 영평 연간에, 영창에는 "표월儦越(미얀마), 신독身毒(인도)의 백성들"이 있었다고 했으며, 『후한서』 「군국지郡國志」에는 영창에 '유리'·'호박琥珀'·'코뿔소와 코끼리'·'원숭이'가 있었으며, 이러한 기이한 산물들은 거의 다 훨씬 먼 곳으로부터 교역된 것이었다고 했다. 그렇다면 아마도 이때 불교가 통상通商을 따라 전해지기 시작한 것이 아니었을까?

한편, 새로운 고고학적 발견 가운데 증거로 삼을 만한 것도 여럿 있다. 최

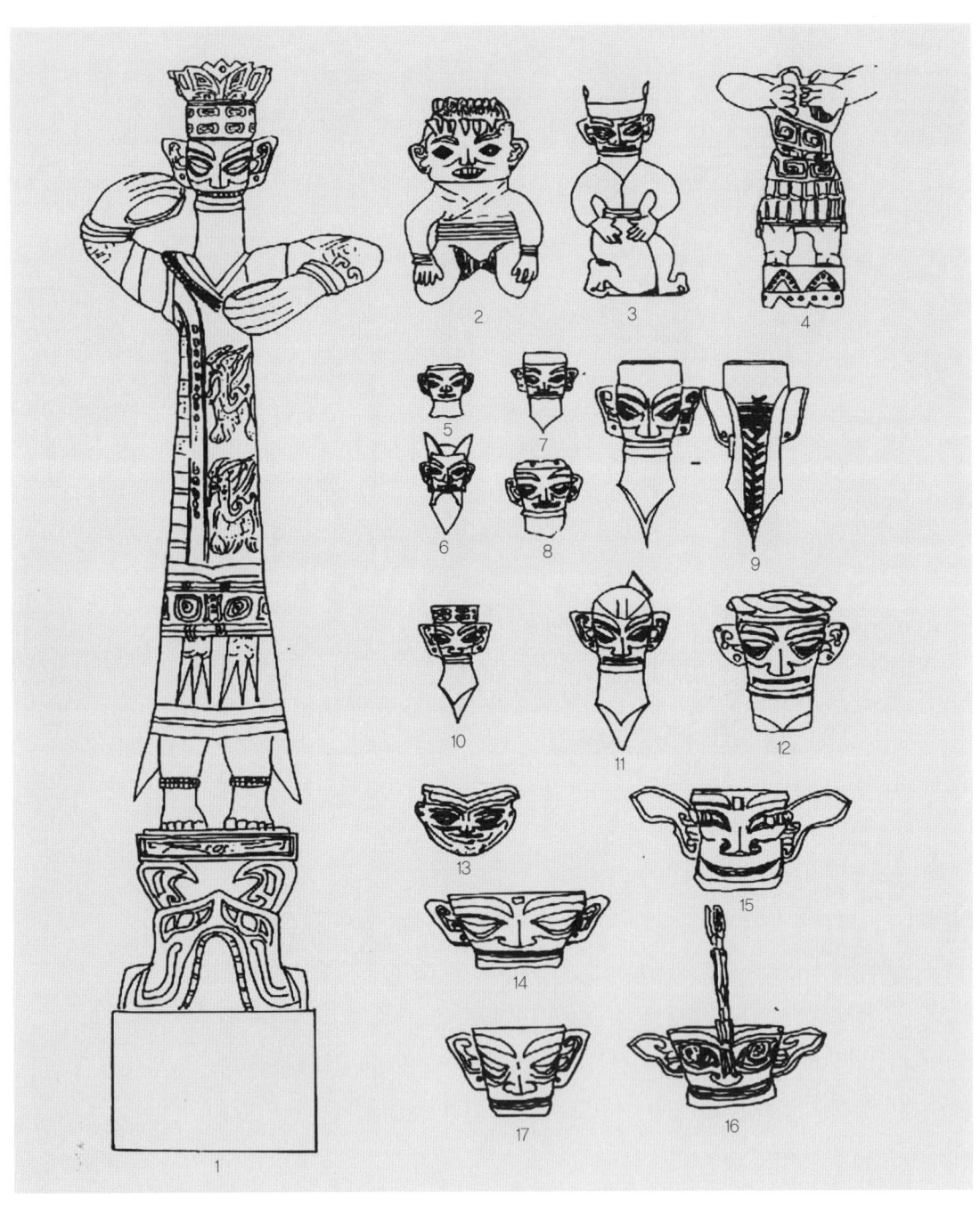

그림 7 삼성퇴三星堆에서 출토된 청동기. 풍격과 제작 형태가 중원中原과 대단히 다르므로, 다른 유래가 있을 것이라는 의심을 품게 한다.

그림 8
동한 시기 사천 팽산 애묘 불상. 이는 중원에서 전래되었는가 아니면 서남쪽에서 전래되었는가? 이를 통해 불교가 결코 반드시 서쪽에서만 중원으로 전파된 것이 아니라 미얀마, 운남에서 전래되어 왔을 수도 있음을 증명할 수 있지 않을까?

근의 연구 결과 상대商代 청동기는 상당히 발달하였고, 청동을 제련한 동광석銅鑛石의 화학실험을 통하여 보니, 그 생산지는 운남雲南일 가능성이 있다고 한다. 이 추측은 대단히 중요한데, 이제까지는 일반적으로 전국시대 초楚나라 때에 이르러서야 중원中原과 운남雲南은 비로소 정식적인 왕래가 있었다고 여겼으며, 게다가 그마저도 당시 교통 능력이 어느 정도나 되었겠냐고 회의적이었기 때문이다. 그러나 이 추측이 실제로 증명된다면 내륙과 서남의 왕래는 아마도 훨씬 이른 시기에 시작되었으며 규모도 꽤 컸음이 밝혀질 수 있을 것이다.(그림 7)

특히 사천四川 낙산樂山의 마호麻壕와 시자만柿子灣 애묘崖墓의 한대漢代 불상, 팽산彭山 애묘崖墓의 보살상은 지금 중국 국내에서 발견한 최초의 불교 그림 중 하나이다.(그림 8)

그 다음, 남해 중외항로 교통의 관점에 관해서이다.

은·상殷商대 사람들은 거북 껍질로 점치기를 좋아했으며 상商대의 대보귀大寶龜[27]가 매우 거대했다는 것은 잘 알려져 있다. 그러나 고고학계에서 현재 발견한 여러 종류의 커다란 거북 껍질이 모두 중원에서 생산된 것은 아니고, 그중 일부는 동남아 특유의 거북 어종의 껍질이라고 한다. 동시에 요즘 학계에서는 한대漢代의 해상교통 능력에 대하여 새로운 인식을 갖게 되었다. 일본 규슈(九州)에서 한대漢代 귀화민과 왜노국왕倭奴國王의 인장印章이 발견된 사실, 서복徐福이 바다를 건넜다는 전설, 역사 사실인 광주廣州 교지交趾의 해외 무역업 등은 모두 한대 중국인의 원항遠航 능력이 거의 상상을 초월하는 정도였음을 보여준다. 『한서』권28 「지리지地理志」의 '월지粵地'라는 조항에는 서한西漢의 황문시랑黃門侍郎 역장譯長이 배를 타고 황지黃支에 도착했다고 기록되어 있으며, 황지국黃支國은 한 무제(기원전 2세기) 이래로 알현하고 예물을 바쳤다고 하는데 황지국은 바로 인도 남부이다. 그렇다면 어찌 불교가 상업 무역에 따라서 해상으로부터 전래될 수 없었겠는가?

또한 여러 가지 문헌과 고고학적 증거도 주의해서 볼 필요가 있다. 많은 연구들이 다음과 같은 것들을 지적했다. 첫째, 『모자리혹론』[28]은 불교에 관한 중국인의 첫 번째 논저로, 교주에서 저술되었는데 교주는 남해에 근접해 있다. 둘째, 연운항連雲港시의 공망산孔望山에 있는 동한東漢 불교의 마애摩崖 석각은 최초의 대형 불교 마애 석각으로, 연운항은 동해에 인접해 있다. 셋째, 산동 임기臨沂, 기남沂南, 등현滕縣 및 절강성 소흥紹興은 초기 불교의 고고학적 발견과 관련 있는 곳으로, 팔각주 '동자항광상童子項光像'(그림 9)이 발

---

27 대보귀大寶龜: 고대에 길흉을 점치는 데 사용된 거북.
28 『모자리혹론』: 중국의 불교 서적. 『모자牟子』 또는 『이혹론理惑論』이라고도 부른다. 신청神淸 『북산록北山錄』에서는 원래 명칭이 『치혹론治惑論』이었다고 한다. 당대 사람들은 고종 이치李治의 이름을 피하느라 지금의 이름으로 바뀌었다고 한다. 동한 말 모자牟子가 지었다고 전해지며 원래 육징陸澄의 『법론法論』에 들어 있었다고 한다. 『수서隋書』「경적지經籍志」에는 『모자牟子』가 두 권으로서 후한 태위太尉 모융牟融이 찬술했다고 기술되어 있다. 이후에 이 책은 『홍명집弘明集』에 수록되었다. 불교가 중국으로 들어온 뒤 일어났던 여러 가지 의견과 의문점에 관해 각각 변호하고 설명한 책으로, 주요 내용으로는 석가모니의 출가·득도·설법 등의 사적, 불경의 권수와 계율의 규정, 생사에 대한 관점 등이 있다.

그림 9-1 동한 말기 기남의 동자항광子項光 탁편拓片

그림 9-2 건형建衡 3년(271) 소흥紹興의 동자항광子項光 벽돌 탁편拓片

그림 9
이들은 모두 초기 불교 유적으로 출토 지점이 해변에 가깝다.

견된 기남, '육아백상六牙白象'이 발견된 등현 등의 지방은 모두 임해 지역일 진대, 그렇다면 불교가 왜 해상에서 전래될 수 없었겠는가?

    마지막으로 언급할 것이 하나 더 있다. 최근 전국시대 초나라 분묘에서 불교의 묘음조妙音鳥 등을 발견한 고고학적 발견으로 불교 전래의 시기가 지금 우리가 알고 있는 동한東漢 영평 연간보다 훨씬 앞섰다는 사실이 증명되었다는 소식이 있다. 정말 그렇다면 아마 중국 불교사를 다시 한번 깊이 생각해야 할 것이다. 그러나 현재까지 이것은 아직 소문들에 불과하다.

소결: 문화 전파와 교류의 다양한 통로

중국 동쪽의 한국·일본, 남쪽의 동남아 여러 나라, 서남쪽의 인도, 그리고 서남쪽의 중앙아시아 여러 나라는 모두 고대에 중국과 왕래가 있었는데 이것은 역사적 사실이다. 비록 고대 중국은 상당히 폐쇄적인 '천하'관을 가졌다는 것을 인정한다 하더라도, 실제 역사와 사회생활에서 중국은 오히려 자고이래로 폐쇄된 국가가 아니었고 주변과 왕래가 매우 많았으며, 문화의 왕래도 매우 긴밀했다.(그림 10)

여기에서 불교가 여러 경로를 통해 중국에 전래되었다고 추측하는 까닭은, 사실 문화의 전파와 교류가 훗날 역사책에서 말한 것처럼 단일 경로를 통해 이루어지는 것이 결코 아니며, 실제 생활에서 늘 다원화된 통로를 경유하여 온 것을 설명하기 위함이다.

인류문화사의 측면에서 말하면 문화 교류는 상당히 중요한데, 그것이 신문화를 만드는 중요 요소이기 때문이다. 지리학계와 지질학계에는 이른바 '지각의 판상표층표류설(板塊漂移說)'이 있다. 어떤 힘에 의해 하나의 대륙이 몇 덩어리로 나뉘거나 몇 덩어리의 대륙이 서로 충돌하고 밀어내어 한 덩어리가 되었는데, 히말라야산맥은 바로 이런 충돌과

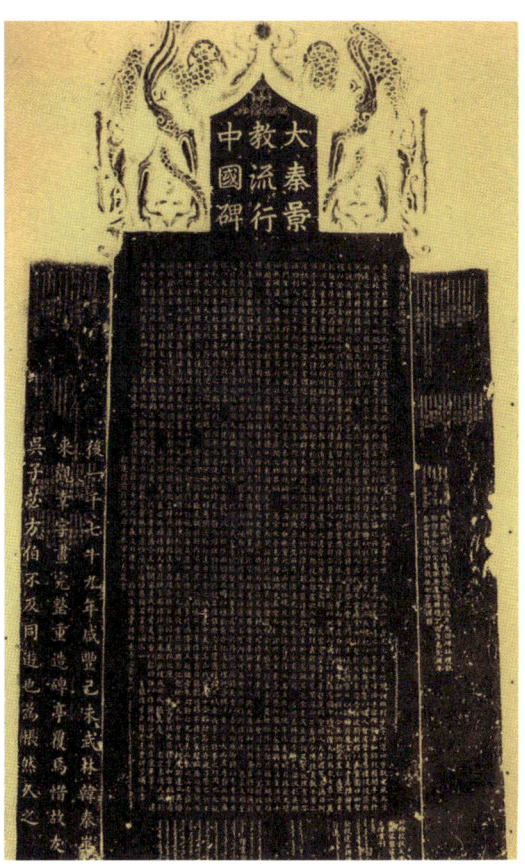

그림 10 당나라 때의 '대진 경교 중국 유전비(大秦景教流行中國碑).'[29] 고대 중국은 결코 그렇게 폐쇄적이지 않았으며, 경교景教도 서방 천주교의 한 갈래로 당나라 때 이미 중국에 전해져 들어왔다.

---

29 여기에서 대진大秦은 고대 중국에서 로마제국을 불렀던 명칭을 말한다.

밀어냄의 '조산造山운동'으로 형성되었다는 것이다. 문화사상의 교류도 이와 같아서, 하나의 문화가 세계로 시야를 확장하면 필연적으로 문화 융합과 충돌을 불러일으키며, 문화의 융합과 충돌은 지식과 사상세계의 변화를 초래한다.

중국의 지식과 사상은 춘추전국의 분열을 겪은 뒤에 전·후 양한兩漢에 이르러 완전한 체계적인 의식 형태를 형성한 다음, 차츰 모든 것이 하나로 집중되었다. 이때 이미 중국은 더 이상 자신을 변화시킬 내부의 동력을 갖지 못했는데, 때마침 불교가 동쪽으로 와서 중국 사상체계에 자아를 조정할 수 있는 계기를 마련해 주었다. 이는 중국 사회와 문화에서 중요한 변화의 일환이 되었다. 다음 제5강에서는 불교가 중국으로 전해지면서, 고대 중국인의 생활 풍속, 관념에 미친 여러 가지 영향에 대해 살펴본다.

▌참고 문헌 ▌

1. 서역 실크로드

옥문관玉門關과 양관陽關에서 서역西域으로 나가는 데 두 갈래 길이 있다. 선선에서 남산의 북쪽으로 타림 강을 따라 서쪽으로 가서 사차莎車에 이르는 것은 남도이다. 남도에서 서쪽으로 파미르 고원을 넘으면 대월지大月氏와 안식安息(이란 국경 내)에 이를 수 있다. 차사전왕정車師前王廷으로부터 북산의 남쪽으로 타림 강을 따라 서쪽으로 소륵疏勒까지 이르는 것이 북도北道이다. 북도의 서쪽으로 파미르 고원을 넘으면 대원大宛, 강거康居, 엄채奄蔡[30]에까지 다다를 수 있다.

自玉門, 陽關出西域有兩道. 從鄯善傍南山北, 波河西行至莎車, 爲南道; 南道西踰蔥嶺則出大月氏, 安息. 自車師前王廷隨北山, 波河西行至疏勒, 爲北道; 北道西踰蔥嶺則出大宛, 康居, 奄蔡焉.

— 『한서』 권96 「서역전西域傳」

2. 불교의 첫 중국 유입

(한나라 무제가) 서역을 개통하고 나서 장건이 대하에 사신으로 파견됐다가 돌아온 후 대하국 옆에 신독국이 있다고 전했는데, 또 천축국이라고도 불렀다. 그곳에 불교가 존재한다는 사실이 전해지기 시작했다. 애제哀帝 원도元壽 원년

---

30 엄채奄蔡: 알란족. 대략 지금의 아랄 해에서 카스피 해 일대까지 분포하며 유목생활을 했다. 동한 때는 강거에 속했으며 일부는 서쪽으로 이주하여 지금의 볼가 강과 도나우 강 하류 사이에까지 이르렀다. 4세기 흉노족의 공격으로 일부가 지속적으로 서쪽으로 이주했다.

박사 제자인 진경헌秦景憲은 대월지 왕이 파견한 사신 윤존伊存을 받아들여 구두로 불경을 전수받았다. 중원 사람들이 이 소식을 들은 후에 아직 믿지도 이해하지도 않았다. 나중에 효명제孝明帝가 밤에 금 보살을 꿈꿨는데, 목에 햇빛이 반짝이고 궁전 계단 앞마당에서 날아다녔다. 이에 뭇 신하들에게 물어 보니 부의傅毅가 대답하던 중에 처음으로 그것이 부처라고 말했다. 이에 효명제는 낭중郎中 제음祭愔, 박사 제자 진경秦景 등을 천축에 사신으로 보내 불교 경적과 도상 등을 베껴 오게 했다. 제음祭愔 등은 이어서 불교 승려인 섭마등攝摩騰, 축법란竺法蘭 등의 사람들과 함께 낙양으로 돌아왔다. 중원에 불교 승려가 보이고 무릎을 꿇고 절하는 등의 불교 종교의식이 시작된 것은 이때부터이다.

開西域, 遣張騫使大夏, 還, 傳其旁有身毒國, 一名天竺, 始聞有浮屠之敎. 哀帝元壽元年, 博士弟子秦景憲受大月氏王使伊存口授浮屠經. 中土聞之, 未之信了也. 後孝明帝夜夢金人, 項有日光, 飛行殿庭, 乃訪群臣, 傅毅始以佛對. 帝遣郎中祭愔, 博士弟子秦景等使於天竺, 寫浮屠遺範. 愔仍與沙門攝摩騰, 竺法蘭東還洛陽. 中國有沙門及跪拜之法, 自此始也.

— 『위서魏書』 권114 「석로지釋老志」

"(동한東漢 연희延熹 9년 양해襄楷의 상서) 신은 또 궁중에 황로黃老와 부처를 위해 사당을 짓는다고 들었사옵니다. 이 도는 청허하고 무위로 다스리는 것을 숭상하며 생명을 아끼고 살육을 싫어하고 욕망을 줄이고 지나친 욕망을 없앱니다. 지금 폐하께서 도락과 욕망은 없애지 아니하면서 죽이고 벌하시는 것은 인지상정에 맞지 않고 이미 그 도에 어긋나니 또 어떻게 그들의 비호를 얻을 수 있겠습니까? 어떤 이는 말하기를, 노자老子는 (미개한 변방의) 이적夷狄에게 들어가 부처가 되었다고 합니다. 부처는 같은 나무 아래에는 3일을 머물지 않는데, 오래 머물러서 집착이 생기는 것을 막으려 함이니 정성이 지극했습니다. 천신이 그에게 아름다운 여자를 보냈으나 부처가 말하기를, '이것은 피를 채운 가죽주머니일 뿐이다'라고 하고는 이에 곁눈질로도 그 여인을 보지 않았습니다.

그가 이처럼 심지를 굳건히 지켰으므로 도를 이룰 수 있었습니다."

"又聞宮中立黃老, 浮屠之祠. 此道淸虛, 貴尙無爲, 好生惡殺, 省慾去奢. 今陛下嗜欲不去, 殺罰過理, 旣乖其道, 豈獲其祚哉! 或言老子入夷狄爲浮屠. 浮屠不三宿桑下, 不欲久生恩愛, 精之至也. 天神遺以好女, 浮屠曰: '此但革囊盛血.' 遂不眄之. 其守一如此, 乃能成道."

— 『후한서』 권30 하 「양해전襄楷傳」 하

처음에 명제明帝는 서역에 신神이 있는데 그 이름이 부처라고 한다는 것을 듣고 이에 천축국으로 가서 불교의 도의道義를 구하도록 사자를 파견했다. 사자가 서역에서 불경과 승려를 얻어 중원으로 돌아왔다. 불경은 대체로 허무虛無를 근본으로 삼고 자비로운 마음으로 살생하지 않는다는 교리를 담고 있다. 사람이 죽은 후에 정신은 사라지지 않고 다시 환생할 수 있는데 사람이 생전에 행한 선악에 따라 응보가 있을 것이라고 생각했다. 그래서 정신 수련을 귀히 하여 지극하면 '부처'가 된다고 여겼다. 불가佛家는 웅장하고 갖가지 언사에 뛰어나 우매한 범부를 교화하며 불가의 도의에 정통한 사람을 사문沙門이라고 불렀다. 이에 불교는 중원에서 퍼지기 시작했으며 그 모습을 그렸다. 천자, 제왕과 지위가 존귀한 사람 중에서 유독 초나라 왕 유영劉英이 가장 먼저 불교를 좋아했다.

初, 帝聞西域有神, 其名曰佛, 因遣使之天竺求其道, 得其書及沙門以來. 其書大抵以虛無爲宗, 貴慈悲不殺; 以爲人死, 精神不滅, 隨復受形; 生時所行善惡, 皆有報應, 故所貴修煉精神, 以至爲佛. 善爲宏闊勝大之言, 以勸誘愚俗. 精於其道者, 號曰沙門. 於是中國始傳其術, 圖其形像, 而王公貴人, 獨楚王英最先好之.

— 『자치통감資治通鑒』 권45 한나라 명제明帝 영평永平 8년

▮ 참고 논저 ▮

湯用彤: 『汉魏两晋南北朝佛教史』, 北京: 中华书局重印本, 1983.

许理和(Erich Zurcher): 『佛教征服中国』(*The Buddhist Conquest of China*), 李四龙等译, 南京: 江苏人民出版社, 1997.

梁启超: 『佛学研究十八篇』, 北京: 中华书局重印本, 1988.

伯希和: 『牟子考』, 冯承钧译, 载『西域南海史地考证译丛』第5编, 北京: 常务印书馆重印本, 1995.

吴廷璆·郑彭年: 『佛教海上传入中国之研究』, 『中外关系史论丛』第五辑, 北京: 书目文献出版社, 1996.

王炳华: 『楼兰考古百年』, 『光明日报』 2000年 4月 14日.

C.P. Skrine, *Chinese Central Asia: An Account of Travels in Northern Kashmir and Chinese Turkestan*, Oxford, Hongkong, 1986.

斯文·赫定(Sven Hedin): 『罗布泊探险』(LOP-NOR, Stockholm Lithographic Institute of the General Staff of the Swedish Army), 王安洪等译, 乌鲁木齐: 新疆人民出版社, 1997.

葛兆光: 『七世纪前中国知识思想与信仰世界』, 第四编第四节, 上海: 复旦大出版社, 1998.

▮ 생각해 볼 문제 ▮

1. 중국은 예로부터 폐쇄적인 국가인가?
2. 실크로드는 상업과 무역의 의의 이외에 어떤 문화적 의의가 있는가?
3. 학술 연구에서 회의하는 정신과 상상력은 필요한가? 회의하는 정신과 상상력 이외에 또 실증의 정신이 필요한가?

제5강

불교의 동쪽 전래와 중국에 끼친 영향

1. 인도 불교에 관한 전설
2. 불교의 인간세계에 대한 기본 판단: 십이연기와 고난의 인생
3. 해탈의 도: 사제와 삼학 그리고 기타
4. 불교의 중국 전래와 민중에게 미친 보편적인 영향

소결: 불교 사상의 의의

제5강의 주제는 인도 불교와 중국 불교에 관한 내용이다.

주지하다시피 불교는 1세기를 전후로 인도에서 중국으로 전해진 종교로 그 신앙 내용이 매우 복잡하고, 사상은 매우 심오하며, 의식은 매우 복잡하고, 유파流派 역시 대단히 많다. 중국 불교에는 삼론三論·화엄華嚴·유식唯識·천태天台·정토淨土·율종律宗·밀종密宗·선종禪宗 등 각기 다른 유파와 학설이 있다. 선종만 하더라도 능가종楞伽宗·북종北宗·남종南宗의 갈래가 있으며, 남종선 하나에 또 오종칠가五宗七家,[1] 묵조선默照禪,[2] 간화선看話禪[3] 등등의 구별이 있다. 이 두 차례의 과정(제4, 5강)에서 불교를 전체적으로 소개하는 데에는 상당히 무리가 있다. 그러므로 여기에서는 불교의 일반 사상과 불교

---

1 오종칠가五宗七家: 오종五宗은 중국 선종에서 혜능慧能 이후에 형성된 다섯 개의 지파支派로 임제臨濟, 위앙潙仰, 운문雲門, 법안法眼, 조동曹洞을 이른다. 이 중에서 임제종은 북송北宋의 초원楚圓에 이르러 황룡黃龍, 양기楊岐의 두 유파로 나뉜다. 이 임제종에서 파생되어 나온 두 유파와 원래의 오종五宗을 합하여 '칠가七家'라 한다.
2 묵조선默照禪: 송나라 때 조동종曹洞宗의 정각 선사正覺禪師가 제창한 선 수행법. '묵默'은 침묵하여 오로지 좌선하는 것이고, '조照'는 지혜로써 원래 가지고 있던 청정한 심령을 비춰 심성을 아는 것을 말한다. 정각은 고요히 좌선하여 탐구하고 마음속의 모든 허망한 인연과 거짓된 습성을 제거하여 원래의 청정함을 회복하면 곧 모든 일에서 장애가 없어진다고 주장했다. 이 수행법은 동시대 임제종의 종고宗杲로부터 강렬한 비난을 받았는데, 묵조선은 사람들이 묵묵히 면벽하여 좌선하나 진리 깨닫기를 포기하는 방법이라고 했다. 이에 정각은「묵조명默照銘」을 지어 반박하였다. 묵조선은 지혜가 활발하게 작용할 수 있게 하여 저절로 심성의 밑바닥을 밝혀 줄 수 있으므로, 이것이야말로 부처가 전하는 진선眞禪이라고 했다.「묵조명」에서 정각은 종고의 선 수행법은 단지 공안公案에 얽매인 간화선에 불과하다고 풍자했다.
3 간화선看話禪: 선종의 수행법. '간화두看話頭'나 '참화두參話頭'라고도 한다. 선사禪師는 공안公案에서 논리적이지 않거나 이해할 수 없는 어떤 말로 제자가 검증하고 연구하도록 하고, 막힌 사고를 분별하여 지혜가 스스로 나타나도록 하여 자기의 심성을 보게 하였다.

가 고대 중국인에게 미친 영향을 간단하게 개괄하여 소개하고자 한다.

1. 인도 불교에 관한 전설

지금으로부터 2500년 전, 대략 기원전 6세기 때 고대 인도 북부 지금의 네팔 남부에 가비라위국迦毗羅衛國이 있었다. 이곳에 정반왕淨飯王(Suddhodana)이 있었는데, 그의 아들이 싯다르타 고타마(Siddhārtha Gautama) 왕자이다. 이 왕자는 바로 훗날 불교를 창시한 석가모니釋迦牟尼(Śākyamuni)로, 붓다(Buddha)이기도 하다. '석가모니'는 그에 대한 신도들의 존칭으로 '석가족의 성인聖人'이라는 뜻이다. 그리고 '붓다'의 의미는 바로 '깨닫다'로, 즉 철저하게 무상無上의 깨달음을 이루었다는 것을 말한다. 싯다르타 고타마가 태어난 지 7일째 되는 날, 그의 어머니가 세상을 떠나자 이모가 그를 길렀다. 그는 어릴 적에 훌륭한 교육을 받았으며 16세에 결혼했고 아들을 하나 낳았다. 그 당시의 싯다르타 고타마는 계절마다 바꾸며 머무는 궁전을 세 채나 가졌으며 부귀영화를 누리고 있었다.

그러나 그는 자기 주위의 생활 세계를 관찰하면서 인류의 각종 질고疾苦에 대해 상당히 곤혹스러워했고 생명의 비참함과 세간의 잔혹함을 느끼게 되었다고 한다. 그는 도성 곳곳을 유람하면서 만년의 노인과 괴로워하는 병자와 뻣뻣해진 주검을 보았다. 이윽고 그는 인생과 생명에 상당히 커다란 의심과 걱정을 품게 되었으며 집을 떠나 수행하여 진리를 찾으려고 생각하게 되었다. 그러던 중 그는 출가하여 수행하면 번뇌로부터 벗어날 수 있다는 이야기를 들었다. 결국 29세 때 왕자의 지위를 버리고 가족을 떠나 출가했다. 부처[4]는 출가 이후 사방을 방문하면서 열심히 배우고 인류가 고난으로

---

4 부처: 제5강의 앞부분을 보면 부처는 싯다르타 고타마, 석가모니 등 다양한 이름을 가지고

부디 해탈할 수 있는 진리를 사색했다.(그림 1)

이때 갠지스 강 유역을 중심으로 한 인도 일대에는 각양각색의 사상과 학설이 유행하고 있었다. 그중에서 세 가지는 이후의 불교와 관련이 있다.

첫째, 브라만의 제사 지식

둘째, 요가의 기술과 지식

셋째, 자이나교[5]의 신앙으로, 이는 바르다마나(Vardhamāna)가 창시한 초기 종교이다.

이 밖에 또 나중에 불교에서 말하는 많은 '외도外道'[6]가 있었다. 부처는 이러한 지식과 사상 그리고 신앙 세계에서 생활했다. 그는 알라라 칼라마(Alārā Kālāma)와 웃다카 라마풋다(Uddaka Ramāputta)[7] 등의 사람들로부터 각종 학설을 배웠다고 한다. 그가 배운 것에는 금욕과 선정禪定의 각종 방법이 포함되어

그림 1 신강 커즈얼(克孜爾) 벽화의 부처 탄생이야기. 부처는 어머니의 오른쪽 옆구리에서 탄생했다고 전해진다.

있음을 알 수 있다. 저자가 이미 특정 이름으로 불렸던 곳을 제외하고 다음에 나오는 모든 호칭에 대해 번역문에서는 '부처'라는 칭호로 통일한다.

5 자이나교(Jainism): 기원전 6세기경에 바르다마나가 당시의 정통 베다(초기 힌두교) 의례에 반대해 창설한 인도의 종교이자 철학이다. 창설자 바르다마나는 제24대 티르탕카라(Tīrthankara, '구원자'라는 뜻)이며 지나(Jina, '승리자'라는 뜻, 자이나교라는 이름이 여기에서 유래했음)로서 마하비라(Mahāvīra, '위대한 영웅'이라는 뜻)로도 알려졌다. 그의 선례를 따르는 것이 자이나교의 중심 내용을 이룬다. 자이나교를 처음 주창한 사람들은 베다 시대의 동물 희생제에 만연했던 살생 관행과 관념에 반기를 든 한 종파에 속했을 것으로 추측된다. 창조신을 믿지 않는 자이나교는 아힘사(ahimsa)의 교리, 즉 어떠한 생명도 살상하지 않을 것을 윤리의 핵심으로 삼고 인간의 본성을 완전하게 하는 것이야말로 주로 고행과 수도생활을 통해 성취해야 할 종교적 이상으로 여기고 있다.
6 외도外道: 불교에서 말하는 불교 외의 종파.
7 알라라 칼라마(Alārā Kālāma)와 웃다카 라마풋다(Uddaka Ramāputta): 두 사람 모두 선정법禪定法에 의하여 수행하는 수정주의자였다. 부처는 선정법을 통하여 최고의 수행 단계까지 올라갔으나, 일단 정신통일의 상태가 끝나면 다시 이전과 같은 상태로 되돌아가 선정禪定을 끊임없이 되풀이하지 않으면 안 되었다. 그래서 부처는 선정주의의 수행법을 버리고 새로운 길을 모색하게 되었다.

제5강 불교의 동쪽 전래와 중국에 끼친 영향   147

있었다. 그러나 그는 한편으로 이러한 학설과 방법을 깊이 비판했다. 그는 엄격한 비판을 하면서 고행이 포함된 이런 학설과 방법으로는 인간이 가장 관심을 갖는 생사라는 대사를 해결할 수 없으며, 진정으로 영원한 해탈과 초월을 이룰 수 없다고 느꼈다. 그는 각종 학설을 흡수하고 스스로 열심히 사색했다. 마침내 35세에 네란자라(尼連禪河) 가의 가야산伽倻山 아래 핍팔라(畢波羅)[8] 나무 밑에서 깊은 깨달음을 얻었다. 그는 진정으로 영원한 해탈과 초월의 도를 찾았다고 선포했다.

부처가 깨달은 날은 훗날 불교의 '성도절成道節'이기도 하다. 이 구체적인 날짜에 대해서는 몇몇 기록이 있는데, 어떤 기록에는 2월 8일이라고 하고, 어떤 것에서는 2월 16일이라고 하며, 어떤 것은 4월 8일이라고 한다. 12월 8일이라고 기록된 것도 있다. 중국 불교에서는 대부분 음력 12월 8일을 부처가 깨달은 날로 삼아 부처의 깨달음을 기념하고 있다. 그렇다면 다음에서 부처의 '깨달음'은 대체 무엇인지 살펴보자.

2. 불교의 인간세계에 대한 기본 판단: 십이연기와 고난의 인생

부처가 사방을 찾아다니며 배움을 구하고 간절히 사색한 끝에 미친 생각은 인생이 매우 고통스러운데, 각 개인의 삶은 하나의 부단히 순환하고 전전轉轉하는 고난의 역정으로서, 지속적으로 일어나 그치지 않는 '윤회輪廻' 속에 처해 있다는 것이었다. 바꾸어 말하면, 업보와 다시 태어나는 과정 중의 '사람'은 이런 고난의 얽힘에서 벗어날 방법이 없다. 이생이 이와 같으며 후생도 이와 같다. 그는 이런 고난을 일으키는 뿌리가 도대체 어디에 있는지 생각했다. 그는 그것이 사람이 태어나면서 마음속에 갖고 있는 '무명無明

---

8 핍팔라(畢波羅): 보리수.

(Avidyā)' 때문으로, 이 무명은 사람이 자각할 수 없게 만드는 근본으로서 '근본적 번뇌'라고 보았다.

사람이 일단 '무명'에게 지배되어 그 '이성과 광명 없이 애매모호한' 상태에 처하면 욕망이 있게 되고, 욕망이 있으면 바로 '행行(Saṃskāra. 인간에게 잠재적으로 주어지는 뚜렷한 행위능력, 바로 이런 생각들을 실제로 실시하는 능력)', '식識(Vijñana. 인식 및 구별 능력)', '명名(Nāman. 단어와 사물의 이름을 확정하고 분별하며, 이름을 통해 사물을 확인하는 능력)'도 있게 된다. 그러나 사람은 행위능력, 분별능력, 개념능력, 개념분별능력뿐 아니라 감각도 갖고 있다. 인간이 당면한 세계에서는 여러 가지 감각이 생길 수 있다. 이게 바로 '육입六入(눈·귀·코·혀·몸·의지이며 육근六根이라고도 부름)'[9]이다. '촉觸(Sparśa. 육신과 사물, 마음과 경[10]의 접촉)'이 있기 때문에 '수受(Vedanā. 접촉 후 느낀 감각)'가 있게 된다. 그래서 '애愛(Tṛṣṇā)'가 있게 되니, 탐욕·욕망·갈구가 생겨났다. 이것은 내재된 감각으로부터 시작하여 외재의 획득으로 전환된 것이었다. 그러므로 다음에는 '취取(Upādāna)'가 있게 되는데, 이는 바로 애욕으로부터 생겨난 것으로 불타오르며 집요한 획득 행위이다. 취로 넘어가는 순간, 본래는 환상과 가상의 세계였으나, 바로 사람의 갈구 과정 속에서 실재의 세계로 변해 버렸다. 그래서 '무無'는 곧 '유有(Bhava. 존재, 즉 세속 세계)'가 되었다. 이처럼 인간은 이런 자기의 주관적인 환상이 만들어 놓은 세계에서 생존하고 있으며 이것을 '생生(Jāti)'이라고 한다. 그러나 생이 있으면 필연적으로 '사死'가 있게 마련이다. 마지막으로 인생이 막바지에 이르렀을 때 필연적인 한 가지 결과는 바로 '노사老死(Jarā-maraṇa)'이다. 그리고 노사 이후에는 또 곧 다음의 윤회 속으로 들어가려 한다. 그가 불교의 이치에 따라 '환생'이나 '열반涅槃'을 얻어 삼계三界[11]를 벗

---

9 육입六入: 육처六處라고도 한다.
10 경: 경계. 인식작용의 대상을 말한다.
11 삼계三界: 불교에서 말하는, 중생이 윤회하는 욕계欲界·색계色界·무색계無色界. 욕계는 지옥·아귀餓鬼·축생畜生·아수라阿修羅·인간 등 다섯 가지와 사왕천四王天·도리천·야마

어나고서야 오행五行[12] 중에 있지 않게 될 것이다.

이상의 무명, 행, 식, 명, 육입, 촉, 수, 애, 취, 유, 생, 노사를 바로 십이연기十二緣起라고 부른다. '연緣'은 관계 또는 조건이라는 의미이다. 부처는 세상 모든 본질은 허황된 것으로 우리 앞의 어수선하고 어지러운 현상과 사물은 모두 내심에 있는 무명의 '인因'이 여러 가지 관계와 조건의 '연'과 우연히 한 곳에 모여서 발생한 것이기 때문에 '연기'라고 말한다. 그러나 잠시 동안의 이런 허황된 규합은 사람의 '무명'에 의해서 진실로 여겨지기 때문에 사람의 갈구와 욕망을 유발하여 "매실을 떠올리며 갈증을 푼다."[13]라는 것처럼 구하지 못하므로 공연히 번뇌가 생기며, 구하더라도 영원히 만족하지 못한다. 이에 독이 들어 있는 술로 갈증을 풀게 된다. 그러므로 그것은 인생 고난의 근원이 되었다.(그림 2)

그림 2 운강석굴雲岡石窟 불상

    천夜摩天·도솔천兜率天·화락천化樂天·타화자재천他化自在天 등 육욕천六欲天을 합친 세계다. 이 세계의 중생에게는 식욕食欲, 음욕淫欲, 수면욕睡眠欲 등이 있어 욕계라고 부른다. 색계는 욕계 위, 무색계 아래에 있으며 정교한 물질은 있어도 탐욕은 없다. 무색계는 색계 위에 있으며 형체와 물질이 없고 단지 식심識心만이 존재한다. 무색계는 공무변처空無邊處·식무변처識無邊處·무소유처無所有處·비상비비상처非想非非想處 등 사공처四空處로 나뉘므로 '사무색천四無色天' 또는 '사공처四空處'라고 칭하기도 한다.

12 오행五行: 오행은 원래 중국 고대의 철학 개념으로 물질세계를 구성하는 5대 원소인 수水, 화火, 목木, 금金, 토土를 가리킨다. 이 다섯 가지는 서로 생성하고 서로 억제하면서 우주만물이 운행하고 변화하며 각종 현상을 형성하는 데 영향을 미친다. 여기서 오행 중에 있지 않다는 것은 오행 자체와 오행 상호간에 서로 영향을 주고받아 생기는 현상들 모두를 떠난 상태를 말한다.

13 "望梅止渴."

3. 해탈의 도: 사제와 삼학 그리고 기타

그러나 어떤 사람들은 물을 것이다. 사람이 허황된 세계에서 살면서 갈구와 욕망으로 가득한데 어찌하여 하필이면 고난인가? 원래 부처의 고민은 어떻게 하면 생사라는 큰 문제를 근본적으로 뛰어넘을 수 있는가 하는 것이었다. 그는 인생에 고통과 번뇌가 있게 된 주요 원인은 '나'가 있기 때문이며, '나'라는 이 개체 생명은 '무명無明'이란 존재 때문에 시종일관 이 세계의 본질이 허황되다는 것을 간파하지 못한다고 생각했다. 줄곧 어리석고 미련한 나, 나라는 이 생명 때문에 불멸의 영혼(識神)이 부단히 윤회되고, 복제되고, 연속되기 때문에 사람들은 계속해서 고통 속에서 해탈解脫하지 못한다. 해탈하려면 먼저 거짓으로 한 일이 실제가 되어 버린 '유有'를 제거하고 환상세계를 만들어내는 '애愛'를 억제해야 한다. 이런 다음에 '무아無我'로 들어가고, 또한 집요하게 '나(我執)'를 확립하지 않고, '나' 또는 '아집'이 없으면 '윤회'로 떨어지지 않을 것이다. 결국 일체의 관건은 사람에게 '사랑'이 있고 '욕망'이 있다는 데 있다. 그러므로 불교에서는 탐貪·진嗔·치癡, 즉 탐욕스런 욕망, 분노와 질투의 마음, 완고하게 집착하는 생각 등을 사람들에게 해를 입히는 삼독三毒이라고 한다. (그림 3)

사람들에게는 아주 많은 세속의 바람과 이상이 있다. 그러나 불교에서는 이 모두가 허황된 것으로 마치 "거울 속의 꽃과 물속의 달"[14]처럼 단

그림 3 석각 부조 불상. 불교에서 인류의 고난과 번뇌를 가엾게 여기는 것을 느낄 수 있다.

---

14 "鏡中花, 水中月."

지 사람 마음속에 있는 욕망과 애착에 불과하다고 여긴다. 사람들은 이러한 욕망에 빠지고 이런 애착에 휘둘려, 욕망과 애착을 만족시키는 것이 행복이라고 여긴다. 그러나 부처는 본질에서 말하든 영원한 시간에서 말하든 그들은 모두 의미가 없는 헛된 환상이라고 지적했다. 부처는 네 가지 기본적인 진리에 대하여 연구했다. 이를 '사제四諦' 또는 '사성제四聖諦(Caturssatya)'라고 했다.

(1) 고제苦諦(Duḥkhasatya)

불교는 인생에 대한 비관적 태도를 가지고 세속 생활은 바로 고난苦難이라고 여겼다. 인간은 시간 속에서 이리저리 떠돌며 생존하면서 반드시 이런 고통을 겪는데, 이 고苦는 결코 한 생애에서 끝나지 않는다. 불교에서는 '삼세윤회三世輪迴'를 말했는데, 통상 사람은 삼세三世 동안 육도六道(지옥·축생·아귀·수라·인간·천상) 속에서 돌고 돌기를 되풀이한다는 것에 초점을 둔 말이다.

(2) 집제集諦(samudayasatya)

세간 인생에서 고난을 조성한 원인을 가리킨 것으로 무명에서 끌어낸 '혹惑'이나 '업業'을 일컫는다. 사람은 '무명無明' 때문에 신신·구口·의의(행위, 언어, 사상의 삼업)가 일체 번뇌의 '인因'을 모으면서 '인과응보因果應報' 속에서 끊임없이 순환하게 된다.

(3) 멸제滅諦(Nirodhasatya)

고난의 소멸을 가리킨다. 불교 수행의 목적은 바로 고난의 근원을 없애는 것으로, 일체의 염려와 욕망을 포기함으로써 고요한 경지에 처하여, 윤회와 고난을 탈피하고 초월한 '열반涅槃' 상태에 이르는 것이다.

(4) 도제道諦(Margasatya)

고난을 초월하여 '열반'에 도달하는 갖가지 이론과 방법을 가리킨다. 이런 이론과 방법의 수행을 통하여 사람은 고통과 번뇌를 없애고 육도윤회六道輪廻[15] 속이 아닌 극락의 경지에서 지내게 된다.

그렇다면 불교가 고통을 없애고 열반에 도달하는 방법은 무엇일까? 불교에서는 이른바 '팔정도八正道'를 제시하는데, 바로 ① 정견正見(사악함을 멀리하는 올바른 견해), ② 정사正思(세속을 멀리하는 사상과 의지), ③ 정어正語(순결한 불교 언어와 그것을 말하는 방식), ④ 정업正業(불교의 규정에 따르는 정당한 행위), ⑤ 정명正命(불교의 요구에 부합하는 생활방식), ⑥ 정근正勤(정확하게 노력하는 수행),[16] ⑦ 정념正念(일심으로 불교의 진체를 관상하는 것), ⑧ 정정正定(올바른 선정)이다. 구체적인 방법이나 경로는 대체로 더 개괄적으로 크게 세 가지 유형으로 귀납할 수 있다. 이를 '삼학三學'이라고 하는데, 즉 계戒, 정定, 혜慧이다.

'계戒'는 속세의 말로 하면 바로 절제다. 외재된 기율과 규범을 사용하여 사람의 행위·언어·사상에 강제적인 속박을 가하는 것이다. 예를 들면 불교는 거짓말을 해서는 안 되며, 살생해서는 안 되고, 음행을 범해서는 안 되며, 도둑질해서는 안 된다고 규정하였으며 이 모두는 불교의 바라이(波羅夷, 큰 죄)에 속한다.

'정定'은 현대어로 말하면 바로 자기 영혼의 역량으로 자기의 욕망과 감정에 자각적인 속박을 진행하는 것이다. 고요와 청정을 추구하는 심경의 목표 외에 불교에는 또 선정禪定에 관한 각종 기술과 방법이 있다.

---

15 육도윤회六道輪廻: 증득하여 해탈하지 못한 중생이 업보 때문에 영원히 천도天道·인도人道·아수라도阿修羅道·아귀도餓鬼道·축생도畜生道·지옥도地獄道의 여섯 가지 범위 안에서 전전하며 끊임없이 윤회하는 것을 말한다.

16 정근正勤: 정정진正精進. 일반적으로 팔정도의 내용으로 '정정진'이라는 용어를 사용하지만, 저자가 원문에서 '정근正勤'을 썼으므로, 번역문에서도 원문의 내용을 좇아 그렇게 썼다.

'혜慧'는 이성으로서 인생의 인과관계와 우주 본래의 모습에 대해 분석하고 돌아보는 것이다. 이로부터 일종의 우주와 인생을 통찰하는 지혜에 이르고, 그래서 이지理智로부터 해탈을 얻는 것이다.

이상 십이연기, 사제, 삼학 등은 중요한 불교 진리이다. 여기에 포함된 우주 본원, 인생의 상태, 해탈 경로에 관한 사고는 곧 훗날 불교의 기본 사상이 되었고, 나중에 불교에 커다란 발전이 있었을지라도 출발점은 여전히 이런 기본 교의에 있었다.

4. 불교의 중국 전래와 민중에게 미친 보편적인 영향

부처는 깨달음을 얻은 이후 힘들여 사색을 하고 나서 도처에서 이치를 전하고 의혹을 풀기 시작했다고 한다. 먼저 녹야원鹿野苑의 다섯 명의 비구를 받아들여 자신의 신앙 단체를 건립하기 시작했다. 마갈타 국왕의 지지를 얻어 왕사성王舍城의 죽원정사竹園精舍에서 설법하고 교화했는데, 이것이 불교 승단으로 발전했다. 훗날에는 중인도의 각 왕국으로 가서 불교를 전파했다. 그 발자취가 갠지스 강 양쪽 언덕에 두루 퍼졌다. 장기간의 수행 과정에서 부처는 점점 불교의 조직, 진리와 계율戒律을 확립했다. 그러나 그가 세상을 떠난 후에 불교 교단은 점점 분화되어 수많은 종파가 형성되었다. 사후 100년이 지났을 때 불교는 상좌부上座部[17]와 대중부大衆部[18]로 나뉘었

---

17 상좌부上座部: 인도 부파불교의 한 종파. 북방불교 불전 기록에 의하면 부처 사후 100여 년이 지나 대천大天(Maha deva) 등 진보파 비구가 교의 5조를 창도했으나 보수파는 반대했다. 교단은 이로부터 상좌와 대중부 두 종파로 분열되었다. 부처가 입멸한 지 300년쯤 되었을 때 보수의 상좌부로부터 또 일파가 분리되어 나와 설일체유부說一切有部(약칭으로 '유부有部'라고도 함)라고 했다. 원래의 상좌부는 유부의 억압을 당하여 마침내 설산雪山(히말라야)으로 옮겨 '설산부雪山部'라고 하였다. 상좌부 중에서 유부는 세력이 가장 커 상좌이론을 대표한다고 할 수 있다. 이 부파는 기원전 3세기에 인도에서 스리랑카 등지로 전해져 지금까지도 성행하고 있다.

다. 이후 대략 4, 5백 년 동안 더욱 많은 부파로 분열되었다. 대략 기원전 2세기 이후 대승불교는 왕성하게 발전하기 시작했다. 이때가 바로 불교가 중국에 전해지기 전야였다.

불교가 언제 중국으로 전해졌는지는 또 진일보된 고찰을 기다려야 할 것이다. 하지만 현재 있는 자료로 보면 대략 기원 1세기부터 시작하여 서역(중앙아시아와 신강新疆), 남해, 서남으로부터 지속적으로 불교 소식이 전해졌으며 무역상들 중에도 불교도가 여럿 있었을 것이다. 그들이 중국으로 와서 장사할 때 이미 불교 사상과 지식이 전해졌을지도 모른다. 2세기가 되어서는 불교가 이미 중국에서 보편적으로 널리 퍼졌음을 대단히 많은 자료가 보여주고 있다. 사서史書 기록에 동한東漢의 초왕楚王 유영劉英이 불가의 부처와 도가의 인물을 함께 모셔 제사 지냈다고 한 것은 불교가 이미 일종의 새로운 신앙이 되었음을 설명한다. 특히 1세기 중엽 서역 사람 안세고安世高[19]와 지

---

18 대중부大衆部: 인도 소승불교의 대표적 종파. 부처 사후 100여 년이 지났을 때 계율의 해석 문제로 보수적인 상좌부와 갈라선 진보 세력의 분파이다. 대천이 교의 5조를 제기한 후 찬성하는 혁신파 비구와 반대한 보수파 비구가 나타났다. 두 파는 서로 다투었는데 전자는 대중부를 결성하고 후자는 상좌부를 결성했다. 그중에서 대중부를 결성한 이들은 생사나 열반이 모두 거짓된 이름으로 사람의 마음은 본래 청정하나 그 마음이 동요되었기 때문에 오염되었다고 주장했다. 이는 후세 대승불교의 선구가 되었다. 이 밖에 "현재는 실재하며 과거는 형체가 없다."며 단지 현재만이 진정한 존재라고 주장했다. 이것은 "삼세는 실재하고, 법체는 영원하다."는 상좌부의 학설과 대립된다. 전해지는 경전으로는 일반의 소승小乘의 경經·율律·논論의 삼장三藏 외에도 화엄華嚴, 열반涅槃, 유마維摩, 금광명金光明, 반야般若 등 여러 대승경大乘經이 있다.
19 안세고安世高: 동한 시기에 활동했던 고승. 생몰년은 미상이며 이름은 청淸, 자는 세고世高로, 안세고라고 잘 알려져 있다. 원래 안식국安息國(파르티아 제국, 지금의 이란)의 태자로 나중에 출가하여 승려가 되었다. 동한 환제桓帝 건화建和 2년(148) 서역 여러 나라를 거쳐 낙양에 도착했다. 번역에 종사하여 영제靈帝 건녕建寧 3년(170)에 이르기까지 20여 년 동안 『안반수의경安般守意經』, 『음지입경陰持入經』, 『아비담오법사제阿毘曇五法四諦』, 『십이인연十二因緣』, 『전법륜轉法輪』, 『팔정도八正道』, 『선행법상禪行法想』, 『수행도지경修行道地經』 등 약 34부 40권(일설에는 35부 41권)을 번역했다. 그가 번역한 경전은 의미와 이치가 명확하고, 문자가 공평하고 적당하며, 소박하나 거칠지 않았다고 한다. 주로 소승불교 설일체유부의 비담학毘曇學과 선정이론禪定理論을 전파했다. 그는 중국 초기 불교를 유포하는 데 크게 공헌했다.

그림 4
서위西魏 맥적산麥積山 44굴 불상

루가참支婁迦讖[20]이 낙양에 도착하여 많은 불경을 번역해 냈고, 소승小乘의 선학禪學과 대승大乘의 반야학설般若學說[21]을 중국으로 끌어들여 창시하고 훗날 중국 불교의 방향에 영향을 미쳤다.(그림 4)

하지만 초기 중국인이 이해했던 불교는 실제적으로 결코 그렇게 정확하고 완전하지 않았다. 당초 그들은 부처도 신선이라고 여겨 모셨다. 불교를 곤액困厄을 없애고 귀신을 쫓아내며, 사람들이 불로장생하도록 하는 종교로 여겨 믿은 것이다. 하지만 이렇다 하더라도 불교는 중국에 들어올 때 새로운 지식과 사상도 가져왔으며, 게다가 문화적으로 뒤흔들어 놓았다. 일반 신도로 말하면 그들이 비교적 충격을 받았던 것은 아마도 다음 몇 가지 측면 때문일 것이다.

---

20 지루가참支婁迦讖(147~?): 한대漢代에 불경을 번역했던 승려로 '지참支讖'이라고도 함. 대월지大月氏(중앙아시아의 옛 나라) 사람. 동한 환제 말에 낙양에 도착하여 불경을 번역하는 일에 종사했다. 영제 광화光和와 중평中平 연간(178~189)에 『출도행반야경出道行般若經』, 『반주삼매경般舟三昧經』, 『아도세왕경阿闍世王經』, 『잡비유경雜譬喻經』, 『수능엄경首楞嚴經』, 『무량청정평등각경無量淸淨平等覺經』, 『보적경寶積經』 등 모두 20여 부를 번역했다. 그러나 현존하는 것은 12부뿐이다. 처음으로 대승 불경을 중국에서 번역하고 대승불교의 반야학般若學 이론을 전파한 승려이다. 여러 경전의 번역작 중 『도행반야』를 가장 중요한 것으로 여기는데, 바로 반야경 계통의 각종 경전 중에 가장 이른 번역본이기 때문이다. 이런 유의 반야경 계통의 경전은 위진 시대 현학玄學과 청담淸談의 기풍을 촉진시켰다. 또한 중국 불교사의 초기 정토淨土 신앙의 발전과 4~5세기경 중국 불교의 대승화를 선도했다.

21 반야학설般若學說: 중국 불교학파의 하나인데 일반적으로 반야의 의리義理에 대한 연구를 말하며 위진남북조 시기 불교의 기초 이론이다. 동한東漢 말 지루가참이 『반야도행품경般若道行品經』을 번역한 후 반야류의 경적이 지속적으로 중국에 전해지기 시작했고 위진魏晉에서 남북조南北朝를 거쳐 당시 현학玄學의 영향 아래 한 시대의 학풍을 형성했다. 후진後秦의 구마라습에 이르러서는 용수龍樹의 『중론中論』, 『십이문론十二門論』, 『백론百論』, 『대지도론大智度論』 등을 체계적으로 번역했다. 이런 역저들은 대승반야 학설을 계승하고 발전시켜 '제법성공諸法性空' 등 이론이 새로운 체계를 형성하게 했다. 또한 수隋, 당唐의 삼론종三論宗과 같은 종파에 영향을 미쳤는데 그 결과 그들은 반야학의 전통을 이어받았다.

1) 육신은 썩지만 정신은 사라지지 않는다

과거 중국에는 비록 '뼈와 살은 흙으로 돌아가지만, 혼魂은 없어지지 않는다'는 견해가 있었지만 혼백魂魄의 거취에 관해 이렇게 명확한 해설은 없었다. 그러나 불교는 도리어 인간의 '육신'은 사라질 것이나 사람의 '식신識神'은, 마치 나무가 다 타더라도 불은 이미 뒤에 넣는 나무에 옮겨 붙어 언제까지나 꺼지지 않는 것처럼, 내세에 돌아가 다음 번 육체의 몸에 붙어 계속하여 한 사람의 인생 여행을 계속한다고 한다. 그러므로 사람의 사망과 생존은 단지 하나의 '윤회'에 불과하며, 인간의 생명 과정은 하나의 연속적인 과정으로 전세前世, 현세現世, 내세來世를 거쳐 끊임없이 전전하며 이어진다. 이는 전통적인 중국에서 화복의 인과관계를 일대와 다음 일대의 '승부承負'[22] 관계로 여겼던 점과는 다르다.

2) 지옥地獄과 육도六道

2세기 때부터 강거康巨[23]가 번역한 『문지옥사경問地獄事經』과 안세고가 번역한 『십팔니리경十八泥犁經』 이후 불교의 지옥 고사는 점점 중국으로 들어와 전통적인 중국의 '황천黃泉' 전설 및 '태산泰山' 고사와 결합하여 사후 세계의 공포를 크게 과장했다. 그 후 수백 년 동안 또 상당히 많은 지옥 고사가 번역되어 나왔다. 지하 깊은 곳에 철이 산을 둘러싸고 있는데 거기에 겹겹이 각종 지옥이 있다. 지옥 안에는 사후의 사람에 대하여 종종 생각지도 못한 잔

---

22 승부承負: 도교의 교의教義 가운데 선악에서의 응보應報와 인과因果의 상관관계를 가리킨다. 도교에서는 어떤 사람의 선악 행위는 모두 후대 자손에게 영향을 끼치며 사람들의 이생에서의 화복禍福도 모두 조상이 한 행위의 결과라고 여긴다.
23 강거康巨: 한나라 때 강거국康居國(지금의 발하슈 호와 아랄 해 사이에 있던 나라) 승려. 영제靈帝·헌제獻帝 시기에 활동하였으며 『문지옥사경問地獄事經』을 번역했다.

혹한 형벌이 있었다. 이를테면 아비지옥阿鼻地獄에는 철로 된 성이 있으며, 차가운 얼음·암흑·가시나무 숲·동銅으로 된 기둥·철 기계 등 형을 집행하는 도구가 있어 반복적으로 사후의 혼백을 괴롭힌다고 했다. 이런 매우 위협적인 힘이 들어 있는 공포는, 또한 때마침 인간세상의 행위·언어·사상을 규범화하는 데 사용되어, 사람들로 하여금 종교의 윤리와 계율 또는 세속의 도덕규칙을 준수하게 했다.

3) 선악과 응보

과거 중국에도 '보報'가 있었다. 최초의 '보'는 조상에게 제사 지냄으로써 후손에게 은혜를 베푼 조상에게 보답하는 것으로, 먼저 조상의 '베풂'이 있고 나서 후손의 '갚음'이 있다. 그러나 고대 중국에서는 단지 먼저 베풀면 뒤에 보답받는다는 이른바 "선을 쌓는 집에는 자손에게 남겨진 경사가 있다."[24]와 훗날 도교의 '승부承負' 관념이 있었다. 하지만 이상 두 가지 고대 중국의 전통적인 견해인 '보報'나 '승承'은 불교에 미치지 못한다.

불교의 관점에 따르면, 사람에게는 과거·현재·미래, 또는 전세·현세·내세가 있으며, 이 삼 세는 연속으로 끊이지 않고 서로 인과관계가 있다. "무릇 선악을 행하면 반드시 응보가 있다."[25] 그러므로 자기의 책임과 응보를 스스로 감당할 것이고 그래서 사람은 이 세상에 있을 때 "널리 복전福田에 씨를 뿌려"[26]야 한다. 그렇다면 어떻게 해야만 복전에 씨를 심을 수 있는가? 중요한 것은 선행을 하는 것으로, 한편으로는 사람들이 출가하여 승려가 되게 하고, 불상을 새기고, 불경을 베끼거나 염송念誦하며, 사원을 세우

---

24 "積善之家有餘慶."
25 "凡爲善惡, 必有報應."
26 "廣種福田."

는 것 등을 포함하는데 바로 불교를 공양하는 것이다. 그 뒤에 불교는 중국의 전통 관념을 받아들여 구제救濟, 효경孝敬, 충후忠厚, 인욕忍辱 등과 같이 윤리 도덕에 부합하는 행위를 모두 선행 속에 포함시켰다. 또 한편으로는 모든 사람이 자각을 통해 삼보三寶(즉 불佛·법法·승僧)에 귀의할 수 있으면 업장業障을 없애고 더 많은 선과善果를 얻을 수 있다는 것이다. 나아가 대단히 복잡한 불교 계율을 엄수할 수 있고, 모든 세속적인 욕망의 행위를 규제할 수 있고, 선정禪定 속에서 심신의 청정과 심령의 평화를 유지할 수 있고, 불경의 의미를 해석하는 데 "일체의 것은 공空이다."[27]와 "만법萬法이 유식唯識이다."[28]와 같은 거울 속의 꽃과 물속의 달은 결국 허공虛空이라는 이치를 깨달을 수 있으면, 곧 육도윤회를 초월하여 '윤회하지 않음'을 얻을 수 있다. 다시 말하면 두 번 다시 세속 윤회의 길로 되돌아가지 않는 지혜를 얻게 된다는 것이다.

4) 시간과 공간의 확장

과거 중국인들은 모두 자기가 활동하는 지역만을 인정했다. 기껏해야 적혀 있는 문자와 입으로 전해진 것을 통해 알게 된 공간과 시간을 인정했고 그것을 '천하'라고 불렀으며 또 '육합六合'이라고도 불렀다. 역사적으로 위로는 삼황오제三皇五帝로 거슬러 올라갔으며 공간적으로는 '구주九州'를 알고 있었다. 그러나 불교가 중국에 전해 오면서 도리어 중국인에게 시간은 끝없이 오래되었고, 공간은 무한으로 확장된 것임을 알려주었다. 이 공간이 바로 불교에서 말하는 '삼천대천세계三千大天世界'이고 불교가 말하는 시간은 곧 '무량무변겁無量無邊劫'이다.

---

27 "一切皆空."
28 "萬法唯識."

시공은 불교에 있어서는 무한대로 변한다. 그러나 불교에서는 각각의 사람이 단지 유한한 시공時空 가운데 생존하므로 사람은 매우 보잘것없으며 부처와 같은 성인이 와서 구해 내어 그로 하여금 시공을 초월하여 시공 밖에 존재하도록 해야 한다. 그러나 대부분의 사람들은 끝내 초월하지 못하고 단지 세계에서만 생활한다. 그리고 세계에는 하나의 겁수劫數마다 모두 '말세末世'가 있다. 말세에 이르면 사람들은 어리석게도 악업을 지어 수명도 점점 단축되고 마지막엔 아침에 태어나 저녁에 죽을 정도로 생명이 극히 짧아진다. 동시에 우주에는 또 수재水災, 화재火災, 폭풍의 재난이 있어서, 모든 것을 씻어 낸 후에야 천지는 다시 회복된다.(그림 5)

그림 5 용문석굴龍門石窟의 북위北魏 부조浮雕인「예불도禮佛圖」

소결: 불교 사상의 의의

이상에서 소개한 불교의 사상에서 그 중심 내용은 인간세상을 고난의 세계로 판단한다는 것임을 알 수 있다. 인생은 끊임없는 윤회 속에 처해 있다. 그것의 요지는, 선악에는 응보가 있기 때문에 구원과 해탈을 기대해야 하는 것이라고 설명한다. 이러한 교리는 세상에 살고 있는 우리들의 보편적인 근심 걱정과 정확히 대응하고 또한 인간의 생활 윤리와 사회질서의 보편적 가치관과도 꼭 들어맞는다. 그러므로 불교는 대단히 많은 신앙인을 매우 빨리 흡인했다. 그 시대에 남겨진 문헌과 유물, 그리고 많은 역사 서적에서 중국의 민중에 대한 불교의 영향을 볼 수 있다. 그중 가장 중요한 것은 세계, 인생, 자연에 관한 여러 가지 불교적 이치가 중국의 보편적인 신앙 속으로 들어가기 시작했다는 것이다.

그 결과 첫째, 불교를 신앙으로 삼은 중국인은 '귀생貴生' 즉 '장생長生'을 추구했던 것에서 '무생無生'[29] 즉 출세出世[30]를 추구하게 되었다. 둘째, '승부承負'를 믿던 것에서 '응보應報'를 믿게 되었다. 셋째, 불교의 선악 표준과 내용 또한 중국의 영향을 받았기 때문에 불교는 유가儒家 윤리를 확대시킨 것과 같게 되었다. 그래서 불교는 전통 사회질서를 보호하는 의의를 담고 있다. 넷째, 불교는 또한 소수의 굳건한 신앙이 있는 사람들 속에 현실 이익과 무관한 신앙과 숭배를 확립했다.

---

29 무생無生: 생사의 윤회를 다시는 반복하지 않음을 일컫는 말이다.
30 출세出世: 불교 용어. 육도의 윤회를 벗어나는 것을 이른다.

┃참고 문헌┃

1. 중국 문헌 가운데 불교 교의에 대한 서술

물어 말했다. "불도佛道가 위없이 높고 무엇보다도 위대한 것이라면 요堯, 순舜, 주공周公, 공자孔子는 왜 불도를 닦지 않았는가? '칠경七經'[31] 속에도 불도와 관련된 말은 보이지 않는데, 그대는 이미 『시경詩經』, 『서경書經』을 읽고 『예기禮記』, 『악기樂記』의 가르침도 즐겨 배우면서 무엇 때문에 또다시 불도를 좋아하고 이단의 도리를 기뻐하는가? 불도가 어찌 경서보다 뛰어나며 유교 성현들의 업적보다 훌륭하다고 할 수 있겠는가? 나는 그대를 위하여 받아들이지 않겠소."

모자가 말했다. "서적이 반드시 공자의 말이어야 하는 것은 아니고, 약이 반드시 편작扁鵲의 처방이어야 하는 것은 아니다. 이치에 맞으면 따르고 병을 낫게 하는 것이라면 다 양약이다. 군자는 널리 각 학파의 장점을 취하여 자신을 완전하게 한다. 자공子貢이 말하기를, '우리 선생님께 어찌 정해진 스승이 있었겠는가?'라고 했으며, 요堯 임금은 윤수尹壽에게 사사하고 순舜 임금은 무성務成에게, 단旦은 여망呂望에게, 공자는 노담老聃에게 배웠다고 하지만 이러한 사실은 모두 칠경七經에는 기록되어 있지 않다. 물론 그들 네 사람의 스승이 성인이긴 하지만, 부처님에 비교하면 마치 흰 사슴과 기린, 제비와 봉황과 같은 차이가 있다. 요, 순, 주공, 공자도 오히려 그들에게 배웠는데 하물며 부처님의 모습은 자

---

31 칠경七經: 한漢 이래로 역대 봉건왕조에서 추앙하던 일곱 가지 유가경전. 칠경에 대해서는 역대로 각기 분류하는 내용에 대한 관점이 달랐다. 동한의 『일자석경一字石經』에서는 『역易』, 『시詩』, 『서書』, 『의례儀禮』, 『춘추春秋』, 『공양公羊』, 『논어論語』라고 했고, 『후한서後漢書』 「장순전張純傳」에는 당唐 이현李賢의 주注에서 『시詩』, 『서書』, 『예禮』, 『악樂』, 『역易』, 『춘추春秋』, 『논어論語』라고 했다고 하고, 송宋 유창劉敞의 『칠경소전七經小傳』에서는 『서書』, 『시詩』, 『주례周禮』, 『의례儀禮』, 『예기禮記』, 『공양公羊』, 『논어論語』라고 했고, 청清 강희康熙의 『어찬칠경御纂七經』에서는 『역易』, 『서書』, 『시詩』, 『춘추春秋』, 『주례周禮』, 『의례儀禮』, 『예기禮記』라고 했다.

재로이 변화하며 그 신통력은 비교할 수조차 없는데, 어찌 버리고 배우지 않을 수 있겠는가? 오경五經[32] 속에 실려 있는 도리나 가르침 가운데 때로는 빠져 있는 것도 있을 수 있으니 불도에 관련한 기술이 없다고 하여 어찌 이상스럽게 의심할 수 있겠는가?"

問曰: "佛道至尊至大, 堯舜周孔曷不修之乎? 七經之中, 不見其辭, 子旣耽『詩』,『書』, 悅禮樂, 奚爲復好佛道, 喜異術? 豈能踰經傳, 美聖業哉? 竊爲吾子不取也." 牟子曰: "書不必孔丘之言, 藥不必扁鵲之方, 合義者從, 愈病者良. 君子博取衆善以輔其身. 子貢云: 夫子何常師之有乎? 堯事尹壽, 舜事務成, 旦學呂望, 丘學老聃, 亦俱不見於七經也. 四師雖聖, 比之於佛, 猶白鹿之與麒麟, 燕鳥之與鳳凰也. 堯舜周孔且猶學之, 況佛身相好變化, 神力無方, 焉能捨而不學乎? 五經事義, 或有所闕, 佛不見記, 何足怪疑哉?"

— 『홍명집弘明集』 권1 모자牟子의 「이혹론理惑論」

무릇 그 경전의 요지는 대개가 태어나는 것은 모두 행업에 따라 이루어진다는 것이다. 무릇 사람은 과거, 현재, 미래가 있어 삼 세를 지내지만 영혼은 늘 생겨나 사라지지 않는다. 선과 악을 행하면 반드시 응보가 있다. 점차 덕업을 쌓고 정조를 도야하고 거친 성정을 없애며 무수한 유형을 거쳐 부단히 신명의 성정을 닦으면 조용하고 깨끗하고 생사의 변화가 없는 것에 도달하여 불도를 얻는다. 이 과정에는 수많은 유형과 무형의 수련 계단이 있고 등급은 일치하지 않는다. 그러나 모두 얕은 것으로부터 깊은 것으로 들어가고 미약함을 바탕으로 현귀하게 된다. 모두 인자함을 쌓고 인연의 욕망을 깨끗하게 하여 고요 속에 익숙해져 일체를 통찰하기에 이른다. 그리하여 무릇 승려들은 수련을 시작하며 불, 법, 승에 귀의하려고 하는데 이를 삼귀라고 한다. 유가 사상 속 군자의 삼외三畏와 같

---

[32] 오경五經: 유가의 중요한 다섯 가지 경전. 『시詩』, 『서書』, 『역易』, 『예禮』, 『춘추春秋』를 말한다.

은 것이다. 또 오계가 있으니 살인, 도둑질, 간음, 거짓말, 음주를 없애는 것인데 대의는 유가儒家의 인仁, 의義, 예禮, 지智, 신信과 같으며 단지 명칭이 다를 뿐이다. 만일 이런 신조를 신봉하고 견지하면 인간세상에서든지 아니면 천상에서든지 모두 안락한 곳에서 생활한다. 만일 이런 신조를 위반하면 괴물과 축생처럼 고난의 지경에 떨어지게 된다. 그 밖에 선악이 생기는 곳에 육도六道가 있을 따름이다.

凡其經旨, 大抵言生生之類, 皆因行業而起. 有過去, 當今, 未來, 歷三世, 識神常不滅也. 凡爲善惡, 必有報應. 多積勝業, 陶冶麤鄙, 經無數形, 藻練神明, 乃至無生而得佛道. 其間階次心行, 等級非一, 皆緣淺以至深, 藉微而爲著. 率在於積仁順, 蠲緣欲, 習虛靜而成通照也. 故其始修心則依佛法僧, 謂之三歸, 若君子之三畏也. 又有五戒, 去殺盜婬妄言飮酒, 大意與仁, 義禮智信同, 名爲異耳. 云奉持之, 則生天人勝處, 虧犯則墮鬼畜諸苦. 又善惡生處, 凡有六道焉.

— 『위서魏書』 권114 「석로지釋老志」

그의 학설은 이렇다. 사람의 신체가 비록 생사의 구별이 있기는 하나 정신에 이르러서는 영원히 사라지지 않으니, 이 몸 이전에 이미 무수한 신체를 체험했다. 수행이 쌓이고 정신이 청정하면 불법佛法이 완성된다. 천지 밖 동남, 서남, 서북, 동북 네 방향의 상하에 또 다른 천지가 있어 끝이 없다. 그러나 모두 성패가 있다. 성공과 실패는 일 겁一劫이라고 한다. 이 천지 이전에 이미 무수한 겁이 있었다. 매 겁에는 반드시 수많은 부처가 득도하고 세상에 나와 세인을 교화하였으나 숫자는 같지 않았다. 지금 이 일 겁에는 천千의 부처가 있어야 한다. 석가모니로부터 시작하여 이미 일곱의 부처가 있었다. 곧이어 마땅히 미륵이 세상에 나와야 하는데 반드시 세 차례의 회합을 체험하고 법장경서를 강연하여 중생을 벗어나고 제도하도록 해야 한다. 불법을 따르는 사람에게는 네 등급의 결과가 있다. 첫째는 수다원須陀洹, 둘째는 사다함斯陀含, 셋째는 아나함阿那含, 넷째는 아라한阿羅漢이다. 아라한의 등급에 이르면, 생사를 드나들 수 있고 가고 오며 숨고

드러나도 연관 없이 쌓이지 않는다. 아라한 이상으로 보살에 이른 자는 깊이 불성을 간파할 수 있고 부처의 경지에 도달한다. 매번 부처가 세상을 떠나면 남겨진 불법은 전승되는데 정正, 상象, 말末 세 등급의 순정하고 단박함의 차이가 있다. 수명의 멀고 가까움도 각기 같지 않다. 말법末法은 단박으로써 구별한다. 말末의 법 이후는 중생이 우둔하여 불교가 회복되지 않고, 하는 일은 점점 더 악랄해지고 수명은 점점 짧아진다. 수백천 년이 지나는 사이에, 심지어 아침에 태어나 저녁에 죽기까지 한다. 그런 다음에 큰 물, 큰 불, 큰 바람의 재난이 있어 모두 없어지면 다시 존재하고 백성으로 태어나서 또 순박함으로 돌아가는데 이것을 소겁이라고 한다. 소겁을 한 번 거칠 때마다 한 부처가 세상에 나온다.

其所說云: 人身雖有生死之異, 至於精神, 則恒不滅, 此身之前, 則經無量身矣. 積而修習, 精神淸淨, 則成佛道. 天地之外, 四維上下, 更有天地, 亦無終極. 然皆有成有敗, 一成一敗, 謂之一劫. 自此天地以前, 則有無量劫矣. 每劫必有諸佛得道, 出世敎化, 其數不同. 今此劫中, 當有千佛. 自初至於釋迦, 已七佛矣. 其次當有彌勒佛出世, 必經三會, 演說法藏, 開度衆生. 由其道者, 有四等之果: 一曰須陀洹, 二曰斯陀含, 三曰阿那含, 四曰阿羅漢. 至羅漢者, 則出入生死, 去來隱顯, 而不爲累. 阿羅漢已上, 至菩薩者, 深見佛性, 以至成道. 每佛滅度, 遺法相傳, 有正象末三等淳醨之異. 年歲遠近, 亦各不同. 末法已後, 衆生愚鈍, 無復佛敎, 而業行轉惡, 年壽漸短, 經數百千載間, 乃至朝生夕死, 然後有大水大火大風之災, 一切除去之, 而更立生人, 又歸淳樸, 謂之小劫, 每一小劫, 則一佛出世.

— 『수서隋書』 권35 「경적지經籍志」

2. 중국 민중 속의 불교 전파

무릇 형상이 있는 것으로 귀한 것은 몸이고 감정과 인식이 보배로 삼는 것은 목숨이다. 그런 까닭에 기름기를 먹고 피를 마시고 살찐 말을 타고 가벼운 옷을 입는 것은 그가 느긋하고 기쁜 마음이 되고자 하기 때문이다. 삽주를 먹고 단사를 머금어 생명을 지키고 성性을 기르는 것은 그가 오래 살고자 하기 때문이다. 심지어 터럭 하나를 뽑아서 천하를 이롭게 한다 하더라도 인색하므로 하지 않고, 한 끼의 밥을 베풀어서 남은 목숨을 이어간다고 하여도 아까워 주지 않는 지경에 이르렀으니 이는 그 폐단이 너무 지나친 것이다. 그 가운데는 나름대로 굉장한 지식과 통달한 견해를 지닌 사람이 있어 자기 몸을 버려서 다른 사람을 아름답게 하는 사람도 있다. 그들은 욕계欲界 색계色界 무색계無色界의 삼계三界가 긴 어둠 속의 세계임을 체득하고, 사생四生은 몽환의 경지이고 정신은 날아가는 깃털로 흩어지고 몸뚱이는 병이나 껍데기 속에 체류한다는 것을 깨달았다. 그런 까닭에 정수리부터 발까지가 닳도록 한 번도 몸에 개의한 일이 없으며 나라와 처자까지도 초개와 같이 버리는 것이다.

夫有形之所貴者身也, 情識之所珍者命也. 是故飡脂飮血, 乘肥衣輕, 欲其怡懌也. 餌朮含丹, 防生養性, 欲其壽考也. 至如析一毛以利天下, 則恪而弗爲, 徹一飡以續餘命, 則惜而不與. 此其弊過矣. 自有宏知達見, 遺己瞻人, 體三界爲長夜之宅, 悟四生爲夢幻之境. 精神逸乎蜚羽, 形骸滯於瓶穀. 是故摩頂至足, 曾不介心. 國城妻子, 捨若草芥.

— 『고승전高僧傳』 권12 「망신亡身」

예전에 불법佛法이 처음 전래되자 함께 모여서는 다만 부처님의 이름만 선창하고 경문에 적힌 대로 예를 다하였다. 밤중이 되면 극도로 피곤해지니, 수행이 쌓여 깨달음에 이르도록 덕이 있는 스님을 따로 초청하여 법좌에 올라가 설법하게 하였다. 스님은 혹 인연을 뒤섞기도 하고, 혹 한편으로 비유를 인용하기도 하였다. 그 후 여산廬山의 혜원慧遠 스님이 나타났는데, 도업에 깊은 조예가 있고 재능이 빼어나 하는 말이 비범했다. 재齋 모임에 이를 때마다, 스스로 높은 자리에 올라 몸소 도수(창도의 우두머리)가 되어 먼저 삼 세의 인과를 밝히면서도 그 재 모임의 대의를 말하였다. 후대에 이것을 전수받아 마침내 영원한 법칙으로 이룩하였다. …(중략)… 가령 출가한 오중五衆³³들을 위해서는 모름지기 절실하게 무상無常을 말해 주어서 간곡하게 참회를 펼치게 해야 한다. 만약 군왕과 장자들을 위하는 경우라면 모름지기 아울러 속전俗典을 인용하여 아름답게 말을 모아 문장을 이루어야 한다. 또 만약 아득히 먼 범부와 서민을 위하는 경우라면 모름지기 사물을 지적하여 형태를 만들어 직접 보고 들은 것을 이야기하여야 한다. 또 만약 산중의 백성과 들판에 사는 농민을 위하는 경우라면 모름지기 그에 해당하는 말로 피부에 닿게 설법하여 죄를 배척하게 하여야 한다.

昔佛法初傳, 于時齊集, 止宣唱佛名, 依文致禮. 至中宵疲極, 事資啓悟, 乃別請宿德, 昇座說法. 或雜序因緣, 或傍引譬喩. 其後廬山釋慧遠, 道業貞華, 風才秀發, 每至齋集, 輒自昇高座, 躬爲導首. 先明三世因果, 却辯一齋大意, 後代傳受, 遂成永則. (中略) 如爲出家五衆, 則須切語無常, 苦陳懺悔. 若爲君王長者, 則須兼引俗典, 綺綜成辭. 若爲悠悠凡庶, 則須指事造形, 直談聞見. 若爲山民野處, 則須近局言辭, 陳斥罪目.

— 『고승전』 권13 「창도·론창導論」

┃참고 논저┃

鎌田茂雄:『簡明中国佛教史』, 上海译文出版社, 1986.
白化文:『佛光的折射』, 香港中华书局, 1988.
任继愈:『中国佛教史』第一, 二, 三卷, 北京: 中国社会科学出版社, 1985~1988.

---

33 오중五衆: 비구比丘, 비구니比丘尼, 식차마나式叉摩那, 사미沙彌, 사미니沙彌尼를 이르는 말이다. 그중 비구와 비구니는 구족계具足戒를 받고, 식차마나는 육법六法을 받고, 사미와 사미니는 십계十戒를 받았다.

┃ **생각해 볼 문제** ┃───────────────────

1. 어떤 사람은 기독교 신앙의 기점은 사람의 '원죄'라고 여기고 불교 신앙의 기초는 인생의 '고난'이라고 한다. 정확하다고 생각하는가?
2. 인도의 불교가 중국에 전해진 후, 불교가 중국에 가져온 신사상은 무엇인가?
3. 불교가 중국에 전해진 이 사건으로부터 여러 가지 문명 교류의 필요성을 어떻게 이해하는가?

제6강
『단경』과 선종

1. 선종사에서의 이름난 전설과 그 상징적인 사상사적 의의
2. 『단경』 자체의 이야기
3. 『단경』 중의 몇 가지 주제어

중국의 불교사에는 수많은 종파가 있었다. 그러나 유일하게 가장 철저하게 중국화된 것은 중국에서 스스로 창시하였으며 어떤 불교 경전에도 의존하지 않았다고 하는 선종禪宗의 남종南宗이다. 중국 불교에서는 '경'이 부처의 관점이기 때문에 인도의 불교 경전을 번역해야만 '경'이라고 부를 수 있었다. 그러나 한 권의 책만은 유일하게 예외였으니 그것은 바로 『단경壇經』이다.

이 6강에서는 『단경』과 선종에 관해 세 가지 문제를 이야기한다.

1. 선종사에서의 이름난 전설과 그 상징적인 사상사적 의의

첫 번째 문제는 바로 선종사禪宗史에서의 이름난 전설과 그것이 상징하는 사상사적 의의이다.

전설에 따르면 당나라 고종高宗 상원上元 원년元年(674), 영남嶺南 신주新洲(지금의 광동성廣東省 남해南海)에 '노盧'씨 성을 가진 나무꾼이 나타났다. 어느 날 그가 땔감을 지고 성안으로 가서 팔다가 어떤 사람이 『금강경金剛經』[1]을 염송하는 것을 듣고 갑자기 마음이 진동하는 것을 느꼈는데 매우 기뻤다. 그래서 그는 이 사람이 알려주는 대로 호북성湖北省 황매黃梅 쌍봉산雙峰山의

---

1 『금강경金剛經』: 불교 전적으로 1권이다. 원래 명칭은 『금강반야바라밀경金剛般若波羅蜜經』이며, 여섯 종류의 한역본이 있는데 구마라습鳩摩羅什의 번역본이 가장 유행했다. 내용은 주로 반야般若의 공空이 가지는 의미를 밝힌 것이다. 반야경전(般若經) 중 유행 정도로 보면 『반야심경般若心經』 다음이다. 선종이 오조五祖인 홍인弘忍을 따른 이래로 특히 이 경을 중시했다.

동산사東山寺에 가서 홍인弘忍²을 찾아뵈었는데 홍인은 선종 제5대 조사祖師라고 한다. 이 나무꾼은 방앗간에 배치되어 디딜방아를 밟으며 쌀을 빻았고 사람들을 따라서 설법을 들었다. 8개월이 지나서 홍인이 후임자를 고른다며 조건을 내걸었는데 그것은 시 한 수를 지어 불교의 이치에 대한 이해를 표현하는 것이었다. 그의 상수上手 제자 신수神秀는 20자를 썼는데 바로 "몸은 보리나무요, 마음은 명경대明鏡臺와 같으니 시시때때로 부지런히 닦아서 진애가 없도록 해야지."³였다.

신수는 나이가 많고 자격도 충분했으므로 대다수의 제자들은 홍인의 후임자로는 그가 아니면 안 된다고 여겼으나, 오직 이 노씨 성을 가진 나무꾼만이 낫 놓고 기역자도 모르면서도 이 소식을 들은 후 도리어 말했다. "좋기는 좋고, 끝이 났으나 아직 끝나지 않았다."⁴ 이에 그도 두 수를 지어 다른 사람에게 벽에 써달라고 부탁했다. 그중 한 수가 아주 중요한 것으로, 그 한 수에서 신수에게 반박하듯 읊기를, "보리는 원래 나무가 없고 명경明鏡도 받침대가 아니며, 불성佛性은 늘 청정한데 어디에 진애塵埃가 있겠는가?"⁵라고 했다. 뒤의 두 구절인 "불성은 늘 청정한데 어디에 진애가 있겠는가?"⁶는 훗날 통용되던 여러 가지 판본 속에서 "본래 물건 하나 없는데 어디에서 진애를 일으키겠는가?"⁷로 바뀌었다.

홍인은 그의 시를 보고 이 노씨 성을 가진 나무꾼을 남몰래 선방으로 불

---

2 홍인弘忍(602~675): 당나라 때 고승의 법호. 속성俗姓은 주周이며 기주蘄州 황매현黃梅縣 사람으로 중국 선종 제5조이다. 7세 때 도신道信을 따라 출가했다. 나중에 황매 쌍봉산 동산사東山寺에 거주하며 사람들을 모아 설법하였으므로 세상에서는 동산법문東山法門이라고 했다. 저명한 제자로는 신수神秀, 혜능慧能, 지선智詵 등이 있으며 저서로 『최상승론最上乘論』이 전해지고 있다.
3 "身是菩提樹, 心如明鏡臺. 時時勤拂拭, 莫使有塵埃."
4 "好則好矣, 了則爲了."
5 "菩提本無樹, 明鏡亦非臺. 佛性常淸淨, 何處有塵埃?"
6 "佛性常淸靜, 何處有塵埃?"
7 "本來無一物, 何處惹塵埃?"

러서 자신의 진리의 계승을 상징하는 의발을 전해 주었다. 그러나 권력의 쟁탈을 일으킬까 두려웠기 때문에 다시 그에게 멀고먼 남쪽으로 가서 숨도록 하였다. 십수 년 후에 이르러 홍인이 이미 세상을 떠나고 대략 689년에 노씨 성을 가진 나무꾼은 다시 산을 나와 마침내 남쪽에서 훗날 중국에 커다란 영향을 끼친 선종을 개창했다. 그의 근거지와 기원한 곳이 남쪽이므로 남종南宗이라고도 불렀다. 북쪽에서 신수를 우두머리로 하는 주류의 선종과는 구별되었다. 노씨 성을 가진 나무꾼이 바로 나중에 중국식 선종을 개창한 중요한 인물로 알려진 '육조六祖'인데 법명은 혜능慧能이라 불렀다.(그림 1)

이 이야기의 상징적인 의의는 세 가지 측면에서 말할 수 있다.

그림 1 남화사南華寺 육조 혜능 진신眞身

첫째, 신수의 그 게송偈頌에서 대표하는 것은 불교가 줄곧 받들었던 전통 관념으로, 바꿔 말하면 세계를 두 개로 나누었는데, 하나는 혼탁한 세속 세계이고 다른 하나는 청정한 초탈의 세계다. 불교는 사람들이 혼탁한 세속 세계를 떠나 청정한 초월의 세계로 들어가게 하기 위해서, 당신은 내심 가운데로 돌아가야 하는데, 당신의 마음에 거울처럼 먼지가 부단히 떨어질 것이니 부단히 닦아내야 한다고 사람들에게 알려준다. 이 사상은 불교의 전통 관념을 대표하는 것으로 '법유아공法有我空'이라고 한다. '법法'은 있으되 '나(我)'는 비었다는 것, 이것은 곧 시시때때로 부지런히 닦아서 마음이 세속에서 오염되는 것을 방지해야 한다는 것이다. 그러나 육조 혜능의 게송은 또 다른 이치를 말했는데 대단히 명쾌한 것으로, 바꿔 말하면 모든 것은 환상幻想이며 지혜수智慧樹 같은 신체가 없을 뿐만 아니라, 명경明鏡처럼 맑고 투명한 마음도 없다. 외면의 세계는 마음속의 세계처럼 모두가 '공空'이고 모두가 환상幻相이다. 이렇게 불교의 대승大乘 반야학般若學의 '공'이라는 이 개념을 극단으로 끌어올렸다.

신수와 혜능의 이 두 게송은 '공'이라는 이 개념에 대한 각기 다른 이해를 상징하고 있다. 하나는 전통 불교의 이해이고, 하나는 중국식 불교의 이해이다. 이것은 중국식인 선종이 수많은 방면에서 전통적인 불교를 대신한다는 것을 예시하고 있다.

둘째, 이 두 게송 간의 차이는 급속도로 두 가지 수행 방식의 변화를 가져왔다. 전통적인 불교에는 수많은 자아 수행 방법이 있는데, 예를 들면 자아 구속, 자아 징벌, 자아 교육 등이 있다. 초기의 불교는 이런 방식을 통하여 사람의 마음으로 하여금 해탈을 얻을 수 있게 하기를 희망했다. 그들은 사람의 마음은 모두 오음五陰[8]의 먹구름에 의해 뒤덮여 있으므로 이 오음의 먹구름을 없애려면, 애써서 청소해야 한다고 생각했다. 그러나 혜능은 모든 것을 환상幻想이라고 여겼으므로 더러움에 대한 저항은 필요치 않은데, 본질적으로 말하면 더러움 자체 역시 환상이기 때문이다.

혜능은 불성佛性이 본래 청정한데 어디에 무슨 더럽고 더럽지 않은 것이 있을 수 있겠는가라고 말했다. 그리하여 그는 단번에 수행자를 고생스런 수행으로부터 해방시켰다. 이 "불성은 늘 청정한데 어디에 진애가 있겠는가?"[9]라는 방법은, 자아를 속박하는 계율과 힘들게 수행하는 초기 불교의 방법을 사실상 전부 포기하게 했다. 그는 사람들에게 새로운 해탈 방식을

---

8 오음五陰: 오온五蘊, 오중五衆이라고도 한다. 불교에서는 사람이나 기타 중생을 이루는 다섯 가지 집적 성분을 오음이라고 한다. 색음色陰, 수음受陰, 상음想陰, 행음行陰, 식음識陰을 말하며, 그중 물질의 현상을 가리키는 색음을 제외하고 나머지는 모두 정신적인 측면을 가리킨다. 한 가지 음마다 수많은 분자가 집적되어 이루어지므로 음이라고 한다.

9 "佛性常淸靜, 何處有塵埃?"

갖도록 했는데, 이런 방식은 바로 해탈이 불필요한 것으로, 돌아보면 원래 차안此岸이 바로 피안彼岸이라는 것이다. 혜능의 이런 사고방식은 중국 선종이 자아를 구원하는 새로운 방식을 갖게 하였으니 종교도 더 이상 종교가 아니라 단지 신앙일 뿐이었다. 그의 신앙 세계에서는 의식 중에 방향을 바꾸기만 하면 곧 크게 깨달을 수 있다. 그래서 선종 신앙인은 매우 홀가분하게 되었다.

이 두 게송偈頌의 차이는 사고방식의 전환을 대표했고, 이 사고방식의 전환은 해탈을 추구했던 인도 불교 입장에서 자연을 추구하는 중국 도가道家적 불교 입장으로의 전환에 이르렀다고 말할 수 있겠다.

셋째, 만일 수행의 필요성이 취소된다면 신앙인으로서 서로 인정하고 서로 감독하는 종교 조직이 또한 반드시 존재해야 하는가? 마찬가지로 만일 진리의 획득과 마음의 해탈이 단지 개인적인 것으로, 내면 안의 일이라면 신앙인을 조직하고 또한 속俗과 성聖, 즉 세속 세계와 초월 세계를 구분한 사원 또한 존재의 필요가 있는가? 따라서 이 이야기와 훗날의 역사는 사실 종교로서의 불교의 자아 와해의 시작을 예고하고 있었다.

2. 『단경』 자체의 이야기

지금 이야기하는 두 번째 문제는 바로 『단경』을 둘러싼 이야기이다.

무측천武則天 때, 혜능은 광주廣州 남해南海의 산에서 나온 이후 일찍이 광동廣東 소관韶關의 대범사大梵寺라는 절에서 요지要旨를 밝히고 설법하였다고 한다. 청중은 대단히 많았으며, 『단경』은 바로 당시 단壇을 열어 강연한 기록으로, 기록한 사람은 법해法海라고 하였다. 이 책은 계속하여 이렇게 유전되어 내려와 천여 년 이래로 이 책에 대해서는 의문이 없었다.

그러나 20세기 초의 문헌과 고고학의 대발견 때문에 이 책은 갑자기 문제

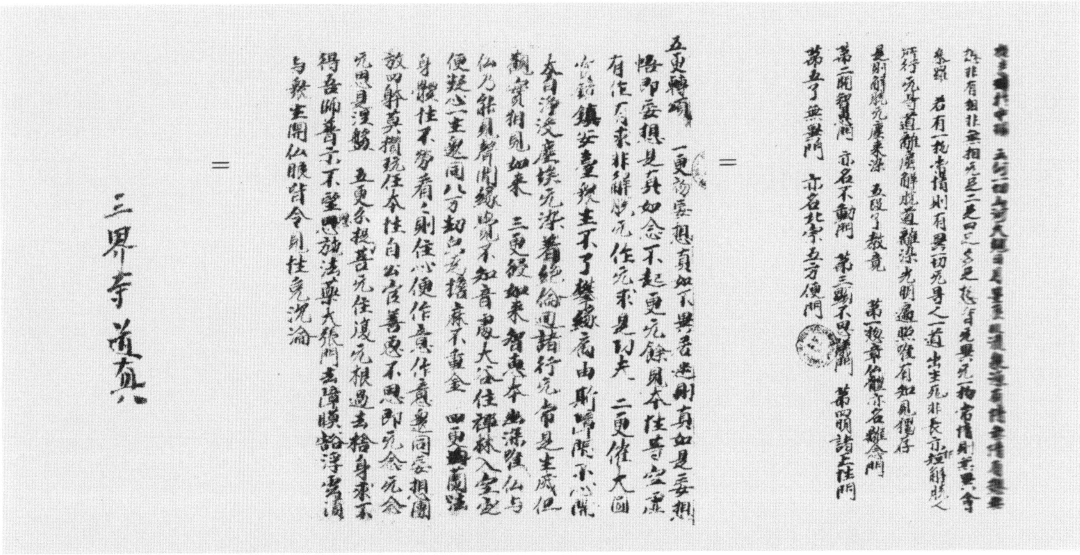

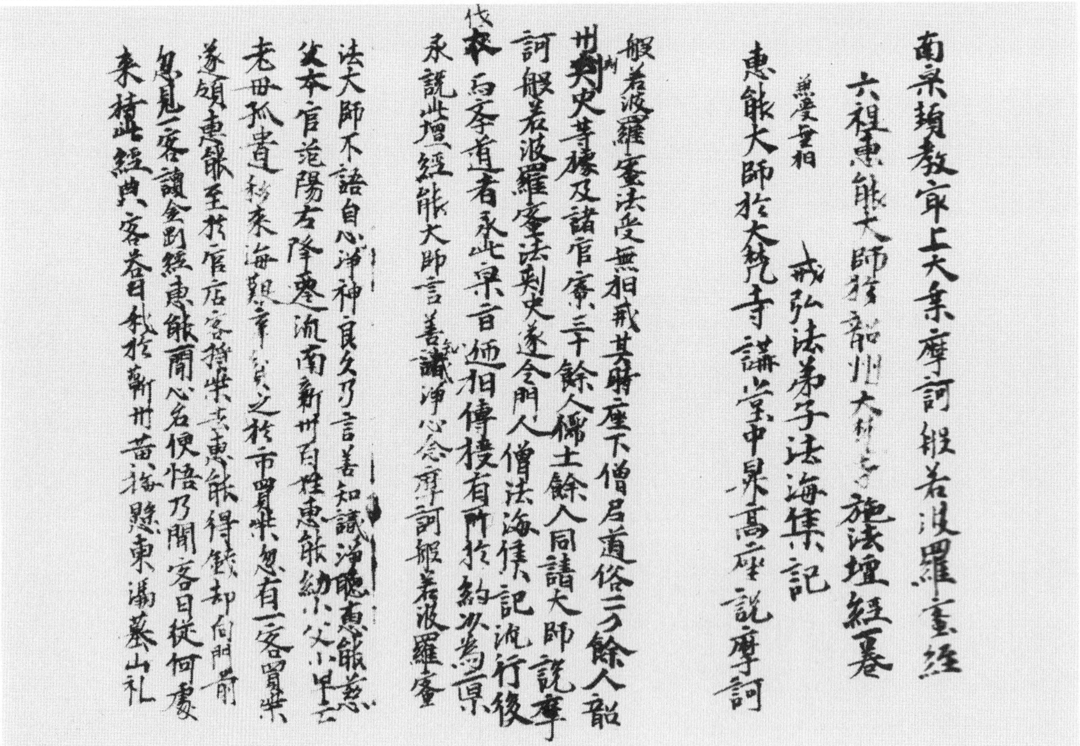
南宗頓教最上大乘摩訶般若波羅蜜經
六祖惠能大師於韶州大梵寺施法壇經一卷
兼受無相戒弘法弟子法海集記
惠能大師於大梵寺講堂中昇高座說摩訶
般若波羅蜜法受無相戒其時座下僧尼道俗一萬餘人韶
州刺史等據及諸官寮三十餘人儒士餘人同請大師說摩
訶般若波羅蜜法刺史遂令門人僧法海集記流行後
代與學道者承此宗旨遞相傳授有所於約以為稟
承說此壇經能大師言善知識淨心念摩訶般若波羅蜜
法大師不語自淨心神良久乃言善知識淨聽惠能慈
父本官范陽左降遷流南新州百姓惠能幼小父小早亡
老母孤遺移來南海艱辛貧乏於市賣柴忽有一客買柴
遂領惠能至於官店客將柴去惠能得錢卻向門前
忽見一客讀金剛經惠能一聞心名便悟乃聞客曰從何處
來持此經典客答曰我於蘄州黃梅縣東馮墓山禮

그림 2 돈황본『북종오방편문北宗五方便門』과『육조단경六祖壇經』(일부)

가 되었다.(그림 2)

도대체 혜능의 관점인가 아닌가? 후대 사람이 엮은 것인가 아닌가? 갑자기 의문시되었다. 20세기 초 돈황敦煌[10] 문서의 발견 때문에 사람들은 『단경』의 진실성에 수많은 문제를 제기했다. 그중 맨 처음 문제를 제기한 사람은 후스(胡適)[11]로, 1920년대 말 30년대 초 후스는 연이어 여러 편의 글을 썼다.(그림 3) 거기에서 "『단경』은 혜능이 만든 것이 아니라 혜능의 제자 신회神會[12]가 엮어낸 것"이라는 자신의 생각을 밝혔다. 후스는 여러 가지 근거를 제시했는데 그중에서 세 가지가 매우 중요하다.

첫째, 서기 800여 년이 되었을 때 위처후韋處厚라는 사람이 서거한 승려에게 '대의선사묘지명大義禪師墓誌銘'이라는 비문을 써 주었다. 그는 비문에 신회의 학생과 그의 학생의 학생이 "뜻밖에도 『단경』으로 법맥을 잇게 되었다."[13]라고 썼다. 후스는 이 말

그림 3 중국 선종사 연구의 개척자 후스

---

10 돈황敦煌: 감숙성甘肅省 4대 오아시스 중의 하나. 중국 고대의 비단은 이곳을 경유하여 서쪽으로 운송했는데 실크로드의 중요 거점이다. 지금은 감신철로甘新鐵路가 이곳을 지나므로 지리적 위치가 중요하다.

11 후스(胡適, 1891~1962): 자는 적지適之, 안휘성安徽省 적계績溪 사람. 중국의 학자이자 사상가이며 신문화운동新文化運動을 주도했던 유명한 인물이다. 미국 컬럼비아대학 철학박사로 일찍이 영미 각 대학이 수여한 명예박사학위 35가지를 획득했다. 북경대학 교수로 재직 중 「문학개량추의文學改良芻議」를 발표하고 문학 개혁을 제창했다. 일찍이 중국공학교장中國公學校長, 북경대학문학원원장北京大學文學院院長 및 총장, 주미대사, 중앙연구원원장中央研究院院長을 역임하고 저서로는 『중국고대철학사中國古代哲學史』, 『장실재년보章實齋年譜』, 『선진명학사先秦名學史』, 『대동원戴東原의 철학』, 『백화문학사白話文學史』 등 수십 종이 있으며, 따로 『후스문존(胡適文存)』에 모아져 있다.

12 신회神會(686~760): 속성은 고高이며, 당나라 때 양양襄陽(지금의 湖北省) 사람으로 육조 혜능의 제자이다. 혜능이 원적圓寂한 후, 북쪽으로 올라가 혜능의 돈오선법頓悟禪法을 선양했다. 일찍이 활대滑臺에서 북종北宗의 선사와 논쟁하여 북종을 방계라고 공격하여 북종의 선법禪法을 몰락에 이르게 함과 아울러 혜능을 선종 정통 지위로 올려놓았다. 제자로는 무명無名과 법여法如 등이 있다. 저서에는 『현종기顯宗記』 1권이 있다.

13 "竟成壇經傳宗."

이『단경』은 신회가 엮어내 법맥을 잇는 근거의 하나로 사용한 것임을 설명한다고 생각했다.

둘째, 돈황 문서에서 수많은 신회의 자료를 발견했는데 신회가 말한 수많은 이치가『단경』의 내용과 같으므로『단경』을 신회가 엮었다는 것을 알 수 있다.

셋째, 역사적으로 보면 선종이 진정으로 중국에서 절대적으로 우세하게 했던 사람은 신회로서 신회가『단경』을 만들어서 죽어 가던 권위를 확립했다.

물론 후스가 제시한 증거는 부족하다. 먼저『단경』으로 법맥을 전수하는 증거를 삼았다는 것은『단경』자체에도 나온다.『단경』에, "『단경』을 얻지 못하면 전수받지 못한다."[14]고 했는데, 아마 신회도 단지 옛 전통을 답습했을 뿐일 것으로, "뜻밖에도『단경』으로 법맥을 잇게 되었다."며 오랜 규칙을 계승했던 것이다.

둘째, 스승과 학생의 말은 비슷한 것으로, 꼭 학생이 스승의 말을 만든 것이 아니라 아마 학생도 스승의 말을 베꼈을 것이다.

셋째, 선종의 지위를 확립한 사람이 반드시 선종 사상의 창시자일 필요는 없을 것이다. 더구나 반드시 경전의 저자가 아니면 안 될 필요는 없다. 역사적으로 수많은 저작들이 저자가 세상을 떠나고 오랜 시간이 지난 뒤에야 절대적으로 권위 있는 경전이 되었다. 하지만 후스가 고증을 통해 제기한 문제 중에 확실히 설명되지 않는 것이 있다. 바로『단경』의 마지막에 일찍이 암시하기를 '혜능 사후 20년에 혜능을 계승하여 선종의 부흥을 위하여 큰소리로 호소하는 사람이 있을 것'이라고 한 것이다. 이것은 바로 신회의 이야기이다. 신회는 개원開元 22년(734), 또는 개원 20년(732)에 활대대회滑臺大會[15]에

14『단경壇經』: "不得壇經, 即無稟受."
15 활대대회滑臺大會: 활대滑臺(지금의 河南省 滑縣)의 대운사大雲寺에서 무차대회無遮大會가 열렸는데 그 성격은 공개 토론회 같은 것이었다. 신회는 이 대회에서 신수의 북종은 "방계로 전승하고 점교이라는 것이 그 법문이다.(傳承是旁, 法門是漸)"라고 하며 공개적으로 신수의

서 다른 사람과 토론 중에 혜능의 이 선종이 신수의 선종을 대신할 것이라고 선포했다. 게다가 신수와 대항하고자 하였는데 이는 마침 혜능 사후 20년에 일어났다. 후스는 만일 신회가 사후事後에 집필한 것이 아니라면 어떻게 혜능 생전에 20년 후의 일을 예언할 수 있었겠는가고 의심했다. 이러한 의심은 줄곧 뒤집히지 않았다. 그 결과 많은 사람들이 다음과 같은 절충적인 관점을 믿게 되었다. 원래 『단경』 한 권이 있었는데 신회가 나중에 여기에 수많은 자신의 사상을 섞어 넣었을 것이라는 것이다.

그런 측면에서 볼 때 『단경』의 원전은 확실히 끊임없이 더해지고, 수정되고, 보충되었다. 우리가 지금 보는 『단경』은 결코 원본이 아니다. 지금 돈황에서 발견된 『단경』은 베낀 시기가 대략 서기 780년 정도이며, 1만 2000자밖에 되지 않는다. 일본 교토의 고젠사(興善寺)에는 송대 초기에 베꼈던 『단경』이 소장되어 있는데 이미 1만 4000자나 되었고, 북송 중기 설숭契崇의 교정본은 이미 2만 자나 되었다. 지금 통상적으로 읽히는 것은 원元나라 때 종보宗寶[16]와 덕이德異[17]가 각각 설숭[18]의 판본에 의거하여 편성한 판본으로, 2만 3000여 자이며 10장으로 나뉘었다.

선법을 공격했다. 또한 혜능의 선법만이 달마達磨 이래의 정통이며 홍인이 혜능에게 의발을 전해 준 일을 널리 알렸다.
16 종보宗寶: 원나라 때 승려로 생몰년 미상. 지원至元 28년(1291) 세 가지 이본의 『단경』을 교감하여 잘못을 정정하고 간략한 곳을 더 보충했다. 또 『육조대사법보단경六祖大師法寶壇經』을 간행했다.
17 덕이德異(1231~?): 원나라 때 승려. 상고上高(지금의 江蘇省) 사람. 유가儒家 출신으로 약관에 속세를 버리고 환산皖山 응응凝凝에게 의발衣鉢을 받았다. 지원 27년(1290) 다시 『육조대사법보단경』을 엮어 보급에 전력했는데 일반적으로 이를 '덕이본德異本'이라고 했다.
18 설숭契崇(1007~1072): 송宋나라 때 승려. 자는 중령仲零, 자호自號는 잠자潛子, 속성俗姓은 이李씨이고 등주藤州 심진鐔津 사람이다. 구족계具足戒를 받은 후 두루 지식을 연구하고 동산洞山의 효총曉聰 선사로부터 정확한 법을 얻었다. 문장을 잘 썼으며 원교편原教篇을 지어 한유韓愈의 벽불설闢佛說에 대항하였다. 『심진문집鐔津文集』이 있다.

3. 『단경』 중의 몇 가지 주제어

지금 말하고자 하는 세 번째 문제는 비교적 곤란한 문제인데, 바로 『단경』 안의 몇 가지 주제어이다.

첫 번째 주제어는 '자정自淨'이다. 혜능은 『단경』에서 지혜란 바로 반야般若의 지혜로, "반야의 지혜는 세인世人이 본래 저절로 갖고 있는 것이다."[19]라고 했다. 또한 인성은 본래 청정하고 더럽지 않은 것으로, "세인의 본성은 본래 스스로 정화한다."[20]는 것이다. 초기의 불교는 신앙의 기점과 신앙의 종점은 다르며, 인성과 불성도 다르며, 인간의 불교에 대한 신앙은 곧 인성人性을 높여 불성佛性에 가까워지거나 도달할 수 있다는 데 있다고 강조했다. 그러나 남북조시대南北朝時代 이래로 하나의 사고방식이 줄곧 아주 강렬하게 이 초기 불교의 사고방식을 와해시키고 있었으니, 바로 사람마다 모두 불성이 있다는 것이었다.

전설 속의 선종 제1대 종사인 달마達磨도 "모든 생명이 있는 자에게는 동일한 진성眞性이 있다."[21]라고 말했다.(그림 4, 5) 사람마다 모두 불성이 있다는 것을 인정했기 때문에, 해탈과 초월의 관건은 더 이상 다른 사람이 와서 자신을 구원해 주는 것이 아니라 자기가 자기를 구원한다는 생각으로 점점 바뀌어 갔다. 일반인의 사고 맥락은 여전히 수행에 의하여 스스로에게 제약을 가함으로써 자신을 구원하고자 하였다. 그러나 혜능은 '자정自淨'을 매우 강조했기 때문에 전통적인 수행과 학습은 그다지 필요치 않게 되었다.

두 번째 주제어는 바로 '무념無念', '무상無相', '무주無住'이다. 혜능은 『단경』에서 "무념을 종宗으로 삼고, 무상을 본체로 삼고, 무주를 근본으로 삼는

---

19 "般若之智, 世人本自有之."
20 "世人性本自淨."
21 "含生同一眞性."

그림 4 달마면벽도   **그림 5** 일본인 상상 속의 참선하는 달마

다."²²를 제시했다. 무념이란 아무것도 생각하지 않는 것이 아니라, '생각하나 생각하지 않는다'이다. '생각하나 생각하지 않는다'는 것은 바로 한 가지 생각에 집착하지 않고 이른바 자연적이고, 느슨하고, 마음에 드는 상태에 처한다는 것이다.

    선종의 관점에 따르면, 사람은 마땅히 일체의 현상세계와 현상세계가 마음속에 남긴 생각들에 대해 무념 상태를 취해야 한다. 곧 비록 '오다'는 있으나 '잡다'는 아니어야 한다. 무념이란 바로 고집스럽지 않고, 연연하지 않고, 탐닉하지 않는 것이며, 자기 생각대로 하지만 자연스러운 것이다. '무상' 이란 똑같이 '상相에 있으면서 상相에서 떠난 것이다'인데, 무상의 경계는 무

---

22 "以無念爲宗, 無相爲體, 無住爲本."

엇인가? 이것은 마치 바람이 귓가를 지나거나 그림자가 눈앞을 지나가는 것과 같이 자신으로 하여금 모양, 색깔, 소리에 의해 속박당하지 않게 하는 것이다. 그러나 무상은 거절하고 완고한 것이 아니라 자연스러운 것이다. '무주'란 바로 일체 현상 중에서 자신의 의식의 발걸음을 멈추지 않는 것으로, 이와 관련하여 『단경』에서는 일체 현상에서 고집해서는 안 되고, 연연해서는 안 되고, 멈춰서는 안 된다고 말했다. 만일 당신에게 한 가지 생각이 머물게 되면 다른 모든 생각도 곧 머물게 되는데, 이는 그 생각에 의해 속박당하는 것과 같으므로 무주는 뒷부분에서 말할 "일체에서 마음에 두어 머물지 않으면 바로 속박이 없는 것이다."[23]라는 것이다. 이와 같이 『단경』은 선종과 불교의 사상을 완전히 중국 노장老莊의 사고방식으로 돌려놓았다.

세 번째 주제어는 '불립문자不立文字'이다. 『단경』에 최종 경지의 체험과 관조는 마땅히 "스스로 지혜를 써서 관조하는 것이지 문자에 의지하는 것이 아니다."[24]라고 했다. 본래 언어와 문자는 현상에 대한 명명으로, 불교의 언어로 얘기하면 "이름(名)이란 생각(想)하는 것이다."[25] 명사가 하나 제시되면 그것이 상상과 연상을 불러일으킬 것이다. 불교에 대해 말하면 가장 관건은 사람들로 하여금 그 긴장을 풀고 초월한 마지막 경지를 체험하도록 해야 한다는 것이다. 그러나 이런 마지막 경지는 또한 말로 설명할 수 없다. 그러므로 불교에서는 늘 '불가사의不可思議'를 말한다.

선종은 아주 일찍부터 이심전심以心傳心과 불립문자를 주장했는데, 언어와 문자는 어떤 경우에는 사람의 마음속에 일종의 장벽을 만들어낼 수 있기 때문이다. 만일 단지 언어와 문자를 통하여, 이성을 빌려 이 세계를 이해하고자 한다면, 불교의 관점에 따르면 분석적인 이성과 언어로는 그 마지막 경

---

23 "於一切上, 念念不住卽無縛也."
24 "自用智慧觀照, 不假文字."
25 "名者想也."

지를 묘사하고 체득할 방법이 없을 것이다. 선종은 무념, 무상, 무주 안에서 이런 마지막 경지를 체험하려고 하며 사람들이 언어로 묘사하는 것에 대해서 매우 반대했다. 선종은 한편으로는 '이심전심'을 제창하여 직접 본심으로 깨닫게 하면서도, 다른 한편으로는 그것 역시 수많은 언어를 파괴하고 왜곡하는 방법을 가지고, 직접 체험하여 사물 자체를 마주보게 하였다.

네 번째 주제어는 '돈오頓悟'이다. 사람이 해탈하는 관건이 자신에 있는 바에야, 사람에게 가장 중요한 것은 '자성自性의 청정'이다. 게다가 찰나에 무념, 무상, 무주가 될 수 있고, 언어와 문자를 버릴 수 있다. 그렇게 되면 찰나에 사람은 의식의 전환 속에서 곧바로 대단히 높은 경지에 도달할 수 있다. 혜능은 마음속에 무념, 무상, 무주가 있기만 한다면 신앙인은 곧 초월하고 해탈할 수 있으며, 의식의 전환 속에서 자신이 홀가분한 경지를 느끼는 데 이르게 된다고 여겼다. 이것이 바로 후세에게 '돈오頓悟'라고 불리는 법문인 것이다. 이 돈오라는 법문은 바로 중국 불교와 인도 불교를 구별하는 중요한 상징이다.

전체 『단경』에서 가장 중요한 것은 바로 이 네 개의 주제어이다. 몇 가지 그리 정확하지 않은 현대의 개념을 답습하여 그들을 총괄해 보면 이렇게 말할 수 있다. 첫 번째 단어는 불성론佛性論에 속하며 '성性은 본래 자정自淨한다'는 것을 말한다. 두 번째 단어는 수행론修行論에 속하며 '무념', '무상', '무주'를 말한다. 세 번째 단어는 인식론認識論에 속하며 '불립문자'를 말하고, 네 번째 단어는 경지론境界論에 속하며 '돈오'를 말한다.

▌참고 문헌 ▌

1. 혜능慧能과 신회神會 시대의 선禪 사상

보리는 본디 나무가 없고 명경明鏡도 받침대(臺)가 아니며, 불성佛性은 늘 청정한데 어디에 진애塵埃가 있겠는가?

菩提本無樹, 明鏡亦非臺. 佛性常淸淨, 何處有塵埃.

마음은 보리수요, 몸은 명경대라, 명경은 본디 청정하니 어디에 진애가 물들겠는가!

心是菩提樹, 身爲明鏡臺. 明鏡本淸淨, 何處染塵埃.

— 『단경壇經』 돈황본敦煌本에 실려 있는 혜능의 게송 두 수

사람의 자성自性은 항상 청정하여 해와 달처럼 늘 밝으나 다만 구름에 덮여 가려졌기 때문에 위는 밝고 아래는 어두워서 분명히 일월성신을 볼 수 없다. 문득 지혜의 바람이 불어 운무를 휩쓸어 버리면 삼라만상이 일시에 전부 드러난다. 사람의 자성이 청정함도 맑은 하늘과 같으며 혜惠는 해와 같고 지智는 달과 같아서 지혜는 늘 밝다.

自性常淸淨, 日月常明, 只爲雲覆蓋, 上明下暗, 不能了見日月星辰, 忽遇惠風吹散卷盡雲霧, 萬象森羅, 一時皆現. 世人性淨, 猶如淸天, 惠如日, 智如月, 知惠常明.

— 『단경壇經』 돈황본敦煌本 제20칙

단지 스스로 본체가 고요함을 알고, 공은 무소유며 또한 집착도 없으므로 빈 것과 같으며 두루 미치지 않는 곳이 없으니 바로 모든 부처가 진여眞如의 법신法身이다. 진여는 무념無念의 본체이다. 이 이치의 연고 때문에, 무념無念을 근본으로 삼았다. 만약 무념을 체득한 자는, 비록 두루 보고 듣고 느끼고 알지라도 늘 고요할 것이다. 계戒, 정定, 혜慧, 학學은 모두 같으며 모든 행위가 갖춰졌으니, 여래如來의 식견과 같이 넓고 깊다.

但自知本體寂靜, 空無所有, 亦無住著, 等同虛空, 無處不遍, 即是諸佛眞如身. 眞如是無念之體, 以是義故, 故立無念爲宗. 若見無念者, 雖具見聞覺知, 而常空寂. 即戒定慧學, 一時齊等, 萬行俱備, 即同如來知見, 廣大深遠.

― 신회神會, 『남양화상돈교해탈선문직료성단어南陽和尚頓教解脫禪門直了性壇語』 돈황본

2. 남종南宗 선어록禪語錄과 논술

마 화상(마조馬祖 도일道一)이 한 곳에 앉았는데 회양懷讓 선사가 벽돌을 가지고 그 앞으로 가서 돌에다 갈았다. 이를 본 마 화상이 물었다. "무엇을 하시렵니까?" 선사께서 대답했다. "벽돌을 갈아서 거울을 만들려 하오." 마 화상이 말했다. "벽돌을 갈아서 어찌 거울을 만들겠습니까?" 회양 선사가 말했다. "벽돌을 갈아도 거울을 만들 수 없는데 좌선을 한들 어찌 부처가 될 수 있으리오!" 마 화상이 말했다. "그러면 어찌하여야 되겠습니까?" 회양 선사가 말했다. "사람이 수레를 몰고 가는데 수레가 가지 않으면, 수레를 때려야 되겠는가, 소를 때려야 되겠는가?" 그리고는 다시 말했다. "그대는 좌선을 배우려는가, 아니면 부처를 배우려는가? 만일 좌선을 배우려 한다면 선은 앉거나 눕는 것이 아니요, 좌불을 배우려 한다면 부처는 일정한 모습이 아니다. 법은 머무름도 없고 취하고 버릴 수도 없거늘 어찌하려는가? 그대가 만일 좌불같이 한다면 도리어 부처를 죽이는 것이요, 그대가 만일 앉는 모습에 집착한다면 해탈의 이치가 아니니라."

馬和尙在一處坐, (懷)讓和尙將磚去面前石上磨. 馬師問: "作什摩?" 師曰: "磨磚作鏡." 馬師曰: "磨磚豈得成鏡?" 師曰: "磨磚尙不成鏡, 坐禪豈得成佛也?" 馬師曰: "如何卽是?" 師曰: "如人駕車, 車若不行, 打車卽是, 打牛卽是?" 師又曰: "汝爲學坐禪, 爲學坐佛? 若學坐禪, 禪非坐臥, 若學坐佛, 佛非定相. 于法無住, 不可取舍, 何爲之乎? 汝若坐佛, 却是殺佛, 若執坐相, 非解脫理也."

― 『조당집祖堂集』 권3 「회양화상懷讓和尙」

매번 대중에게 말했다. "그대들은 지금 자신의 마음이 곧 부처임을 믿으라. 이 마음이 곧 부처의 마음이다. 그러므로 달마 대사께서 남천축국에서 오셔서 대승大乘의 일심법一心法을 전하시어 그대들로 하여금 깨닫게 하셨다. 또 자주 『능가경楞伽經』[26]의 문장을 인용하여 중생들의 마음 바탕에 새기시고 그대들이 뒤바뀌어 이 일심의 법을 제각기 지니고 있음을 믿지 않을까 걱정하셨느니라. 그러므로 『능가경』에 말씀하시기를 '부처님은 마음을 설명하시는 것으로 주를 삼으셨고, 무문無門[27]으로써 법문을 삼으셨다'고 하였다."

每謂衆曰: "汝今各信自心是佛, 此心卽是佛心, 是故達磨大師從南天竺國來, 躬至中華. 傳上乘一心之法, 令汝等開悟. 又數引『楞伽經』文, 以印衆生心地, 恐汝顚倒, 不自信此一心之法各各有之. 故『楞伽經』云: '佛語心爲宗, 無門爲法門.'"

― 『조당집祖堂集』 권14 「마조화상馬祖和尙」

---

26 『능가경楞伽經』: 불교 전적으로 법상종法相宗이 의탁한 6경六經의 하나이다. 초기 선종은 이로써 불법을 전했다. 모두 세 가지의 한역본이 있는데, 첫째는 남조南朝 송宋 구나발타라求那跋陀羅가 번역한 『능가아발다라보경楞伽阿跋多羅寶經』 4권이고, 둘째는 북위 보리유지菩提流支가 번역한 『입능가경入楞伽經』 10권이고, 셋째는 당唐 실차난타實叉難陀가 번역한 『대승입능가경大乘入楞伽經』 7권이다. 이들은 여래장如來藏 사상을 자세히 서술한 중요한 전적이다.
27 무문無門: 불심佛心인데, 즉 선종禪宗을 말한다.

모든 부처와 보살과 모든 꿈틀거리는 천부적인 총기를 담고 있는 중생은 똑같이 대열반의 불성을 갖고 있다. 성性은 마음이고 마음은 부처이고 부처는 법이다. 일념一念이 참을 떠나면 모두가 망상이 되어 버린다. 마음을 다시 마음에서 구할 수는 없으며, 부처를 다시 부처에서 구할 수는 없으며, 법을 다시 법에서 구할 수는 없다. 그러므로 도를 배우는 사람은 곧바로 무심無心으로 내려가 묵묵히 마음과 마음이 전해지기를 구할 따름이다. 마음을 헤아려 보면 들쭉날쭉하며 마음에서 마음으로 전하니 이것이 정견正見[28]이다. 삼가 외부를 향하여 마음의 대상 세계를 좇지 말아야 하는데 대상 세계를 마음인 것으로 인정하면, 이것은 도적을 자식으로 인정하는 것이다.[29]

諸佛菩薩與一切蠢動含靈, 同此大涅槃性. 性卽是心, 心卽是佛, 佛卽是法. 一念離眞, 皆爲妄想. 不可以心更求于心, 不可以佛更求於佛, 不可以法更求於法. 故學道人直下無心, 默契而已. 擬心卽差, 以心傳心, 此爲正見. 愼勿向外逐境, 認境爲心, 是認賊爲子.

— 배휴裵休『균주황벽산단제선사전심법요筠州黃檗山斷際禪師傳心法要』에 기록된 희운希運의 말

3. 선종의 역사

중국에 달마 스님이 오기 전, 많은 불교 종파들의 견해는 모두 사선팔정四禪八定[30]으로서 여러 고승들은 이를 닦아 학업의 성취를 얻게 되었습니다. 남악南岳 혜사慧思와 천태天台 지의智顗가 삼제三諦[32]의 이치에 의지해 삼지三止와 삼관

---

28 정견正見: 8정도正道의 하나. 유·무의 편견이 없는 정중正中의 견해, 즉 불교의 바른 이치를 올바르게 받아들이는 견해이다.
29 망상을 진실로 여긴다는 의미이다.
30 사선팔정四禪八定: 여덟 가지 선정의 경지를 이른다. 색계色界의 사선四禪과 무색계無色界의 사무색정四無色定을 포괄한다.

三觀을 닦아서 비록 이 교리가 가장 원만하고 신묘하다 할지라도 선정의 경지에 들어가는 불문佛門의 절차 또한 다만 앞에서 말한 사선팔정의 여러 가지 선법禪法일 뿐이었습니다. 오직 달마 스님께서 전하고자 했던 내용은 단숨에 부처님의 바탕과 같아지는 것으로서 모든 문파에서 주장했던 내용과는 크게 달랐습니다. 오히려 종지宗旨를 닦아 익히려던 자는 그 종지를 얻기가 어려웠습니다. 이 도리를 얻으면 성인이 되어 깨달음을 빠르게 증득하게 될 것이나, 이 도리를 잃는다면 그릇된 도리가 되어 삼악도三惡道에 여지없이 떨어지게 되는 것입니다.

達摩未到, 古來諸家所解, 皆是前四禪八定, 諸高僧修之, 皆得功用. 南岳天台, 令依三諦之理, 修三止三觀, 敎義雖最圓妙, 然其趣入門戶次第, 亦只是前之諸禪行相. 唯達摩所傳者, 頓同佛體, 逈異諸門, 故宗習者難得其旨, 得卽成聖, 疾證菩提, 失卽成邪, 速入塗炭.

— 종밀宗密,『선원제전집도서禪源諸詮集都序』

선禪에도 여러 종파가 있어 종지를 서로 어긋나게 주장하는 일이 있기 때문입니다. 지금 선에 관한 기록을 모아 놓은 것이 거의 백가百家나 되나 그 종지의 내용이 다른 것을 우선 크게 열 종류로 나누면, 강서江西 마조馬祖, 하택荷澤 신회神會, 북종北宗 신수神秀, 남신南侁 지선智詵, 우두牛頭 법융法融, 석두石頭 희천希遷, 보당保唐 무주無主, 과랑果閬 선십宣什, 혜조慧稠와 구나발타라求那跋陀羅, 천태天台 지자智者 등을 말할 수 있겠습니다. 이들이 비록 모두 종지를 통달하여 쓰는 마음이 어긋날 게 없더라도 종지를 세우고 법을 전하는 데에는 서로 단절

---

31 삼제三諦: 즉 공제空諦·가제假諦·중도제中道諦이다. 불교에서 천태종이 세운 세 가지 도리이다. 모든 사물은 모두 인연에서 생겨나며 영원불변의 실체는 없다는 것은 공제空諦라고 하며, 일체 사물은 그 가운데 비록 영원불변의 실체가 없을지라도 환상적인 모습은 있다고 하는 것은 가제假諦라고 하고, 이런 것은 모두 법성法性에서 나오지 않으며 양쪽에서 멀지도 않고 가깝지도 않은 바르고 절대적인 이치를 중도제中道諦라고 한다. 그러므로 일체 사물은 모두 이 삼제의 범위를 벗어나지 않는다고 여겼다.

되었으니, 공空으로써 근본을 삼기도 하며, 지知로써 본원을 삼기도 하며, '적묵寂默이라야 참이다'라고 하기도 하며, '가고 앉는 것이 모두 옳은 것이다'라고 하기도 하며, '아침저녁으로 분별하여 짓는 모든 행위가 허망하다'라고 하기도 하며, 반대로 '분별하는 모든 행위가 참이다'라고 하기도 하며, '만행이 다 존재한다'라고 하기도 하며, 역으로 '부처님과 더불어 일체 모든 것이 사라진다'라고 하기도 하며, '법을 찾으려는 의지를 완전히 놓아 버려라'라고 하기도 하며, '그 마음을 잘 단속해야 한다'라고 하기도 하며, '경률經律로써 의지처를 삼아야 한다'라고 하기도 하며, '경률은 도道에 장애가 된다'라고 하기도 했습니다. 이러한 주장을 널리 말로써 할 뿐만 아니라, 확언하여, 자기 종파의 종지를 확실하게 펼치면서 다른 종파의 주장을 확실하게 무너뜨려서 절충할 수 있게 되었습니다.

禪有諸宗互相違反者, 今集所述, 殆且百家, 宗義別者, 猶將十室. 謂江西, 荷澤, 北秀, 南侁, 牛頭, 石頭, 保唐, 宣什及稠那, 天台等, 立宗傳法, 互相乖阻. 有以空爲本, 有以知爲源, 有云寂默方眞, 有云行坐皆是, 有云見今朝暮, 分別爲作, 一切皆妄, 有云分別爲作, 一切皆眞. 有萬行悉存, 有兼佛亦泯. 有放任其志, 有拘束其心. 有以經律爲所依, 有以經律爲障道. 非唯汎語, 而乃確言, 確弘其宗, 確毀餘類, 爭得和會也.

— 종밀宗密, 『선원제전집도서禪源諸詮集都序』

참고 논저

葛兆光: 『禅宗与中国文化』, 上海人民出版社, 1986.
印順: 『中国禅宗史』, 南昌: 江西人民出版社, 1990.
葛兆光: 『中国禅思想史—從6世紀到9世纪』, 北京大学出版社, 1995.

생각해 볼 문제

1. 선종과 도가의 사상을 비교해 보시오.
2. 어째서 사람의 마음속에 본디 불성이 있다고 하는 것이 종교 수행과 종교 조직이 저절로 와해되기 시작한다는 것을 의미한다고 하는가?
3. 선종을 왜 인도 불교의 철저한 중국화라고 말하는가?

제7강
관세음보살의 이야기에 투영된 불교의 중국화

1. 불교 경전 속의 관음보살
2. 관세음보살의 여러 가지 형상과 그 이야기
3. 고대 중국의 관음보살에 관한 색다른 상상
4. 관음 고사 속의 문화접촉 문제

중국 불교에서 민중의 생활 영역에 가장 큰 영향을 미친 것은 관세음보살觀世音菩薩 개념이다.(그림 1) 중국 불교에서는 지地, 수水, 화火, 풍風을 상징하는 4대 명산이 있고 각 산에는 4대 보살이 주재한다. 바로 지장地藏(안휘安徽 구화산九華山), 문수文殊(산서山西 오대산五臺山), 보현普賢(사천四川 아미산峨眉山), 관음觀音(절강浙江 보타산普陀山)이다. 수많은 불교 사원에는 관음 조각상이 있다. 아마 적지 않은 신도들은 불교가 어떤 이치인지도 모를 것이다. 하지만 중국 불교에서는 심지어 부처를 알지 못한다 할지라도, '나무아미타불南無阿彌陀佛'과 '대자대비관음보살大慈大悲觀音菩薩'을 암송할 줄 알면, 이른바 "집집마다 미타불, 집집마다 관세음"[1]이라는 것이다. 관세음보살의 명성이 왜 이렇게 대단한지, 그녀는 왜 이렇게 많은 신도의 숭배를 얻게 되었는지 이것은 역시 역사로부터 이야기해야 할 것이다.

물론 그와 함께 다음과 같은 몇 가지 특별한 문제에 대해 조금 살펴보아야 할 것이다. 첫째, 관음이 남성에서 여성으로 변했는데 배후에 어떤 원인이 있는가? 둘째, 티베트와 중국 내와 일본 관음신앙 사이에는 어떤 문화의 차이와 배경이 있는가? 셋째, 관음신앙은 어떻게 중국 민간신앙과 혼합되어 융화되었는가?

그림 1 명대明代 덕화요德化窯의 '하조종何朝宗'이라는 글자가 있는 관음보살상. 이것이 고대 중국에서 가장 우러러 추앙받는 불교의 보살이다.

---

1 "家家彌陀佛, 戶戶觀世音."

1. 불교 경전 속의 관음보살

'Avalokiteśvara(아발로키테슈바라)'는 산스크리트어의 관세음으로, 이 어휘 안에서 'Avalokite'는 '보다', '나타나다'라는 뜻이고 'śvara'는 '소리'라는 뜻이다. 'bodhisattva'는 '보리살수菩提薩埵'이니 바로 보살菩薩, 대사大士, 지혜로운 사람으로서 감정이 있는 중생으로 하여금 깨닫게 할 수 있는 사람이다.

대략 동한東漢과 삼국시대三國時代에 관세음보살을 언급한 『법경경法鏡經』[2](동한東漢 안현安玄[3] 번역), 『유마힐경維摩詰經』[4](오吳나라 지겸支謙[5] 번역)과 같은 불교 경전에서는 관세음보살이 '규음闚音'으로 번역되었다. 서진西晉의 축법란竺法蘭[6] 등의 사람들이 번역한 『방광반야放光般若』[7]에서는 '현음성보살現音聲菩薩'로 표기되었다. 「정법화경正法華經」[8]에서는 '광세음光世音'이라고 하

---

2 『법경경法鏡經』: 동한 때 안현이 번역한 불경. 1권. 이 경은 『대보적경大寶積經』권19에 강승개康僧鎧가 번역한 『욱가장자회郁伽長者會』와 축법호竺法護가 번역한 『욱가라월문보살행경郁迦羅越問菩薩行經』과 함께 모두 같은 책의 다른 번역본이다. 내용은 욱가장자(郁伽, Ugra)의 요청에 따라 석가모니가 속세에 있는 거사居士와 출가한 보살을 위해 계행戒行에 대해 하신 말씀이다.
3 안현安玄: 파르티아 사람으로 우바새優婆塞(五戒를 받은 재가 남성 불교도)이다. 한나라 영제靈帝 때 낙양에 왔다가 공을 세워 기도위騎都尉가 되었고 그래서 사람들은 '도위都尉'라 불렀다. 광화光和 4년(181)에 엄불조嚴佛調와 함께 『법경경』 두 권을 번역했고 이후 『아함구해12인연경阿含口解十二因緣經』 1권을 번역했다. 그의 번역은 언어가 정확하고 세세한 부분까지도 능숙하게 표현했다는 평가를 받는다.
4 『유마힐경維摩詰經』: 『유마힐소설경維摩詰所說經』, 『유마경維摩經』이라고도 하며 세 가지 번역본이 있는데, 그중 삼국시대 오나라의 지겸이 번역한 이 번역본이 가장 오래되었다.
5 지겸支謙: 일명 월越이라고도 하고 자는 공명恭明. 생몰년 미상. 월지月氏의 후예. 나중에 오나라로 도망쳤는데 손권孫權에 의해 박사로 임명되었다. 경전에 능통하였으며 불경 36부를 번역한 저명한 불경 번역가이다.
6 축법란竺法蘭: 성姓은 축竺, 이름은 법란法蘭이다. 중인도中印度 사람으로 한나라 명제明帝 영평永平 연간에 가섭마등迦葉摩騰과 함께 중국에 와서 『사십이장경四十二章經』 등을 번역했다.
7 『방광반야放光般若』: 『방광반야바라밀다경放光般若波羅蜜多經』의 약칭. 20권. 무라차無羅叉(Mokala)가 번역했다.
8 『정법화경正法華經』: 10권. 서진西晉 시대에 축법호竺法護가 번역했다. 『법화경』의 세 가지 번역본 중에 가장 오래된 것이다. 이 경은 태강太康 7년(286)에 섭승원聶承遠이 한문으로 번역했으며 장사명張仕明과 장중정張仲政이 받아 정리하고 축력竺力과 백원신帛元信이 다른 자료들을

였다. 나중에 구마라습鳩摩羅什[9]이 번역한 전적으로 관음보살을 말한 『묘법연화경妙法蓮華經』의 제25품 「보문품普門品」[10]이 성행하자 관세음보살은 점점 민간에서 유행하기 시작했다. 하지만 당나라 초기에 이르러 당 태종 이세민 李世民의 이름을 피하려고 '관음보살'이라고 줄여 썼다. 불교에서 현顯,[11] 밀密[12]을 막론하고 수많은 경전에 관세음觀世音에 관한 기록이 있다. 그러므로

참고하여 공동으로 교감했다. 이 경의 원본은 우전于闐 왕궁에 소장된 것으로 6500개 게송이 있는 패엽본貝葉本인데, 경문에는 구마라습이 번역한 『묘법연화경』에 없는 비유 이야기가 많이 들어 있다. 품명品名이 『묘법연화경』과 다른 것도 적지 않으므로 『법화경』을 대조하고 연구하는 데 중요한 자료이다. 경문은 모두 27품이며 내용은 구마라습의 번역본과 대체로 같다.

9 구마라습鳩摩羅什: 생몰년 미상. 중국 불교 역사상 4대 역경가譯經家 중 한 사람이다. 아버지의 본적은 천축天竺이나 구마라습은 서역 구자국龜玆國(지금의 신강 庫車 일대)에서 태어났다. 7세에 어머니를 따라 출가했다. 대승과 소승의 경론經論을 널리 읽어 서역 여러 나라에 이름이 알려졌다. 후진後秦 홍시弘始 3년(401) 요흥姚興이 사람을 보내 장안長安으로 맞아들였다. 이후 구마라습은 불전佛典 번역에 힘써 『대품반야경大品般若經』, 『유마힐경維摩詰經』, 『묘법연화경妙法蓮華經』, 『금강경金剛經』, 『대지도론大智度論』, 『중론中論』, 『백론百論』, 『성실론成實論』 등 모두 35부 294권을 번역했다. 그는 반야학般若學과 중관학中觀學을 체계적으로 소개했을 뿐만 아니라 격의格義적 성향에 빠졌던 과거 문장의 현상을 바꾸어 꼼꼼하고 유창한 내용과 형식을 갖추어 번역했다. 이를 통해 중국의 학습자들이 쉽게 받아들이고 이해할 수 있게 하였다. 제자는 3000명에 이르렀는데 저명한 사람만 수십 명이나 되었다. 그중 승조僧肇, 승예僧叡, 도융道融, 도생道生이 '습문4성什門四聖'이라 하여 가장 유명했다. 그의 저작들은 많지 않은 데다 잃어버린 것이 많다. 『십유시十喩詩』, 『통삼세론通三世論』 등이 전해지고 있다.

10 「보문품普門品」: 『묘법연화경』 중의 일품一品, 원래 명칭은 「관세음보살보문품觀世音菩薩普門品」이다. 내용은 주로 부처가 관세음보살 명칭의 연유를 해석하는 것으로 온 마음으로 관세음보살을 부르면 일체의 고뇌가 제거될 수 있다는 것과 관세음보살이 어떻게 32종 형상으로써 중생에게 편리하게 설법하는가 등에 대한 설명이 담겨 있다. 진晉나라의 축법호竺法護가 한역漢譯한 이래 중국에서 불교가 보편화되면서 불교도가 가장 자주 염송하는 경전의 하나가 되었다. 현재 일반적으로 유통되는 것은 구마라습이 번역한 장행長行과 수나라 사나굴다闍那崛多의 게송를 합쳐서 간행한 것이다. 『관음경觀音經』이라고도 한다.

11 현顯: 현교顯敎. 언어와 문자로 불교의 교의를 밝힐 수 있는 교파. 밀교密敎에 상대되는 용어로 쓰인다. 천태종天台宗, 화엄종華嚴宗, 정토종淨土宗 등이 현교에 속한다.

12 밀密: 밀교密敎. 대승불교에서 나중에 일어난 교파. 현교에 상대되는 용어로 쓰인다. 당나라 개원 연간에 선무외善無畏와 금강지金剛智 등이 중국에 전했다. 밀교에서는 법신불法身佛인 대일여래大日如來의 심오한 교지를 받아 비밀리에 제자에게 전수한다고 한다. 주요 경전으로 『대일경大日經』, 『금강정경金剛頂經』, 『소실지경蘇悉地經』 등이 있다. '태장계胎藏界'와 '금강계金剛界'가 바로 두 부部의 교법이다. 의궤儀軌가 엄격하고 복잡하여 반드시 스승으로부터 비밀스럽게 전수받아야 수행이 가능했다. 중요한 수행법은 삼밀상응三密相應(結印・咒

이는 두 파가 모두 중시한 보살인 것이다. 특별히 중국에서 「보문품」과 『심경心經』[13]이 유행함으로써 그는 특별히 두드러지게 존경을 받는 대보살이 되었다.(그림 2)

그러면 이 보살은 어떤 사람이었을까? 그는 어떻게 큰 신통력을 얻었을까?

그의 내력에 관해서는 여러 가지 전설이 있지만 그중의 한 가지만 살펴보자. 비교적 이른 시기에 축법호竺法護[14]가 번역한 『광세음대세지수결경光世音大勢至受決經』의 기록에 의하면, 오래전에 위덕왕威德王이라는 왕이 있어 늘 부처의 설법을 들었는데, 그가 후원에서 선정禪定을 닦을 때 두 송이 연꽃이 좌우에서 자랐다. 그 연꽃에서 두 명의 동자가 나왔는데, 하나는 '보의寶意'라고 하였고, 하나는 '보상寶上'이라고 하였다. 그들은 부처의 인도를 받았으며 훗날 각각 관세음觀世音과 대세지大勢至라는 유명한 보살이 되었다고 한다. 『법화경法華經』「보문품普門品」에 관음보살과 관련하여 "부처가 대중에게 말하기를, 이 관음보살은 대단하기 때문에 어떤 사람이 그의 이름을 염송하면 큰 불에 들어가도 불

그림 2 송宋나라 사람이 그린 이 관음보살상은 현재 타이페이(臺北)에 보존되어 있다.

文·觀想)을 통하여 신신身·구口·의의意의 3업이 청정하게 되어 마침내 이생에 성불에 이른다는 것이다. 중국에서는 티베트 등지에서 유행했으며 '장밀藏密'이라고 하였다.

13 『심경心經』: 불교 경전. 『반야바라밀다심경般若波羅蜜多心經』의 약칭. 『반야심경』 또는 『다심경多心經』이라고도 한다. 1권. 당나라 때 현장玄奘이 번역하고 지인知仁이 받아 적었다. 수백 자에 불과하지만 일반적으로 반야경의 요강으로 보며 중국과 티베트의 불교에서 가장 유행한 경전의 하나이다. 대략적인 내용은 대반야大般若의 핵심인 일체의 법法은 모두 공空이라는 이치를 말하고 반야행의 의미와 공덕을 기술하고 반야의 지혜를 성취하기만 하면 각행覺行이 원만하게 되어 불교의 최고 경지에 이르게 된다는 것이다.

14 축법호竺法護: 서진西晉의 고승. 생몰년 미상. 본적은 월지月支. 대대로 돈황敦煌에 살았다. 서역어에 정통하여 『광찬반야경光讚般若經』 10권, 『정법화경正法華經』 10권 등 154부를 번역했다. 구마라습 이전의 가장 훌륭한 역경가로 꼽힌다.

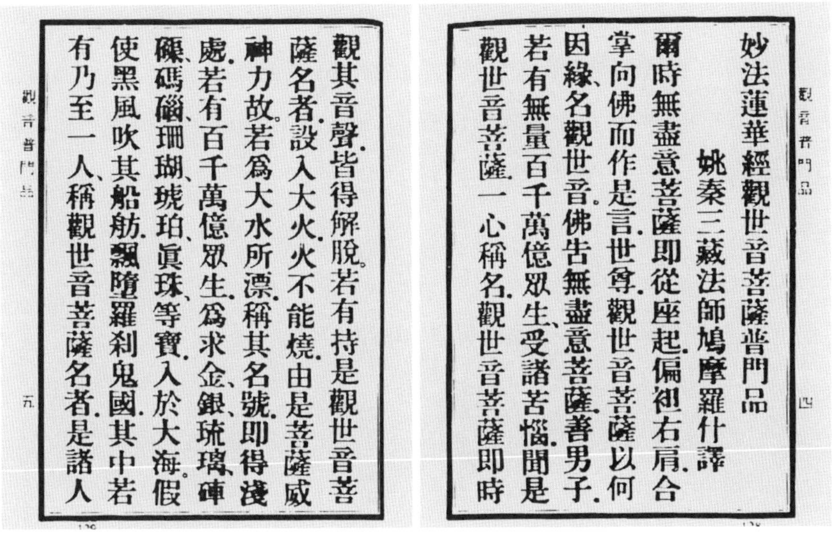
妙法蓮華經觀世音菩薩普門品
姚秦三藏法師鳩摩羅什譯
爾時無盡意菩薩即從座起、偏袒右肩、合
掌向佛而作是言、世尊、觀世音菩薩以何
因緣、名觀世音。佛告無盡意菩薩、善男子、
若有無量百千萬億衆生、受諸苦惱、聞是
觀世音菩薩、一心稱名、觀世音菩薩即時
觀音普門品 四

觀其音聲、皆得解脫。若有持是觀世音菩
薩名者、設入大火、火不能燒、由是菩薩威
神力故。若爲大水所漂、稱其名號、即得淺
處。若有百千萬億衆生、爲求金、銀、琉璃、硨
磲、碼碯、珊瑚、琥珀、眞珠等寶、入於大海、假
使黑風吹其船舫、飄墮羅刹鬼國、其中若
有乃至一人、稱觀世音菩薩名者、是諸人
觀音普門品 五

그림 3
「보문품」 일부. 수많은 사찰에서 법보로 삼아 배포하는 소책자에 이 일품一品이 수록되어 있다.

타지 않고 큰물에 빠져도 잠기지 않는다고 했다."는 내용이 있다.(그림 3)

불교의 관점에 따르면, 관음보살이 신도를 구제하는 데에는 여러 가지 '법문法門'이 있다. 가장 일반적이면서도 쉬운 그 '이름을 염송'하는 것 외에 또 많은 방법이 있다. 연구에 의하면 가장 자주 볼 수 있는 것은 이름을 염송하고, 상像을 만들며, 공양하고 예배하며, 관음과 관련된 경문經文과 주문咒文을 외우는 것 등이다. 여기에는 중국에서 이루어지는 수행 방식 중에서도 가장 간명한 해탈 수행 방식이 포함되어 있다. 따라서 관음보살의 신도는 유달리 많았다.

관음보살이 존경을 받은 만큼 그에 대한 전설도 많았는데 수많은 전설을 기록한 서적 중에서 두 가지 부류가 특히 중요하다. 한 가지는 중국인이 점차 엮어낸 불교 경전으로, 북위北魏 손경덕孫敬德이 엮은 『고왕관세음경高王觀世音經』과 훗날의 『관세음보살구고경觀世音菩薩救苦經』 같은 것이며, 그에 관한 여러 가지 신화를 기록한 것이다. 또 한 가지는 신도의 전설을 기록한 것으로, 사람들이 그를 믿고 그를 염송함으로써 어떻게 구제와 해탈을 얻을 수 있었는지를 기록한 서적들인데, 남북조시대南北朝時代의 대략 5세기 전후에 유송劉宋[15] 부량傅亮이 엮은 『광세음응험기光世音應驗記』, 장연張演이 엮은 『속광세음응험기續光世音應驗記』가 있으며, 남제南齊 육고陸杲도 『계관세음응험기繫觀世音應驗記』 등을 엮었다.

2. 관세음보살의 여러 가지 형상과 그 이야기

관세음보살이 현신할 때는 각기 다른 모습을 띠는데, 「보문품」에 의하면 33신身이 있다고 한다. 즉 관음보살은 각각 다른 상황과 장소에서 다른 모습으로 나타나는데 마치 『서유기西遊記』에서 그가 처음으로 사람들 앞에 현신現身하여 노인으로 바뀐 것과 같은 것이다. 그러나 불교 서적이나 조소彫塑 중에서는 10여 가지 형상이 가장 보편적이다. 먼저 정관음正觀音(성관음聖觀音이라고도 한다)은, 불교 밀종密宗 계통에서 말한 '육체관음六體觀音'의 총체이다. 결가부좌에 두 손은 선정인禪定印을 맺고 머리에 보관寶冠을 썼으며 그 관冠 위에는 불상이 있고 몸에는 구슬목걸이, 팔찌 등의 장식을 하고 있다.(그림 4) 그 외에 훗날의 신도들 사이에서 다음의 몇 가지가 유행했다.

첫째, 천수천안관음千手千眼觀音. 이것은 밀교密敎 육관음六觀音의 하나(밀교 육관음은 성관음聖觀音·천수관음千手觀音·마두관음馬頭觀音·십일면관음十一面觀音·준제관음準提觀音·여의륜관음如意輪觀音이다)로 당대唐代 이후 이런 관음의 모습은 매우 많다.

둘째, 십일면관음十一面觀音. 그에게는 11면상이 있어 주된 얼굴 외에 위쪽에 있는 10개의 얼굴은 시방十方을 상징한다.

---

15 유송劉宋(420~479): 왕조 이름. 남북조시대 남조 송宋은 유유劉裕가 개국했기 때문에 '유송劉宋'이라고 하는데, 그것은 조광윤趙匡胤이 세운 송宋나라와 구별하기 위해서이다.

그림 4
여러 종류의 관음을 묘사한 상.〔예루화(業露華) 등의 『중국불교도상해설中國佛敎圖像解說』에서 발췌, 상해서점출판사上海書店出版社, 1992〕

셋째, 불공견삭관음不空絹索觀音. 이 보살의 모습은 몸에 사슴 가죽을 걸친 것으로 표현되므로 '녹피관음鹿皮觀音'이라고도 한다.

넷째, 여의륜관음如意輪觀音. 이 역시 밀종 육관음의 하나로 손에 여의주如意珠와 보륜寶輪을 쥐고 있기 때문에 여의륜관음이라고 부른다.

다섯째, 준제관음準提觀音. 밀교 육관음의 하나이다. 준제는 정결의 의미로 이 관음 형상은 심성心性이 청정함을 상징한다.

이상은 밀종의 육체관음으로 밀종 계통의 관음 형상이며 여전히 대체로 인도 불경을 따랐다. 이 여섯 가지 외에도 또 마두관음 같은 몇 가지가 있는데 전해지는 이야기에 따르면 마두관음은 브라만교 시대에 이미 있었던 신앙인데, 훗날 불교에서 이 신화를 흡수했으며 관음 머리 위에 말 머리를 더했으므로 마두관음이라 하고, '마두명왕馬頭明王'이라고도 한다. 이 밖에 수주수관음數珠手觀音, 양지관음楊枝觀音, 백의관음白衣觀音 등이 있으며 중국 민간에서는 자주 볼 수 있다. 특히 수월관음水月觀音은 중국에서 가장 자주 볼 수 있는 관음 형상 중의 하나이다.(그림 5)

하지만 관음이 중국에 이르러서는 또 새로운 이야기, 새로운 형상을 갖게 되었다. 다음에 소개하는 것은 대개 주로 중국의 상상이라고 할 수 있다.

그림 5 남해관음南海觀音과 동자童子. 이 역시 중국인에게 익숙한 그림이다.

3. 고대 중국의 관음보살에 관한 색다른 상상

특별히 중점적으로 소개할 것은 다음의 두 가지 이야기이다.

하나는 '마랑부관음馬朗婦觀音'(그림 6)인데, '생선망태관음(魚籃觀音)'이라고도 한다. 그것은 당나라 때부터 이미 전해진 이야기이다. 당나라 원화元化 12년(817) 금사탄金沙灘 사람이 불교를 믿지 않고 사냥과 살인을 즐겨 했다. 하느님은 일찍이 그들을 멸절하려고 했으나 관세음보살은 마음이 모질지 못했다. 그래서 어느 날 관세음보살이 아름다운 여자로 변하여 망태를 들고 이곳에 가서 생선을 팔았다. 이곳 사람들은 모두 그녀의 미색에 빠져 그녀를 아내로 맞을 수 있기를 희망했다. 보살은 이를 보고 자신을 아내로 맞고자 하는 사람에게 불경 외우기를 요구했다. 사람들은 앞을 다투어 불경을 암송했는데 그 과정에서 점점 모난 기질을 없애고 불교를 믿게 되어 선량한 사람으로 변했다. 그중 마지막으로 가장 많은 불경을 암송한 사람은 마이랑馬二郎이어서 보살은 그와의 혼인에 동의했다. 그러나 보살은 시집가자마자 곧 병으로 세상을 떠났고 사람들은 그의 유체遺體를 매장했다. 며칠 지나서 한 승려가 찾아와 사람들에게 그녀는 보살이 변한 것이라고 알려주었다. 사람들이 무덤을 파헤쳐 보니 아니나 다를까 안에는 한 짝의 황금 쇄골鎖骨만 있었다. 승려는 뭇 사람들에게 이는 관음대사觀音大士가 그대들을 구하러 온 것임을 나타낸다고 말했다. 말을 마친 승려는 하늘로 날아가 버렸

그림 6 원대元代의 조맹부趙孟頫가 「생선망태관음(魚籃觀音)」을 그렸다. 이 그림은 현재 타이페이(臺北) 고궁박물원故宮博物院에 보존되어 있다.

다. 그리하여 사람들은 이 관음을 '마랑부관음馬朗婦觀音'이라고 하고 '생선망태관음(魚籃觀音)'이라고도 했다. 그녀를 생선 바구니를 든 아름다운 여인으로 상상한 것이다.

둘째로는 삼황고三皇姑의 이야기로, 대략 송대宋代에 출현한 전설이다. 묘장엄왕妙莊嚴王에게는 딸 셋이 있었는데 셋째인 어린 딸이 묘선妙善이었다. 나이가 차자 큰딸과 둘째 딸은 모두 부친의 뜻에 따라 출가했다. 그러나 막내딸은 어떻든 간에 출가를 원치 않고 채식과 염불을 원하며 가정이나 부귀富貴와의 관계를 끊었다. 국왕은 크게 노하여 병사를 보내 절을 불살랐다. 그런데 그때 하늘에서 큰 비가 내려 불이 꺼졌다. 그러자 국왕은 막내딸을 형장으로 보내 능지처참하도록 명을 내렸다. 그러나 이번에는 무기가 절단났으며 옥황상제는 호랑이로 변신한 신선을 보내 죽은 묘선을 등에 업고 숲속으로 가라고 이르고 "혼령이 지부地府를 두루 다 노닌 다음 소생케 하라."[16]고 하였다. 묘선이 소생한 뒤에 옥황상제는 그녀를 향산香山으로 보냈다. 그로부터 9년이 지나 국왕은 중병이 났는데 아무도 치료할 수 없었다. 이때 한 승려가 와서는 자칭 신의神醫라며 그 병을 고칠 수 있으나 '성내지 않는 사람의 손과 눈'이 필요하다고 했다. 승려가 된 묘선은 곧바로 자신의 손과 눈을 바쳐 국왕의 병을 치료했다. 나중에 국왕과 부인은 산에 올라 은인에게 감사하고 나서야 비로소 목숨을 구해 준 은인이 사실은 자신의 딸이라는 것을 알았다. 그래서 국왕은 마침내 불교 신앙에 대한 생각

그림 7 고밀高密의 민간 연화年畫 속의 향산香山 삼황고三皇姑

---

16 "令魂遊地府, 遊遍卽還魂."

을 바꾸었다. 묘선도 이 때문에 더욱 큰 보답을 얻었는데 그녀가 손과 눈을 바쳤으나 천 개의 손과 천 개의 눈을 가진 관음보살觀音菩薩이 된 것이다. 그래서 사람들도 관음觀音을 '삼황고三皇姑'라고 불렀다.(그림 7)

4. 관음 고사 속의 문화접촉 문제

관음의 여러 가지 전설 중에는 흥미로운 문제가 많이 있는데 한 번쯤 생각해 볼 가치가 있다.

첫 번째 문제는 인도에서 본래는 남성이었던 관음보살이 중국으로 전해진 불교에서는 왜 여성으로 바뀌었을까?

각종 불경을 보면, 특히 인도에서 전해진 불경에서는 대체로 관음보살을 여성으로 말하지 않았다. 예를 들어 『화엄경華嚴經』에서 "용맹한 장부 관자재觀自在는 중생을 제도濟度하기 위해 이 산에 살고 있다."고 했으니 문수보살文殊菩薩, 보현보살普賢菩薩, 지장보살地藏菩薩처럼 확실히 남성 보살이다. 관음보살에 관한 어떤 이야기에서는 관음이 전륜왕轉輪王의 아들로 '불순不眴'이라고 했는데 그는 수염이 있는 남자였다. 그래서 초기의 몇몇 관음상은 늘 남자의 형상이다.(그림 8)

인도와 티베트의 각종 관음상에서도 남자인지 여자인지 그리 명확하게 드러나지는 않는다. 본래 불교의 각종 불상은 남녀의 특징을 그다지 드러내지 않았기 때문이다. 그러나 대체로 밀종 계통으로부터 온 관음은 변함없이 남자의 상像이다.(그림 9) 여성 관음에 대한 전설은 남북조시대의 북제北齊 때 가장 먼저 나타났다. 대략 수隋나라 때에 이런 전설은 이미 상당히 널리 퍼졌다. 당송唐宋 이후에 이르러 중국의 관음상은 이미 대부분이 여성으로 되었다. 가장 유행했던 것으로 하나는 선재동자善財童子와 용녀龍女 시종이 있는 관음상이고, 또 하나는 이른바 도해관음渡海觀音으로 전설에서 그녀가 남해

그림 8-1
북송北宋 사람이 그린
「수월관음도축水月觀音圖軸」

그림 8-2
송宋 장승온張勝溫이 그린
관음상

그림 8
이 그림들에서 관음에게 수염이 있다는 것을 볼 수 있다.

그림 9-1 돈황 등지에 보존된 관음과 대세지보살大勢至菩薩 벽화   그림 9-2 성당盛唐 시기의 관음벽화

南海 보타산普陀山에 거주한 것은 세계의 중생을 구원하려면 바다를 건너야 했기 때문이다. 그녀도 바다를 건너는 배를 마조馬祖처럼 보호하고 있었다.

그러면 어떤 이유가 관음으로 하여금 원래의 남성에서 여성으로 바뀌도록 했을까? 수많은 추측들이 있는데 어떤 이는 부녀자는 선천적인 동정심, 부드러움, 선량함, 모성을 갖고 있으므로 관음을 남자에서 여자로 바꾸었다고 말한다. 또 어떤 이는 이것은 남성 중심의 사회적인 상상으로 관음을 아름다운 여성으로 상상하면 남자의 동경을 만족시킬 수 있고 관음에 대한 상상 속에 남자의 욕망을 기탁했다고 말한다. 그러나 이런 해석은 모두 사람들이 받아들일 수 있는 것 같지는 않다. 그러면 그 원인은 도대체 무엇일까?

두 번째 문제는 관음 전설의 변화 속에서 각기 다른 문화접촉의 몇 가지 흥미로운 현상을 드러냈다는 것이다.

예를 들면, 과거 불교 경전의 전설에서는 관음이 남방의 보달락가산補怛洛迦山에 살았다. 『화엄경』「입법계품入法界品」[17]에는 그 산 속 사면의 산골짜기 가운데 샘물은 맑고 수목은 울창하며, 향초香草는 모두 오른쪽으로 향하면서 지면에 부드럽게 덮여 있고, 관음보살은 금강보석에 앉아 가부좌를 하고 여러 보살들에게 설법했다고 나와 있다. 이 보달락가산은 남인도南印度에 있으며 '보라다산普羅多山'이라고 했는데 '보달락가'와 '보라다'의 의미는 광명이다. 그런데 중국에서는 보살의 거주지가 남인도에서 절강浙江 주산군도舟山群島[18]의 보타산普陀山[19]으로 바뀌었다. 그러면 왜 이렇게 보살의 거주지

---

[17] 『화엄경』「입법계품入法界品」: 『화엄경』의 마지막 품. 선재동자가 남방으로 53선지식을 찾아다니면서 도를 구하여 법계法界의 이치에 증입하던 것을 말한 품이다.

[18] 주산군도舟山群島: 도서島嶼 이름. 절강성浙江省 진해현鎭海縣 동쪽의 동해東海에 있다. 모두 크고 작은 도서 340여 개가 있는데 주산도가 가장 크다. 해양성 기후에 속하며 중국 연안의 중요한 어장이다. 명승고적이 많다.

[19] 보타산普陀山: 절강성浙江省 정해현定海縣에 있으며 주산군도의 하나로, 중국 불교 4대 명산 중의 하나이다. 관세음이 화신을 보이고 설법한 도량이라고 전해지는데 섬 안의 크고 작은 절이 300여 개나 되고 탑은 12개나 있는 유명한 불교 성지이다.

와 보살 전설의 인물이 이동했는가? 이것은 중국 민족종교 신앙을 세우거나 한족의 종교 전설을 개조하는 것과 어떤 관련이 있는가? 또 예를 들면 관음은 불교의 보살이지만 명나라 때 중국과 일본에서는 관음을 서방의 성모聖母에 억지로 갖다 붙이거나 성모를 마치 관음보살처럼 그렸다. 이는 천주교 신앙을 보존하는 데 일조했다.

우리는 다음의 사실들을 알고 있다. 수많은 종교의 전파 중에 한 가지 중대한 문제는, 신앙은 바뀔 수 없고 변형될 수 없으며 '원래의 의도'를 강조하려고 한다는 것이다. 이것을 '근본 교지敎旨'라고 한다. 초기 불교는 승려가 황제와 부모에게 절할 수 있는지 여부에 대해 중국 한족 문명과 장기간에 걸쳐 논쟁을 벌였다. 천주교가 중국에서 '하나님'이라는 단어를 사용할 수 있는

그림 10-1 15세기 티베트 육자관음상六字觀音像

그림 10-2 15세기 티베트 십일면관음상

제7강 관세음보살의 이야기에 투영된 불교의 중국화　209

지에 대해서도 수많은 논쟁이 있었다. 심지어 로마교황청에까지 소송을 하였다. 그런데 왜 관음보살의 전설과 형상, 거주지 모두가 이토록 순조롭게 전환되었을까?(그림 10)

세 번째 문제는 서로 다른 지역이 소통할 수 있듯이, 서로 다른 종교 사이에서도 소통했으며, 심지어 서로 각자의 신령을 빌려 쓰기도 했다는 것이다. 천주교는 일찍이 그녀를 이용하여 성모聖母를 대신한 것 외에(그림 11), 예를 들면 관음보살과 복건福建, 광동廣東, 대만台灣 지역의 마조媽祖 역시 흔히 서로 빌려 써서 상상이 가능했으며 심지어 '관음마조觀音媽祖'라는 명칭까지도 있었던 것이다. 도교에서 출산에 관계하는 여신인 '자식을 점지하는 마마(送

그림 11-1 로마가 소장한 중국판 「성모 와 성자」(17세기)   **그림 11-2** 앤트워프에서 인쇄한 삽도 「성모와 성자」   **그림 11-3** 서양의 회화 커튼 「성모와 성자」

그림 11 중국과 일본 양국에서는 관음觀音을 성모 대신 써서 숭배했다.

子娘娘)'도 자주 관음의 모양으로 그려졌으며 '송자관음送子觀音'으로 불리었다. 어떻게 이럴 수 있을까? 이런 의문에 대한 대답은 보통 '중국 신자에게는 영험이 최우선이기 때문에 결코 불교, 도교, 천주교, 심지어 기타 민간종교까지도 구분하지 않는다'는 것이다. 또 하나의 해석은 모두 황권皇權으로 뒤덮인 중국에서는 서방 종교의 신권神權처럼 그렇게 세속의 황권에 대항할 만큼 종교의 역량이 크지 않았다는 것이다. 이러한 이유들 때문에 중국에서 종교 사이의 한계는 그다지 분명하지 않았고, 종교 사이의 '배타성'도 강렬하지 않았으므로 여태껏 '십자군원정', '이슬람교 대 기독교', '이슬람 성전' 등과 같은 종교적인 전쟁이 없었다.

참고 문헌

1. 관음보살에 관한 불교적 관점

그때 무진의보살無盡意菩薩이 자리에서 일어나 오른 어깨를 드러내어 합장하고 부처님을 향하여 이렇게 말하였다. "세존이시여, 관세음보살은 무슨 인연으로 관세음이라 하나이까?" 부처님이 무진의보살에게 말씀하셨다. "선남자여, 만일 한량 없는 백천만억 중생이 모든 괴로움을 받을 적에 이 관세음보살의 이름을 듣고 한마음으로 관세음보살만 부르면 곧 그 음성을 살피고 다 해탈케 하느니라. 이 관세음보살의 이름을 부르는 이는 설사 큰 불에 들어가도 불이 능히 태우지 못하나니, 이 보살의 위엄과 신력으로 말미암음이니라. 큰 물에 떠내려가더라도 그 이름을 부르면 곧 얕은 곳으로 갈 수 있으며, 만일 백천만억 중생이 금, 은, 유리, 차거車磲,[20] 마노, 산호, 호박, 진주 등 보배를 구하려고 큰 바다에 들어갔다가 가령 폭풍에 휩쓸려 그 배가 나찰귀국羅刹鬼國[21]에 표착하더라도 그 가운데 한 사람이라도 관세음보살의 이름을 부르면 여러 사람들이 모두 나찰의 환난에서 벗어나게 되나니, 이런 인연으로 관세음이라 하느니라."

爾時, 無盡意菩薩卽從座起, 偏袒右肩, 合掌向佛, 而作是言: "世尊, 觀世音菩薩以何因緣名觀世音?" 佛告無盡意菩薩: "善男子, 若有無量百千萬億衆生受諸苦惱, 聞是觀世音菩薩一心稱名, 觀世音菩薩卽時觀其音聲, 皆得解脫. 若有持是觀世音菩薩名者, 設入大火, 火不能燒, 由是菩薩威神力故. 若爲大水所漂, 稱其名號, 卽得淺處. 若有百千萬億衆生爲求金銀琉璃車磲馬瑙珊瑚虎珀眞珠

---

20 차거車磲: 보석의 일종.
21 나찰귀국羅刹鬼國: 나찰羅刹이 거주하는 나라. 나찰은 악귀의 통칭으로 남자는 나찰사羅刹娑라고 하고 여자는 나찰사羅刹斯라고 하는데 공중을 날기도 하고 땅에서 다니기도 하며 인육을 먹는다.

等實入於大海, 假使黑風吹其船舫, 漂墮羅刹鬼國, 其中若有乃至一人稱觀世音菩薩名者, 是諸人等皆得解脫羅刹之難, 以是因緣名觀世音."

— 『묘법연화경妙法蓮華經』 권7 「관세음보살보문품觀世音菩薩普門品」 제25[22]

2. 초기에 유전된 관음신앙

고뢋는 다행히도 석가께서 전해 주신 불법을 접하여 어려서 이미 불교를 신봉하고 받아들였다. 불경의 '광세음光世音'에 대해 얘기한 것을 보면서 특별한 믿음과 존경의 마음이 생겼다. 또한 근세의 서첩을 보고 불교도가 오랫동안 외워 전해 온 관세음과 관련된 위엄威嚴과 신적 체험의 이야기를 보게 되었는데, 셀 수 없을 만큼 많았다. 그래서 성령과 세인의 거리가 극히 가까워졌음을 더욱 깨닫고 홀로 감격하며 굳게 믿었다. 사람마다 모두 영험을 느낄 수 있는 진실한 마음을 가지고 있는데 부처의 이치에는 이런 진실한 마음을 일으키는 신력이 있다. 대중은 영험을 느낄 수 있는 마음으로써 부처의 이치를 일으키고자 하니, 또 어떤 인연이 그림자와 울림만큼 (민첩하지) 못하겠는가?

杲幸邀釋迦遺法, 幼便信受, 見經中說'光世音', 尤生恭敬, 又睹近世書牒, 及智識永傳其言, 威神諸事, 蓋不可數. 益悟聖靈極近, 但自感激, 信人人心有能感之誠, 聖理謂有必起之力. 以能感而求必起, 且何緣不如影響也.

— 육고陸杲, 『계관세음응험기繫觀世音應驗記』 「서序」

---

[22] 제25: 원서에는 제24로 되어 있으나 실제 불경 원문에는 제25로 되어 있어 고쳤다.

■ 참고 논저 ■

杜德桥(Glen Dudbridge):『妙善传说—观世音菩萨缘起考』, 中译本, 台北: 巨流
　　出版公司, 1990.
孙昌武:『中国文学中的维摩与观音』, 北京: 高等教育出版社, 1996.
傅亮等:『观世音应验记三种』, 孙昌武校订, 北京: 中华书局, 1994.
西大午辰走人订著, 朱鼎臣编辑:『全相南海观世音菩萨出身修行传』, 上海古
　　籍出版社,『古本小说集成』影印本.

■ 생각해 볼 문제 ■

1. 관음신앙은 고대 중국 민중의 어떤 바람을 표현했는가?
2. 관음보살신앙으로부터 고대 중국 민중신앙의 특징을 이해할 수 있는가?
3. 관음보살의 전설과 형상의 변화로부터 어떻게 다른 문화 사이의 전파 과정을 이해하는가?

제8강

고대 중국의 도가: 노자에서 장자까지

1. 전국시대의 도가
2. 도가도, 비상도: 『노자』의 도론
3. 노자에서 장자까지
4. 장자가 논한 정신적 자유와 초월

도가道家 사상은 대단히 흡인력 있는 학설로 많은 사람들이 좋아하는데 그것을 대하면 마음이 비교적 편안해지기 때문인 것 같다. 중국을 연구하는 서방 학자들도 특히 그것을 좋아하며, 『노자老子』는 서방에서 상당히 많은 번역본이 나와 있다. 일부 서양 사람들은 그것이야말로 서양인이 말하는 철학이라고 느꼈으며, 그 속에 있는 형이상학적인 것이 사색하게 할 수 있고 공부자孔夫子와 달리 입을 열자마자 그렇게 구체적이고 현실적이지는 않다고 생각했다.

그러나 도가는 도교道敎와 같지 않으므로 이 점은 마땅히 설명되어야 한다. 도교는 중국에서 자생한 종교이다. 현재 중국에 몇 가지 주요 종교(불교, 도교, 이슬람교, 가톨릭, 기독교)가 있듯이 고대 중국에도 각종 종교(불교, 도교, 마니교,[1] 경교,[2] 배화교[3])가 존재했는데 그 속에서 오직 도교만이 중국 본토에서

---

[1] 마니교摩尼敎: 페르시아 종교의 한 종파. 3세기 초에 창시되어 당나라 때 중국에 전해졌으나 나중에 핍박을 받아 비밀리에 민간에 전파되었다.

[2] 경교景敎: 기독교 종파의 하나인 네스토리우스파(Nestorianism)가 중국에 전래된 이후 붙여진 이름으로, 당나라 태종太宗 때 페르시아로부터 전해졌고 무종武宗 때 불교와 더불어 금지되었으므로 발전하지 못했다.

[3] 배화교: 조로아스터교. 이슬람교 이전의 고대 이란의 주요한 종교로 사산왕조에서 국교로 삼아 신봉했다. 고립된 지역과 특히 인도에서 번성했다. 인도에는 '파르시(Parsi)' 또는 '파르세(Parsee)'로 불리는 이란 조로아스터교도 이주자들의 후손이 남아 있다. 기원전 6세기에 이란의 예언자·종교개혁가인 자라투스트라(Zoroaster)가 창시했으며 다른 서양 종교(유대교·기독교·이슬람교)의 영향을 받아 유일신론적이고 이원론적인 성격을 띤다. 선과 악의 이원론에서는 불이 선신의 대표로 여겨진다. 6세기경 남북조시대에 중국에 전해져 화현교火祆敎 또는 현교祆敎라고 불리었다. 당나라 때 장안에 예배당을 짓는 일이 성행하고 관리를 두어 전담하도록 하였다. 무종 때 불교를 배척한 다음 점차 폐하여 전해지지 않았다. 북송 말과 남송 초에는 변량汴梁, 진강鎭江 등지에 예배당이 있었으나 송宋나라 이후 중국의 사적史籍에서 더

성장한 것으로, 특히 고대에서 현대에 이르는 중국인의 생각을 드러내고 있다. 아울러 도교는 중국 사회생활 속에 특히 깊숙이 스며들어 있다. 젊은 시절의 루쉰(魯迅)은 "중국의 뿌리는 완전히 도교에 있다. 이로써 역사를 읽으면 여러 가지 문제가 순식간에 순리적으로 해결된다."(「치허수상致許壽裳」)[4]라고 했다. 그러나 도교란 도대체 무엇인가? 도교 신앙의 귀신, 의식儀式 및 방법은 대체 어떠한가? 실은 많은 사람들이 그다지 잘 알지는 못하므로, 어떤 이들은 여전히 도가와 도교를 똑같이 취급하여 그들 모두가 '도道'이며 모두 '노자'와 관계있다고 여긴다. 서양 사람들도 흔히 그것들을 혼동하여 하나의 'Taoism'이 도가道家이기도 하고 도교道教이기도 하다고 알고 있다. 사실 사상, 학설과 종교는 꼭 같은 것은 아니다. 사상과 학설로서의 도가는 도道 중심으로 철학의 이치를 논하고 우주, 사회, 사람의 존재를 분석하는 것이며, 종교로서의 도교는 신의 숭배, 소통, 하늘·사람·귀신 사이의 의식儀式과 방법, 종교단체의 조직과 사상, 신앙을 하나로 합친 것이다. 그러므로 여기에서는 기본적인 역사와 사상으로부터 소개하려고 한다. 8강에서는 먼저 도가를 서술하고 9강에서는 다시 도교를 서술한다.

1. 전국시대의 도가

전국시대戰國時代는 매우 자유롭고 개방적인 시대로, 수많은 학자들이 '도'란 무엇인지 토론하거나 '도'로써 그들이 추구하는 진리를 나타냈다. 하지만 자세히 말해 보면 대체로 서로 그다지 같지 않은 여러 가지 사고 맥락을 가지고 있다. 그 가운데 하나는 '천도天道'를 토론하는 것으로, 다시 말하자

이상 언급되지 않았다.
4 「치허수상致許壽裳」: "中國的根柢全在道教, 以此讀史, 有多種問題可迎刃而解."

면 하늘, 땅, 사람의 변화 상황에 대한 다양한 토론과 이해를 통한 음양오행陰陽五行의 지식과 기술이다. 대략 황제지학黃帝之學과 훗날의 소위 '음양가陰陽家'가 이런 부류일 것이다. 다른 하나는 언어를 토론하는 것으로, 이를테면 '백마는 말이 아니다(白馬非馬)',[5] '단단한 성질과 흰 성질의 분리(離堅白)'[6] 따위의 명제처럼 그들은 언어 부호와 사실 세계를 분리하여 순수 언어 부호에서 연산하고 탐색하고, 아울러 그 가운데에서 추상적이고 언어를 초월하여 위에 있는 '도'를 찾으려고 했다. 그러나 이 사고 맥락은 매우 빨리 사라졌고 이런 학자들은 나중에 '명가名家'라고 여겨졌다. 또 다른 하나는 바로 다음에 소개하려는 노자와 장자의 도이다. 그들은 천도天道와 인도人道로부터 초월적인 이치를 사고했고, 또 이렇게 '도'라고 부르는 철학적 이치로써 인간이 마주치는 모든 문제를 해석하고 처리하기를 희망했다. 나중에 이 학설은 계속 이어져 내려온 데다가 커다란 영향을 끼쳤고, 그들의 서적도 2000여 년 동안 중국 문인들에게 반복적으로 해석되었기 때문에 나중에 '도가'라고 한 것은 바로 이 학설을 두고 말한 것이다.

부수적으로 노자의 시대에 관한 논쟁을 소개한다. 과거 노자, 도가의 시대에 대해서는 수많은 논쟁이 있었는데, 량치차오(梁啓超), 후스(胡適), 펑요우란(馮友蘭) 등 저명 학자들 사이에서의 의견도 통일할 수 없었다. 어떤 이가 노자는 공자 이전에 있었다고 말하는 것은 공자가 일찍이 노자에게 예禮에 대해 물었다고 전해지기 때문이다. 또 공자가 노자 이전에 있었다고 하기도 하

---

[5] 백마비마白馬非馬: 전국시대 명가名家 공손룡公孫龍이 제기한 인식론이다. 말(馬)은 일반적인 명칭이고 백마白馬는 '희다'는 특성을 가지고 있는 말의 한 종류이다. 따라서 백마는 말이 아니라는 것이다. 그 주요 요지는 명名과 실實이 다름을 명시하는 데 있다.

[6] 이견백離堅白: 공손룡 학파의 저명한 논제로『묵경墨經』의 영견백盈堅白과 서로 대립된다. 명가名家는 돌 하나를 앞에 놓고 이렇게 생각했다. "볼 때에는 그것의 단단한 성질은 포착하지 못하고 흰 성질은 포착하므로, 이 경우 단단한 것은 없다. 만질 때에는 흰 성질은 포착하지 못하고 단단한 성질만 포착하므로 이 경우 흰 성질은 없다.(視不得其所堅, 而得其所白者, 无堅也. 拊不得其所白, 而得其所堅者, 无白也.)" 이로부터 돌의 단단한 성질과 흰 성질의 두 가지 속성은 서로 분리된 것이라고 단언했다.

는 것은 노자가 늘 유가의 인의仁義와 도덕을 비평했기 때문이다. 나아가 어떤 이는 노자가 말한 '만승지국萬乘之國' 같은 단어는 전국 시기에 나타나야 하는 어휘이기 때문에, 노자는 응당 전국 말기에 태어났고 심지어 장자보다 더 늦는다고 단정한다. 특히 사마천이 『사기』에서도 분명히 말하지 않았기 때문에 더욱더 사람들의 의구심을 불러 일으켰다.(그림 1)

그림 1 한나라 때 화상석畫像石[7] 「공자가 노자를 만남」

가령 1970년대에 이르러서 마왕퇴馬王堆 한묘漢墓 안에서 헝겊에 손으로 베껴 쓴 『노자』가 발견되었어도 여전히 『노자』가 일찍부터 이미 있었는지의 여부를 단정할 도리가 없었다.(그림 2)

그러나 신통하게도 1993년 호북성湖北省 형문시荊門市 곽점郭店에서 또 기원전 300년경의 전국시대戰國時代 초나라 분묘를 발견했는데 이 묘혈 안에서 800여 개의 죽간이 나왔고, 그중에 세 종류의 『노자』 잔본殘本이 있었다(합쳐서 지금 판본의 약 3분의

그림 2 장사長沙 마왕퇴馬王堆에서 출토된 서한西漢 때 백서帛書 『노자』

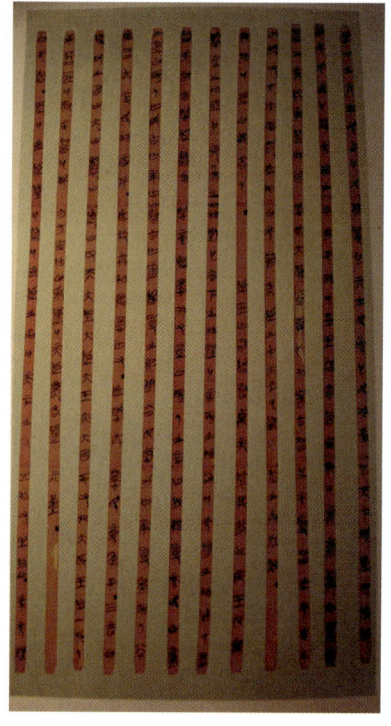

그림 3 곽점郭店 초간[8] 『노자』. 이 초간은 기원전 300년경에 쓰여졌다.

---

7 화상석: 한대漢代에 성행했던 화상畫像 조각 예술품. 사당祠堂과 묘실墓室을 쌓은 돌 조각에 그리거나 조각하여 장식했다. 내용에는 역사적인 인물, 신선 이야기, 생활의 실상 등이 있었다.

1이다). 이 죽간은 전국시대 중기의 분묘에서 발견되었기 때문에 적어도 전국시대 초기에 이미 『노자』라는 책이 있었다는 것이 증명되었다.(그림 3)

2. 도가도, 비상도: 『노자』의 도론

그렇다면 노자의 '도', 도가의 '도'는 대체 무엇인가? 『노자』 81장의 제1장 첫 구절에서는 "도가도道可道, 비상도非常道"라고 했다. 이 말은 '말할 수 있는 도道는 영구불변의 도가 아니다'라는 뜻이다. 여기에서는 글자를 분해하는 방법으로 아쉬운 대로 설명해 보고자 한다. 전통적으로 중국에서 가장 즐겨 사용되는 방법인 글자의 모양과 의미 분석을 통해 보면, '도道' 자는 '수首' 자와 '주辵' 자로부터 된 회의會意 자인데 이 두 글자에서 하나는 '시작', '처음'의 의미가 있고 또 하나는 '가다', '길'의 의미가 있다. 그러나 '道' 자에는 통상 또 하나의 의미가 있는데 바로 '말하다'이다. 이 세 가지 의미를 합치면 묘하게도 노자의 '도道'와 관련이 있다.

과거 철학에서는 '규율'로서 '도'를 해석했으나 그다지 적합하지 않다. 특히 고대 중국의 사상 관련 문구에서 한 단어는 흔히 매우 풍부한 다른 의미를 포괄하는데, 예컨대 기氣, 성性, 태극太極, 이理 등이 모두 그러하다. 이 '道'라는 글자 역시 그러하다.

먼저 『노자』에 따르면 '道'는 "하늘과 땅이 있기 전에 생성된 것"[9]이며, "천하 만물의 모체로 삼을 수 있다."[10]고 하는 근원으로(25장), 무형無形, 무명無名이지만 도리어 모든 유형有形, 유명有名의 사물의 기원과 기초이다. 그러므

---

8 초간楚簡: 초楚나라 죽간.
9 『노자』 25장: "周行而不殆."
10 『노자』 25장: "可以爲天下母."

로 『노자』에 "도에서 하나가 생기고, 하나에서 둘이 생기고, 둘에서 셋이 생기고, 셋에서 만물이 생긴다."[11]라고 했다. 그것은 시간의 기점이고 공간의 중심점이다. 시간은 '도'로부터 확대하기 시작하고, 공간은 '도'로부터 팽창하기 시작하며, 시공은 '도'로부터 시작하여 무한으로 나아가며 일체의 사물은 '도'에서 생겨난다.

그 다음, '도'는 모든 사물이 생기고, 발전하고, 소멸하는 필연적인 과정이다. 아득한 가운데 그것은 운행하도록 이끌고, 보이지 않고 만질 수 없는 힘으로 일체를 조종하므로 나중에 사람들은 '규율規律'이라고 말했다. 그러나 노자는 도라는 것은 돌아오는 것으로, "도의 운행은 반복적으로 순환한다."[12]고 하며, 일체 사물의 성장 활동의 규율은 바로 "원래의 상태로 돌아간다(反本復初)."는 것으로, '무無'에서 '유有'까지, '유有'에서 '무無'까지가 바로 만물이 반드시 지나는 길이라고 했다. 일체가 도에서 출발하여 형형과 명名이 있었고 생사生死가 있었으며 마지막에는 다시 무형無形이고 무명無名인 도의 처음 상태로 돌아가서 사라진다.

또 그 다음으로, 도에는 '말하다'라는 의미가 있다. 노자에 있어서 도는 일체의 근원이고 '무명, 무형'이다. 그러나 도로부터 파생된 일체는 도로부터 명칭이 부여된 것이다. 명칭이 있는 다음에는 사물이 있게 되므로 더 이상 '무無'가 아니라 바로 '유有'이다. 더 이상 무한한 가능성이 아니라 유한한 가능성이 되었다. 그래서 『노자』 1장에는 "무명은 천지의 시작이고, 유명은 만물의 본체이다.(無名, 天地之始, 有名, 萬物之母)"라고 했다.〔문장부호를 달리 사용하면 "무는 천지 형성의 시작이고, 유는 만물 생성의 근원이다(無, 名天地之始, 有, 名萬物之母)"이다.〕 바로 도의 무명無名 상태는 '천지天地'의 근원이고, 유명有名 상태는 일체 사물의 기초로, "천지 만물은 유에서 생겨나고, 유는 무에서 생겨난

---

11 『노자』 42장: "道生一, 一生二, 二生三, 三生萬物."
12 『노자』 40장: "反者道之動."

다."[13]는 것이다(40장).

이 도는 노자의 입장에서 보면 실로 너무도 위대하고 너무도 심오하다.(그림 4) 그는 "도 자체는 비어 있으나 도의 작용은 다함이 없다. 그것은 비록 심오하나 만물을 생식하고 양육할 수 있으므로 만물의 종주宗主와 같다."[14](4장)라고 했다. 그러나 이 도라는 것은 대체 무엇인가? 노자는 그것이 "보지만 보이지 않는 것을 이夷라 하고, 듣지만 들을 수 없는 것을 희希라 하고, 만지지만 만질 수 없는 것을 미微라 한다."[15](14장)고 했다. 후대 사람들의 이해에 따르면 그것은 단지 무無일 뿐이지만 이 무는 결코 아무것도 없는 무가 아니며 일무소유一無所有가 아니라, 잠시 동안 광활하여 끝이 없는 것으로, 도리어 무한한 가능성의 상태를 내포하고 있다. 도의 무는 무이면서도 또한 무한無限이기도 하다. 그러므로 이런 무는 가장 포괄적이며 가장 넉넉한 상태이다. 따라서 노자가 묘사한 도는 심오하여 헤아릴 수 없는 것이고 아련하여 어렴풋한 것으로, 일종의 신비한 경지이다. 즉 "어렴풋하고 아련하지만 그 가운데 형상을 갖추고, 아련하고 어렴풋하지만 그 가운데 천지만물을 포괄한다. 그것은 그토록 심원하고 어두우나 그 가운데에 정기가 있고 그 정기가 너무나도 진실하여 그 가운데에 확실히 믿을 만한 것이 있다."[16](21장)라는 것이다.

그림 4 「노자가 소를 타는 그림(老子騎牛圖)」

---

13 『노자』 40장: "天下萬物生於有, 有生於無."
14 『노자』 4장: "道沖, 而用之, 或不盈, 淵兮似萬物之宗."
15 『노자』 14장: "視之不見名曰夷, 聽之不聞名曰希, 搏之不得名曰微."
16 『노자』 21장: "惚兮恍兮, 其中有象, 恍兮惚兮, 其中有物, 窈兮冥兮, 其中有精, 其精甚眞, 其中有信."

제8강 고대 중국의 도가: 노자에서 장자까지

3. 노자에서 장자까지

장자莊子는 노자의 도 사상을 계승한 사람 중의 하나이다. 그 역시 "도는 진실하고 확실히 믿을 수 있는 것이다. 그러나 그것은 무위無爲하고 무형無形한, 즉 전해질 수 있지만 받을 수 없고, 체득할 수 있지만 볼 수 없다. 도 자체가 근본으로, 아직 천지가 나타나지 않은 옛날에도 도는 본래 존재했다."[17](「대종사大宗師」)고 여겼다. 하지만 노자는 도를 논하며 도를 사회 통치에 쓰기도 하고 사람의 생명을 보양하는 데 쓰기도 한다. 그러나 장자는 도를 논하면서 사람의 사회에 대한 태도와 사람의 자연에 대한 관계에 더 치우치고, 개인의 정신적 자유를 더 중시하는 것 같다.

왜 이렇게 말하는가? 노자의 도에는 두 가지 부분에서 의미가 있다. 하나는 인생, 특히 생존에 관한 것이다. 『노자』 제13장에는 "왜 재앙을 자신의 몸처럼 중시한다고 말하는가? 나에게 재앙이 있게 되는 까닭은, 나에게 몸이 있기 때문이다. 나에게 몸이 없다면 무슨 근심이 있겠는가?"[18]라고 했다. 그 의미는 '육체의 생명과 욕망은 사람에게 갖가지 근심과 번거로움을 가져왔는데 어떻게 해야 할까?'이다. 그는 결코 사람들에게 생명과 욕망을 버리도록 하지 않는다. 모든 도가道家는 '생명을 귀하게 여기고, 생명을 중시한다'는 경향이 있다. 그는 사람들이 이 점을 중시해야 한다고 강조한 것이다. 즉 일체의 곤란과 번거로움은 자기의 신체 그리고 생명과 신체를 짊어진 생활과 관계가 있다. 따라서 이 생명의 기초를 조심스럽게 아껴서 그것이 영원히 건강하고 동시에 곤란과 상해를 입지 않도록 해야 한다는 것이다.

그렇다면 어떻게 생명의 기초를 보호하여 그것이 양호한 상태에 있도록

---

17 『장자』「대종사」: "夫道有情有信, 無爲無形, 可傳而不可受, 可得而不可見, 自本自根, 未有天地, 自古以固存."
18 『노자』 13장: "何謂貴大患若身? 吾所以有大患者, 爲吾有身. 及吾無身, 吾有何患?"

할 것인가? 노자는 사람들에게 자연의 도를 본받으라고 요구했다. 즉 "사람은 땅을 본받고, 땅은 하늘을 본받고, 하늘은 도를 본받고, 도는 자연을 본받는다."[19]는 것으로, 도에 따라서 모방하고 생활하는 것이다. 도는 무다. 따라서 사람도 마땅히 욕심 없이 생활하여 마치 도처럼 욕심 없이 고요하며 공명심이 없고 평온한 것과 같아야 한다. 오색五色을 탐하면 사람은 곧 눈이 멀 것이고, 오음五音에 연연하면 사람은 귀가 멀 것이고, 사람이 탐욕과 기호가 있기만 하면 쇠약하고 늙어 사망으로 나아가게 될 것이므로, 오래도록 유지하고 싶다면 마땅히 도처럼 무의 상태로 돌아가 어린 아기처럼 공명功名을 좇지 않고 무위無爲를 유지해야 한다. 이것이 노자의 생각이다.

둘째는 정치에 관한 것이다. 노자는 이렇게 생각했다. '세상이 서로 속고 속이며 무기가 서로를 향하는 것은, 사회가 너무 복잡하고 너무 풍족하고 분배가 불공평하기 때문이고, 세상에 범죄자가 많고 잔인하게 죽이고 도적질하는 것은, 금령禁令이 너무 잔혹하고 엄격하여 사람에게 자유가 없기 때문이다.' 노자는 그저 도의 방식에 따르고 정치에서 먼저 간섭을 적게 하고 억지로 하지 않아야 한다고 여겼다.

『노자』 57장에는 "금령이 너무 많아 백성들이 어찌할 바를 모르는데도 형법은 너무 엄격하여 사람들을 부자유스럽게 함으로써 도리어 사람들로 하여금 죄를 저지르도록 하고, 통제가 지나치게 심하여 반발이 더욱 강해진다."고 했다. 75장에는 세금이 너무 많아 백성들은 살아갈 도리가 없으므로 도피와 반항을 하게 되고, 통치자의 욕망이 너무 많아서 민중은 그를 만족시킬 수 없으므로 역시 죄를 저지르고 난을 일으킬 것이라고 했다. 그래서 노자는 "백성들이 죽음을 두려워하지 않는데 어찌 죽음으로 그들을 위협하겠는가?"[20](74장)라고 하여 도의 상태를 따르는 것이 가장 좋으며, "내가 억

19　『노자』 25장: "人法地, 地法天, 天法道, 道法自然."
20　『노자』 74장: "民不畏死, 奈何以死懼之."

지로 하지 않으면 백성은 저절로 교화된다. 내가 조용한 것을 좋아하면 백성은 저절로 바르게 되고, 내가 일이 없으면 백성은 스스로 교화되고, 내가 고요함을 좋아하면 백성은 저절로 바르게 되며, 내가 일이 없으면 백성은 저절로 넉넉해지며, 내가 욕심이 없으면 백성은 저절로 소박해진다."[21](57장)고 했다.

게다가 원래대로 돌아가 도처럼, 즉 "닭과 개의 소리가 서로 들릴 정도로 가까워도 백성들은 늙어 죽도록 서로 왕래하지 않는다."[22](80장)는, 국가는 작고 백성은 적은(小國寡民) 시대였던 최초의 근원인 상태로 돌아가야 하며, 그는 이것이 영원함을 유지하는 방법이라고 생각했다.

4. 장자가 논한 정신적 자유와 초월

장자는 정치적인 통치 방법이나 사람 신체의 양생養生과 수련에는 그다지 관심이 없고, 정신적인 것을 더욱 중시했던 것 같다. 요컨대 노자의 도는 비록 한편으로 추상적인 자연의 이치이지만 실제로는 착안점이 매우 실재적이기도 하다. 그러나 장자는 정신의 자유, 정신의 초월 등의 문제에 더욱 관심이 있었다. 장자도 도의 근본적인 의미를 강조했으나 도는 자연과 자유임을 강조했다.『장자莊子』제1편으로 가장 영향력 있는「소요유逍遙游」에서 바로 이치를 설명했는데, 그는 여러 가지 비유를 써서 진정한 초월의 경지는 절대 자유, 즉 '기대지 않는(無待)' 것이라고 설명했다. 인생에서 진정한 자유에 도달하려면 '자아가 없고(無己)', '공적이 없고(無功)', '명성이 없어야(無名)' 하고, 어떤 것에도 기대지 말아야 하는데, 사람의 정신 상태로 말하면, 이것이

---

21 『노자』57장: "我無爲而民自化, 我好靜而民自正, 我無事而民自富, 我無欲而民自樸."
22 『노자』80장: "雞犬之聲相聞, 民至老死不相往來."

바로 도의 경지이며, 도가 바로 무이기 때문에 사람은 무 가운데서야 비로소 자유로울 수 있다는 것이다.

사람이 어떻게 해야 비로소 무에 도달할 수 있을까? 장자의 대답은 먼저 지식과 탐욕을 버리는 것이다. 『장자』「응제왕應帝王」에 '혼돈混沌'에 관한 이야기가 있다. 사람이 무지와 무욕, 완전히 느낌이 없는 상태에 처한다면 곧 영원하며 자유롭게 된다는 것이다. 일단 사람에게 지식과 욕망이 있으면 도리어 영원함과 자유의 정신을 잃어버릴 것이다. 왜 지식이 있으면 도리어 나쁜가? 『장자』「서무귀徐无鬼」와 『장자』「산목山木」에는 순舜 이야기와 큰 나무 이야기로 비유하여 지식이 어떤 때에는 도리어 사람에게 짐이 된다는 내용이 있다. 이것은 바로 「인간세人間世」에 말한 "산목이 재목이 되고 나서 스스로 벌목을 불러왔고, 등불은 태울 수 있으므로 스스로 고통을 당하는 것을 불러왔고, 계수나무는 먹을 수 있으므로 사람에게 벌목을 당하고, 칠나무는 유용하므로 베어졌다."는 것이다. 왜 탐욕이 있으면 좋지 않은가? 탐욕은 사람마다 다 있으나, 장자는 탐욕이 사람으로 하여금 자연적인 마음 상태를 유지하기 어렵게 한다고 여겼다. 「천지天地」편에서는 그가 기계와 인력의 비유를 써서 이야기 하나를 했다. 장자는 사람이 욕망을 갖게 되면 마음이 순수하지 않고, 마음이 순수하지 않으면 정신이 안정되지 않고, 정신이 안정되지 않으면 도에 부합하지 않으므로, 아마도 이 때문에 단순하고 자유로운 정신을 잃고 심지어 생명도 상실하게 될 것이라고 지적했다.(그림 5)

진일보된 문제는 '어떻게 해야 비로소 진정 도의 자유 경지인가?'이다. 장자는 '무심無心'이라고 여겼는데, 정치에도 좋고, 공명과 재물과 녹봉에도 좋고, 생사에도 좋으니 모두 무심의 자연스런 태도를 취해야 한다고 생각했다. 그는 소인은 이익을 위하여 죽고, 사대부는 이름을 위하여 사라지

그림 5 송나라 양해梁楷의 「고사도高士圖」. 초탈을 추구하는 문인의 심경을 표현했다.

고, 성인조차도 천하를 위해 희생하므로 모두가 몹시 슬픈 현상이라고 여겼다. 그러므로 「양왕讓王」 편에서 "지금 속세의 군자는 대다수가 신체를 해치고 생명을 버려서 내 몸 외의 것(物)에 희생하니 어찌 슬프지 않겠는가?"[23]라고 했다. '물物'이 가리키는 것은 유형의 세계로 그는 '심心'의 정신세계야말로 가장 고귀한 것이고 '물物'의 유형세계는 심의 짐이므로 만일 정신에서의 자유와 자연에 도달하려고 한다면 외재된 명리나 권력에 의지해서는 안 되며, 마음속의 감정과 욕망에 연연해서도 안 되며, 일체 자연 그대로 흘러가도록 내버려두어야 한다고 했다. 이것이 "자신의 본분을 지키며 변화에 순응한다."[24]라는 것이다. 예를 들면 생과 사, 이것은 사람들이 가장 관심 있는 일이어서 누구나 다 이 때문에 고뇌한다. 그러나 장자는 이와 달리 생과 사가 매우 평범하다고 생각했다. 유명한 "장주의 호접몽(莊周夢蝴蝶)"과 "장주는 아내가 죽자 동이를 두드리며 노래했다.(莊周妻死鼓盆而歌)"는 이야기가 말하는 것은 이런 '달관達觀'의 태도와 '무심'의 경지이다. 또 공명과, 재물과 녹봉 같은 것들 역시 일반 사람들이 관심을 보이는 대상으로서, 대다수가 공명과 재물과 녹봉을 위하여 끊임없이 쟁탈하며 일체를 아끼지 않지만, 장자는 오히려 그렇지 않았으며, 그는 이 모두가 다 사람의 마음을 혼란하게 하고 인생을 비애에 이르게 하는 것이라고 여겼다. 「추수秋水」 편의 초나라 태묘太廟에서 받드는 신귀神龜에 대한 이야기, 「지락至樂」 편에서 해골에 관한 우언寓言이 말하는 것은 모두 이 의미이다. 장자가 중시한 것은 바로 사람이 현세에서 어떻게 개인의 정신적 자유를 유지하느냐 하는 문제인데, 그는 만일 사람이 정치, 생사, 재물과 녹봉에 대해 '무심'할 수 있다면 곧 득실, 화복, 생사 등을 위해 번뇌하지 않을 것이므로 마음속에서 자유롭게 될 것이라고 생각했다.

---

23 『장자』「양왕」: "今世俗之君子, 多危身棄生以殉物, 豈不悲哉."
24 『장자』「양생주」: "安時而處順."

더 나아가 장자는, 무심은 바로 이른바 '심재心齋',[25] '좌망坐忘'[26]의 경지인데, 그것이 우주와 인생을 체험하는 '도'의 유일한 경로라고 여겼다. 지식이 많고 기예가 적지 않다고 하더라도, 이런 것들은 단지 구체적인 유형의 문제만을 해결할 수 있고, 그것을 보유한 사람도 단지 '기능공'에는 이를 수 있으나 자유의 경지에는 도달할 수 없다. 가장 높은 등급의 도는 기술 공식의 지식과 기예로 깨달을 수 있는 것이 아니라, 자연스러운 상태에서 심령이 고요한 경지에 의지해서야 비로소 깨달을 수 있다. 이런 도는 지식이 묘사하고 이해할 수 있는 것이 아니라 일종의 마음과 하늘의 소통이다. 마음이 우주와 소통하려면 반드시 먼저 내심이 고요하고 광활하고 맑아야 하는데, 일체 마음에 매이지 않는 '좌망坐忘'에 이르러야지 비로소 도를 깨달을 수 있다. 그는 일찍이 수많은 우언을 이야기함으로써 이 점을 설명했는데, "노인의 매미잡기(老者承蜩)",[27] "포정의 소 잡기(庖丁解牛)",[28] "장석匠石의 도끼 휘두르기(匠石運斤)"[29] 등이 바로 그것이다.

그림 6 고대 문인의 생활을 표현한 이런 그림은 생활의 이상을 반영한 것으로, 이런 이상 속에는 장자의 영향이 크게 반영되어 있다.

---

25 심재心齋: 마음을 전심으로 고요히 가라앉혀 마치 재계齋戒할 때 외부의 욕구를 없애는 것과 같다.

26 좌망坐忘: 고요히 앉아서 외물外物 자아를 잊고 도와 우연히 서로 일치하는 것을 가리킨다.

27 『장자』「달생達生」에 나오는 이야기. 공자가 초나라에 가서 숲을 지나다가 등이 굽은 노인을 만났는데 간대를 사용하여 매미 잡는 기술이 매우 뛰어난 것을 보았다. 기술이 그렇게 뛰어난 이유는 고도로 정신을 응집할 수 있었다는 데 있었다.

28 『장자』「양생주養生主」에 나오는 이야기. 양혜왕梁惠王 때 사람 포정庖丁이 소의 뼈와 살을 발라내는데 그 기술이 극히 능숙했다. 이 이야기는 후에 사물에 대한 이해가 명백하고 능수능란하여 일을 처리하는 데 자유자재로 한다는 것을 비유하는 데 이용되었다.

29 『장자』「서무귀徐无鬼」에 나오는 이야기. 장자가 혜시의 묘 앞에서 말한 우언寓言이다. 장석

결론적으로 장자가 추구한 것은 개인의 정신적 자유이며 개인의 실재적인 존재이다. 그가 인생에서 지향한 것은 대범하고 초탈한 경지이고, 사상에서 탐색한 것은 우주와 사람이 공유한 마지막 의의意義인 '도道'이다.(그림 6)

은 고대의 유명한 기술자이다. 영도郢都 사람의 코에 묻은 석회를 도끼를 휘둘러 없애면서도 그 코는 전혀 다치지 않았다. 그 기술이 매우 정묘하고 뛰어난 것을 비유하는 말이다.

참고 문헌

1. 『노자』의 논술

 말할 수 있는 도道는 영구불변의 도가 아니고, 부를 수 있는 이름(名)은 영구불변의 이름이 아니다. 무無는 천지의 시작이고 유有는 만물의 근원이다. 그러므로 항상 무無는 도의 오묘함을 관조觀照하고 유有는 도의 실마리를 관조한다. 무無와 유有 이 두 가지는 같은 근원이나 다른 명칭으로 모두 오묘한 것이라고 말할 수 있다. 오묘하고 오묘하니 모든 변화의 문이로다.

 道可道, 非常道, 名可名, 非常名. 無, 名天地之始, 有, 名萬物之母, 故常無, 欲以觀其妙, 常有, 欲以觀其竅. 此兩者, 同出而異名, 同謂之玄. 玄之又玄, 衆妙之門.

—『노자老子』 제1장

 (자만과 교만을) 지니고서 채우는 것은 적당한 때 그침만 같지 못하다. 날을 드러내면 날카로운 기세는 오랫동안 유지하기가 어렵다. 금金과 옥玉이 집안에 가득하면 지키지 못하고, 부귀한데도 교만하면 스스로 재앙을 남긴다. 공훈이 이뤄지면 삼가는 것이 하늘의 섭리이다.

 持而盈之, 不如其已. 揣而銳之, 不可長保. 金玉滿堂, 莫之能守. 富貴而驕, 自遺其咎. 功成身退, 天之道也.

—『노자老子』 제9장

 그러므로 광풍은 아침나절 내내 불지 못하고, 폭우는 온종일 내리지 못한다. 누가 이렇게 한 것인가? 천지이다. 천지도 이렇게 오래 견디지 못하거늘, 하물며 사람은 어떻겠는가?

故飄風不終朝, 驟雨不終日, 孰爲此者? 天地. 天地尙不能久, 而況於人乎?

— 『노자老子』 제23장

내게 세 가지 보배가 있어 지키고 보존하고 있다. 하나는 자애慈愛이고, 둘은 검약함이고, 셋은 감히 세상 사람 앞에 거하지 않는 것이다. 자애가 있으므로 용맹스러울 수 있고, 검약이 있으므로 여유로울 수 있고, 감히 세상 사람 앞에 나서지 않으므로 만물의 수장이 될 수 있다.

我有三寶, 持而保之. 一曰慈, 二曰儉, 三曰不敢爲天下先. 慈故能勇, 儉故能廣, 不敢爲天下先, 故能成器長.

— 『노자老子』 제67장

백성이 굶주림은, 통치자가 세금을 너무 많이 삼켰기 때문에 발생하고, 백성을 다스리기 어려움은, 통치자가 억지로 멋대로 하기 때문에 생긴다. 백성이 죽음을 가벼이 하는 까닭은, 통치자가 (자신을 봉양하기 위하여) 지나치게 사치하기 때문이다. 오로지 생활의 사치를 구하지 않는 사람이 지나치게 자기 생명을 귀히 여기는 사람보다 훌륭하다.

民之飢, 以其上食稅之多, 是以飢. 民之難治, 以其上之有爲, 是以難治. 民之輕死, 以其求生之厚, 是以輕死. 夫唯無以生爲者, 是賢於貴生.

— 『노자老子』 제75장

백성이 적은 작은 나라는, 가령 각종 병기를 가지고 있더라도 사용하지는 않는다. 백성이 죽음을 두려워하여 먼 곳으로 옮겨가지 않게 한다. 배와 수레가 있을지라도 탈 필요가 없고, 기갑과 무기가 있더라도 진을 칠 바가 없으며 백성이 결승結繩으로 (사건을) 기록했던 상태로 되돌아가게 한다. (사람들에게는) 맛있는 음식, 아름다운 의복, 편안한 거처, 즐거운 풍속이 있다. 이웃나라와는 서로 볼 수 있고 닭이 울고 개가 짖는 소리를 서로 들을 수 있어도 백성은 태어나서 죽을 때까지 서로 왕래하지 않는다.

　　小國寡民, 使有什伯之器而不用, 使民重死而不遠徙, 雖有舟輿, 無所乘之, 雖有甲兵, 無所陳之. 使民復結繩而用之. 甘其食, 美其服, 安其居, 樂其俗. 鄰國相望, 雞犬之聲相聞, 民至老死, 不相往來.

―『노자老子』제80장

2. 장자의 사상

　　요임금이 천하를 허유許由에게 넘겨주려고 이렇게 말했다. "해와 달이 떠올랐는데도 횃불은 계속 끄지 않으면서 일월과 그 빛을 견주려 하면 곤란하지 않겠습니까? 때 맞춰 비가 내렸는데 다시 물을 대려고 하면, 벼를 적시는 데 대해 헛수고가 아니겠습니까? 선생께서 임금이 되시면 천하가 잘 다스려질 터인데, 내가 여전히 천하를 차지하고 있으니 나는 스스로 부족하다고 봅니다. 부디 천하를 맡아 주십시오." 허유가 대답했다. "그대는 천하를 이미 잘 다스리고 있습니다. 그런데 내가 그대를 대신하다니, 천자天子라는 이름을 얻기 위해서 말이오? 이름이란 실질의 손님에 지나지 않습니다. 내가 장차 그런 손님이 되란 말입니까? 굴뚝새가 깊은 숲 속에 둥지를 틀어도 나뭇가지 하나면 족하고, 두더지가 강물을 마셔도 배를 채우면 족하오. 그대는 돌아가 쉬시오. 내가 천하를 맡아도 할 것이 없소. 요리사가 음식을 만들지 않더라도 제사를 주재하는 사람이 월권하여 술단지와 고기 그릇을 드는 주방 일을 하여 요리사를 대신하지 않습니다."

　　堯讓天下於許由, 曰: "日月出矣而爝火不息, 其於光也, 不亦難乎! 時雨降矣而猶浸灌, 其於澤也, 不亦勞乎. 夫子立而天下治, 而我猶尸之, 吾自視缺然. 請致天下." 許由曰: "子治天下, 天下既已治也. 而我猶代子, 吾將爲名乎? 名者, 實之賓也. 吾將爲賓乎? 鷦鷯巢於深林, 不過一枝; 偃鼠飮河, 不過滿腹. 歸休乎君, 予無所用天下爲. 庖人雖不治庖, 尸祝不越樽俎而代之矣."

— 『장자莊子』 내편內篇 「소요유逍遙游」

샘물이 마르면 물고기들이 뭍에서 궁지에 몰려, 서로 축축한 물기를 뿜어 서로 입으로 거품을 토하고, 서로 토한 거품으로 적셔 줘도, 드넓은 강이나 호수에서 서로 잊고 사는 것만 못하다. 요임금을 칭찬하고 걸왕을 비난하기보다는 양쪽을 다 잊고 도道와 하나가 되느니만 못하다. 대지는 나의 외형을 지고서, 삶으로 나를 수고롭게 하고, 늙음으로 나를 한가롭게 하고, 죽음으로써 나를 안식하게 한다. 따라서 삶을 좋은 일로 여긴다면, 죽음도 (똑같이) 좋은 일로 여겨야 할 것이다.[30]

泉涸, 魚相與處於陸, 相呴以濕, 相濡以沫, 不如相忘於江湖. 與其譽堯而非桀, 不如兩忘而化其道. 夫大塊, 載我以形, 勞我以生, 佚我以老, 息我以死. 故善吾生者, 乃所以善吾死也.

— 『장자莊子』 내편內篇 「대종사大宗師」

명예의 주인이 되지 말며, 모략의 창고가 되지 말며, 일의 책임자가 되지 말며, 독단의 행위를 버리고, 모의의 주인이 되지 말라. 전심전력으로 대도大道를 체험하면서 고요한 경지에서 노닐며 자연의 본성을 받아들이고 스스로 자만하지 않으면 이것 역시 맑고 잘 아는 경지에 이른다. 성인의 의도는 거울과 같이 사물에 따라 오가더라도 보내고 맞이하지 않으므로 실질적으로 반영하나 조금

---

30 陳鼓應, 『莊子今註今譯』(民國70年, 臺灣商務印書館出版) 197쪽 7번 주석에 따르면 ( ) 안의 내용은 앞뒤가 맞지 않는 것으로 잘못 삽입된 것이다.

도 숨김이 없다. 그러므로 만물의 위에 군림하면서도 (자신은) 다치지 않는다.

　　無爲名尸, 無爲謀府, 無爲事任, 無爲知主. 體盡無窮, 而遊無朕, 盡其所受於天, 而無見得, 亦虛而已. 至人之用心若鏡, 不將不迎, 應而不藏, 故能勝物而不傷.

—『장자莊子』내편內篇「응제왕應帝王」

　　하백河伯이 물었다. "무엇을 천성이라 하고, 또 무엇을 인위라 합니까?" 북해약北海若이 대답했다. "소와 말에게 네 개의 발이 있는 것은 천성이라 하고, 말머리에 고삐를 매고 쇠코에 구멍을 뚫는 일은 인위라고 하오. 그러므로 인위로써 천성을 없애지 말며, 고의로 생명을 훼손하지 말며, 탐욕으로 명예를 구하지 말라고 하는 것이오. (이런 이치를) 삼가며 지켜서 잃지 않도록 하는 일, 이것이야말로 참된 도로 돌아간다고 하는 것이오."

　　河伯曰: "何謂天? 何謂人?" 北海若曰: "牛馬四足, 是謂天; 落馬首, 穿牛鼻, 是謂人. 故曰: 無以人滅天, 無以故滅命, 無以得殉名. 謹守而勿失, 是謂反其眞."

—『장자莊子』외편外篇「추수秋水」

　　육체의 고달픔을 피하고자 하는 자는 세속을 버리는 것만 못하니, 세속을 버리면 얽매일 것이 없게 되고, 얽매이는 것이 없으면 마음이 바르고 기운이 평안해진다. 마음이 바르고 기운이 평안해지면 자연과 더불어 다시 태어나서 더욱 도에 가까워진다. 세속의 일이 어찌 버릴 수 있는 것이겠으며 생명이 어찌 잊을 수 있는 것이겠는가? 세속의 일을 버리면 육체가 고달프지 않게 되고, 생애의 집착을 놓아 버리면 정신이 손상되지 않는다. 육체가 건전하고 정신을 충족하면 자연과 하나가 된다. 하늘과 대지는 만물이 생기는 근원이다. 물질의 원소는 서로 모이면 물체가 되고, 흩어지면 다른 물체의 시작이 된다. 육체와 정신이 손상되지 않으면 자연의 변화에 따라서 물질과 이동한다고 한다. 정묘하게 하고 또

정밀하게 할 수 있다면 생명의 근원으로 되돌아가 천지의 작용을 도울 수 있을 것이다.

　夫欲免爲形者, 莫如棄世. 棄世則無累, 無累則正平, 正平則與彼更生, 更生則幾矣. 事奚足棄而生奚足遺? 棄事則形不勞, 遺生則精不虧. 夫形全精復, 與天爲一. 天地者, 萬物之父母也, 合則成體, 散則成始. 形精不虧, 是謂能移; 精而又精, 反以相天."

— 『장자莊子』 외편外篇 「달생達生」

▌참고 논저 ▌

陈鼓应:『老子注译及评介』, 北京: 中华书局, 1984.
陈鼓应:『莊子今注今译』, 北京: 中华书局, 1983.

▌생각해 볼 문제 ▌

1. 노자는 왜 "말할 수 있는 도道는 영구불변의 도가 아니다.(道可道, 非常道)"라고 말했는가?
2. 노자의 '무위無爲'와 장자의 '무대無待'의 차이는 어디에 있는가?
3. 어떻게 하는 것이 진정한 자유인가? 현실 생활 속에서 장자가 말하는 '소요유'를 실현할 수 있는가?

제9강

영생과 행복의 추구: 고대 중국의 도교

1. 외단과 그 근거
2. 내단과 양생
3. 도가 신선의 계보
4. 신선, 귀신과 사람의 소통 의식
5. 세속의 곤액 해결: 도교의 법술
소결: 중국의 종교인 도교

도가道家는 학설이지만 도교道敎는 실인즉 종교이다. 만일 사상과 학설이 관심을 갖고 토론하는 대상이 우주, 사회와 사람의 지혜이고, 그것의 이해와 해석이 검증하고 반박할 수 있는 것이라면, 종교가 관심을 갖는 대상은 사람의 영혼과 생명으로, 그것은 일종의 신앙이다. 어떤 의미에서 말하면, 신앙은 의심해서는 안 되는 것이다. 그러므로 한 가지 견해에서 종교는 신앙에 대한 이해라고 한다. 게다가 종교는 또 실제로 각 신앙인의 구체적인 생명과 생활 문제를 해결하고 영생과 행복을 약속해야 한다.

고대 중국 역사에는 일찍이 각양각색의 종교가 있었다. 하지만 도교만이 중국 유일의 토착 종교이다. 도교의 기원에 관해서는 멀리까지 거슬러 올라갈 수 있다. 선진先秦과 양한兩漢 시대의 무축巫祝과 사종史宗 그리고 각종 방술方術을 하는 사람 등의 지식과 기술, 그들의 상상, 신화와 전설, 그리고 당시 사회에서 전해진 천문·지리·사회·인륜에 관한 지식은 모두 도교 종교체계의 형성에 영향을 끼쳤다. 동한東漢 시대 이후 장릉張陵,[1] 장형張衡,[2] 장로張魯[3]의 3대가 시작한 천사도天師道[4]는 점점 남북으로 전해져 나중에 정일파正一

---

[1] 장릉張陵(34~156): 동한 말 오두미교五斗米敎 창시자. 자는 보한輔漢으로 장량張良의 후예라고 전해지며 강소江蘇 풍현豐縣 사람이다. 어려서 『도덕경道德經』, 천문, 지리, 하락河洛 등의 서적을 읽었다. 일찍이 태학太學에서 공부하고 한나라 명제 때 파군巴郡 강주령江州令으로 부임했으나 나중에 낙양의 북망산北邙山에 은거하다가 장생하는 이치를 배우고 나서 한나라 순제順帝 때 학명산鶴鳴山에서 오두미도를 창시하고 도서道書 24편을 저술했다. 도교도들은 그를 장도릉張道陵, 장천사張天師, 조천사祖天師, 정일진인正一眞人 등으로 부른다.

[2] 장형張衡(?~179): 동한 때 오두미교를 대표하는 인물 중의 하나로 자는 영진靈眞이며 장도릉張道陵의 장자이다.

[3] 장로張魯: 장도릉張道陵의 손자.

제9강 영생과 행복의 추구: 고대 중국의 도교

派⁵를 형성했고, 육조六朝 시대에 그것과 강남江南의 여러 가지 도교 유파가 서로 영향을 주었으며, 또 남쪽에서는 상청파上清派,⁶ 영보파靈寶派⁷ 등 다른 양식의 도교 유파가 형성되었다. 당대唐代에는 상청上清의 신을 생각하는 방법과 영보靈寶의 재를 올리는 의식이 매우 성행했다. 송원宋元 시기에 이르러 불교의 영향을 흡수하여 심성과 생명生命을 수련하고, 출가를 중시하고, 총림叢林을 두는 전진도全眞道⁸가 새로 일어나기 시작했다. 부적 사용에 뛰어난 정일파 역시 매우 흥성하여 마침내 훗날 도교의 전진과 정일 양대 체계의 구조를 형성했다.

---

4 천사도天師道: 원시천존元始天尊과 태상노군太上老君을 교주로 숭배하여 받드는 종교. 동한 때 장릉이 창시했는데 그는 도서道書 24편을 저술했으며 스스로 '천사天師'라고 했으므로 그 종교를 '천사도天師道'라고 불렀다. 장릉은 부적과 주문으로 사람들의 병을 치료하고 연단과 장생의 방법을 설파했다. 입교하는 사람들은 오두미五斗米를 내야 했으므로 당시 사람들은 '오두미도'라고 했다. 촉군蜀郡에서 성행하다가 나중에 제자들의 포교로 신도가 증가하여 마침내 정식으로 도교道教가 되고 전국에 퍼지게 되었다.

5 정일파正一派: 정일도正一道. 중국 도교 후기 양대 종파 중의 하나로 천사도와 용호종龍虎宗이 장기간에 걸쳐 닦은 발전의 기초 위에서 용호종을 중심으로 각 부록도파들이 모여서 이루어진 부록대파符籙大派이다.

6 상청파上清派: 진晉나라 때 형성된 도교 종파. 『상청경上清經』, 『황정경黃庭經』을 주요 경전으로 하여 원시천존, 영보천존靈寶天尊을 최고신으로 하고 위화존魏華存을 시조로 받들었다. 상청파 발전사에서 대표적인 인물은 양희楊羲, 허밀許謐, 허회許翽 등이다. 상청파의 가장 큰 특징은 수련 방법이 존사存思라는 것이다. 존사를 통하여 천지의 신이 인체에 들어갈 수 있어 인체의 신과 천지의 신기神氣가 융합하여 장생하며 죽지 않고 상청上清으로 날아오를 수 있다고 여겼다. 상청파 종사宗師는 사족 출신으로 비교적 높은 문화의 함양이 있었으므로 도교 이론을 더욱 성숙시켰으며 동진東晉 남조南朝 강동江東 지역에서 가장 영향력 있는 도교 종파를 이뤘다.

7 영보파靈寶派: 『영보경靈寶經』이 전해짐으로써 형성된 도교의 종파. 동진東晉 말 갈홍葛洪의 종손인 갈소보葛巢甫가 옛 『영보경』에 기초하여 창시했다고 한다. 영보파는 비교적 일찍 원시천존, 태상대도군太上大道君, 태상노군을 최고의 신으로 모셔 믿었는데 이들이 바로 후세의 도교에서 모시는 삼청三清이다. 영보파는 부록符籙과 재계齋戒, 의궤儀軌를 중시하며 세인世人을 권계하고 중생을 구제하는 종교적 역할을 강화했다.

8 전진도全眞道: 금대金代의 도사 왕중양王重陽(1112~1170)이 창건했다. 전진도는 부적과 연단 등을 숭상하지 않은데다 신선에 대해서도 과장하여 말하지 않았다. 전진도의 중심 사상은 유교, 불교, 도교 삼교의 합일로서, 도교와 유교, 불교는 서로 통하므로 사람들에게 『효경孝經』, 『심경心經』, 『도덕경』을 읽게 해야 한다고 생각했다. 그리고 수도修道의 근본은 정욕情欲을 적게 가지고 마음이 청정해지는 것에 있다고 여겼다.

지금 도교를 연구하는 동서양의 많은 사람들은 다음과 같은 점에 동의한다. 중국 사회생활의 전통을 가장 심도 있게 표현했을 뿐 아니라 고대 중국인의 인성을 가장 본질적으로 반영한 종교가 바로 도교라는 점, 그리고 도교라

그림 1
미국 보스턴박물관에 소장된 도교의 「천지수삼관도天地水三官圖」(일부)

는 종교의 모든 이상은 바로 영생과 행복한 생활의 추구라는 점을. 그렇다면 도교는 어떻게 영생과 행복을 추구하는가. 왜 중국인은 이 종교를 믿고, 신앙하며, 이 종교가 자신에게 영생과 복을 가져다 줄 것을 희망하는가?(그림 1)

다음에서 그에 대해 하나하나 말할 것이다. 먼저 도교의 외단外丹과 내단內丹을 얘기한 다음 다시 도교 귀신의 계보, 귀신과 소통하는 의식, 유행하는 구복 및 재앙 없애는 방법 몇 가지를 언급한다.

1. 외단과 그 근거

고대 중국에는 줄곧 생명을 중시하는 전통이 있었다. 황제黃帝의 학설에서는 '인간의 생명을 귀하게 여기는 것(貴生)'을 중시하며, 양주楊朱의 학설에서는 '위아爲我'를 중시하고, 전국시대 '행기옥패行氣玉佩'[9]는 기氣에 대해 말했다. 또한 『장자』에서 언급한, 탁한 기를 뱉어내고 깨끗한 공기를 받아들이고, 곰이 나무에 오르는 것과 새가 날개를 펼쳐 나는 것(熊經鳥申)[10]과 같은 것에서는 선진先秦, 양한兩漢 시대 사람들에게 이미 생명을 아끼는 사상과 영생을 추구하는 기술이 있었음을 표명하고 있다. 특히 당시에 관념의 기초 한 가지가 있었으니 즉 고대 중국인은 한 번 죽으면 되살아날 수 없다는 것을 믿고 있었다는 것이다. 따라서 어떻게 생명을 연장할 것인가는 사람들이 관심을 가지는 일이 되었다.

2000여 년 전에 중국에는 여러 종류의 방술이 유행하고 있었는데, 어떤 이들은 탁한 기를 뱉어내고 깨끗한 공기를 받아들이기, 식기食氣,[11] 사지 펴

---

9 행기옥패行氣玉佩: 중국에서 현존하는 가장 이른 기공氣功이론이 옥에 적혀 있는 문물 자료. 고고학에 의하면 전국시대 후기 작품이라고 한다.
10 이들은 고대 도가道家의 양생술로 동물의 동작을 모방하는 것이다.
11 식기食氣: 도가에서 숨을 뱉고 받아들이는 방법으로 심호흡을 가리킨다.

기 등을 통해 장수할 수 있다고 믿었고, 또 어떤 이들은 선약仙藥과 선초仙草가 있어 장생할 수 있다는 것을 믿고, 또 어떤 이들은 신귀神鬼가 보우하여 영원할 수 있게 한다고 믿었다. 그중에서 또 어떤 이들은 외재한 견고하고 영구적인 물질을 빌려 자기의 신체도 똑같이 견고하고 영구하도록 변하게 할 수 있다고 믿었다. 이러한 믿음 때문에 사람들은 각종 약물을 찾기 시작했을 뿐 아니라, 천지의 정수를 빼앗아 자기 생명력으로 보충하는 방법을 상상했다. 『초사楚辭』「원유遠遊」에서 "육기六氣[12]를 먹는다."고 한 것, 의학에서의 "어린아이의 정기를 먹는다."는 처방, 방중房中[13] 관련 서적에서 말한 '보뇌환정補腦還精'[14]과 전설 속의 여러 가지 불사초 등의 관념들은 장기적인 통합과 조정을 거치면서 차츰 약물과 수련을 통해 사람으로 하여금 영원케 할 수 있다는 이념을 형성했다. 또한 그러한 이념에 어울리는 일련의 방법과 기술도 등장했다.

'외단外丹'이란 통상 말하는 단약丹藥 만드는 기술이다. 옛날 사람들이 단약을 만든 것은, 어떤 이의 연구에 의하면, 처음에는 아마도 금 제련에서 비롯되었을 것이다. 부를 추구하는 것은 인류의 천성이며, 연금술은 점점 연단술煉丹術로 바뀌었으니 생명의 영원함을 추구하는 것 역시도 인류의 천성이라고 했다. 하지만 연금鍊金에서 연단煉丹까지 단순히 화학성질의 변화를 상상하는 것으로부터 그것이 생명을 도울 수 있다고 믿게 되기까지, 그 과정에는 특수한 견해의 지지가 있어야 하므로 여기서는 고대 중국의 관념세계에

---

12 육기六氣: 고대 도가 양생술에서 말하는 여섯 가지 정화精華의 기. 자연 기후변화의 여섯 가지 현상에 기를 더한 개념으로, 조하朝霞(아침의 기), 정양正陽(한낮의 기), 비천飛泉(일몰의 기), 항해沆瀣(한밤중의 기), 하늘의 기, 땅의 기를 말한다. 『초사楚辭』「원유遠游」에는 "육기를 먹고 항해를 마신다.(餐六氣而飮沆瀣兮)"고 나와 있다.
13 방중房中: 방중술. 고대 방술의 일종으로 남녀 성생활의 갖가지 사항을 연구하며, 특히 기교, 방법, 적합 및 금기 여부를 강조한다.
14 보뇌환정補腦還精: 도교에서 원기元氣를 유지하고 양생養生하여 장수하는 방법. 방중술에서 남성의 방사에 유익한 기본 이론의 근거 중 하나이다. 방중술에서 남성의 방사에 유익한 요점의 하나는 정액을 보존하는 데 있으며 정액을 보존한즉 뇌에 도움이 된다고 여겼다.

대해 이야기하고자 한다.

중국 고대에는 상당히 특별한 관념이 한 가지 있었으니 바로 각종 사물 사이에는 서로 종류가 다른 사물 사이일지라도, 서로 감응하는 것이 존재한다는 믿음이었다. 그것이 단지 하늘과 사람 상호간의 감응만은 아니었다. 또한 그들은 금속류의 물질은 썩기 쉬운 초목류 물질과 비교하여 더 영구적인 성질을 가지고 있다고 믿었다. 그중에서 특히 황금에 대해서는, 가치가 높을 뿐 아니라, 불에 의한 제련에 영향받지 않으며 부식하지도 않는다고 생각했다. 수은은 보기에도 부단히 순환하는 금속인데 도교에서 매우 유명한 이론가 갈홍葛洪[15]의 『포박자抱朴子』[16] 「금단金丹」에서 "단사丹砂를 불태우면 수은이 되고 집적되어 변하면 또다시 단사로 돌아간다."[17]라고 했다. 그래서 도교도들은 사람이 만일 어떤 방법으로 그것을 먹을 수 있으면 똑같이 견고해지고, 썩지 않으며, 영원한 성질을 얻을 수 있을 것이라고 여겼다.

『주역참동계周易參同契』[18] 상편에는 "황금의 성질은 파괴되거나 썩지 않으므로 만물의 보배가 되어, 술사術士가 그것을 먹고 수명이 길어졌다."[19]라고

---

15 갈홍(250~330): 동진東晉 때 도사道士, 도교학자, 연단술가, 의학자이다. 구용句容(지금의 江蘇省 句容縣) 사람으로 자는 치천稚川이며 스스로 포박자抱朴子라고 불렀다. 그는 신선의 양생법을 좋아하였으며 『포박자』를 저술했는데, 연단의 방법을 서술하고 장생이론을 세웠다.

16 『포박자抱朴子』: 동진 갈홍 저작으로 총 8권이며 내內와 외外 두 편으로 나뉜다. 갈홍이 자신을 포박자라 했기 때문에 책 이름도 '포박자'라고 했다. 도장본道藏本과 오류거도씨五柳居陶氏가 한위총서漢魏叢書 등에 판각해 넣은 것 등은 8권이고, 비급본祕笈本, 명대明代 신무관 간본愼懋官刊本과 백균당간본柏筠堂刊本 등은 모두 내편內篇 20권, 외편外篇 50권이다. 내편은 신선의 수련, 부록의 연구 등 여러 가지 일을 논한 순수한 도가의 말이다. 『수서隋書』 「경적지經籍志」에는 도가道家에 들어 있다. 외편外篇은 시정時政의 득실, 인사人事의 선악과 득실을 논하였는데 언사가 박학하며, 『수서隋書』 「경적지經籍志」에는 잡가雜家에 넣어 분류하였다. 이 책은 중국 고대의 약물, 화학, 신화, 전설 등의 진귀한 자료를 남겼다.

17 『포박자』 「금단金丹」: "丹砂燒之成水銀, 積變又還成丹砂."

18 『주역참동계周易參同契』 상: 『참동계參同契』라고도 한다. 동한東漢 때 위백양魏伯陽이 지었다고 전해진다. 이 책은 도가의 중요 전적의 하나로 그 안에 『주역周易』의 효상爻象을 빌려 도교에서의 연단과 수양의 관점에 억지로 끌어다 붙여 썼다. 후촉後蜀의 팽효彭曉는 『주역참동계통진의周易參同契通眞義』 세 권을 찬술하여 이 책의 주석을 달았다. 송나라 때 주희朱熹와 채원정蔡元定도 이 책을 연구했다.

했고, 『포박자』「금단」에서도 장수코자 해도 보통 초목으로 만든 약으로는 되지 않는다. 초목은 태우기만 하면 곧바로 재가 되지만, 단사와 황금은 오히려 그렇지 않고 그것들 모두는 상당히 안정되거나 순환하는 물질이기 때문에 그들의 힘을 빌려 영구한 성질을 얻을 수 있다면서, 이를 "외재된 물질을 빌려 스스로 견고해진다."[20]라고 했다. 물론 황금과 단사는 결코 곧바로 장생약이 될 수는 없다. 첫째로는 연단 과정은 도교가 독점한 신비한 기술이며, 둘째로는 황금, 단사로 장생약을 혼합하는 것은 이론적으로 음양의 배합을 거쳐야 하기 때문인데, 이 과정과 중의학에서 약을 조제하는 것은 같은 이치다. 곧 여러 차례의 조리와 정제를 거쳐 사람이 복용하기에 적합한 환단還丹[21]으로 만드는 것이다. 이 밖에 외단이 사람을 장생할 수 있도록 하는 까닭은, 도교에 또 다른 관념상의 특수한 근거가 있기 때문이다. 그들이 연단을 진행할 때, 음양의 억제와 조화로운 배합 비결 외에 정로鼎爐[22]의 모형과 제련 과정에 관한 약간의 법칙이 있다.

도교의 관점에 따르면, 연단 정로는 모방한 우주이기 때문에 그것의 각 층과 치수는 천天·지地·인人의 삼재三才, 하늘에 있는 구성九星,[23] 매일의 십이시十二時,[24] 대지 위의 팔풍八風[25] 및 천지의 사상四象,[26] 오행五行,[27] 팔방

---

19 『주역참동계周易參同契』: "金性不敗朽, 故爲萬物寶. 術士伏食之, 壽命得長久."
20 『포박자』「금단」: "假求於外物以自堅固."
21 환단還丹: 도교의 연단 과정에서 금단金丹의 다른 이름. 단사를 불에 태워 수은이 되고 그 시간이 길어지면 또 산화되어 붉은색의 산화물이 만들어진다. 다시 단사의 형태로 돌아가는 것 같으므로 '환단'이라고 부른다.
22 정로鼎爐: 도사가 단약 만들 때 사용하는 정鼎과 노爐.
23 구성九星: 북두칠성과 그것을 좌우에서 보필하는 두 별을 합쳐 이르는 말.
24 십이시十二時: 자子, 축丑, 인寅, 묘卯, 진辰, 사巳, 오午, 미未, 신申, 유酉, 술戌, 해亥 등 12개 시時를 말한다.
25 팔풍八風: 여덟 방향에서 부는 바람. 『여씨춘추呂氏春秋』「유시有始」에는 "어떤 것을 팔풍이라고 하는가? 동북쪽에서 부는 것은 염풍이라 하고, 동쪽에서 부는 것은 도풍이라 하고, 동남쪽에서 부는 것은 훈풍이라 하고, 남쪽에서 부는 것은 거풍이라 하고, 서남쪽에서 부는 것은 처풍이라 하고, 서쪽에서 부는 것은 요풍이라 하고, 서북쪽에서 부는 것은 여풍이라 하고, 북쪽에서 부는 것은 한풍이라 한다.(何謂八風? 東北曰炎風, 東方曰滔風, 東南曰熏風, 南方

八方,²⁸ 십이월十二月, 이십팔수二十八宿²⁹ 등과 엄격한 대응 관계를 가져야 한다. 그리고 이런 모방한 우주 속에서의 단약 제련 과정은 또한 우주의 생성 과정을 모방하고 있다. 심지어 단약을 만들면서 지피는 불의 세기와 시간의 길이도 음양陰陽 이십사기二十四氣,³⁰ 칠십이후七十二候³¹ 등을 상징해야 했다.

日巨風, 西南日凄風, 西方日飂風, 西北日厲風, 北方日寒風.)"라고 했다. 또 『회남자淮南子』「지형훈墬形訓」에는 "어떤 것을 팔풍이라고 하는가? 동북쪽에서 부는 것은 염풍이라 하고, 동쪽에서 부는 것은 조풍이라 하고, 동남쪽에서 부는 것은 경풍이라 하고, 남쪽에서 부는 것은 거풍이라 하고, 서남쪽에서 부는 것은 양풍이라 하고, 서쪽에서 부는 것은 요풍이라 하고, 서북쪽에서 부는 것은 여풍이라 하고, 북쪽에서 부는 것은 한풍이라 한다.(何謂八風? 東北日炎風, 東方日條風, 東南日景風, 南方日巨風, 西南日涼風, 西方日飂風, 西北日麗風, 北方日寒風.)"라고 했다. 또 『설문해자說文解字』「풍부風部」에는 "풍은 팔풍으로, 동쪽에서 부는 것을 명서풍이라 하고, 동남쪽에서 부는 것을 청명풍이라 하고, 남방에서 부는 것을 경풍이라 하고, 서남쪽에서 부는 것을 양풍이라 하고, 서쪽에서 부는 것을 창합풍이라 하고, 서북쪽에서 부는 것을 부주풍이라 하고, 북쪽에서 부는 것을 광막풍이라 하고, 동북쪽에서 부는 것을 융풍이라고 한다.(風, 八風也. 東方日明庶風, 東南日清明風, 南方日景風, 西南日涼風, 西方日閶闔風, 西北日不周風, 北方日廣莫風, 東北日融風.)"라고 했다.

26 사상四象: 금金, 목木, 수水, 화火. 『역경易經』「계사繫辭」상上에는 "양의兩儀는 사상四象을 만들고 사상은 팔괘八卦를 만든다.(兩儀生四象, 四象生八卦.)"라고 했다. 공영달孔穎達의 『오경정의五經正義』에는 이를 설명하여 "양의가 만든 사상은 금, 목, 수, 화를 이른다.(兩儀生四象者, 謂金,木,水,火.)"라고 했다.

27 오행五行: 수水, 화火, 목木, 금金, 토土. 중국 고대 사람들이 각종 물질을 구성한다고 생각한 다섯 가지 원소를 이르며 흔히 이것으로써 우주만물의 기원과 변화를 설명했다.

28 팔방八方: 동, 남, 서, 북, 동남, 서남, 동북, 서북 등 여덟 방향의 총칭으로, 보통 모든 방향을 가리키는 데 사용한다.

29 이십팔수二十八宿: 중국 고대의 천문학자가 동서남북 네 방위에 의거하여 하늘의 항성恆星을 나눈 것으로, 각각 동쪽의 창룡蒼龍 칠수七宿인 각角·항亢·저氐·방房·심心·미尾·기箕, 서쪽의 백호白虎 칠수인 규奎·루婁·위胃·묘昴·필畢·자觜·참參, 남쪽의 주작朱雀 칠수인 정井·귀鬼·유柳·성星·장張·익翼·진軫, 북쪽의 현무玄武 칠수인 두斗·우牛·여女·허虛·위危·실室·벽壁을 합하여 모두 이십팔수이다.

30 이십사기二十四氣: 고대에 태양의 황도黃道에서의 위치에 따라 정한 음력의 절기. 입춘立春, 우수雨水, 경칩驚蟄, 춘분春分, 청명清明, 곡우穀雨, 입하立夏, 소만小滿, 망종芒種, 하지夏至, 소서小暑, 대서大暑, 입추立秋, 처서處暑, 백로白露, 추분秋分, 한로寒露, 상강霜降, 입동立冬, 소설小雪, 대설大雪, 동지冬至, 소한小寒, 대한大寒이다. 이십사절기二十四節氣, 또는 이십사절二十四節이라고도 한다.

31 칠십이후七十二候: 고대에는 닷새를 일후一候로 삼아 1개월은 육후六候로 하였다. 삼후三候는 한 절기節氣이다. 1년은 이십사절기로 모두 칠십이후이다. 칠십이후는 동물과 식물 또는 그 밖의 자연현상 변화의 징후에 의거하여 절기의 변화를 설명하는데, 농사짓는 근거로 삼

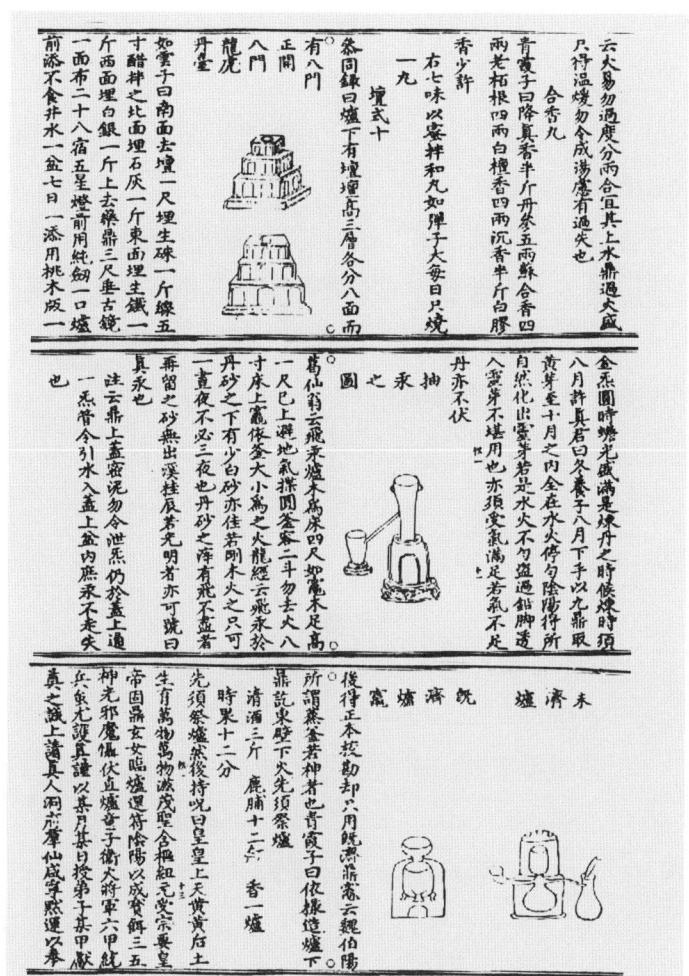

그림 2
'도장道藏'[32]의 연단 정로 관련 기록. 이런 문자와 그림은 매우 많으나 연단의 기술과 설비를 복원시키기는 대단히 어렵다.

옛날 사람들은 약물이 정로 속에서 반응하는 것은 우주에서 화합化合하는 것

았다.
32 도장道藏: 도가道家 서적의 총칭. 수록된 서적은 5500책으로 명나라 때 정통正統과 만력萬曆 두 차례의 판각이 있었는데 다수가 정밀한 판본이다. 그중에는 주周나라와 진秦나라 이래 도가 서적과 육조六朝 이래의 도교 경전 등이 포함되었다.

과 같으므로 약물이 (정로 속의) 우주를 따라서 한 바퀴 돌아 정제되면 단약은 우주의 영원한 성질을 구비하게 된다고 생각했다. 이런 천지와 우주에서 단련의 과정을 거친 정수를 신앙인이 먹으면 당연히 늙지 않고 오래도록 살 수 있다는 것이다.(그림 2)

오늘 우리가 어떻게 보는가를 막론하고, 이런 연단 기술은 영생의 영약을 만들지는 못했다. 하지만 도사들은 연단 과정에서 효력이 있는 수많은 약물을 발견했다. 오늘날 중의학에서 이용되는 수많은 환丸, 산散, 단丹 속에 그들의 공로가 들어 있다. 수많은 화학적 발견도 그들의 실험과 관련이 있다.

2. 내단과 양생

외단에 이어서 '내단內丹'을 살펴보자. 내단의 본질은 바로 우리에게 익숙한 '기공氣功'과 '양생술養生術'이다. 고대 사람의 신체에 대한 수련은 벽곡辟穀[33]과 식기食氣,[34] 건강한 신체를 펴는 것과 방중 등이 있지만 여기에서는 구체적인 방법을 자세히 이야기하기보다는 그것들의 이론적 기초를 다룬다. 물론, 내단의 이치는 언어로 표현하기가 대단히 어렵다. 내단은 우리에게 익숙한 현대적, 또는 과학적 사고 맥락과 다르며, 또 다른 사유의 기초를 가지고 있기 때문에, 현재 개념으로 해석하면 당연히 잘 들어맞지 않을 것이다. 현대의 어떤 이는 장場 이론으로 기공氣功을 해석하고, 어떤 이는 적외 방사·정전靜電·전자파·최저주파로 외기外氣를 설명하고, 물질·에너지·정보를 유기적으로 종합하여 기氣를 설명한다. 이치가 모두 완전히 관통하지 못하므로, 어떤 이는 내단이 매우 '신비하다'고 말하나 사실 '신비하다'라고

---

33 벽곡辟穀: 도교에서의 수련 방법으로, 오곡을 먹지 않고 신선이 되기를 추구하는 것을 이른다.
34 식기食氣: 도교에서 숨을 뱉고 받아들이는 방법으로, 심호흡을 가리킨다.

말하는 것, 그것이 바로 또 다른 관념 유형에 속한다는 것을 나타낸다.

사실 내단이란 명칭의 기원은 비교적 후대의 일이지만 벽곡辟穀, 심호흡, 도인導引 등의 명칭의 기원은 비교적 이르다. 훗날 도교 쪽 사람들은 외단이 사람을 신선으로 만들 수 있다고 하였는데, 그것은 연단 정로가 대우주를 모방하고 황금과 단사는 썩지 않는 보물이므로, 썩지 않는 보물을 우주에서 장시간 정련하면 선약仙藥이 될 수 있다고 여겼기 때문이다. 인체는 하나의 소우주이고 기氣는 사람 생명의 본원이므로, 기가 신체 내에 모이고 운행하면 마치 외단外丹처럼 사람이 신선이 되어 장수할 수 있게 하므로 단약丹藥을 제련하는 것이기도 하다. 그러므로 이것을 '내단內丹'이라고 부른다.(그림 3)

여기에 기본적인 사고 맥락이 있다. 도교에서는 이렇게 여긴다. 사람은 아버지의 정자와 어머니의 피로부터 음양의 두 기를 이어받아 이루어지는데 기는 사람 생명의 근본이다. 아기가 태아 상태에 있을 때, 기는 온몸에 널리 퍼져 순환하고 있다. 또한 그때에는 선천적인 원기元氣가 있어 전혀 입과 코로 호흡할 필요가 없다. 그런데 사람이 출생한 후에는 도리어 호흡이 온몸으로 관통되지 못한다. 『장자』에서 "뭇 사람의 호흡은 목구멍으로 한다."[35]라고 말한 것은 바로 이 의미이다. 하물며 사람이 세상에서 욕망을 갖고, 원래 있던 원기를 점점 소모하고 단지 입과 코로 기를 받아들여 보충하게 되는데 『노자』에서 말한 "번식이 끊이지 않는다."[36]라는 것이 오래되면 될수록 생명력을 점점 소모해 버리게 된다. 바로 이런 사고 맥락에 근거하여 고대에는 약물 보충 이외에 줄곧 수많은 기와 관련된 양생 기술이 있었다. 그 가운데 이른 시기의 것을 도導라고 하는데, 바로 식기와 복기服氣 지식으로, 단약 복용법을 통해 여러 가지 원기를 보충함으로써 사람들이 생명력을 얻게 한다는 것이다. 도교의 내단 학설은 바로 이런 지식의 기초 위에 세워졌다.

---

35 『장자』「대종사大宗師」: "衆人之息以喉."
36 『노자』 5장: "動而愈出."

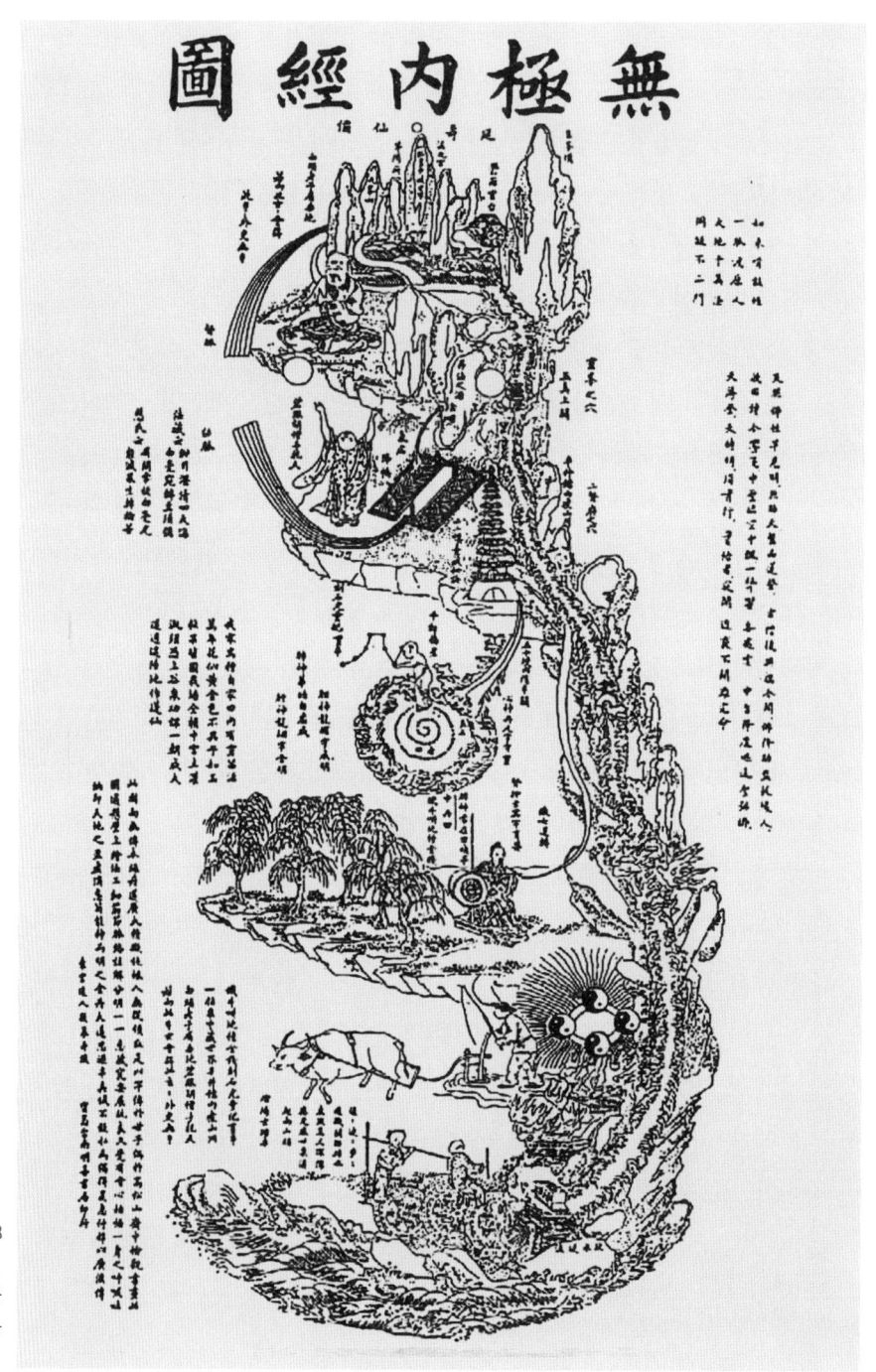

그림 3
「무극내경도無極內經圖」.
인체 내에 참 기氣가 흘러 선계仙界로 올라가는 과정을 상상했다.

내단 정련에는 먼저 신체와 마음 두 가지 면에서 공허와 정결의 유지가 요구되는데, 일단 마음이 고요해야만 자체의 원기가 동하거나 소모되지 않을 수 있고, 신체가 정결해야만 탁한 기를 배출하여 맑은 기로 바꿀 수 있다고 한다. 따라서 도교는 수련하는 이에게 무엇보다 먼저 세속의 각종 잡념을 없애고 생선이나 고기로 만든 반찬과 오신五辛[37]을 먹지 않으며, 심지어 오곡의 양식도 적게 먹음으로써 심리상의 고요와 평화, 그리고 생리상의 정결을 유지하도록 요구한다. 그 다음에는 의념意念으로 호흡을 제어하고, 두 눈을 살짝 감은 채 빛을 머금으며 안쪽을 보고 마음은 단전丹田에 둔다. 밤마다 자시子時가 되면 천지에서 새로 생겨난 기를 빨아들이는데 두 번 빨아들이고 한 번 뱉어낸다. 주로 원기를 간직하고 탁한 기를 내쉰다. 이를 '옛 기운을 내보내고 새로운 기를 받아들인다'라고 한다. 세 번째로는 단전에 빨아들인 기를 체내에서 천천히 전신으로 운행시켜야 한다. 가장 중요한 것은 의념意念으로 몸 전체의 맥락을 통하게 하는 것이다. 예를 들어 앞뒤의 임맥任脈[38]과 독맥督脈[39](그림 4) 두 맥이 통한즉 '주천周天'에 통하게 되어 기가 전신에 운행하며, 마치 우주에서 한 바퀴를 순환하는 것처럼, 또는 구전환단九轉還丹[40]을 정련하는 것

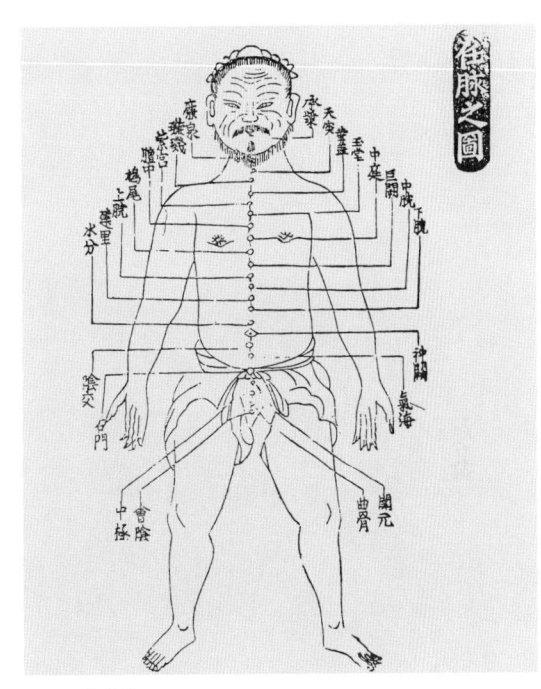

그림 4 「임맥도任脈圖」

---

37 오신五辛: 매운맛이 나는 다섯 가지 채소. 파(葱), 염교(薤), 부추(韭), 마늘(蒜), 흥거興蕖이다.
38 임맥任脈: 인체 경맥經脈의 명칭. 기경츪經 팔맥八脈의 하나이다. 회음會陰에서 시작하여 몸 앞쪽의 중심선을 따라 아랫입술 밑의 혈穴인 승장承漿에 이르는 경락經絡이다.
39 독맥督脈: 기경 팔맥의 하나로 인체 중앙을 상하로 관통하는 맥이다. 회음부에서 시작하여 등의 척추 중앙선을 따라 위로 올라 목을 지나 머리 정수리를 넘어 윗잇몸의 중앙에 이르는 경맥이다.

처럼, 단전에 들어갈 수 있다. 마지막으로 이렇게 숨을 토해내고 받아들이는 기술에 익숙해지고 시종 단전으로 호흡하고 혈기와 맥박은 쉼 없이 두루 흐르며 혼연일체가 되어 느끼지 못하는 상태에 도달하면 사람은 마음이 안정되고 생각과 욕심이 없는 상태가 면면히 이어지는 경지에 도달한다. 이때 단전에 존재하는 원기와 정신은 하나가 되어 도교에서 말하는 '금단金丹'이 된다.

도교에서는 내단 역시 연단으로 보는데다가 기의 운행과 팔괘八卦를 함께 연결시켰다. 심心은 불(火)로, 리離(☲)에 속하여 본성은 움직이는 것을 좋아한다. 신腎은 물(水)로, 감坎(☵)에 속하여 본성은 고요함을 좋아한다. 기의 보편적인 흐름 속에서 그들은 단전에서 한데 융합한 다음 감괘坎卦와 리괘離卦가 서로 돕는 식으로 평형에 도달하는데, 그러면 신수腎水는 심장까지 올라가고, 심화心火는 신장까지 내려간다. 이렇게 사람이 음양의 균형이 잡히면 만병이 침투하지 못하게 된다.(그림 5)

외단과 내단, 특히 내단 수련에서 도교는 일면 의식儀式·방법에 의지하여 신과 소통하는 한편, 다른 측면으로 체험에 의지하여 내재된 신체를 느끼고 생명을 초월하고자 한다는 것을 알 수 있다.

내단 속 그런 '심心'의 청정한 경지와 '기氣'가 흐르는 느낌은 결코 그렇게 쉽게

그림 5 「체상음양승강도體像陰陽升降圖」

---

40 구전환단九轉還丹: 도가에서 아홉 차례에 거쳐 정련하여 완성된 단약을 말하는 것으로 구전단九轉丹이라고도 한다.

장악할 수 있는 것이 아니라 극히 고요한 외부조건과 극히 정결한 내부조건 속에서만 느끼고 파악할 수 있다.

이 점에서 도교와 도가는 일치했다. 그들은 '심재心齋',[41] '좌망坐忘'[42]의 상태가 가장 좋은 존재 상태라고 여겼으며 역시 '무심無心'의 상태가 '도'에 도달하고 체험하는 유일한 경로라고 생각했다. 그러므로 사대부가 도교에 들어갈 때, 흔히 도가 사상과 도교 사상을 한데 섞었으므로 그들이 받아들였고, 흔히 고요함을 위주로 한 체험과 느낌은 동일한 것으로 그들이 초월을 추구하고 영원함을 찾았던 것은 보통 민중 속의 도교 신앙인이 사람과 신神의 소통으로 현세를 구하고 인생의 문제를 해결하는 방법과는 다른 것이었다.

3. 도가 신선의 계보

다시 말하면 우리는 도교가 종교이고 또 여러 신선과 귀신을 믿는 종교라는 것을 알아야 할 것이다. 도교는 일상적인 사회생활에서 제사, 기도의 방법을 통하여 사람과 신선 및 귀신이 소통하고, 신앙인을 위하여 재앙을 쫓아내고 복을 기구하는 데 더 역점을 두어 그 종교의 사회적 가치를 실현시키고자 했다. 산서山西 예성芮城의 영락궁永樂宮에는 원대元代의 도교 벽화가 매우 잘 보존되어 지금까지 전해지고 있다. 그중 가장 유명한 것은 삼청전벽화三淸殿壁畵이다.(그림 6) 이 벽화의 3면에 표현되어 있는 것은 삼십이천제三十二天帝, 십방상제十方上帝, 여러 신선들, 성수星宿이다. 가운데에 단정하게 앉아 있는 삼청三淸을 함께 알현하는 조소인데, 벽화를 매우 훌륭하게 그

---

41 심재心齋: 마음을 전심으로 고요히 가라앉혀 마치 재계齋戒할 때 외부의 욕구를 없애는 것과 같은 것이다.
42 좌망坐忘: 고요히 앉아서 외물外物과 자아自我를 잊고 도道와 우연히 서로 일치하는 것을 가리킨다.

그림 6 산서山西의 예성芮城 영락궁永樂宮 삼청전벽화三淸殿壁畫(일부). 이 벽화에서 뭇 신들이 두 손을 맞잡고 절하며 삼청을 에워싸고 있어 웅장한 신령 집단을 이루고 있다.

려냈다. 이 벽화를 통해 도교에서 숭배하는 것은 수많은 신선임을 알 수 있다. 따라서 어떤 사람은 도교가 다신교라고도 말한다.

도교에서 많은 신들은 각각 직분을 맡으면서 기능 확장에 따라 끊임없이 새로운 신이 들어오고 오래된 신은 사라짐으로써 방대하고 순서가 있으며 상상할 수 있는 하나의 신선 관료체계를 구성했다. 여기서 조금 덧붙이자면, 서양인은 Taoism이 도교를 가리키면서 도가도 가리킨다고 하지만 도가는 결코 도교와 같지 않다. 도가가 주장하는 최종 목표는 추상적이고 심오한 '도'이며, 무슨 신선이나 귀신이 아니다. 그와 달리 도교의 가치와 의미의 상징물은 신선이다. 그들은 유신론有神論인 데다가 다신론多神論이다. 맨 처음 한대漢代에 한동안 주로 노자를 숭배하다가 나중에 원시천왕元始天王을 숭배했던 것 같다. 위진魏晉 시기에 비교적 온전한 신귀神鬼의 계보를 점차 형성해 가다가 남조南朝 양대梁代에 이르러 도홍경陶弘景[43]이 쓴 『진령위업도眞靈位業圖』에서 대체로 분명한 신귀神鬼 체계를 볼 수 있었다.

일반적으로 말하면, 도교의 가장 높은 신은 옥청玉淸, 태청太淸, 상청上淸의 삼청인데, 이는 본래 상상에 부합하는 세 가지 천상의 경지였으나, 도교에서는 이 세 가지 경지에 모두 주재하는 신이 있다고 상상했다. 옥청은 원시천존으로서, 원시천존은 '도'를 상징하고 일체 사물의 본원이자 주재자이다. 게다가 뭇 신들의 신이다. 한편으로 '무無'를 상징하기도 한다.(그림 7) 태청은 영보천존靈寶天尊으로 원시천존 바로 다음 차례이다. 상청上淸은 도덕천존道德天尊인데, 도덕천존은 옛말의 '태상노군'으로 노자 본인의 신격화에 불과하다고 전해진다. 『봉신방封神榜』[44]에 나오는 "한 기운이 삼청으로 변했다."[45]에서의 '삼청'은 바로 이 삼청을 가리킨다. 그러나 작가는

그림 7 청대淸代에 그린 원시천존의 모습.

---

43 도홍경陶弘景(452~536): 남조南朝 말릉秣陵 사람으로 자는 통명通明이다. 초서와 예서에 뛰어났고 도술을 좋아했다. 제나라 고제高帝 때 여러 왕의 시독侍讀이 되었고 양나라 때는 구곡산句曲山에 은거하며 스스로 화양은거華陽隱居라고 하였다. 무제武帝 때 황제가 예로써 초빙했으나 나오지 않았다. 그러나 조정의 대사는 의논하지 않는 게 없어 당시 '산중재상山中宰相'이라 불렸다. 죽고 나서 대중대부大中大夫가 내려지고 시호는 정백선생貞白先生이다. 저작이 매우 많은데 주요한 것으로 『진고眞誥』, 『진령위업도眞靈位業圖』, 『등진은결登眞隱訣』, 『본초경집주本草經集註』가 있다.
44 『봉신방封神榜』: 신마소설神魔小說. 저자는 명나라 때 허중림許仲琳이다.
45 『봉신방』: "一氣化三淸."

삼청을 노자 한 사람이 세 개 화신으로 나타났다고 간주했는데, 홀로 적진에 푸른 소를 타고 간 사람이 '삼청'이 되었다고 하는 것은 잘못된 것이다.

그러나 고대 중국의 민간에서 사람들이 가장 흔히 접하고, 가장 쉽게 기억하는 것은 '옥황상제玉皇上帝'로,『서유기西遊記』에서는 '고천상성대자인자옥황대천존현궁고상제高天上聖大慈仁者玉皇大天尊玄穹高上帝'라고 불렸으며 영소보전靈霄寶殿에 살면서 하늘의 일을 주관하고, 지옥의 일을 관장하며, 바다 용왕의 일을 관장하기도 했다. 천상에는 또 수많은 '천제天帝'가 있는데 각 방향마다 있다. 이렇게 등급이 존귀한 신 외에도 각양각색의 전문 신선이 있다고 전해지는데, 출산을 주관하는 '자식을 점지하는 마마(送子娘娘)'와 옥황대제의 배우자인 '왕모王母 마마'가 있고, 사방을 나누어 관장하는 사방대제四方大帝, 그리고 현무玄武, 주작朱雀, 청룡靑龍, 백호白虎 네 신神이 있으며, 수명을 주관하는 수성壽星, 복을 관장하는 복성福星, 관록을 관장하는 녹성祿星 등이 있다. 나중에는 문인文人을 관장하는 문창제군文昌帝君,

그림 8 도장道藏 중의 제1부경인『도인경度人經』첫머리에 있는 삼청과 중선도衆仙圖(일부)

문장文章을 관장하는 관성대제關聖大帝가 또 생겼다. 물론 기이한 각양각색의 신神과 귀鬼도 있다. 원래 고대 중국에서 인간의 생사生死를 관장하는 이는 태산부군泰山府君이었는데 나중에 도교에서 북음풍도대제北陰酆都大帝로 바뀌었다가, 마지막에 불교와 합류하면서 또 염라대왕이 되었다. 북음풍도대제와 염라대왕의 수하에는 각각 무시무시한 귀신이 있어 사후세계에서 인간의 선악 심판을 맡았다.(그림 8)

물론 도교의 각 파에는 나중에 사람에서 신으로 승격된 이도 있었다. 정일파正一派의 중요한 신령 중에 장천사張天師(그림 9)가 있고, 전진파全眞派에는 창시자인 중양진인重陽眞人 외에, 전진칠자全眞七子가 있으며, 가장 유명한 사람으로는 장춘자長春子 구처기丘處機[46]가 있다.

그림 9 장천사의 모습

4. 신선, 귀신과 사람의 소통 의식

이렇게 많은 도교의 신선과 귀신은 모두 사람들 생활 속의 갖가지 문제를 처리하기 위하여 환상에서 나온 것이다. 그렇다면 어떻게 해야만 사람의 생각을 신선이나 귀신과 소통시킬 수 있는가? 도교가 종교인 바에야 신앙인이 필요하고 신앙인이 있으면 곧 신앙인에 대한 대답이 있어야 하는데, 그것은

---

[46] 구처기(1148~1227): 자는 통밀通密이고 도호道號는 장춘자이다. 금金나라 때 전진도全眞道 도사이다. 구처기는 도교의 역사와 신앙에서 전진도 칠진七眞의 한 사람으로 꼽히며 용문파龍門派 시조로 받들어지고 있다.

곧 도교를 믿는 사람들을 인도하고 도와야 한다는 뜻이다. 도사道士는 바로 사람과 신선 또는 귀신을 소통시키는 중개자이다. 사람과 신선·귀신 사이를 소통하기 위하여, 도사는 일단의 독특한 방법과 의식을 갖고 있었는데, 상고上古에서 발원한 이런 의식과 방법은 도교의 중요한 부분이다. 도교의 의식은 대단히 많고도 매우 복잡하다. 그중에서 가장 중요한 것은 '재齋'와 '초醮'이다.

'재'의 종류는 매우 많고 기원도 오래되고 복잡하다. 고대 사람들의 마음 속에서 신은 마땅히 존경해야 하며 신은 더러운 것과 고기나 생선의 비린내를 좋아하지 않으므로 사람이 신과 소통하려면 먼저 심신을 깨끗하게 해야 한다. 이것을 바로 '재'라고 한다. 재에는 갖가지 복잡한 의식이 있는데 도교는 다음과 같은 방법을 계승했다. 『수서隋書』 「경적지經籍志」의 기록에 의하면, 재를 지낼 때 중요한 것은 목욕하고 마음을 정결하게 하는 것이다. 심신을 깨끗하게 한 뒤에 도사의 인도하에 재단으로 걸어가는데, 재단은 3층으로 나뉘고 맨 위층 재단 위에 제사상과 제수가 있다. 의식을 거행할 때, 도사는 경문을 소리 내어 읽고, 향을 사르고, 보허步虛[47]의 말투를 쓰며, 빙빙 돌아야 한다. 재는 신에게 보우保佑해 주기를 기구하는 의식으로, 도사의 주요 역할은 신의 이름을 소리 내어 말하고, 청사青詞[48]를 올리는 것 등이다. 이런 의식에서 사람과 신은 도사의 중개 아래 소통한다.(그림 10)

옛날 사람들은 신선과 귀신 모두 사람과 마찬가지로 아끼는 마음과 동정

---

47 보허步虛: 보허성步虛聲, 또는 보허사步虛詞라고도 한다. 도사가 재단에서 경문을 낭송하고 공덕을 찬송하는 말투로서 내용은 신에 대한 찬송과 기도인데 보허의 선율이 마치 뭇 신선들이 맑고 은은하게 허공을 걷는 것 같다고 하여 보허성이라고 한다. 보허의 출현에 대해서는 유송劉宋 때 유경숙劉敬叔의 『이원異苑』에 "진사왕陳思王 조식曹植이 산에서 노니는 중 갑자기 공중에서 경을 낭송하는 소리가 들렸는데 맑고 깊으며 낭랑했다. 소리를 아는 자가 그것을 받아 써 보니 신선의 소리였다. 도사가 그것을 모방하여 보허성을 지었다.(陳思王游山, 忽聞空里誦經聲, 淸遠遒亮, 解音者則而寫之, 爲神仙聲, 道士效之, 作步虛聲.)"라고 나와 있다.

48 청사青詞: 도사가 하늘에 주청을 드리거나 신장神將을 소집할 때 쓰는 부록符籙. 붉은 글씨로 청등지靑藤紙에 썼으므로 이렇게 부른다. 청사靑辭라고도 한다.

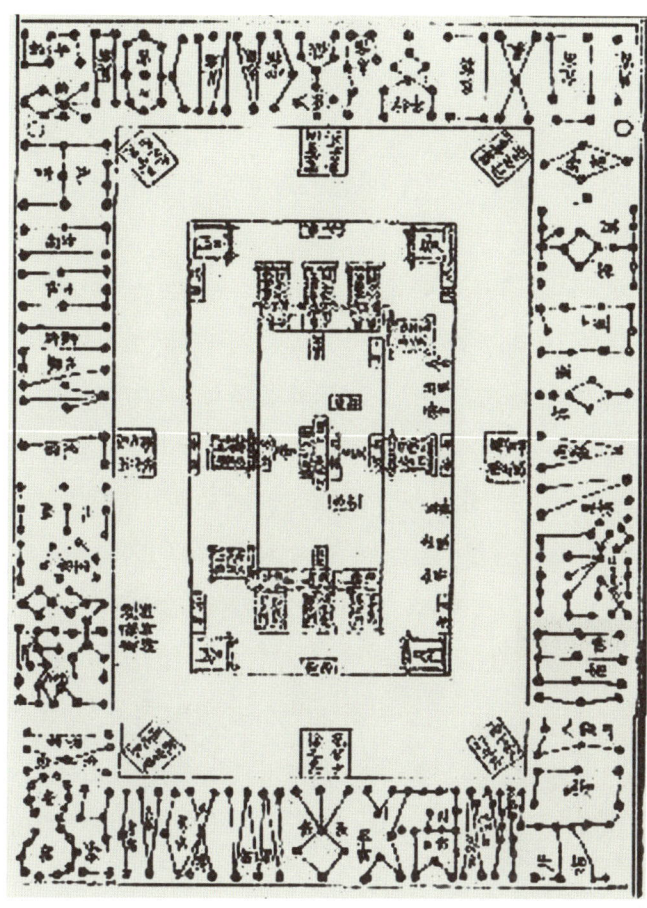

그림 10
『영보옥감靈寶玉鑒』[49]에 실려 있는 「총성단도總星壇圖」. 이것은 도교 제단 구조의 일종이다.

심을 갖고 있어서 사람이 고통받고 고난을 당하고 있으면 도와줄 것이라고 상상했다. 따라서 고대 재齋 의식에는 자기 학대와 탐닉의 방식이 있는데, 이런 상태에서 신과 사람 사이에 일치를 이룸으로써 신의 동정과 도움을 얻으려 했다. 중국 민간에는 재가 큰 것도 있고 작은 것도 있어 형식에서도 서

---

[49] 『영보옥감靈寶玉鑒』: 저자 미상이며, 총 43권인데 별도로 목록 1권이 있다. 송宋나라와 원元나라 사이 영보파靈寶派 재초齋醮(도교에서 행하는 의식) 의식의 집성이다.

로 같지 않다. 그러나 대체로 사람들을 위하여 비 내리기를 기도하고, 혼령을 고난에서 벗어나게 해주는 부류와 같이 구체적인 문제를 해결한다.

한편 '초醮'에서 중요한 것은 신에게 제사 지내는 의식으로, 오늘날 도관道觀에서 하는 신선대회神仙大會와 같으며 재법齋法과 매우 비슷하다. 도사는 축원하고 기도하던 신상神像을 단상에 모시고, 신상이 있거나 신의 이름이 적힌 그림과 위패를 제단祭壇 주위에 모시는데, 마치 '나천대초羅天大醮'[50]처럼 상당히 많은 위패를 모신 다음 일일이 낭송과 기도를 한다. 그리고 빙빙 돌고, 보허 어투로 경經을 낭송하고 음악을 연주하고 향을 살라야 한다. 초 역시 복을 구하고 재앙을 없애는 수단의 하나로 민간에서 흔히 '도사를 모셔 와서 경을 읽고 제사를 지낸다'고 하는 것은 바로 이런 의식을 가리킨다.

'재'나 '초'를 막론하고 이런 의식은 도교의 특별한 장소에서 거행해야 하는데 초기 도교에서 종교적인 신성한 장소는 '정실靖室'[51]이다. 고대 의식의 습관에 따라 소박하고, 간결하며, 조용하다는 것이 특색이었다. 하지만 당대唐代 이후 재단齋壇은 점점 복잡하고 화려해져 몇몇 재단은 높은 받침대를 세우고, 계단을 보수하고 신상神像을 모실 뿐만 아니라 사방에 갖가지 매달린 축대, 위패, 덮개를 배치하고, 각양각색의 성신星辰을 상징하는 등燈을 놓고, 제사상 위에는 각양각색의 제물을 올리고, 게

그림 11 도교 의식 중에 도사가 입는 법복.

---

50 나천대초羅天大醮: 도사가 재앙을 없앨 것을 기구하기 위해 진행하는 대규모의 성대한 법사法事.

51 정실靖室: 도가에서 수양하며 조용히 쉬는 처소.

다가 수많은 법기法器를 사용하고 여러 가지 음악을 연주해야 할 정도가 되었다.(그림 11)

5. 세속의 곤액 해결: 도교의 법술

도교에서 신앙인을 위해 복을 기구하고 재앙을 없애는 방법은 매우 많아서 일일이 소개할 도리가 없다. 여기서는 그중 가장 일반적인 세 가지 주문, 부록符籙, 그리고 검·거울·인장 등 귀신을 쫓아내고 신神을 청하는 법기法器의 사용법을 소개한다.(그림 12)

중국에서 축원과 저주의 방식은 유구한 역사가 있다. 고대인은 일체 복이 모두 신의 비호와 상관있고, 일체의 재앙은 모두 귀신이 훼방을 놓은 것이라

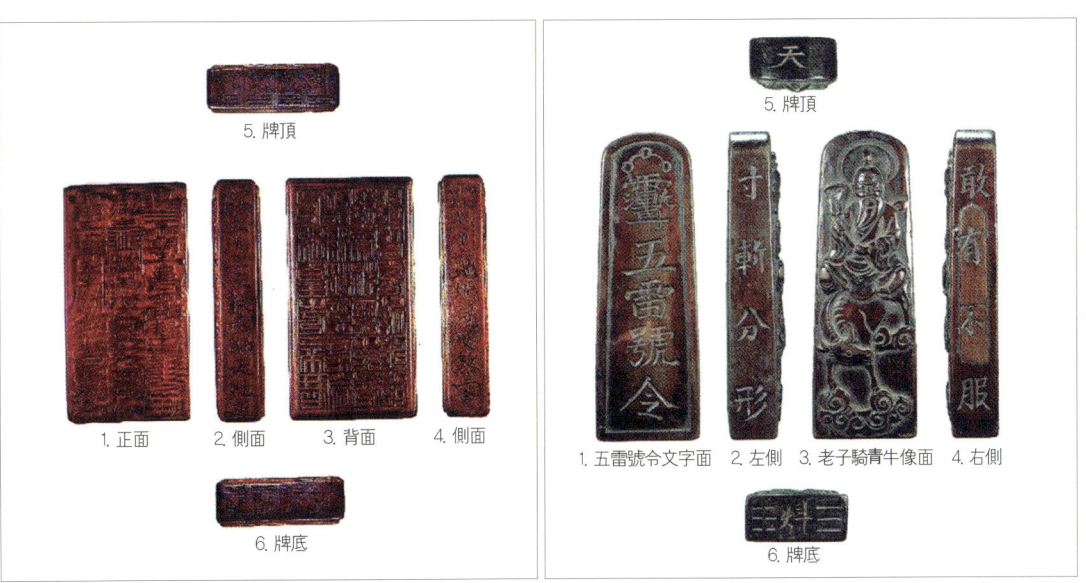

그림 12 도교道教에서 우레를 부르고 사악한 기운을 내쫓는 영패令牌(왕위청(王育成), 『도교 법인과 영패의 오묘함에 대한 탐구(道教法印令牌探奧)』, 종교문화출판사宗教文化出版社, 2000년)

고 상상했다. 또한 신과 귀신도 사람처럼 사람의 축복을 받으면 좋아하나, 저주를 받으면 두려워한다고 생각했다. 따라서 고대에 이미 '축祝'과 '주呪'가 있었고 그중에 저주는 전적으로 귀신에 대응하는 것으로 선진先秦 시대에는 '축유祝由'[52]라고 부르기도 했다. 도교의 '주'는 바로 고대인의 전통을 계승했다. 옛날 사람들은 저주가 귀신에게 효과적인 위협 수단으로, 특히 특수한 훈련을 거친 도사의 저주의 말은 위력을 갖춘 신과 사전에 약속한 비밀번호와도 같다고 여겼다. 도사에게는 신과 통하는 재주가 있기 때문에 신을 불러 귀신을 다스릴 수 있었고, 『태평경太平經』[53]에서는 그것을 '신축神祝'[54]이라고 불렀다. 신력神力이 있으면 당연히 주문도 더 영험이 있다. 도사는 주문을 외우면서 마음속으로 신을 생각하고, 손에는 결訣을 쥐고 입으로는 대상에 맞게 주문을 외운다. 예를 들면 도홍경陶弘景의 『등진은결登眞隱訣』[55] 권중卷中에는 질병을 내쫓고 치료하는 주문, 즉 "천봉天蓬 신이시여, 천봉 신이시여, 구원살동九元殺童, …위검신왕威劍神王, 참사멸종斬邪滅踪"[56]이라는 주문을 왼

---

52 축유祝由: 고대에 부적과 주문으로 병을 치료하는 방술인데 후세에 부적과 주문을 써서 병을 쫓는 사람을 '축유과祝由科'라고 했다. 『소문素問』 「이경변기론移經變氣論」에는 "독약은 안을 치유할 수 없고 석침은 밖을 치료할 수 없으므로 정력을 축유로 옮길 수밖에 없다.(毒藥不能治其內, 鍼石不能治其外, 故可移精祝由而已.)"라고 했다.
53 『태평경太平經』: 도교 전적. 그 내용은 천지天地, 오행五行, 음양陰陽, 간지干支 등을 포함하고 도교의 선양을 위주로 한 것으로 도교와 동한東漢 말 사회를 연구하는 중요한 자료이다. 요지는 사람이 일을 행하면서 오행의 이치에 순응해야지, 하늘을 거슬러 행해서는 안 된다는 것이다. 장각張角은 일찍이 태평도太平道를 조직하여 황건黃巾의 난을 일으킨 사상적 근거로 삼았다.
54 신축神祝: 주문. 도교에서 법력을 갖춘 언어. 이 신축을 외우면 병을 치료하고 악귀를 쫓아낼 수 있다고 한다.
55 『등진은결登眞隱訣』: 양梁나라 도홍경이 찬술했으며 이전 도서道書에 전해지는 결訣과 각파의 양생술을 수집한 것으로 모두 세 권이다. 신선이 되는 비결에 관한 이 책은 도교에서 비교적 이른 '본래의 성정性情을 닦고 결訣을 배우는' 도서道書에 속하며 '정통도장正統道藏' 동현부洞玄部 옥결류玉訣類에 들어 있다.
56 천봉신축天蓬神祝의 일부인데 도교에서 매우 중요한 주문이다. 천봉, 구원살동, 위검신왕, 참사멸종 등은 모두 도교에서 마귀를 베어 죽이는 신장神將의 이름으로, 그들의 이름을 부르기만 하면 귀신과 요괴는 곧 사라진다고 한다.

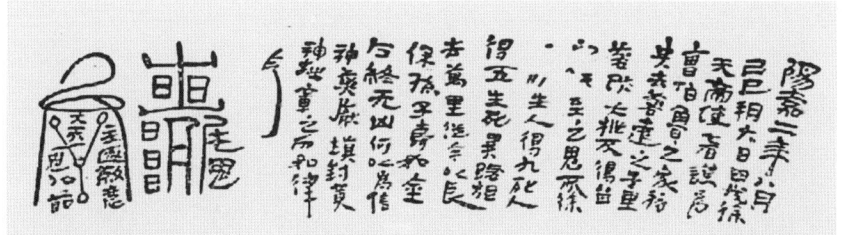

그림 13-1
동한 호현戶縣 조씨 붉은 글씨 해제문(曹氏朱書解除文)

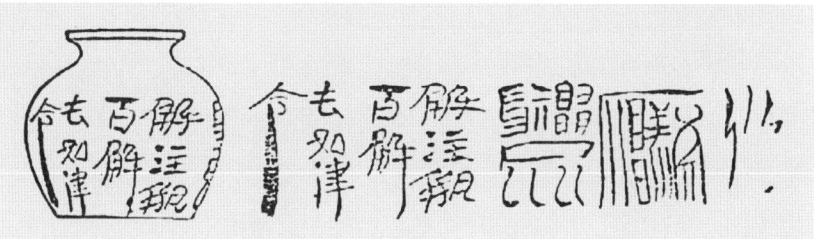

그림 13-2
동한 낙양 서쪽 교외의 해주병解注瓶은 붉은 글씨의 부적문임.

다음 또 이를 위아래로 딱딱 맞추는 등과 같은 몇몇의 특수 동작을 배합하면, 신은 불려와서 신앙인을 도와 악귀를 쫓아내고 요괴를 없앤다고 했다.

부적 그리는 방법도 역사가 오래된 것으로, 적어도 한대漢代에 이미 있었다. 옛날 사람들은 문자와 그 문자가 나타내는 사물 사이에는 필연적인 연관이 있으며 일단 사물을 나타내는 문자가 있게 되면, 문자에 의해 상징되는 바가 있게 된다고 생각했다. 이렇게 문자를 장악하면 사물을 장악할 수 있다고 믿었으므로 고대에 문자가 창조되어 나올 때, "하늘에서 곡식이 비처럼 내리자 귀신은 밤에 울었다."[57]는 신화가 있었다. 그런데 부적 그리는 방법으로 가장 이른 것은 바로 글자를 쓰는 것이다. 오늘날 고고학에서 발굴한 동한東漢 묘혈에서 부적의 문자와 기원문이 있는 해주병解注瓶[58]이 몇몇 출토되

---

57 『회남자淮南子』「본경훈本經訓」: "天雨粟, 鬼夜哭." 그 의미는 창힐倉頡이 만든 한자가 출현한 후에 자연의 비밀과 신령이나 요괴의 모습이 모두 남김없이 드러나게 되었으므로 귀신이 어두운 밤에 운다는 것이다.
58 해주병解注瓶: 도교의 주문이나 부적이 그려져 있는 법술을 펼치는 물건. 해주解注는 신에

었다. 예컨대, 섬서陝西 호현戶縣 동한東漢의 묘에서 출토된 조씨 붉은 글씨 해주병(曹氏朱書解注瓶)(그림 13)에서 보는 바와 같이 문자와 의미를 분명히 변별할 수 있었다. 『태평경太平經』에서 이런 부적을 '복문複文'이라 했는데, 초기의 부적은 바로 약간의 문자를 합쳐 어떤 의미를 나타냄으로써 특정한 바람을 표현했다.

그러나 훗날의 도사가 부적을 그리는 특허권을 독점하기 위한 방편으로 부적의 문양은 점점 더 이상해지고 판별할 수 없게 되었다. 그들은 전서篆書 쓰는 법과 그림 그리는 법을 도입하여 부적을 전혀 문자와 같지 않게 그림으로써 사람들이 부적 문양의 의미를 알지 못하게 하여 자기가 그린 것을 모방할 수 없게 한 것이다. 도사는 또 주문을 암송하고 신령을 묵상한 다음에 부적을 그려야 효력이 있을 수 있고, "부적을 그려도 비결을 모르면 도리어 귀신이 웃도록 자극하고, 부적을 그리는 데 만일 비결을 알면 귀신이 부름에 놀라게 된다."고 말했다. 동진東晉 시대의 갈홍은 『포박자』「가람遐覽」에서 삼국시대 때 오나라의 개상介象[59]은 부적의 문자를 읽을 수 있어 틀림이 있는지 없는지를 알았다고 하니, 삼국시대 부적은 주로 문자의 조합이었는데, 서진西晉 때에 이르러서는 "지금 부적의 글자는 읽을 수 없고, 틀렸을지라도 알 수 없으므로, 아무도 잘못된 부적의 그림이 규정에 맞지 않음을 알지 못한다."[60]로 바뀌었다고 설명했다. 지금 도교 서적에 전해지는 각종 부적의 글자를 보아도 정말로 그것의 의미를 알기가 매우 어렵게 되었다.(그림 14)

도교의 검·인장·거울을 이용한 방법 역시 오래되었다. 중국의 고대인은

게 재앙을 없애 줄 것을 기구하는 것인데, 한대의 무술巫術의 하나로 묘문해제墓門解除, 해제解除, 해축解逐이라고도 한다.

59 개상介象: 생몰년 미상. 자는 원칙元則이며 오나라 회계會稽(지금의 紹興) 사람이다. 삼국시대 오나라의 저명한 은사隱士이자 방사方士며 나중에 오나라 군주에게 방술을 가르치는 스승이 되었다.

60 『포박자』「가람」: "然今符上字不可讀, 誤不可覺, 故莫知其不定也."

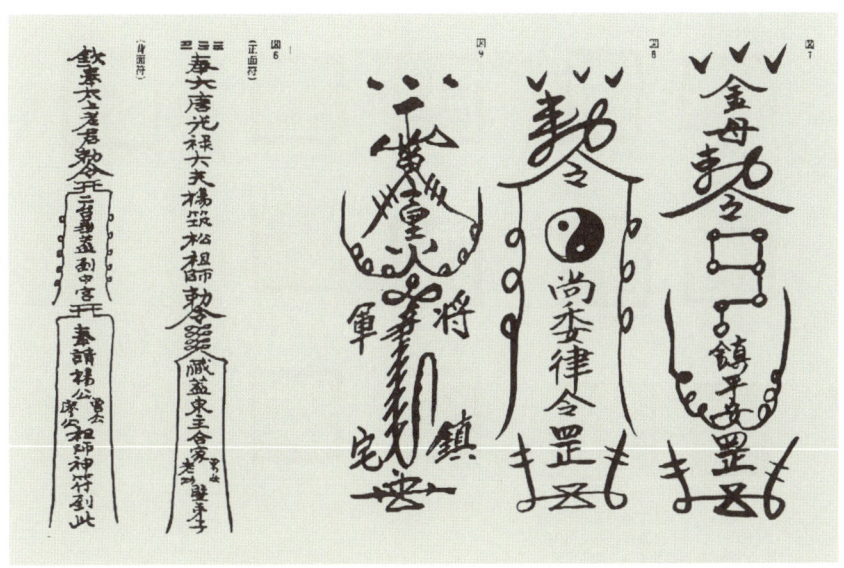

그림 14-1 돈황 문서 속의 당대唐代 도교 부적

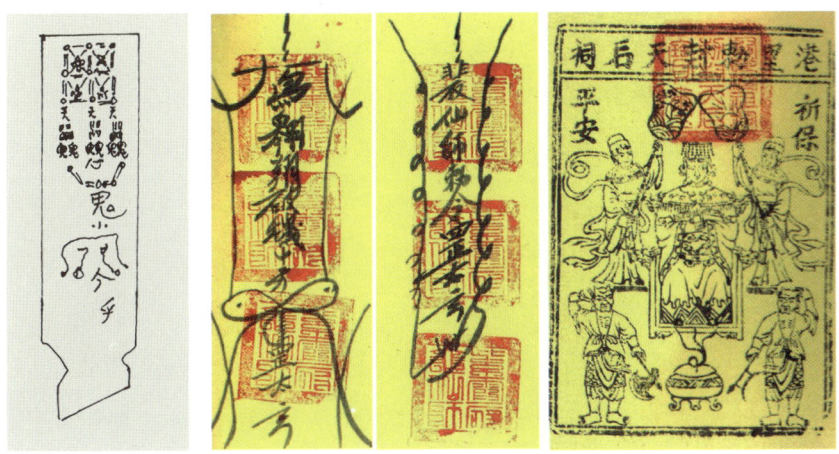

그림 14-2 일본 나라 그림 14-3 현대 천후궁天后宮의 종이 부적
시대 목간 부적문

검이 사악한 것을 피하는 기능이 있는 '금정金精'[61]이며, 또한 살육하고 호령

---

61 금정金精: 도교에서 이르는 전설 속의 선약仙藥.

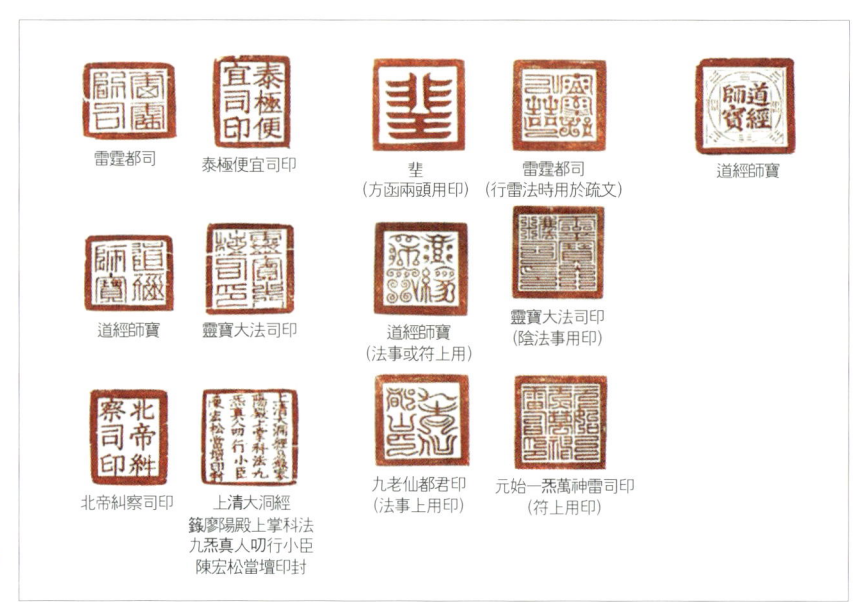

그림 15
도교의 각종 신神의 인印

하는 무기라고 여겼다. 도사는 또 검을 신령한 도구로서 귀신을 벨 수 있다고 여겼으므로 의식에 흔히 보검을 매달아 두었다. 민간의 도사는 흔히 목검으로 허공을 갈라 귀신을 베기도 했다. 따라서 검은 신력神力을 갖추고 악귀를 물리칠 수 있는 법기法器가 되었다. 인장은 권력의 상징으로, 고대 중국에서 관청의 대인大印은 특히 끝이 없는 권력을 상징했다. 옛날 사람들은 인장이 상징하는 권력을 맹신하며, 상상 속에서 도교의 인법印法을 창조했다. 도교는 흔히 '북극구사원北極驅邪院', '태상노군칙령太上老君敕令', '북극살귀인北極殺鬼印'을 새겨 악귀를 조사하고 다스리는 데 썼다. 예컨대 분묘 안에 태상노군太上老君의 대인大印이 찍힌 저승으로 들어가는 '명도로인冥途路引'이라는 통행증을 놓아 두거나, 사람의 앞쪽 심장과 등 뒤쪽에 대인大印이 찍힌, 병을 없애는 부적을 붙이면 대단한 영험이 있다고 했다. 심지어 어떤 신인神印을 찍은 종이를 입으로 삼키면 악몽을 없앨 수 있으며, 인지印紙를 물로 만들어 눈을 씻으면 눈병을 치료할 수 있다는 등등의 얘기도 있다.(그림 15)

'거울'에 관해 이야기하자면, 사람들은 모두 '요괴를 비추는 거울' 이야기를 알고 있다. 옛날 사람들은 마귀나 요괴는 여러 가지 형상으로 변하지만, 거울을 비추면 변화를 일으키지 못하며, 또한 변한 모습을 거울에 비추면 바로 원래의 모습을 드러낸다고 믿었다. 그래서 위진魏晉 시대 사람들은 산에 올라가면서 거울을 등 뒤에 져야 한다고 했다는데, 그것은 요괴와 악귀가 등 뒤에 따라오다가 거울을 한 번 보고 자기가 여전히 원래 모습이면 변하지 않은 줄로 여기고 더 이상 뒤따르지 않기 때문에 사람이 상해傷害 입는 것을 피할 수 있다는 것이었다. 그래서 나중에 '요괴를 비추는 거울'이라는 설이 있게 되었다. 도교에서는 의식을 위한 재단 설치 장소나 수련 장소에 동경銅鏡을 걸어 악귀를 물리치기도 했다.

소결: 중국의 종교인 도교

우리는 앞에서 도교가 영구한 생명을 얻기 위해 내단과 외단의 지식과 기술을 추구한다는 것, 인간의 곤액困厄을 해결하는 신선의 계보系譜, 그리고 사람과 신 또는 귀신이 서로 소통하는 의식과 방법에 대해서 이야기했다. 이런 도교의 지식, 사상, 신앙과 기술은 모두 사람들의 각종 근심과 환난의 문제를 해결하기 위한 것인데 그것의 중심은 사람과 신선·귀신, 사람과 천지의 소통이다. 종교는 일종의 신앙이고, 일종의 가상 관계 속에서 양방향의 교류 과정이기도 하다. 바꿔 말하면, 도사道士의 주재와 도움 아래 사람과 신선 및 귀신, 천지 사이에 일종의 교류가 형성되는데, 사람은 도사의 도움을 거쳐 자기의 생각과 희망을 천지의 신선과 귀신에게 알리면, 도사가 알고 있는 신비한 기술을 통하여, 다시 신선과 귀신의 의지와 대답이 인간에게 전달된다는 것이다. 그것이 정말 사람을 영생하게 하고 행복하게 할 수 있는지 아닌지에 관해서는 당사자가 정말 경건한 신앙을 갖고 있는지 봐야 한다. 그러한 믿음은 상상에 의지하거나 심지어 환상으로 지탱해야 하기 때문이다. 신앙인은 경건한 상상을 통하여 천지 귀신의 대답과 가호를 얻게 되고, 도사의 상징적인 동작에 대한 연상을 통해, 심리상의 위로와 평정을 얻게 되면 이것은 마치 '심리치료'와 같은 효과를 거두게 되는 것이다.

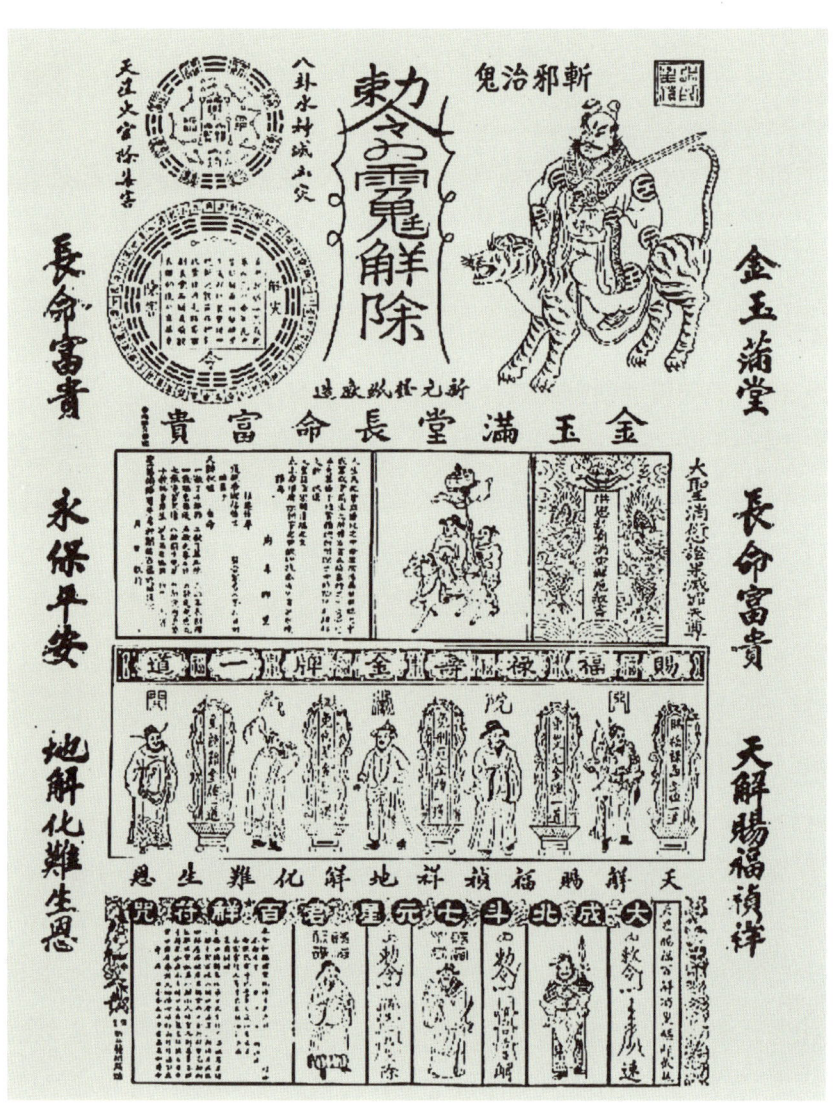

그림 16
도교의 백해지百解紙. 민중 신앙인의 모든 염원과 기대를 표현했다.

마르크스는 "종교는 민중의 아편이다."라고 했는데 아편에는 마비시키는 일면이 있지만 치료하는 일면도 있다. 여기에서의 효과는 사실 '믿음'과 '생각'에서 온다. 바꿔 말하면, 도교에서 신령에게 기구하든 악귀를 내쫓든 가장 중요한 것은 도사의 협조를 통하는 것이며, 가장 관건은 도교의 법술을 믿는 것이다. 갖가지 곤란과 고뇌가 닥치면 사람은 가장 경건한 마음으로 들어가려고 한다. 진실한 신앙으로 신귀神鬼, 천지와 소통하는 것을 상상하고 도사가 도와주는 것을 상상하면, 이렇게 마치 정신과 의사를 부른 것처럼 자기로 하여금 최면 상태에 들어가게 하여 심리치료를 받는 것과 같게 되는 것이다. 그렇지 않으면, '마음이 정성스럽지 못하면 영험이 없다'는 것처럼 종교의 신앙도 의미를 잃는다.

　　도교는 이렇게 하나의 종교이다. 삼청三淸, 옥황玉皇 등 무수한 신령을 믿으며 사람과 신선·귀신이 소통하는 갖가지 기술을 가지고 있으며, 영생과 행복을 추구하는 마지막 이상을 세우고 '치治'[62]나 '명승지'를 중심으로 교단 조직을 만들었다. 도교는 고대 중국의 각종 진실 또는 상상의 지식과 기술, 신화와 전설을 전부 주머니 속에 거두고, 고대 중국 민중이 가장 우려하는 생사 문제와 가장 보편적 생활 이상을 중심적인 위치에 놓은 뒤, 사람들을 위해 생명을 초월하고 길함을 추구하고 흉함을 피하는 길을 설계하였다.(그림 16) 이것이 바로 중국인의 종교이다.

62　치治: 도교 수행자들이 거주하는 사당.

참고 문헌

1. 도교 기원에 관한 전설

　　도가의 기원은 노자로부터 출발하였다. 노자의 견해에 의하면, 천지가 생기기 전에 태어나 세계 만물을 구하기 위해 왔다. 하늘에서는 천제天帝가 살고 있는 옥경玉京에 거처하여 천지신왕의 종주가 되었으며, 속세에 내려와서는 자미궁에 거처하여 하늘을 나는 신선의 우두머리가 되었다. 변화무쌍하며 덕이 있으나 덕을 드러내지 않고 사물의 변화에 따라서 영감을 드러내므로 그 자취의 변화가 무궁하다. 아미산峨嵋山에서 헌원軒轅에게 지식을 전수하고 제곡帝嚳을 가르쳐 덕행으로써 수양케 하였고, 대우大禹는 그로부터 장생의 요결要訣을 배웠으며, 윤희尹喜는 그로부터 도덕의 요지를 받아들였다. 단서丹書[63]와 자줏빛 글자, 도를 얻어 승천하고 날아다닌다는 것에 관한 경전, 옥돌과 황금빛 신선 동굴의 존재 여부 등, 이런 문자와 견해는 기록할 수 없을 만큼 많다.

　　道家之原, 出於老子. 其自言也, 先天地生, 以資萬類. 上處玉京, 爲神王之宗; 下在紫微, 爲飛仙之主, 千變萬化, 有德不德, 隨感應物, 厥跡無常. 授軒轅於峨嵋, 敎帝嚳於牧德. 大禹聞長生之訣, 尹喜受道德之旨. 至於丹書紫字, 昇玄飛步之經; 玉石金光妙有靈洞之說. 如此之文, 不可勝紀.

— 『위서魏書』 「석로지釋老志」

---

63 단서丹書: 도교 용어. 먹으로 쓴 부문符文의 붉은 칠한 죽간을 가리키는데 일반적으로 연단煉丹 책, 즉 도교 경서를 말한다.

2. 선진先秦과 양한兩漢 시대의 양생養生에 관한 견해

(어떤 사람들은) 장수를 위해 숨을 급히 쉬거나 천천히 쉬고, 숨을 뱉어내거나 숨을 들이마시면서 호흡하여 묵은 기를 토해내고 새로운 기를 받아들이며 곰처럼 직립하거나 새처럼 목을 편다. 이 같은 태도는 도인導引[64]을 하는 사람, 육체를 보양하는 사람들로 팽조彭祖와 같이 장수했던 이들이 좋아한 바이다. 억지로 하지 않고서도 저절로 고결해지고, 인의仁義를 내세우는 일이 없어도 저절로 마음이 닦이고, 무리하게 공명을 세우는 일이 없어도 나라가 저절로 다스려지고, 은둔의 명소라 할 큰 강이나 바닷가로 숨지 않아도 마음이 저절로 한적하고, 굳이 도인導引을 하지 않아도 천수를 누릴 수 있는 경지에 도달한 사람은 모든 것을 잊지 않음이 없어서 도리어 소유하지 않음이 없다. 그리하여 담담히 무극에 이르면 모든 아름다움이 따르게 될 것이니, 이것이 바로 천지 자연의 도道이고 성인의 덕德이다. 그래서 "청정하고 담박함, 고요함과 무심, 작위가 없는 것은 천지의 근본이고 도와 덕의 최고 경지다."라고 말한다.

吹呴呼吸, 吐故納新, 熊經鳥申, 爲壽而已矣, 此道引之士, 養形之人, 彭祖壽考者之所好也. 若夫不刻意而高, 無仁義而修, 無功名而治, 無江海而閒, 不道引而壽, 無不忘也, 無不有也, 澹然無極而衆美從之, 此天地之道, 聖人之德也. 故曰, "夫恬惔寂寞, 虛無無爲, 此天地之平而道德之質也."

— 『장자莊子』 「각의刻意」

『장자莊子』 「덕충부德充符」[65]에 이렇게 말했다. "무엇을 일러 진인이라 하는가? (많은 사람에 의지하여) 적다고 멸시하지 않으며, 성공했다고 뽐내지 않으며, 모사하지 아니한다. 이런 사람은 시기를 놓쳐도 후회하지 않으며 기회를 잡아도

---

64 도인導引: 도교의 양생술로 호흡법을 배합하여 몸을 구부리거나 펴는 보건 체조.
65 『장자莊子』 「덕충부德充符」: 실제로는 『장자』 「대종사大宗師」에서 인용한 것이다.

스스로 의기양양하지 않는다. 이런 사람은 높은 곳에 올라가도 떨지 않으며 아래로 물속까지 들어가도 젖지 않으며 불 속에 들어가도 뜨겁다고 느끼지 않는다. 이는 지혜가 대도大道의 경지에 통달한 사람만이 할 수 있다. 옛 진인은 잠잘 때는 꿈을 꾸지 않고, 깨어나서도 근심하지 않는다. 음식을 먹을 때는 감미로움을 구하지 않고, 호흡할 때는 숨이 깊다. 진인의 호흡은 발뒤꿈치에까지 이르지만 보통 사람의 호흡은 목구멍으로 한다."

봄에는 양기가 생겨나고, 여름에는 양기가 가득하고, 가을엔 양기를 거두고 겨울에는 보존한다. 이것이 팽조의 양생의 법칙이다.

『莊子』「德充符」: "何謂眞人? 古之眞人, 不逆寡, 不雄成, 不謨士. 若然者, 過而弗悔, 當而不自得也. 若然者, 登高不栗? 入水不濡, 入火不熱. 是知之能登假于道者也著此. 古之眞人, 其寢不夢, 其覺不憂, 其食不甘, 其息深深. 眞人之息以踵, 衆人之息以喉."

春産, 夏長, 秋收, 冬臧(藏), 此彭祖之道也.

— 장가산한간張家山漢簡「인서引書」

신체를 보양하려면 천지 운행 규율에 적응하기를 마치 풀무와 같이 하면 좋다. 풀무는 비록 비었지만 구부러지지 않으며, 풀무질을 빨리 할수록 배출하는 바람도 더 많아진다. 모공을 닫고 명문命門을 열고 오장을 오므리고 구규九竅를 통하면 근육과 피부결을 열고 닫는 데 유익한데, 이것이 바로 몸에 이로운 이치이다. 그러므로 도인導引과 기의 운행을 아는 것이 신체에 이로운 경로이다.

治身欲與天地相求, 猶橐籥也, 虛而不屈, 動而愈出, 閉玄府, 啓繆門, 闔(合)五藏(臟), 通九竅, 利啓闔(合)奏(腠)理, 此利身之道也. 故知導引行氣, 利身之道也.

— 장가산한간張家山漢簡「인서引書」

3. 도교의 외단外丹 이론

황제黃帝는 현녀玄女로부터, 먹은 후에 바로 신선이 될 수 있는 선단仙丹과 극히 정미한 도술을 얻었다. 현녀는 천녀다. 황제는 선단을 달여 먹은 후에 신선이 되었다. 현녀는 황제에게 이렇게 말했다. "무릇 장수하고자 하면서 만일 신단神丹과 금액金液[66]을 얻지 못한다면 헛되이 자신을 괴롭게 할 뿐이오. 비록 호흡과 도인을 하고 지난 것은 뱉어내고 새로운 것은 들이마시고 초목의 약을 먹으면 수명을 연장할 수 있지만, 마지막엔 여전히 사망에서 벗어날 수 없소. 신단을 먹어 사람들이 세속을 벗어나 신선으로 변할 수 있으면, 천지와 함께 생을 마치고 일월과 함께 빛이 나고, 앉아서 만 리를 보고 귀신을 부리며, 전 가족이 허공에 올라 비록 날개가 없을지라도 하늘을 날 수도 있고, 구름을 타고 용을 부리며 하늘에서 위아래를 자유자재로 다닐 수 있소. 단숨에 팔방으로 극히 먼 지역까지 놀러 다니며 강물에도 빠지지 않고 백 가지 독毒도 두려워하지 않소."

黃帝受還丹至道於玄女. 玄女者, 天女也. 黃帝合而服之, 遂以登仙. 玄女告黃帝曰: "凡欲長生, 而不得神丹金液, 徒自苦耳. 雖呼吸導引, 吐故納新, 及服草木之藥, 可得延年, 不免於死也. 服神丹令人神仙度世, 與天地相畢, 與日月同光, 坐見萬里, 役使鬼神, 擧家升虛, 無翼而飛, 乘雲駕龍, 上下太淸, 漏刻之間, 周遊八極, 不拘江河, 不畏百毒."

— 『황제구정신단경결黃帝九鼎神丹經訣』권1

황금과 단사라는 물질은 오랫동안 태울수록 변화가 더 기묘해진다. 황금은 불 속에 넣고 수천 번 녹이고 제련한 후에도 사라지지 않고, 지하에 묻으면 세상이 끝나도 썩지 않는다. 이 두 가지 물질을 복용하면 사람의 신체가 단련된다. 그리

---

[66] 금액金液: 고대 방사方士가 달였던 단액丹液으로 이것을 복용하면 신선이 될 수 있다고 한다.

하여 사람이 늙지 않고 죽지 않게 할 수 있다. 이것은 아마도 외부의 물질을 빌려 자신을 견고하게 하는 방법일 것이다. …… 무릇 초목은 탄 후에 재가 되지만 단사는 탄 후에 수은으로 변화한다. 축적하여 변화하면 또한 단사가 되어 그것은 평범한 초목에서 충분히 멀어져 버린다. 그러므로 사람이 불로장생하게 할 수 있다.

夫金[67]丹之爲物, 燒之愈久, 變化愈妙. 黃金入火, 百煉不消, 埋之, 畢天不朽. 服此二物, 煉人身體, 故能令人不老不死. 此蓋假求於外物以自堅固. …… 凡草木燒之卽燼, 而丹砂燒之成水銀, 積變又還成丹砂, 其去凡草木亦遠矣, 故能令人長生.

— 갈홍葛洪,『포박자抱朴子』 내편內篇 권4「금단金丹」

큰 단丹을 정로에 달임에 있어서도 천天, 지地, 인人의 삼재와 오신五神을 모아서 만들어야 한다. …… 먼저 흙을 쌓아 단을 쌓는데 단의 높이는 여덟 치이고 너비는 두 자 네 치이다. 그런 다음 단에 화로를 만드는데 그 높이도 두 자 네 치이며 그 안에 세 개의 대를 만들어 위아래의 공기가 통하게 한다. 상대의 높이는 아홉 치로 하늘을 나타내고 아홉 개의 별을 본따 아홉 개 구멍을 냈다. 중대는 높이가 한 자로 사람을 나타내고 열두 시진時辰[68]을 본따 열두 개의 문을 냈다. …… 하대는 높이가 다섯 치로 땅을 나타내며 여덟 방향에서 부는 바람을 본따 여덟 개의 창을 냈다.

夫大丹爐鼎, 亦須合其天地人三才五神而造之, …… 先壘土爲壇, 壇高八寸, 廣二尺四寸. 壇上爲爐, 爐亦高二尺四寸, 爲三台, 上下通氣. 上臺高九寸, 爲

---

67 '금金' 자는 본서에는 없었지만,『포박자抱朴子』원서의 내용을 따라서 '금金' 자를 넣었다.
68 시진時辰: 옛날 시간을 계산하는 단위. 낮과 밤을 12단계로 나누고 매 단계를 한 시진으로 부르는데 두 시간을 합친 것이다. 12시진은 각기 지지地支로써 명칭을 삼으며 밤중으로부터 계산하는데 오후 11시부터 다음날 오전 1시까지가 자시子時이며, 오전 11시부터 오후 1시까지가 오시午時이다.

天, 開九竅象九星; 中台高一尺, 爲人, 開十二門象十二辰, ……下臺高五寸, 爲地, 開八達象八風.

— 당唐 진소미陳少微, 『대동연진보경구환금단묘결大洞煉眞寶經九還金丹妙訣』

4. 도교의 내단 이론

노자는 "현빈玄牝[69]의 문은 만물의 근원으로 연속되어 끊이지 않으므로, 이것을 사용해도 무궁무진하다."라고 했다. 이는 입과 코는 천지의 문으로 음양 생사의 기운을 뱉고 받아들인다는 것을 말한다. 매일 아침 남쪽을 향하여 두 손을 벌려 무릎에 놓고 천천히 두 관절을 누르면서 입으로 더러운 기운을 뱉어내고 코로 깨끗한 기운을 빨아들인다. 이것이 바로 찌든 것을 뱉어내고 신선한 것을 받아들인다는 것이다.

老君曰: "玄牝門, 天地根, 綿綿若存, 用之不勤." 言口鼻, 天地之門, 以吐納陰陽生死之氣. 每旦面向午, 展兩手于膝上, 徐徐按捺兩節, 口吐濁氣, 鼻引淸氣, 所謂吐故納新.

— 『태상노군양생결太上老君養生訣』「복기결服氣訣」

무릇 숨을 뱉어내고 들이마시는 것은 축시丑時 이후나 오시午時 이전에 한다. 닭이 울고부터 해가 뜰 때까지는 음시에 속하며, 이른 아침부터 정오까지는 양시에 속하며 이것은 양陽에서의 양陽이다. 정오에서 해질녘까지는 양에서의 음陰이다. 해질녘에서 닭이 울 때까지는 하루 중 음시에 속하여 음에서의 음이다. 사람 또한 이와 같으며 또 봄의 기운이 경락 가운데 운행하고, 여름의 기운이 근

---

69 현빈玄牝: 도가에서 만물을 생산 번식시키는 근원을 가리키는데 도道를 비유하여 말한다. 나중에는 현빈으로써 사람의 코와 입을 가리켰다.

육 가운데 운행하고, 가을의 기운은 피부 가운데 운행하고, 겨울의 기운은 골수 가운데 운행한다.

凡服氣, 皆取丑後午前者. 雞鳴至平旦, 天之陰, 陰中之陽也. 平旦至日中, 天之陽, 陽中陽也; 日中至黃昏, 天之陽, 陽中之陰也. 黃昏至雞鳴, 天之陰, 陰中之陰也. 人亦如是. 又, 春氣行於經絡; 夏氣行於肌肉; 秋氣行於皮膚; 冬氣行於骨髓.

— 『복기정의론服氣精義論』

그러므로 성인은 먼저 감각기관의 탐욕을 없애 정기를 보양하고, 그런 다음 금식으로 생명을 보존한다고 말한다. 그러므로 자연의 정기正氣를 먹고, 정기精氣를 마시는 것을 아는 것이 불사의 길이며 젊음을 되찾는 것이니 이것이 바로 성인聖人이 중시하는 바이다.

故聖人曰: 先除欲以養精, 後禁食以存命. 是知食胎氣, 飮靈元, 不死之道, 返童還年. 此蓋聖人之所重也.

— 『태청중황진경太淸中黃眞經』

무릇 정오 이후 한밤중 이전의 기운은 죽은 기운이라고 하며 먹어서는 안 된다. 유시酉時[70]의 기운만은 먹어도 된다. 그때에는 해가 가깝고 밝고 정결하기 때문에 죽은 기운이 아니어서 먹을 수 있다.

凡日午已後, 夜半已前, 名爲死氣, 不可服也. 唯酉時氣可服, 爲日近明淨, 不爲死氣, 加可服耳.

— 『운급칠첨雲笈七籤』 권34 「도인잡설導引雜說」

---

70 유시酉時: 오후 5시부터 7시까지이다.

5. 도가와 도교의 구별 및 도교도의 생활, 사상과 방법에 관하여

오천 자[71]가 비록 노자로부터 나온 것이지만 모두 평범한 논의와 대체적인 방략일 따름이었다. 거기에서는 처음부터 끝까지 완전하게 사리를 낱낱이 말하지 않고 따를 수 있는 실마리를 제공할 뿐이었다. 단지 묵묵히 이런 경전을 외운대도 주요한 도술을 얻을 수 없으므로 단지 헛수고이며 무익할 따름이었으니, 하물며 『노자』에 미치지 못하는 책은 어떻겠는가? 문자文子,[72] 장자莊子, 관령 윤희尹喜 같은 사람들에 이르러서는, 그들의 문필이 비록 황제, 노자를 따라서 현묘하고 빈 것을 모방하기는 하였으나 단지 주요한 종지를 보여주는 것뿐이었으며, 전적으로 (도를 닦아 신선이 되는) 이치에 이르는 말씀은 없었다.

五千文雖出老子, 然皆泛論較略耳. 其中了不肯首尾全擧其事, 有可承按者也. 但暗誦此經, 而不得要道, 直爲徒勞耳, 又況不及者乎? 至於文子, 莊子, 關令尹喜之徒, 其屬文筆, 雖祖述黃, 老, 憲章玄虛, 但演其大旨, 永無至言.

— 갈홍葛洪, 『포박자抱朴子』 권8 「석체釋滯」

도사·여도사의 행동거지, 앉고 서고 눕고 휴식하는 것, 의복을 입고 음식을 먹는 것, 거주하는 것들은 경문에 모두 상세하게 기록되어 있다. 도교사원을 짓는 것, 사람들을 출가하게 하는 것, 상像을 만들고 경문을 베끼는 것, 공양하고 예배하는 것, 향을 사르고 등을 켜는 것, 독경과 강론하는 것, 전수하고 받들어 청하는 것, 재계와 의궤, 수행과 법상法相 등 일마다 구체적인 규칙이 있다.

若道士若女冠, 擧動施爲, 坐起臥息, 衣服飮食, 住止居處, 莫不具於經旨, 其立觀度人, 造像寫經, 供養禮拜, 燒香明燈, 讀誦講說, 傳授啓請, 齋戒軌儀, 修

---

71 오천 자: 『노자』를 가리킨 말로 『노자』가 오천 자라고 하는 데서 비롯된 것이다.
72 문자文子: 노자의 제자로 『문자』라는 책을 저술했다.

行法相, 事事有則.

— 『도장道藏』 태평부太平部에 수록한 금명칠진金明七眞이 찬한
『동현령보삼동봉도과계영시洞玄靈寶三洞奉道科戒營始』

『도경道經』의 종지를 규명해 보건대 대개는 인자, 겸애, 청정으로 귀결되니, 쌓고 수행하면 점차 장생에 이르고 자연스럽게 신이 되거나 대낮에 신선이 되어 도道와 일체가 된다. 그 학습 방법은 먼저 『오천문록五千文籙』을 배우고, 다음으로 『삼동록三洞籙』, 『동현록洞玄籙』, 『상청록上清籙』의 순으로 배우는 것이다. 록籙은 모두 흰색 생견에 써 놓은 것인데, 모든 천상의 관청 관속 좌사佐吏의 명칭이 얼마나 되는지 기록했다. 또 수많은 부록符籙이 그 사이에 뒤섞여 있다. 문장이 기이하고 황당하므로 세간에서는 이해하지 못한다.

推其大旨, 蓋亦歸於仁愛清靜, 積而修習, 漸致長生, 自然神化, 或白日登仙, 與道合體. 其受道之法, 初受五千文籙, 次受三洞籙, 次受洞玄籙, 次受上清籙. 籙皆素書, 紀諸天曹官屬佐吏之名有多少, 又有諸符, 錯在其間, 文章詭怪, 世所不識.

— 『수서隋書』「경적지經籍志」

6. 도교의 말세에 관한 전설 및 구원

세간의 민중은 종말의 재난이 임박하면 이 속에서 도교를 포교하는 것은 매우 곤란하다. 단지 그들 남녀로 하여금 각기 제단을 세우고 아침저녁으로 예를 차리고 절하기를 마치 집에서 엄격한 가장이 존재하는 것처럼 할 수 있게 하면, 그 공로가 전대의 조상과 견줄 수 있다. 그중, 만일 어떤 사람이 몸을 닦고 연단하고, 장생의 법술을 학습할 수 있다면 진군眞君[73]과 종민種民[74]이 될 수 있다.

> 地上生民, 末劫垂及, 其中行敎甚難. 但令男女立壇宇, 朝夕禮拜, 若家有嚴君, 功及上世. 其中能修身練藥, 學長生之術, 卽爲眞君種民.
>
> —『위서魏書』「석로지釋老志」

『도경道經』에 원시천존元始天尊이 있다고 했는데, 그는 태원太元 이전에 태어나서 천지 자연의 기를 이어 받았으며, 하늘로 솟아오르고 장엄하여 아무도 그의 근원을 알지 못했다. 천지가 내려앉아 꺼지고 액운이 다했다고 말하는 것은 대략 불경의 내용과 같다. 도교에서는 원시천존의 신체는 영원히 존재하여 죽지 않는다고 여겼다. 매번 천지가 처음 열릴 때, 어떤 때는 옥경玉京의 위에, 어떤 때는 궁상窮桑의 평야에서 비법을 가르쳤으므로 그를 일컬어 개겁도인開劫度人[75]이라고 했다.

> 道經者, 云有元始天尊, 生於太元之先, 稟自然之氣, 沖虛凝遠, 莫知其極. 所以說天地淪壞, 劫數終盡, 略與佛經同. 以爲天尊之體, 常存不滅. 每至天地初開, 或在玉京之上, 或在窮桑之野, 授以道, 謂之開劫度人.
>
> —『수서隋書』「경적지經籍志」

참고 논저

葛兆光:『道敎与中国文化』, 上海人民出版社, 1987.

福井康順等:『道敎』三卷本, 中译本, 上海古籍出版社, 1990~1992.

---

73 진군眞君: 도교에서 신선에 대한 존칭. 일반적으로 수행해서 득도한 사람을 가리킨다.
74 종민種民: 도교 용어. 독실한 신도.
75 개겁도인開劫度人: 도교에서 원시천존은 하늘이 처음 열릴 때면 여러 신선에게 비방을 전수하는데 이때의 원시천존을 개겁도인이라고 한다. 여러 신선이 순서대로 서로 전수받고 마지막에 세상 사람들이 전수받는다.

窪德忠:『道教史』, 中译本, 上海译文出版社, 1990.

任继愈主编:『中国道教史』, 上海人民出版社, 1994.

陈国符:『中国外丹黃白法考』, 上海古籍出版社, 1997.

赵匡华:『中国炼丹术思想试析』,『国学研究』第一辑, 北京大学出版社, 1993.

柳存仁:『道教史探源』, 北京大学出版社, 2000.

▌생각해 볼 문제 ▌

1. 도가와 도교는 왜 다르다고 하는가? 사상학설과 종교신앙의 차이는 어디에 있는가?
2. 도교에서 금단을 복용하면 장생할 수 있고, 기를 단련하면 불사할 수 있다고 말한 근거는 무엇인가?
3. 장생을 추구하는 옛날 사람의 이상을 어떻게 이해할 것인가?
4. 도교의 기술技術에서 어떻게 고대의 지혜를 발견할 것인가?
5. 민중에서 도교의 다신 관념이 유행한 것은 무엇을 표현했는가?
6. 도교에서의 사람과 귀신 사이의 소통 방식을 어떻게 이해하고 해석할 것인가?

제10강

고대 중국에서
두 개의 신앙 세계

1. 대전통과 소전통
2. 유, 도, 불 및 그 외 각종 종교의 민중생활 속의 혼융
3. 민중 종교 신앙의 기본 관념
4. 민중 종교 관념의 전파 경로

중국 종교에 관한 각종 저작에서 서술된 대다수의 주제는 고명한 종교 사상과 이치로서, 이를테면 불교의 반야학般若學[1]에서 말하는 공空,[2] 유식학 唯識學에서 말하는 팔식八識[3]을 비롯하여 가장 간단한 것으로 십이인연十二因緣,[4] 사제四諦,[5] 삼학三學[6] 같은 것이 있다. 그러나 민중의 생활 속에서 종교

---

1 반야학般若學: 중국 불교학파의 하나인데 일반적으로 반야의 의리義理에 대한 연구를 말하며 위진남북조 시기 불교의 기초 이론이다. 동한東漢 말 지루가참이 『반야도행품경般若道行品經』을 번역한 후 반야류의 경적이 지속적으로 중국에 전해지기 시작했고 위진魏晉에서 남북조南北朝를 거쳐 당시 현학玄學의 영향 아래 한 시대의 학풍을 형성했다. 후진後秦의 구마라습에 이르러서는 용수龍樹의 『중론中論』, 『십이문론十二門論』, 『백론百論』, 『대지도론大智度論』 등을 체계적으로 번역했다. 이런 역저들은 대승반야 학설을 계승하고 발전시켜 '제법성공諸法性空' 등 이론이 새로운 체계를 형성하게 했다. 또한 수, 당의 삼론종三論宗과 같은 종파에 영향을 미쳤는데 그 결과 그들은 반야학의 전통을 이어받았다.
2 공空: 불교에서 일체 사물의 현상에는 모두 각각의 인연이 있는 것이지 실체는 없다고 여기는 개념을 말한다.
3 팔식八識: 불교 유식학에서는 마음을 외부와 심경을 인식하는 여덟 가지 종류로 나누었는데, 안식眼識·이식耳識·비식鼻識·설식舌識·신식身識·의식意識·말나식末那識·아뢰야식阿賴耶識이 그것이다. 이 중에서 의식과 안·이·비·설·신의 오식은 함께 일어나며, 또한 심경에 대해 인식 작용을 일으킬 수 있다. 말나식은 집착의 심리 근원을 만들고, 아뢰야식의 주요 기능은 과거에 만들었던 업력業力을 보존하는 것이다. 팔식은 한편으로는 인식의 심리 기능을 일으키고 다른 한편으로는 일체 현상을 변환하여 나타내는 주체이다.
4 십이인연十二因緣: 십이유지十二有支나 십이연기라고도 한다. 불교의 기본 이론의 하나로, 모든 고통과 윤회를 만드는 12가지 요건을 말한다. 십이인연은 ① 무명無明(貪·嗔·痴 등은 생사의 근본적 번뇌임), ② 행行(인간의 잠재적으로 주어지는 뚜렷한 행위 능력으로 생각을 실제로 실시하는 능력), ③ 식識(인식과 구별하는 능력), ④ 명名(사물의 단어와 명명을 확정하고 분별하며 명을 통해 사물을 확인하는 능력), ⑤ 육입六入(눈·귀·코·혀·몸·의지이며 '六根'이라고도 부름), ⑥ 촉觸(육신과 사물·마음과 경계의 접촉), ⑦ 수受(접촉 후 느낀 감각), ⑧ 애愛(고통을 피하고 즐거움을 구함), ⑨ 취取(자기가 욕구하는 물건을 취함), ⑩ 유有(존재 또는 세속 세계. 業의 다른 이름으로 다음 세상의 결과를 불러올 업), ⑪ 생生(이 몸을 받아 태어남), ⑫ 노사老死(늙어서 죽음)이다.
5 사제四諦: 사성제四聖諦, 즉 ① 고제苦諦(현실의 인생은 苦라고 여기는 것), ② 집제集諦(세간 인생

신앙이 더욱 중요한 것은 학문과 이치가 무엇이냐가 아니라 염구焰口[7]를 놓아 주고, 『혈분경血盆經』[8]을 염송하고, 망자의 영혼을 제도濟度하고, 각종 명절에 「목련극目蓮劇」[9]을 공연하는 것 등이며, 특히 농촌에서는 각종 제사 의식 및 여러 신앙 속의 찬송가가 사람들의 생활에 영향을 끼치면서 일상의 기억 속에 남는 것 같다.

불교나 도교를 막론하고 원래 중국 종교에는 실제적으로 두 가지 다른 신앙 세계가 있다. 하나는 높은 문화 수준의 신앙인의 신앙 세계인데 이런 신앙 세계는 이치, 학설에 기초한다. 인간이 종교 속의 정신세계를 추구하고 종교의 신앙을 빌려 자기의 생활이 초월적이고 탈속의 경지에 이르기를 희망한다. 하나는, 수많은 일반인의 신앙으로 이 신앙 세계는 영험이 있고 없고, 실제 쓸모가 있고 없고를 기초로 한다. 신앙인은 종교가 자기의 현실 생활 문제를 해결해 주어 곤액을 없애고 화복을 얻기를 희망한다. 간단히 말하면 전자는 자각하는 신앙, 이해가 있는 신앙이고, 후자는 보통 자연스런 신앙으로 이해가 필요치 않은 신앙이다.

에서 고난을 조성한 원인을 가리킨 것으로 바로 무명에서 끌어낸 '惑'이나 '業'), ③ 멸제滅諦(고난의 소멸), ④ 도제道諦(고난을 초월하여 '열반'에 도달하는 갖가지 이론과 방법)이다.
6 삼학三學: 불교를 배워 도를 깨달으려는 이가 반드시 닦아야 할 세 가지. 즉 ① 계학戒學(행위와 언어에서 나쁜 짓을 하지 않고 몸을 보호하는 계율), ② 정학定學(자기 영혼의 역량으로 욕망과 감정에 대해 자각적인 속박을 가하는 것), ③ 혜학慧學(理性으로 인생의 인과관계와 우주 본래의 모습을 분석하고 돌아보는 것이다. 이로부터 일종의 우주와 인생을 통찰하는 지혜에 이르고 그래서 理智로부터 해탈을 얻는 것)이다.
7 염구焰口: 불경 속의 아귀餓鬼 이름. 그 형상이 깡마르고, 목구멍이 바늘처럼 가늘고, 입에서는 화염을 토해내며, 얼굴은 불이 타는 것 같다. 생전에 인색하고 탐욕스러웠기 때문에 그 업보를 받은 것이다. 아귀는 음식이 있어도 먹을 수 없어 참을 수 없을 정도의 배고픔을 영원히 겪어야 한다. 그러므로 불교에서 염구를 놓아 주는 것은 주로 떠돌아다니는 외로운 넋과 중생을 제도하기 위함이다.
8 『혈분경血盆經』: 『목련정교혈분경목蓮正教血盆經』. 산모가 난산하거나 부인병을 앓고 있을 때 염송하고 기도하는 경문. 당대唐代 건양서림建陽書林 범씨范氏 판본의 『대승법보제품경주大乘法寶諸品經咒』와 『제경일송諸經日誦』에 실려 있다. 그러나 『대장경大藏經』에는 수록되어 있지 않으므로 대체로 위작이라고 보지만, 널리 유통되고 있다.
9 「목련극目蓮劇」: 목련이 지옥에 들어가 어머니를 구출하고 어머니 대신 속죄한다는 이야기.

전체적으로 중국 사회 안의 종교 신앙을 이해하려면 두 가지 각각 다른 신앙 세계를 볼 필요가 있다.

1. 대전통과 소전통

우리는 고대 중국인의 문화와 생활을 말하면서 사서, 오경, 『노자』, 『장자』만 볼 수 없고 당시唐詩,[10] 송사宋詞[11]만 볼 수도 없다. 가장 깊고 가장 보편적으로 사람들 일상생활을 지배했던 지식과 가장 기본적인 도덕 원칙을 포함하고, 세계에 관한 전체 지식 및 생활과 생산에 관한 일상 지식을 포함하여도, 경전 저작에서 반영한 상층 세계는 일반 민중의 세계와 매우 다르다. 뒤에 다루는 종교 신앙 세계는 고대 사회생활에서 대단히 중요했으며 그것은 진정으로 민중의 생활에 깊은 영향을 미쳤다.

예를 들어 불교 사원에서 상식에 관한 교육이 있는데, 이곳에서 불교에 관한 가장 중요한 상식은 대단히 심오한 우주 본질에 관한 이치가 아니라 '인생은 고난이다', '인과응보', '구하면 반드시 이루어진다' 등의 간단한 신조이다. 수많은 사원에서 가장 널리 '유통되는' 것은 불교에서 가장 고명한 『열반경涅槃經』, 『능가경楞伽經』, 『반야경般若經』, 『지도론智度論』 등이 아니라 몇몇

---

10 당시唐詩: 당대唐代 시가의 총칭. 고시古詩, 율시律詩, 절구絕句 등의 체제가 있으며 당나라 문학을 대표하고 있다. 초당初唐·성당盛唐·중당中唐·만당晩唐의 네 시기로 나눌 수 있는데 각 시기를 대표하는 시인으로는 초당 시기의 왕발王勃·양형楊炯, 성당 시기의 이백李白·두보杜甫, 중당 시기의 원진元稹·백거이白居易, 만당 시기의 두목杜牧·이상은李商隱 등을 들 수 있다.

11 송사宋詞: 사詞는 송나라 때 유행했던 문학 형식으로 송나라 문학을 대표한다. 사 역시도 시의 일종이지만 음악과 함께 노래할 수 있었으며 나중에는 음악에서 벗어나 순수한 문학작품으로 발전했다. 다른 이름으로는 곡자사曲子詞, 시여詩餘, 악부樂府, 장단구長短句 등이 있다. 사는 사풍에 따라 완약파婉約派와 호방파豪放派로 나뉘며 완약파는 주방언周邦彦·이청조李清照·구양수歐陽修·유영柳永 등, 호방파는 소식蘇軾·신기질辛棄疾·육유陸遊 등이 대표적인 인물이다.

간단하고 짧은 경문과 계율이다. 불교는 중국 사회에서 가장 중요하고 가장 일상적인 활동이어서 현실적으로 중요한 것은 더 이상 경전을 이야기하고 이치를 분석하는 것이 아니라 망자를 제도濟度하고, 악귀를 쫓아내며, 일부의 관례대로 행하는 기념일 속의 의식이다.

지식인의 입장에서 보면 고대인의 생활 세계에서 이런 것들은 매우 저속한 일이지만 과거 민중 생활 속에서는 가장 흔히 보는 것이었다. 만일 100여 년을 거슬러 올라가 본다면, 중국의 사회생활이 현재 상상하는 것과는 크게 다르다는 것을 알 수 있을 것이다. 조상의 위패가 매우 공경스럽게 공양되었고, 아이가 태어나 한 달이 된 것·돌을 축하하는 것, 혼례, 상례가 사람들의 생활 속에서 극히 중요했다. 사람들의 생각과 행위는 흔히 황력皇曆 같은 종류의 읽을거리에서 왔지만, 또 한편으로 현재 보기에는 불가사의한 택일술擇日術이라든지 점복술占卜術 같은 지식의 제한을 받았다. 사람들은 많은 시간을 쓰면서 보살에게 예배하고, 관제묘關帝廟[12]에 가서 점대를 뽑아 길흉을 점치고, 성황묘城隍廟에 가서 향을 올렸을 것이다.

이것이 바로 이른바 '대전통大傳統과 소전통小傳統'의 구별이다. 이 구별은 '상층문화와 하층문화, 정통문화와 민간문화, 학자문화와 통속문화, 관료문화와 세속문화'의 차이라고 부를 수도 있다. 모든 사회에는 소수 상층 문화인에 속한 문화 전통이 있는데 '대전통'이라고 부르며, 학교·사원 교육을 통하여 이루어진 것으로, 의식적으로 배양하고 연속적으로 형성한 결과물이다. 중요한 것은 이 문화 전통이 계획한, 또는 계획한 적이 있는 교육을 통해 전파된다는 것이다. 그러나 대전통에 속하지 않는 문화 전통이 한 가지 있는데, 그것은 일상생활에서 생겨나고, 게다가 아무도 전문적으로 배양하고 발전시키지 않은 문화 전통이다. 입에서 입으로 전해지며, 그 과정에서 서로 영향을 받아 저절로 만들어졌다. 이런 전통을 소전통이라 부른다.

---

[12] 관제묘關帝廟: 관우를 모시는 사당. 그의 아들 관평關平과 부하 장수였던 주창周倉을 배향했다.

고대 중국에서도, 지금으로부터 100년 전에도 하나의 대전통과 하나의 소전통이 있었다. 이 대전통은 사숙私塾과 서원書院 그리고 관학官學의 교육을 통하고, 일부 재산이 있고 교양이 있는 가문의 영향을 받은, 상층사회의 통용 규칙에 따라 만들어진 것이다. 고대 중국에서 이런 사람들이 서로 인정하는 하나의 계층을 형성했는데, 이것을 달리 말하면 하나의 전통을 형성한 것이다. 이 전통은 교육을 통해 다음 세대로 이어지도록 보장되었다. 하지만 소전통은 주로 다음 세 가지 경로를 통하여 이 사회에 관한 지식을 획득했다. 우선, 어려서부터 성장한 이후까지 자주 보고 들어서 익숙하고 습관이 된 경험이다. 다음은 책을 강론하고 연극에서 전파한 일부 통속적인 문화활동으로부터 나온 관념과 지식이다. 그 다음은 명절, 제사 등의 활동 속에서 전달하고 암시한 일부 관념이나 지식이다. 이상의 몇 가지 경로는 민중 세계에 수많은 이치를 전달했으며 아울러 그들의 생활 전통을 형성했다.

중국의 종교 신앙도 이로 인하여 두 가지 다른 세계로 나뉘었다.

2. 유, 도, 불 및 그 외 각종 종교의 민중생활 속의 혼융

대부분의 사람들은 중국 고대 종교 신앙 속에서 한 가지 현상을 발견할 수 있을 것이다. 즉 고대에서 현대까지 중국인에게는 특별히 엄격하고 분명한 종교 신앙의 한계가 없었다는 것이다. 예를 들면, 당대唐代의 대시인인 이백李白, 두보杜甫와 왕유王維는 일찍이 유가, 불교, 도교 모두에 흥미가 있었다. 불교를 가장 격렬하게 반대했던 한유韓愈조차도 사실은 대전화상大顚和尚과 사이가 매우 좋았다. 송대宋代의 소동파蘇東坡는 더욱 뚜렷하여 유, 도, 불을 전부 믿었다. 황제도 마찬가지였는데, 소수 외에는 각종 종교를 모두 제창하였다. 당나라 현종玄宗은 직접 유가의 『효경孝經』, 불교의 『금강경』과 도교에서 존숭하는 『도덕경』 등 세 부의 책에 주석을 달았다. 송나라 효종孝

宗의 『삼교론三敎論』에는 "대략 말해 보면 불佛로써 마음을 닦고, 도道로써 양생하고, 유儒로써 치세하면 되는데, 또 어찌하여 미혹되겠는가?"[13]라고 했고, 청淸 왕조의 옹정擁正 황제에 이르러서도 "불교는 마음을 다스리고, 도교는 몸을 다스리고, 유가는 세상을 다스린다."[14]라고도 했다.

마찬가지로 민중 사회에서도 종교 사이의 경계를 그다지 명확하게 구분하지 않았다. 산서山西 현공사懸空寺에는 삼교가 하나로 합쳐진 사당이 있는데, 이러한 사당은 민간에서 공양하는 각종 신상神像, 연화年畫 등과 함께 흔히 공자, 부처, 노군老君[15]을 함께 두기도 한다. 이것은 고대 중국 민간의 종교 신앙도 흔히 유교, 불교, 도교의 삼교가 하나로 합쳐졌음을 보여주는데, '삼교가 하나로 합쳤다'는 의미는 민간에서는 상층에서처럼 그렇게 의식적으로 삼교의 사상과 신앙을 연결시킨 것이 아니라, 일종의 무의식적 섞임일 따름이었다.(그림 1)

고대에서 근대까지 중국 지식층은 흔히 이렇게 각 종교 신앙과 사상과 학설 속에서 각기 필요한 것을 취하여 선택 흡수하였고 그들 자신의 사회 이상과 인생의 목표를 세웠다. 일반적으로 말해서, 그들은 종교 관념에서 무엇이 불교이고 무엇이 도교인지 그다지 구별하지 않았다. 만일 그들이 불교와 도교의 사상을 믿는다면, 그들은 대체로 다음의 몇몇 원칙을 인정할 것이다. 첫째, '공空'과 '무無'에 관한 근본사상에서는, 일체의 궁극적 근본은 불교와 도교가 말하는 무한성을 가진 '무'이거나 텅 비어 있는 '공'이라는 것을 믿는다. 둘째, 마땅히 담박한 인생관과 자연스런 인생 태도를 가져야 한다. 셋째, 충효 중심의 유가 사회의 도덕관념은 여전히 필요하다. 넷째, 선악과 응보의 천도관념 역시 믿지 않으면 안 된다.

---

13 『삼교론三敎論』: "大略謂之以佛修心, 以道養生, 以儒治世, 可也, 又何惑焉."
14 "佛教治心 道教治身 儒家治世."
15 노군老君: 도교에서 노자老子에 대한 존칭이다.

그림 1-1 청대의 「삼교중신도三教衆神圖」

그림 1-2 청대의 「천지삼계십팔불제신도天地三界十八佛諸神圖」

그림 1-3 청대 임구任丘[16]의 연화年畫 「삼교도三教圖」

그림 1 여기에는 삼교 사이에 어떤 경계선도 없으므로 신앙인이 심리적 갈등 없이 편안하게 삼교를 믿을 수 있었다.

---

16 임구任丘: 하북성河北省 중부에 있는 현급縣級 시.

제10강 고대 중국에서 두 개의 신앙 세계 289

민중의 신앙도 대체로 비슷하다. 하지만 그들의 신앙은 상당히 구체적이고 실제적이다. 그들의 종교 신앙에 대한 요청은 실용의 기초 위에 세워졌으므로 교리에 관한 구분은 의미가 없다. 몇몇 조사에 따르면 다음과 같이 정리할 수 있다.

　　첫째, 신앙의 목적에서 대다수 신앙인이 추구하는 것은 가족을 보우하여 평안하고 재앙이 없게 하거나 가족의 병든 몸이 회복되는 것이다. 또한 대를 잇기를 바라며, 재산이 많아지거나 사업이 흥하는 것 등도 포함하고 있다.(그림 2) 따라서 부처에 예배할 수도 있고 신선에게 기구할 수도 있다.

　　둘째, 종교 지식 면에서 그들의 지식 대부분은 경전과 책에서 비롯된 것은 아니다. 대다수 사람들의 불교 지식은 단지 여래불如來佛, 관음보살觀音菩薩, 미륵불彌勒佛을 아는 정도에 그치며, 사람들은 '나무아미타불', '대자대비하시고 고난을 구하시는 관세음보살께서 보우하소서'만을 알고 '모 절(또는 모 신)이 영험이 있다'거나 '구하면 반드시 이루어진다'는 것을 이해한다. 그리고 도교를 믿는 사람들 가운데 도교 관련 지식으로 대다수의 사람들이 알고 있는 것이란 신령, 이를테면 옥황대제, 태상노군, 자식을 점지하는 마마(送子娘娘)[17] 정도로, 심지어 불교의 신과도 확실히 분간하지 못한다. 민중 신앙인이 보편적으로 알고 있는 신귀神鬼 가운데 가장 분명한 것은 사망 세계를 관장하는 염라대왕(소귀小鬼,[18] 우두마면牛頭馬面,[19] 흑백무상黑白無常,[20] 판관判官,[21] 맹파차孟婆茶,[22] 내하교

17　우리나라의 삼신할머니와 같은 성격의 여신임.
18　소귀小鬼: 저승에서 염라대왕의 심부름을 하는 역리.
19　우두마면牛頭馬面: 소 머리에 말의 얼굴을 하고 있다고 해서 붙여진 이름. 신화와 전설에 나오는 지옥의 옥졸을 말한다.
20　흑백무상黑白無常: 백무상白無常과 흑무상黑無常 두 사람을 함께 부르는 이름. 전적으로 악귀를 체포하는 신이다.
21　판관判官: 민간 신화와 전설 속에서 염라대왕을 보좌하여 생사부生死簿를 관리하는 명관冥官.
22　맹파차孟婆茶: 맹파탕孟婆湯이라고도 한다. 전설에는 여신 맹파가 속세의 약물을 채취하여 술 같기도 하고 아닌 것 같기도 한 약물을 만들었다고 한다. 여러 유혼들이 환생하기 전에 이것을 마시면 곧 전생에서 있었던 일들을 모두 잊게 된다고 한다.

그림 2-1
양류청楊柳靑 연화23 「송자
도送子圖」

그림 2-2 청대 민간 연화 「기린송자도麒麟送子圖」

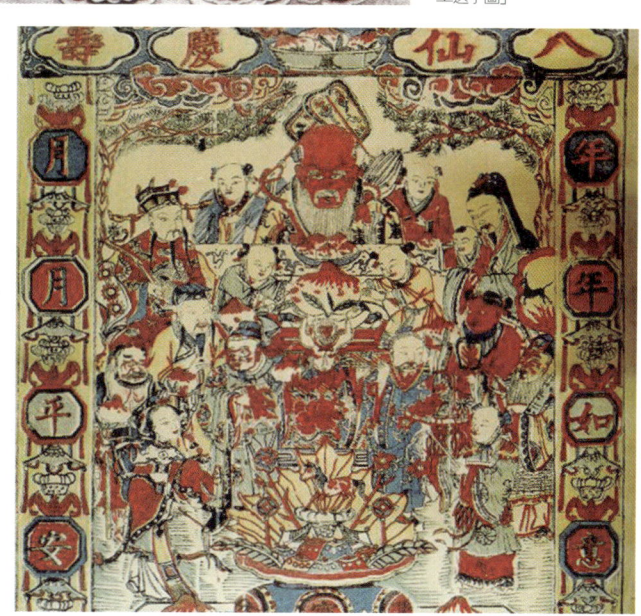

그림 2-3 「팔선경수八仙慶壽」

그림 2 이 그림들에서 민간의 종교에 대한 세속적인 요구를 알 수 있다.

---

23 양류청楊柳靑 연화年畫: 중국 북방의 유명한 민간 목판 연화. 천진시天津市 서남쪽 양류청 楊柳靑에서 생산했기 때문에 얻어진 이름이다. 명나라 숭정崇禎 연간에 만들어 청나라 광서 光緖 초까지 가장 왕성했다. 이후에는 석인의 기술이 흥기하면서 점차 쇠락의 길을 걸었다. 대부분이 전통 희극, 미녀, 뚱뚱한 어린이를 주제로 그렸는데 거기에는 경사스럽거나 상서 롭다는 의미가 들어 있다. 그림 구조가 풍만하고 필법이 고르고 정연하며 색채가 선명하다.

그림 3
부뚜막 신. 민간에서 보편적으로 믿는 신이다. 민중이 부뚜막 신에게 제사 지내는 방법에서 고대 중국에서 신들에게 응대했던 태도를 알 수 있다.

奈何橋[24] 포함)이다. 종교 의식과 방법 측면에서 민중 신앙인에게 가장 익숙한 것은 망령을 제도하는 법회法會, 종족의 모임, 조상을 제사 지내는 의식, 비를 기구함, 병을 치료함, 악귀를 쫓아내는 법사法事이다.(그림 3)

이런 것들은 모두 구체적인 생활 속의 곤란과 문제를 겨냥하여 형성된 것

---

24 내하교奈何橋: 전설에 따르면 이승과 저승 사이에는 다리 하나가 있는데 건너기가 매우 어려우므로 내하교라고 한다. 불교에서는 이 다리를 건너면 환생할 수 있다고 여긴다. 민간에서의 일반적인 의견은 이 다리를 건너면 인간세상을 떠나 진정으로 지옥에 들어간다는 것이다.

이다. 이런 구체적인 곤란이 없으면 민중은 일반적으로 자발적으로 돈을 들여 의식을 거행하거나, 일반 명절과 제사 때 승려와 도인을 청하지 않을 것이다. 그리고 이런 법사에는 흔히 오락의 의미도 있다. 더욱 중요한 것은 불교 사원이나 도교 도관道觀이 농한기의 상품 교환, 남녀 교제의 사교장이기도 했다는 것이다.

3. 민중 종교 신앙의 기본 관념

중국의 민중들은 종교에 대한 심오한 이치를, 사실 그렇게 주의하지는 않았다. 대부분의 민중은 자기 생활의 실용적 측면에서 각종 종교를 믿는다. 한때 널리 퍼졌던 관념에 따르면, 신앙은 일종의 신귀神鬼와의 이익의 교환이며 신앙인은 대가를 치러야 한다. 따라서 고대 중국의 신앙은 단순하고 독실한 것이 아니라 어느 정도는 매우 실제적이었다. 그렇다면 민중 신앙에서 아주 분명한 종교 관념은 없는가? 있다. 그것을 흔히 볼 수 있는 몇 가지 말로 표현하면, '좋은 일들을 받들어 행하라', '인과응보', '구하면 반드시 이루어진다'[25]이다. 이 세 개의 말이 너무 평이하다고 여겨질 수도 있다. 그러나 여기에는 오히려 중국 민간의 불교, 도교, 심지어 기타 모든 종교에 대한 세속적인 이해가 포함되어 있다고 할 수 있다.

첫째, 불교 사원과 도교 도관에서 '좋은 일들을 받들어 행하라, 악행을 저지르지 마라'라는 말을 흔히 들을 수 있다. 이 말 속의 선, 악 두 글자는 종교 윤리의 내용 전부를 포괄하며 종교 윤리 사상의 핵심이 바로 가치관임을 포괄하고 있다. 그러나 무엇이 선이고 무엇이 악인가? 중국의 사회와 종교에서 윤리 도덕 원칙의 기준은 기본적으로 유가 세계이다. 이런 까닭에, 불

---

25 "諸善奉行." "因果報應." "有求必應."

교든지 도교든지 모두 유가의 표준을 사용하는 것이다. 특히 원元, 명明, 청淸 이후 불교와 도교의 사회윤리는 기본적으로 유교윤리를 기초로 한 것이었다. 고대의 선서善書[26]에서 지금까지 매우 유행하는 종교 선전용품으로서 이른바 선이 흔히 가리키는 것은 효도하고 충성하며, 혈육의 정을 중시하고, 근검하고 스스로 절제하는 것 등이며, 이른바 악이 흔히 가리키는 것은 윗사람을 범하여 난을 일으키고 자신의 권세를 이용하여 백성을 유린하는 것, 황음무도하고 탐욕스런 것 등이다. 바꿔 말하면 민중은 인간관계에서 혈연의 정을 기초로 하고 개인의 품성에서 겸양과 화목을 목표로 하며, 일상생활에서는 근검절약을 표준으로 삼았던 것이다.

둘째, 무엇으로 사람의 선과 악을 판단하고 감독할 것인가? 중국 민간에서 불교와 도교를 믿는 사람은 무릇 '인과응보'를 언급할 것이다. 선과 악의 윤리 원칙이 유가 사상에 근거하여 규정한 것이라고 한다면, 이 윤리 원칙을 모두가 준수하도록 보장하는 것은 기본적으로 불교와 도교이다. 이런 감독 기능을 반영하는 가장 유력한 관념은 바로 인과응보이다. 예로부터 지금까지 불교, 도교는 모두 행복한 극락세계나 신선의 경지를 과장하고 있다. 동시에 공포의 사후세계, 즉 지옥도 과장하고 있다. 불교와 도교는 가장 통속적인 선전 속에서 줄곧 '선한 행위에는 선한 응보가, 악한 행위에는 악한 응보가 따른다'는 관점을 전파했다. 이런 관점은 민중이 가령 인간세상에 불만이 있을지라도 저승에서는 공평할 것이고, 이 세상에서 공정한 결과를 볼 수 없어도 다음 세상에서는 틀림없이 공정한 결과를 볼 수 있을 것이므로 선과 악의 심리와 행위는 마땅히 받아야 할 보상을 결국 받게 된다고 믿게 했다.

셋째, 불교와 도교는 '구하면 반드시 이루어진다'는 사상을 대다수 민간 신앙인에게 선전했다. 그것은 신앙인에 대한 하나의 약속이다. 예를 들어 영향력이 가장 큰 정토종淨土宗의 중요 경전은 바로 부처님의 명호를 부른 효

---

[26] 선서善書: 사람들에게 선행을 권유하는 책.

과를 널리 알리고, 도교는 신선에게 요청한 효과를 널리 알린다. 민간에서는 무릇 영험한 신묘神廟, 사찰이기만 하면 향불은 매우 흥성할 것이고 수많은 사람이 천리를 마다않고 와서 예배드릴 것이므로, 이 측면은 종교가 반드시 들어 주어야 하는 것이고 한편으로는 민중의 희망이기도 한데, 이는 종교가 중국에서 민중 속에 정착한 속성과 중국 민간 신앙인의 실용심리를 반영한 것이다. 사람들은 실용적인 심리에서 종교를 신앙하고 종교도 실용의 결과에 의지해서만 신앙을 유지할 수가 있다.

4. 민중 종교 관념의 전파 경로

앞에서 '대전통'은 경전 교육과 독서를 통해서 형성되고, '소전통'은 자주 보고 들어서 익숙하고 습관이 된 생활 경험이 저절로 전파되었다고 설명한 바 있다. 하지만 중국에서 민중 신앙이 전해지는 몇몇 경로가 더 있는데, 그중 가장 중요한 것은 다음 세 가지이다.

첫째, 정해진 사원 '법회法會'와 임시성의 민간 '법사法事'이다. 여기에서 말한 법회와 법사는 중국의 민간 생활에서 일찍이 아주 흔히 볼 수 있었던 것으로, 전자에는 4월 초파일의 '욕불浴佛',[27] 7월 15일의 '우란분盂蘭盆',[28] 도교의 정월 초아흐레의 '옥황玉皇 탄신일', 정월 15일, 7월 15일, 10월 15일의 '삼원절三元節'이 있는데, 이들 법회에서는 여러 가지 대규모 의식인 연극, 송경誦經, 설법說法 등이 거행될 것이다. 후자의 경우 예를 들면 가정에

---

[27] 욕불浴佛: 관불灌佛. 4월 8일 부처님 탄신일에 향료 섞은 물을 불상에 뿌리는 불교 의식.
[28] 우란분盂蘭盆(Ullambana): '거꾸로 매달리다'라는 의미의 말에 대한 음역으로 매우 고통스러움을 말한다. 지옥 아귀도餓鬼道에 떨어진 중생을 혹심한 괴로움에서 구원하기 위하여 닦는 법으로, 목련目連이 음력 7월 15일에 여러 가지 음식과 다섯 가지 과실 등을 준비하여 삼보三寶를 공양하여 아귀도에서 고통받고 있는 어머니를 구했다는 이야기에서 유래했다.

서 상례와 장례 같은 일을 치르는 것인데, 그러려면 승려와 도사를 청하여 경을 낭송하고, 예참禮懺,²⁹ 보허步虛,³⁰ 답두踏斗³¹를 해야 한다. 이런 법회와 의식에는 많은 사람을 빨아들이는 공연이 있을 뿐 아니라, 종교의 수많은 윤리, 도덕, 사상이 담겨 있다. 이를테면 제사와 숭배의 의식 중에서 혈연에 관한 윤리 사상은 효孝, 제悌 및 윤회輪廻, 보응報應 같은 종교 의식意識을 자연스럽게 참여자의 마음속에 전달했다. 신귀神鬼를 대면한 반성과 참회의 과정 속에서 반드시 종교의 윤리 준칙을 꺼내 측량하는 척도로 하고, 기억에서 자기가 했던 '선'과 '악'을 한번 정리하여 내세나 현세의 행복으로 바꾸어 가지려고 하였다. 이런 의식에서 구경하는 사람들과 참가한 사람에게 지식이나 암시로써 수많은 이치, 사후의 징벌과 응보, 미래의 행복과 희망 등을 알려주었을 것이다.

둘째, 위에서는 공연을 언급했는데, 사실 통속적인 선서善書, 선가善歌 및 불교 윤리 사상을 담은 민간 문예 형식(예를 들면 평서評書,³² 평탄評彈,³³ 연극) 등은 종교 관념적인 내용을 전파하는 데 매우 중요했다.(그림 4) 고대와 근대 중

---

29 예참禮懺: 불佛, 법法, 승僧 삼보三寶에 예배하고 지은 죄업을 참회하는 것.
30 보허步虛: 보허성步虛聲, 또는 보허사步虛詞라고도 한다. 도사가 재단에서 경문을 낭송하고 공덕을 찬송하는 말투로서 내용은 신에 대한 찬송과 기도인데 보허의 선율이 마치 뭇 신선들이 맑고 은은하게 허공을 걷는 것 같다고 하여 보허성이라고 한다. 보허의 출현에 대해서는 유송劉宋 때 유경숙劉敬叔의 『이원異苑』에 "진사왕陳思王 조식曹植이 산에서 노니는 중 갑자기 공중에서 경을 낭송하는 소리가 들렸는데 맑고 깊으며 낭랑했다. 소리를 아는 자가 그것을 받아 써 보니 신선의 소리였다. 도사가 그것을 모방하여 보허성을 지었다.(陳思王游山, 忽聞空里誦經聲, 淸遠遒亮. 解音者則而寫之, 爲神仙聲. 道士效之, 作步虛聲.)"라고 나와 있다.
31 답두踏斗: 북두성의 위치를 따라 보행하는 것. 도사가 법사를 행할 때 하는 걸음걸이를 말한다.
32 평서評書: 민간 곡예曲藝(민간에 유행한 각 지방의 색채가 농후했던 설창예술)의 일종으로 말로만 하는 개인 공연이다. 공연자는 부채와 경당목驚堂木(예전에 심판관이 공안에 두었던 작은 나무조각으로 탁자를 쳐서 죄인에게 경고하였다)으로 역사 연의演義와 장회소설章回小說의 이야기를 생생하게 들려주었다. 평서 장소는 처음에는 농촌의 노천이었으나, 나중에는 차관茶館으로 했다.
33 평탄評彈: 강절江浙 일대에서 유행했던 곡예. 말도 하고 노래도 하는데, 소주평화蘇州評話와 소주탄사蘇州彈詞가 합쳐져서 되었기에 소주평탄蘇州評彈이라고 하고, 약칭으로 평탄이라고 한다.

그림 4
하북河北 선화宣化의 요遼나라 때 묘실 벽화. 민간에서 극을 보고 음악을 듣는 것은 지식을 받아들이는 주된 경로였다.

국의 민간에서 스스로 종교 경전을 읽고 또 종교 사상을 이해할 수 있는 사람은 극소수였다. 일반 민중의 종교에 대한 이해는 흔히 그 통속화된 형식을 통해야 얻어낼 수 있었다. 예를 들어 당대에 유행한 설창說唱(속강俗講),[34] 원·명 때 출현한 권선 가사(보권寶卷[35]), 청대 민간에서 흔하던 사희社戱,[36] 사당희祠堂戱 들은 흔히 종교 사상의 전파 경로를 담당했다. 전해 내려온 지 이미 오래된 「목련극」, 「서유극西遊劇」, 「조무상跳無常」[37] 등은 바로 여러 '보은

---

34 설창說唱: 말과 노래의 방식으로 표현하는 서사성 곡예술.

35 보권寶卷: 일종의 강창문학. 당대唐代 변문變文과 송대宋代 승려의 경전에 대한 설법이 발전하여 이루어졌다. 본래 종교의 이야기를 부연하여 사람들의 신심을 일으키는 것이었으나 이후에는 제재가 부단히 늘어나고 확대되면서 희극과 소설, 민간 고사를 다시 엮었으며 심지어 당시의 이야기를 부연 설명하기도 했다.

36 사희社戱: 옛날 농촌에서 징과 북을 울리며 분장하고 거리 행진으로 신상을 맞아들이고 보낼 때 연출하던 야외극을 말한다.

37 「조무상跳無常」: 조무상調無常. 강소江蘇와 절강浙江 일대에서 유행했던 무용극으로 소흥紹興의『목련구모기目連救母記』중의 일절一折(희극의 일막을 말함)이며 소극紹劇(소흥이라는 지방

제10강 고대 중국에서 두 개의 신앙 세계 297

報恩', '신에게 한 약속 지키기', '음덕 쌓기' 등 관념을 사람들의 뇌리에 새겨 놓았으므로 일부 사람들에게 '어린시절의 경험'이 되었다.

셋째, 경문經文 속에 교리와 도덕규범이 항상 갖춰져 있었다. 중국 내륙과 홍콩, 대만 지역의 사원과 도관들의 경우 종파가 꼭 같지는 않을지라도 외우는 경문은 흔히 서로 비슷하고 신앙을 교도하는 기본 경전도 대체로 비슷하다. 우리는 일찍이 일부 신앙인이 평소 염송하는 경문이 대부분 일치한다는 것을 발견했다. 예를 들면 지금 내륙과 대만의 절들에서 팔고 있는 몇 가지 소형(휴대용) 경전이 다르지 않았는데, 『약사본원경藥師本願經』, 『법화경法華經』「보문품普門品」, 『심경心經』, 『금강경』, 『아미타경阿彌陀經』 등이다. 그런데 도교의 궁관宮觀[38]에서는 흔히 『태상감응편太上感應篇』,[39] 『관성제군각세진경關聖帝君覺世眞經』,[40] 『음즐문陰騭文』[41] 등을 판다. 경력이 오래된 일부 신도를 포함하여 그들이 진정 읽고 이해하는 경전은 매우 한정되어 있다. 이렇게 한정된 경전에 들어 있는 세계의 본질과 생활 목표에 관한 '일체가 공空이다'라는 논조, 행복과 고난에 관한 '삼세윤회', '인과응보' 사상, 사회도덕과 세속

의 극)은 농촌에서 여름에 공연할 때 반드시「조무상」을 공연에 넣었다.
38 궁관宮觀: 도교에서 도사가 수도하거나 신에게 제사 지내는 장소를 도궁이나 도관이라고 하는데 이를 합쳐 이르는 것을 궁관이라고 한다.
39 『태상감응편太上感應篇』: 저자 미상. 대략 북송 말 남송 초의 책으로 남송 『비서성속편도사고궐서목書秘省續編到四庫闕書目』에 "태상감응편 1권"이라고 저록되어 있는데 바로 이 책이다. 본문은 천여 자밖에 안 되며 주로 천인감응과 인과응보의 사상을 널리 알리는 것으로 주요 요지는 권선징악에 있다. 책 속에 언급된 선악의 표준은 유가 윤리도덕에 부합하는 도교 교리의 설교를 위한 대표 저작이다. 송·원·명·청 이래로 이 책은 널리 전파되었을 뿐 아니라 그 영향도 매우 컸다.
40 『관성제군각세진경關聖帝君覺世眞經』: 관성제군의 명의로 반행된 권선에 관한 책. 각세편覺世篇, 각세보훈覺世寶訓이라고도 한다. 약칭으로는 『각세경覺世經』이라고 하는데 저작년대는 미상이지만 일반적으로 청淸나라 초라고 여겨진다. 관우關羽의 진호晉號를 제帝라고 한 것은 명나라 만력萬曆 말년으로 청나라 이후 조정에서 존숭했으므로 민간에서의 지위도 점점 올라갔고 관제의 이름으로 권선하는 서적이 유행하게 되었다. 그 내용은 주로 충효를 강조하는 유교적 색채가 짙다.
41 『음즐문陰騭文』: 사람들에게 보시와 음덕 쌓기를 권하는 문장.

행위에 관한 선·악의 표준 등은, 비교적 독실한 신도가 평소에 무심결에 경문을 염송하는 것처럼 보이는 행위 속에서 그들을 무의식 상태에서 감화시키는 영향을 끼쳤다.

■ 참고 문헌 ■

1. 민중 속에서 불교와 도교의 전파 방식

　　장수張修와 장각張角의 도술은 대체로 같았는데 청정한 집을 마련하여 병자가 그 안에 살면서 잘못을 반성하게 하였다. 또한 사람으로 하여금 간령좨주姦令祭酒의 직무를 담당하게 하였다. 좨주는 노자의 『도덕경』 오천 자를 경전으로 삼아 신도가 학습하고 읽게 하는 책임을 맡았는데 간령姦令이라 하였다. 귀리鬼吏를 맡은 사람은 병자를 책임지고 귀신에게 호소하고 기원하였다. 기도 방법은 병자의 성명을 써서 죄를 뉘우친다는 의미를 나타내는 것이다. 세 통의 글을 작성하는데 한 통은 하늘에 올리므로 산에 놓고, 한 통은 땅에 묻고, 한 통은 물속에 가라앉힌다. 이를 삼관수서三官手書라고 일컫는다. 그가 사람의 병을 치료할 때, 통상 병자의 집에 오두미를 납부하게 했기 때문에 오두미사五斗米師라고 불렸다.

　　(張修)法略與(張)角同, 加施靜室, 使病人處其中思過. 又使人爲姦令祭酒. 祭酒主以『老子』五千文, 使都習, 號爲姦令, 爲鬼吏, 主爲病者請禱. 祈禱之法, 書病人名姓, 悔罪之意. 作表三通, 其一上之天, 著山上. 其一埋之地, 其一沉之水, 謂之三官手書. 使病者家出米五斗米以爲常, 故號曰五斗米師.

—『삼국지三國志』「장로전張魯傳」주注에 어환魚豢의 『위략魏略』을 인용함

　　예전에 불법佛法이 처음 전래되자 함께 모여서 단지 부처님의 이름만 선창하고 적힌 대로 예를 다하였다. 그러다가 밤중이 되면 극도로 피곤해지니, 수행이 쌓여 깨달음에 이르고자 따로 덕이 있는 스님을 초청하여 법좌에 올라가 설법하게 하였다. 스님은 혹 인연을 뒤섞기도 하고, 혹 비유를 인용하기도 하였다. 그 후 여산廬山의 혜원慧遠 스님이 나타났는데, 도업에 깊은 조예가 있고 재능이 빼

어나 하는 말이 비범했다. 재齋 모임에 이를 때마다, 스스로 높은 자리에 올라 몸소 도수(창도의 우두머리)가 되어 먼저 3세의 인과를 밝히면서도 그 재 모임의 대의를 설명하였다. 후대에서 이것을 전수받아 마침내 영원한 법칙으로 이룩하였다. …… 가령 출가한 오중五衆[42]들을 위해서는 모름지기 절실하게 무상無常을 말해 주어서 간곡하게 참회를 펼치게 하여야 한다. 만약 군왕과 장자長者들을 대상으로 하는 경우라면 모름지기 속전俗典을 인용하여 아름답게 말을 모아 문장을 이루어야 한다. 또 만약 아득히 먼 범부와 서민들의 경우라면 모름지기 사물을 지적하여 형태를 만들어 직접 보고 들은 것을 이야기하여야 한다. 또 만약 산중의 백성과 들판에 사는 농민들의 경우라면 모름지기 그에 해당하는 말로 피부에 닿게 설법하여 죄를 배척하게 하여야 한다.

昔佛法初傳, 于時齊集, 止宣唱佛名, 依文致禮. 至中宵疲極, 事資啓悟, 乃別請宿德, 昇座說法. 或雜序因緣, 或傍引譬喩. 其後廬山釋慧遠, 道業貞華, 風才秀發, 每至齋集, 輒自昇高座, 躬爲導首. 先明三世因果, 却辯一齋大意, 後代傳受, 遂成永則. ……如爲出家五衆, 則須切語無常, 苦陳懺悔. 若爲君王長者, 則須兼引俗典, 綺綜成辭. 若爲悠悠凡庶, 則須指事造形, 直談聞見. 若爲山民野處, 則須近局言辭, 陳斥罪目.

— 『고승전高僧傳』 권13 「창도·론唱導論」

유가의 공정한 논설은 매번 정당한 이치를 중시하였으나, 흔히 천리天理를 등한시하고 화복에 대해 말하기를 꺼렸다. 불가에서는 마음속에 반구절의 게송을 가지고도 수많은 인연이 모두 공空이라는 이치를 깨달아 화복禍福과 천리天理를 그림자와 흔적으로 보았으므로, 사람들에게 복된 문으로 가게 하나 어떻게 복된

---

42 오중五衆: 비구比丘, 비구니比丘尼, 식차마나式叉摩那, 사미沙彌, 사미니沙彌尼를 이르는 말이다. 그중 비구와 비구니는 구족계具足戒를 받고, 식차마나는 육법六法을 받고, 사미와 사미니는 십계十戒를 받았다.

문으로 가는 줄 모르고, 사람들에게 재앙을 피하게 하나 어떻게 재앙을 피하는 줄 모른다고 주장한다. 이것은 우매한 남자를 인도할 수 없을 뿐 아니라, 또한 지혜로운 사람도 구해 낼 방법이 없다.

儒家衡論, 每矜正理, 往往略數而諱言禍福. 佛氏則心持半偈萬緣空, 置禍福理數爲影迹, 使人趨福而罔知所以趨, 懼禍而莫知所以懼, 非第不能津梁鈍漢, 抑且無以針砭慧人.

— 『태상감응편太上感應篇』 주율구朱律久 주注본 권두에 있는 왕정王庭의 서

2. 민간에서 유행하는 통속적인 선을 권장하는 책

태상노군이 이렇게 말했다. "화복이 다 비결이 없고 사람 자신의 행위가 초래한 것이다. 선악의 응보는 그림자와 형체처럼 뒤따라 나타난다." 전적으로 사람의 과실을 규찰하는 신령이 천지에 있어 사람이 저지른 잘못의 경중에 따라서 그의 수명을 삭감하거나 뺏어 가기 때문이다. 수명이 감소하면 그 사람은 빈궁하고 허비하게 되고 자주 우환에 맞닥뜨려 사람들이 그를 싫어하고 재앙도 그를 따라다니므로 경사는 도리어 그로부터 멀어지고 악성惡星도 그로 하여금 재난을 받게 하니 그렇게 수명이 다하고 죽게 된다.

太上曰: "禍福無門, 惟人自召. 善惡之報, 如影隨形." 是以天地有司過之神, 依人所犯輕重, 以奪人算. 算減則貧耗, 多逢憂患, 人皆惡之, 刑禍隨之, 吉慶避之, 惡星災之, 算盡則死.

— 『태상감응편太上感應篇』

신령이 명백히 감찰하므로 머리카락 한 올만큼도 어긋나지 않을 것이다. 선과 악의 두 길은 복과 화가 나뉜 것이다. 좋은 일을 하면 복의 보답을 얻고, 나

쁜 일을 하면 재앙이 내려온다. 내가 이 말을 하는 것은 사람들이 신봉하여 실행하기를 바라기 때문이다. 말은 비록 평이하나 사람의 몸과 마음에 커다란 이익이 된다.

神明鑑察, 毫髮不紊. 善惡兩途, 禍福攸分. 行善福報, 作惡禍臨. 我作斯語, 願人奉行. 言雖淺近, 大益身心.

― 『관성제군각세진경關聖帝君覺世眞經』

사람의 생명을 구하면 칠층탑을 쌓는 일보다 낫다. 성문에 불이 나면 재앙이 연못의 물고기에까지 미친다. 뜰 앞에 상서로운 풀이 나는 것은 좋은 일이되 없느니만 못하다. 부귀를 얻고자 하면 반드시 죽을 힘을 다해야 한다. 일을 함에 성공하기에는 백 년의 노력도 부족하나, 그르치고자 하면 하루아침이면 망치고도 남는다. 인심은 철과 같고 국법은 화로와 같다. 선행으로 세상 사람들을 교화하기에는 부족하나 악행으로 세상 사람들을 나쁘게 하기에는 넘친다.

救人一命, 勝造七級浮屠. 城門失火, 殃及池魚. 庭前生瑞草, 好事不如無. 欲求生富貴, 須下死功夫. 百年成之不足, 一旦毀之有餘. 人心似鐵, 國法如爐. 善化不足, 惡化有餘.

― 『회도증광현문繪圖增廣賢文』

무지한 백성이 태평의 복록을 편안히 누린다는 것은, 구중궁궐을 안 보고 밭을 갈며 우물을 파서 보답하고자 하더라도 능력이 없으니 다만 이들이 몸을 닦고 가정을 다스리며, 효도하고 우애하며, 처자에게 자애로운 마음을 다할 수 있으면, 민간에서 분수를 알고 법을 지키는 선량한 백성이 되는즉 조정의 교화를 저버리지 않는 것이다.

蚩蚩之民, 坐享太平之福, 目不睹九重宮闕, 耕田鑿井, 欲報無由, 但能修身,齊家, 於父母, 兄弟, 妻子之間, 各盡其孝, 弟, 慈之道, 爲閭閻之良民, 卽不負朝廷之敎養.

— 『기희록幾希錄』「자서自序」

■ 참고 논저 ■

马西沙·韩秉方:『中国民间宗教史』, 上海人民出版社, 1992.
渡边欣雄:『汉族的民俗宗教—社会人类学的研究』, 周星译, 天津人民出版社, 1998.
欧大年:『中国民间宗教教派研究』, 刘心勇译, 上海古籍出版社, 1993.
田仲一成:『中国的宗族与戏剧』, 钱杭·任余白译, 上海古籍出版社, 1992.

■ 생각해 볼 문제 ■

1. 전통적인 중국의 사회질서와 도덕규범의 확립에 있어서 민중신앙은 어떤 역할을 했는가?
2. 민중은 어떤 경로를 통하여 종교 신앙에 관한 지식을 얻게 되었는가?
3. 왜 중국 민중의 신앙 세계는 종종 '삼교가 하나로 합쳐진' 것이었을까? 고대 중국 신앙 세계의 이 특징과 기독교와 기타 외국 종교 신앙을 대조해 보면 어떤 결론을 얻어낼 수 있는가?

결어

현대 중국을 이해하는 경로

1. 중국: '고대'에서 '현대'로의 궤적
2. 중국(한족) 문화의 몇몇 측면
3. 중국(한족) 문화의 몇몇 측면(계속)
4. 중국(한족) 문화의 몇몇 측면(다시 계속)
5. 중국의 문화 전통은 대체 어떤 것인가?

1. 중국: '고대'에서 '현대'로의 궤적

현대 중국에서 생활하고 있는 중국 사람은 당연히 현대 중국의 사정을 이해해야 한다. 하지만 현대 중국을 이해하려면 아마도 변함없이 전통의 중국을 알아야 할 것이다. 서방에는 "과거는 바로 하나의 외국이다.(The past is a foreign country.)"라고 하는 유명한 말이 있다. 그러면 왜 과거나 외국을 이해해야 하는가? 이른바 '과거'를 이해해도 좋고 '외국'을 이해해도 좋은데, 사실 모두가 '현대의 중국'을 이해하기 위해서이다. 왜냐하면 그 과거의 중국을 알지 못하면 현대의 이런 중국이 어떻게 현대적인지 알 방법이 없기 때문이다. 마찬가지로 외국에 우리와 다른 어떤 문화 습관과 풍속의 특징이 있는지 모른다면 중국 사회와 문화의 어떤 것들이 '중국'적인지 모르기 때문이다. 이것은 마치 거울을 들지 않으면 자기가 어떤 모습인지 모르고, 다른 사람을 보지 않으면 자기가 키가 큰지 작은지 뚱뚱한지 말랐는지 알 도리가 없는 것과 같다. 지금의 중국은 필경 전통의 중국에서 지속되어 온 것이기 때문이다.

만일 100년 이전으로 돌아가 중국을 본다면 그때의 중국과 현재의 중국이 크게 다르다는 것을 알게 될 것이다. 몇 가지 예를 들자면, 당시 사람들이 읽는 책은 오락 잡지·컴퓨터 서적·신문의 만화가 아니라 주요한 것은 여전히 유가의 고전 및 이런 고전에서 파생된 어린이 교재·시험의 모범 문장 등으로—물론 몇몇 소설·산문과 시가도 있었지만—주된 것은 사대부의 읽을거리였다. 사람들이 지식과 소식을 획득하는 경로는 주로 신문·방송·텔레비전이 아니라, 일부 인쇄한 책·여기저기서 듣고 본 것들·그리고 마을 어르신의 경험 전수 등이다.

사람들의 사회생활 공간은 주로 대가족, 고향에서 진행되었으며 고향은 원심이나 축과 유사했다. 지리적 원근에 대한 관념은 오늘날과 크게 달라서 북경北京에서 천진天津까지 가는 것이 바로 먼 길을 떠나는 것이었다. 보통 사람으로서는, 부단히 결혼하고, 상을 치르고, 시집가고, 장가들었으며, 게다가 일부 명절과 흔히 있는 악귀를 쫓는 행위는 매우 일반적인 의식이나 기념일 같아서 불교와 도교는 사람들의 생활과 멀리 떨어져 있지 않았다. 음식 분야에서는 거칠든 섬세하든 전통의 쌀밥, 밀가루 전병, 잡곡, 간단한 반찬에 차 마시는 것을 더하여 모두가 주요한 것으로, 밥을 먹는 것은 중요한 일이며 생활 속의 적지 않은 시간을 차지했다.

그러나 오늘날의 중국인이 이런 구시대의 생활을 돌아보면, 역시 좀 낯설고 거리가 있다고 느껴질 것이다. 이것은 오늘의 중국과 그때의 중국 사이에 커다란 변화가 있었기 때문인데 수많은 사람들이 20세기에 중국은 가장 큰 변화가 생겼고 이 변화의 시작은 19세기 말이라고 말한다. 보통 사람들은, 19세기 근대 서양 문명이 들어오면서부터 중국에게 '2000년 동안 없었던 큰 비상사태'를 경험시킨 결과 현대의 중국과 전통의 중국 사이에는 '단절'이 있는 것 같다는 데 대체로 동의한다.

예를 들어, 오늘날의 중국어를 보면 이미 너무 많은 현대적인 것이나 서방의 새로운 어휘가 신문, 편지, 대화에 섞여 들어왔는데, 그 가운데 '경제', '자유', '민주' 같은 것들은 보기에는 아는 것 같지만 의미가 다른 옛 어휘가 있고, '의식 형태', '컴퓨터 인터넷', '무슨무슨 주의', '실직' 같은 것들은 이제껏 없었던 새로운 어휘이다. 일상적인 말에서도 '일반적으로 말해서', '왜냐하면', '그러므로', '나로 말하면' 등의 어구가 점점 더 많아지고, 심지어 쇼(show), 쿨하다(cool), WTO, 모뎀(modem) 등의 외래어까지 쓰이고 있다. 만일 100년 이전의 사람이 무덤에서 다시 걸어 나올 수 있다면, 장이모우(張藝謀)가 촬영한 「진용秦俑」 속의 인물처럼 분명 우리가 하는 말을 알아듣지 못할 것이다.

또 예를 들면, 오늘날의 중국에는 이미 현대 도시·현대 교통·현대 통신이 있지만, 과거 우리의 생활 무대는 사합원四合院[1]·원림園林·농가여서 한 곳에서 다른 곳으로 이동하려면 우마차나 마차를 타야 했고, 광동廣東에서 여지荔枝[2]를 빨리 운송하여 장안長安으로 보내면 사치스러운 이야깃거리가 되었고, 소식蘇軾이 해남海南에 유배되는 것은 오늘날의 여행 일정과 같지 않았으며, 편지로 말하면 이메일이나 팩스에 훨씬 못 미쳤으므로, 당시 중국인의 공간의 원근 및 시간의 빠르고 늦음에 대한 관념은 오늘날과 크게 달랐다. 현대인이라야 비로소 진정 '아득히 먼 곳도 가까운 이웃 같다'[3]라고 느낄 것이다. 마찬가지로, 오늘날 중국의 일상생활은 갈수록 서구화되고 있다. 맥도널드는 젊은이들이 가장 좋아하는 것(favorite)이 되었고, 밥을 먹는다는 관념은 갈수록 과거와 달라지고 있다.

주거에 대해 말하면, 현대인은 머리를 발에 맞대고 위아래층에서 살므로 옛날의 이웃들보다는 더 가깝게 살고 있다. 그러나 아파트의 동棟이라는 방식의 주택은 실제로는 도리어 사람과 사람을 멀리 떨어지게 했다. 대가족에 이르러서는, 더욱 보기 어렵게 되었다. 칠동서(여자), 팔동서(남자), 사촌형, 사촌동생, 고모, 형수, 외삼촌, 생질의 불화나 화합은 모두 이미 전원시田園詩 시대의 옛일처럼 우리에게서 아주 요원해진 것 같다. 대가족의 친척 관계

---

[1] 사합원四合院: 중국 전통 가옥의 가장 중요한 건축 양식. 북쪽 방은 상방上房이고 좌우 양쪽은 상방廂房이며 남쪽 방은 거실이나 하인들의 방인데 사면이 서로 마주보며 중앙은 정원과 빈 공간으로 되어 있어 구口 자 모양과 닮았으므로 '사합원'이라고 하였다.
[2] 여지荔枝: 무환자나무과(Sapindaceae)의 교목인 여지(Litchi chinensis)의 열매. 중국과 그 인접 지역이 원산지로 추정된다. 1년 내내 밝은 녹색을 띠는 잎이 빽빽하게 달려 아름다운 수관樹冠을 이룬다. 열매는 넓은 타원형에서 둥근 것까지 있으며, 딸기빛 도는 붉은색이고, 열매의 겉껍질은 부서지기 쉬우며 수분이 많고 반투명한 흰색의 과육과 1개의 큰 씨를 둘러싸고 있다. 과육의 맛은 달다. 당대 양귀비가 여지 먹기를 좋아하였으므로 현종玄宗은 사람을 시켜 영남嶺南에서부터 빠른 말로 장안까지 가져오게 하였다. 그래서 비자소妃子笑라고 하기도 했다.
[3] "天涯若比鄰."

는 이미 작은 가정의 계약 관계로 대체되었다. 그래서 옛날 중국에서 사회질서를 세운 기초는 이제 가족 관계, 가족 예의와 윤리 관념에 불과하며, 이미 과거의 이야기가 되었다.

그러나 무슨 이유로 현대에 '과거의 이야기'를 해야 하는가? 이 점에 대해서는 마지막에 다시 자세히 말하기로 하고, 먼저 전통적인 중국 문화(주로 한족의 전통문화)의 몇 가지 측면을 보도록 하자.

2. 중국(한족) 문화의 몇몇 측면

먼저 문화와 문명의 차이를 한 번 살펴보자. 본래 이 두 단어의 차이가 아주 분명하지는 않았다. 그러나 다음 토론의 편의를 위하여 엘리아스(Norbert Elias)[4]의 관점을 따라서 '문화文化'를 민족 사이에 차별성을 나타내는 것으로 언제나 한 민족의 자아와 특색을 표현하고 있다고 봤다. 반면에 '문명'은 각 민족의 차별성이 점점 줄어들게 하는 것으로, 인류의 보편적 행위와 성과를 표현하고 있다고 봤다. '문화'를 특별히 전수할 필요 없이 바로 획득할 수 있는 일종의 정신 기질이라고 보고, '문명'은 흔히 학습해야 비로소 획득할 수 있는 것으로 본다. 그래서 문명은 늘 '교양 있다', '지식이 있다' 등의 문구와 서로 연결되어 있다. 어떤 의미에서 '문화'는 고수하여 변하지 않는 것이지

---

4 엘리아스(1897~1990): 독일의 사회학자. 서구문명의 발전을 복합적인 진화의 결과로 규정했다. 의학·철학·사회학을 공부했으며, 하이델베르크대학·프랑크푸르트대학 등에서 교수를 지냈다. 대표적 저서로 『문명화 과정에 대하여(Über den Prozess der Zivilisation)』가 있는데 풍습 및 사회적 행동의 점진적인 발전 속에서 지배자가 폭력의 합법적인 사용을 통해 권력을 집중시키는 과정에 대해 상세히 설명했다. 이 책은 스위스에서 처음 출간된 당시에는 큰 반응을 얻지 못했으나 1969년 재출간되어 좋은 반응을 얻었다. 그 밖의 저서로는 『기성세력과 아웃사이더(The Established and the Outsiders)』, 『개인들의 사회(Die Gesellschaft der Individuen)』, 『독일인에 대한 연구(Studien über die Deutschen)』 등이 있다.

만, '문명'은 시종 운동하고 있는 것, 전진하고 있는 것으로 식민植民과 확장 경향을 표현한다. 다시 말하자면, '문화'는 전통과 관련이 있으므로 과거가 현재에 대해 그림자처럼 따라다니는 영향을 표현하고, '문명'은 미래와 관련이 있으므로 장래 보편적인 추세와 방향을 나타낸다.

그렇다면 한족漢族이 중국의 고대 역사와 전통 중에서 다른 유형의 문화와 다르다는 것을 충분히 표현해 낼 수 있는 것은 대체 무엇인가? 너무 많으므로 간단히 몇 가지 예를 들 수밖에 없다.

첫째, 먼저 거론하고 싶은 한 가지 측면은, 고대 중국 사회의 기초로서 가정과 가족이나 종족宗族의 친족관계는 고대 중국 문화에서 각별한 의의를 가지고 있다는 것이다.

많은 사람들, 특히 다른 문화 환경 속에서 생활하는 다른 나라, 다른 민족의 사람들이 아주 쉽게 느꼈던 것은, 중국인, 특히 한족으로서는 전통에서 혈연이 만들어낸 친척 관계와 가정 가족에서의 혈육의 정은 상당히 중요하고 신뢰할 수 있다는 것이다. "피는 물보다 진하다."[5]라는 말은 바로 이런 관계를 묘사한다고 할 수 있다. "호랑이를 때려잡는 데는 친형제가 필요하고, 전쟁에서는 여전히 부자父子 병사에 의지한다."[6]는 바로 이런 관계와 감정의 중요성을 설명한다. 그러므로 앞의 제2강 '가족과 의식'에서 매우 상세하게 이 점을 설명하고자 했다.

결코 타문화권의 사람들이 혈육의 정을 중시하지 않는다고 하는 것이 아니라 중국은 친연親緣과 혈육의 정에서 개인의 가정과 가족에 대한 밀접한 관계를 표현했을 뿐 아니라, 그로부터 전체 사회가 세워지는 구조와 기초를 파생시켰다는 것이다. 페이샤오통(費孝通)은 『향토 중국』에서 이것을 '차등 구

---

5 "血濃於水."
6 "打虎還需親兄弟, 上陣仍靠父子兵." 일처리에서는 친형제나 부자지간처럼 믿을 만한 사람에게 의지해야 한다는 의미이다.

조'라고 했는데 무엇을 '차등 구조'라고 하는가? 중국의 부자, 부부, 형제, 자매 등의 친족은 명분상 분명히 구별해야 할 뿐 아니라, 동시에 또 각기 다른 명분과 등급의 사람들 사이를 강조하고 각각 그 위상을 정립해야지만 서로 화목하게 지낼 수 있었다. 서로 화목하게 지낸다는 전제는 바로 '남녀에는 차이가 있으며 상하에는 순서가 있다'[7]였다. 그중에서 가장 중요한 하나는 아버지·어머니 또는 남편·아내 두 성姓 사이의 차이로, 반드시 분명히 구분해야 하며 이것은 내內와 외外로서 내외의 친소와는 다른 것이었다. 또 하나 중요한 것은 고대 중국에서는 한 가정이나 가족 내에서의 상하에도 순서가 있어야 한다고 강조한다. 즉 상하, 연장자와 나이 어린 사람을 분명히 구분함으로써 상호 존중과 애호의 관계를 세웠는데, 부자父子 사이에는 효孝가 있고, 형제 사이에는 제悌가 있다. 바꿔 말하면 멀고 가까운 각기 다른 등급에 따라 가정, 가족, 종족, 심지어는 다른 성씨의 가족의 질서를 세웠고, 고대 중국은 또 이런 질서를 전체 사회로 확대시켜 국가와 사회의 질서를 세웠다. 따라서 고대 중국에서는 가족 내 어른의 권위가 가족 전체를 뒤덮을 수 있고, 가정 내부의 어떠한 현상에도 간여할 수 있을 뿐 아니라, 국가國家와 같이 국國과 가家를 함께 연결한 어휘도 있으며, 지방관을 '부모관父母官'이라고 부르는 전통도 있을 수 있었다.

    가정·가족에서 국가에까지 이르는 이런 질서를 윤리倫理라고 하면서 『예기』에서는 십륜十倫을 얘기했다. 그것은 바로 귀신鬼神, 군신君臣, 부자父子, 귀천貴賤, 친소親疎, 작위와 상賞, 부부夫婦, 정사政事, 장유長幼, 상하上下로서 현실의 것과 허구의 관계를 거의 망라했던 것 같다. 그러나 주요한 기능은 구별이며 주로 부자父子, 원근遠近과 친소親疎를 구별했다. 본래 이런 질서에는 나름대로의 합리성이 있는데, 이것은 사회질서와 국가권력이 내세운 근거와 기초를 인성人性 가운데 가장 자연스런 혈육의 정 위에 놓았다. 부

---

[7] "男女有別, 上下有序."

자의 정, 수족의 정을 사회에까지 확장했기 때문에 군신에는 의의義, 친구에는 우의友誼, 내외內外에는 구별이 있고 상하에는 순서가 있게 되었고, 사회의 등급 제도를 구성하는 기초도 되어 사회가 혼란에 이르지 않게 하였다.

그러나 이 배후에 숨겨진 심각한 문제가 있다. 요컨대, 이런 친연親緣 혈육의 정이 확대, 절대화되었을 때 효孝가 절대적으로 모든 것에 우선한다는 것이다. 심지어 진리와 원칙도 덜 중요한 지위로 물러나게 하여 윗사람에 대한 절대적 복종을 끌어냈는데, "아들은 아버지를 위하여 숨겼으므로 정직은 그 안에 있다."[8]라는 말은 그 극단적인 예이다. 본래 선순위 가치를 가졌던 혈육의 정은 정치권력에 의해 점유되어 절대적 윤리강령이 되었으므로 본말이 전도되었다. 이런 혈연의 자연적인 관계가 사회와 국가에까지 확대되었을 때, 본래 마땅히 사회 계약과 사회 공감으로부터 확인해야 하는 정치 관계가 더 이상 어떤 확인을 거치지 않고 당연한 합리적 관계가 됨으로써, 논증해야 비로소 합리성과 합법성을 가졌던 정치 등급 관계가 도리어 마치 논증이 필요치 않은 자연 등급 관계가 된 것과 마찬가지였다. 그래서 군신君臣의 '충忠'은 부자父子의 '효孝'를 압도했을 뿐 아니라, 그런 관계는 개인 전제 정치에 대한 기초가 되었다. "대왕께서 신이 죽기를 원하시면 신은 죽지 않을 수 없습니다."[9]는 바로 그런 전제정치의 극단인 것이다. 이런 가정, 가족의 질서가 확대되어 명백하게 국가 정치 질서가 되고, 또한 절대적으로 정확성이 있어 위배할 수 없을 때, 국가는 가정에 우선할 뿐 아니라, 개인에 대해

---

8 『논어論語』「자로子路」: 이것은 엽공葉公과 공자가 나눴던 얘기이다. 엽공이 공자에게 말하기를 "우리 고향에는 매우 정직한 사람이 있는데 그의 아버지가 다른 사람의 양을 훔쳤는데 그는 스스로 아버지를 고발했지요."라고 했다. 그러자 공자가 "우리 고향의 정직한 사람은 그 사람과는 다릅니다. 아버지는 아들을 위하여 숨겼고 아들은 아버지를 위해 숨겼는데 정직은 그 안에 있습니다."라고 했다.(葉公語孔子曰: "吾黨有直躬者, 其父攘羊, 而子證之." 孔子曰: "吾黨之直者異於是. 父爲子隱, 子爲父隱, 直在其中矣.") 이것은 공자의 정직에 대한 관념은 절대적인 것이 아니라 반드시 예의 근본인 효孝와 제悌에 부합해야 한다는 것이다.
9 "君要臣死, 臣不得不死."

서도 우선하게 되었다. 결국 혈육의 정으로부터 형성되어 출발한 사회질서로부터 시작했으나 도리어 몰인정한 가족 질서의 극단으로 치달았다.

어떻게 말하든 가정, 가족이나 종족이 기초가 되는 친연 관계는 고대 중국의 상당히 분명한 전통이다. 이런 전통은 현재까지 지속되어 매우 깊은 영향을 끼쳤다. 예를 들면 ① 이것은 중국인이 지금까지 변함없이 가정을 중시하고 혈육의 정을 중시하고 윗사람에게 복종하도록 했기에, 어쩌면 한족 문화의 특색일지도 모른다. ② 이것은 고대 중국 사회의 상당히 중요한 기초이기도 한데, 사회가 불변의 진리인 복종, 잘 보살피고 서로 의지하는 '친족' 관계 위에 세운 것 같았기 때문에, 상층에 있는 통치자는 아버지 같은 권위를 가졌고, 말할 필요도 없이 다 아는 정의와 진리를 가졌고, 천부적인 합법성을 가졌다. 따라서 고대 중국은 '절대적이고 보편적인 황권(unconditional and universal Kingship)'을 형성했다. ③ 이런 황권의 통치 아래서, 또 중국이 서양처럼 황권과 대등한 종교권력의 존재를 가능하지 않게 함으로써 황제와 조정이 정권, 발언권, 신권을 장악했다. 그래서 불교, 도교 및 훗날의 천주교, 기독교, 이슬람교 등처럼 모두 점점 굴복할 수밖에 없게 되었으며, 또한 자신의 종교적 성향과 사회적 위치를 변화시켜 황권과 주류 의식 형태의 범위 내에서 보조적 기능을 행사함과 동시에, 또 종교신앙인도 흔히 특별히 또렷하고 견고한 종교적 입장이 없게 함으로써 이른바 삼교가 뒤섞인 실용적인 종교 관념을 형성하였다. 제10강 '고대 중국에서 두 개의 신앙 세계'에서 필자는 이미 비교적 자세히 이 문제를 얘기했다. 이것은 대체로 중국의 사회와 문화의 특징을 결정했고, 현대 중국에 영향을 끼쳤다.

3. 중국(한족) 문화의 몇몇 측면(계속)

둘째, 내가 거론하고 싶은 것은 '하늘'과 '사람' 사이의 관계인데, 고대 중국 특히 한족이라는 입장의 이해에서는 상당히 특수한 것 같다. 그리고 음양오행陰陽五行[10]의 관념이 고대 중국 한족의 사유思惟에 미친 영향은 매우 크고도 광범위하다.

고대 중국인은 보편적으로 다음과 같이 믿었다. 하늘은 인류가 그 안의 공간과 시간에서 생존할 뿐 아니라, 인류가 이해하고 판단하는 일체의 기본 패러다임이기도 하므로, 하늘과 사람 사이에는 일종의 신비한 상호 의지, 상호 모방, 상호 감응의 관계가 있다. 따라서 사람은 한편으로 응당 하늘의 구조를 본받고, 하늘의 운행을 모방하고, 하늘의 규칙을 따라야 한다. 그러면 사상과 행위의 합리성을 획득할 수 있다. 국가를 다스리는 데 몸과 마음을 수련할 뿐 아니라, '천지天地 사시四時'와 상응한 조화를 이루려고 하는 것은, 사계四季와 같은 천지의 일부 규율도 사람의 생활에 영향을 끼치고 있기도 하기 때문이다.

사람들의 마음속에는 '하늘'을 본받기만 하면 곧 하늘의 신비와 권위를 가질 수 있다는 생각이 있었으므로 이런 '하늘'의 의의는 제사 의식에서 신비한 지배 역량으로 바뀌었고, 점치는 의식 속에서 신비한 대응 관계로 바뀌었고, 시간 생활 속에서는 또 신비한 희망의 세계로 나타나서 사람들의 신심

---

10 음양오행陰陽五行: 음양陰陽은 원래 태양의 앞과 뒤를 가리켰는데 나중에 기후의 차가움과 따뜻함, 인체의 구조, 질병의 발단, 천지만물의 형성, 우주 운행의 규율 등에까지 의미가 확장되었다. 음양의 관점은 전국시대 말 음양가陰陽家였던 추연鄒衍이 개창한 것으로 만물의 운행이 목木, 화火, 토土, 금金, 수水 등 다섯 가지 자연의 힘의 조화 여부에 따라 진행된다는 것이다. 추연이 음양과 오행을 융합한 후, 이 학설은 중국 고대 문화에 매우 큰 영향을 끼쳤다. 예를 들면, 정치적으로 군주의 일처리에 법칙으로 삼아 감히 하늘의 이치에 역행하지 못했고, 민간의 명리命理를 연구하는 자들이 화복을 예측하고 길흉을 점치는 데 썼으며, 중국의 전통 의학은 더더욱 이를 기초로 하여 여러 가지 다른 이론을 파생시켰다.

을 지탱해 주고 사람들을 위하여 갖가지 곤액을 해결했다. 일반 민중뿐 아니라 세간의 권력을 장악했던 천자天子와 귀족조차도 합리적 근거와 권력 기초는 '하늘'로부터 나온다고 믿었으므로, 진秦·한漢 시대의 황궁 건축은 하늘의 구조를 모방하려 하였고, 한대漢代의 묘실 천정 부분은 하늘의 성상星象을 나타내야 했으며, 한대 황실의 제사는 하늘의 신명에게 지내려 했고, 제사 장소는 더욱 천체天體와 일치하는 구조를 모방하여 만들어야 했다. 아울러 사람들의 마음속에서 하늘은 여전히 비할 데 없이 숭고한 지위를 갖고 있었다. 하늘은 자연의 천상天象이고 궁극의 경지이며, 지상의 신명이며 말하지 않아도 저절로 아는 전제前提와 근거였다.

비록 전국시대에 순자가 일찍이 중국인에게 '천명을 통제할(制天命)' 것, 즉 하늘(자연)을 정복할 것을 호소했다고 하나, 이런 생각이 고대 중국에서 끼친 영향은 결코 크지 않았던 것 같다. 고대 중국의 주류 관념 속에서 사람과 하늘은 틀림없이 화목하게 지내야 하고, 사람은 하늘을 존중하고 본받아야 했다. 유가뿐 아니라 도가에서도 "사람은 땅을 본받고, 땅은 하늘을 본받고, 하늘은 도를 본받고, 도는 자연을 본받는다."[11]고 했다. 그렇다면 어떻게 해야 비로소 "천명을 받든다."[12]거나 "하늘을 따라 일을 행한다."[13]거나 "하늘을 대신하여 도를 행한다."[14]는 것인가? 고대 중국에서는 이 문제를 일부 간략화했던 '수數적 개념'에 따라 사고하고 처리하려고 했다.

무엇이 간략화했던 '수적 개념'인가? 바로 하늘로부터 나타나는 자연법칙인데 그것이 고대에는 일一, 이二, 삼三, 오五와 같은 숫자로 표현되었다. 그 중, 처음은 당연히 일一이다. 이것은 중심, 절대, 신성이나 유일의 의미로 이해될 수 있는 개념으로 진秦·한漢 시대에 유일한 본원本原이고, 최고의 신명

---

11 『노자老子』 25장: "人法地, 地法天, 天法道, 道法自然."
12 "奉天承運."
13 "順天行事."
14 "替天行道."

神明이었으면서 또한 천하 통일, 군주의 권위, 이성理性의 법칙, 지식 기초와 일체의 마지막 증거이기도 했으므로, 천하가 수많은 외부 이민족을 아우르고 통제하는 변함없이 유일한 중심이며, 이것은 '질서 중심의 관념'이었다. 제1강 '고대 중국의 천하관'에서는 이것의 고대 중국의 천하 관념에 대한 영향에 관해서 얘기를 했다.

그 다음은 二이다. 二는 음양이다. 그런데 이것은 일월日月, 천지天地로 비유될 수 있고 군신君臣, 상하, 그리고 음양에서 더 한층 널리 확장된 차가움과 따뜻함, 습함과 건조함, 신분의 높음과 낮음, 귀함과 천함을 상징할 수 있다. 또 일련의 조절調節의 기술도 암시했다.

그 다음은 오五인데, 고대 중국인들은 우주 가운데 가장 기본이 되는 '오五'를 다섯 가지 기본 원소 '금金, 목木, 수水, 화火, 토土'로 봤고, 오행五行이라고 했다. 또한 갖가지 사물과 현상을 오五와 짝을 지어 열거했는데, 예를 들면 오색五色,[15] 오성五聲,[16] 오미五味,[17] 오방五方,[18] 오장五臟[19] 오사五祀[20] 등이다. 심지어 사람의 품성까지도 짝을 지어 인仁, 의義, 예禮, 지智, 성聖이라고 했다. 사람들은 보편적으로 오행은 우주 사이의 일체를 귀납하고 정리할 수 있고 우주가 바르게 질서가 있도록 시키므로, 질서 정연한 것은 우주 법칙과 인류 이성에 부합하는 것이라고 받아들이고 믿었다. 이를테면, 왕조의 교체는 순서대로 오덕五德[21]의 항렬에 부합해야 하고, 사람들의 복식은 오색

---

15 오색五色: 청靑, 적赤, 백白, 흑黑, 황黃의 다섯 가지 색깔을 말하며, 고대에는 이 다섯 가지 색깔을 정색正色으로 삼았다.
16 오성五聲: 궁宮, 상商, 각角, 치徵, 우羽의 다섯 가지 소리.
17 오미五味: 단맛, 신맛, 쓴맛, 매운맛, 짠맛의 다섯 가지 맛.
18 오방五方: 동, 서, 남, 북, 중앙의 다섯 방향.
19 오장五臟: 심장心臟, 간肝, 비장脾臟, 폐肺, 신장腎臟의 다섯 가지 기관.
20 오사五祀: 체禘, 교郊, 종宗, 조祖, 보報의 다섯 가지 제례制禮.
21 오덕五德: 고대 음양가는 금, 목, 수, 화, 토의 오행을 오덕으로 보고, 역대 왕조는 각각 일덕一德을 상징하며 오행의 상극相剋이나 상생相生의 순서에 따라 서로 교체하는데 한 번 돌아오면 다시 시작한다고 여겼다.

의 순서에 부합해야 하고, 제사의 대상은 순서대로 오방五方의 지위를 두드러지게 해야 했다.

다음으로 팔八(팔풍八風이나 팔괘八卦), 구九(구주九州[22]나 구야九野[23] 또는 구천九天[24]), 십十(십일十日 또는 십천간十天干), 십이十二(십이진十二辰[25]이나 십이지지十二地支[26] 또는 십이월十二月)가 있다. 이런 '수數적 개념'은 일찍부터 발생했으며 오랜 재통합과 논증 과정을 겪으면서 진한 시대에 마침내 체계적인 형식으로 고정되었다. 또한 이 개념은 각각 영역에 스며들어가 고대에서 현대 중국인에 이르기까지 문제를 생각하는 사고 맥락에 영향을 끼쳤고, 또한 이로부터 갖가지 지식과 기술을 확장해 냈다.

이것은 물론 서방 사상과 매우 다르다. 고대 중국인이 결코 현상 이면의

---

22 구주九州: 중국 고대에는 천하를 아홉 개의 행정구역으로 나누어 구주라고 일컬었다. 역대로 견해가 다른데『상서尙書』,『이아爾雅』,『주례周禮』에 모두 구주에 대해 나와 있다. 나중에는 중국의 별칭으로 쓰였다.

23 구야九野: 하늘의 9대 구역.『여씨춘추呂氏春秋』「유시람有始覽」'유시有始'에 다음과 같은 내용이 있다. "무엇을 구야라고 일컫는가? 하늘의 중앙을 균천鈞天이라 하는데 그곳의 성수는 각角, 항亢, 저氐이다. 동쪽은 창천蒼天이라 하고, 그곳의 성수는 방房, 심心, 미尾이다. 동북쪽은 변천變天이라 하고 그곳의 성수는 기箕, 두斗, 견우牽牛이다. 북쪽은 현천玄天이라 하고 그곳의 성수는 무녀婺女, 허虛, 위危, 영실營室이다. 서북쪽은 유천幽天이라 하고 그곳의 성수는 동벽東壁, 규奎, 루婁이다. 서쪽은 호천顥天이라 하고 그곳의 성수는 위胃, 묘昴, 필畢이다. 서남쪽은 주천朱天이라 하고 그곳의 성수는 자휴觜嶲, 삼參, 동정東井이다. 남쪽은 염천炎天이라 하고 그곳의 성수는 여귀輿鬼, 류柳, 칠성七星이다. 동남쪽은 양천陽天이라 하고, 그곳의 성수는 장張, 익翼, 진軫이다.(何謂九野? 中央曰鈞天, 其星角, 亢, 氐. 東方曰蒼天, 其星房, 心, 尾. 東北曰變天, 其星箕, 斗, 牽牛. 北方曰玄天, 其星婺女, 虛, 危, 營室. 西北曰幽天, 其星東壁, 奎, 婁. 西方曰顥天, 其星胃, 昴, 畢. 西南曰朱天, 其星觜嶲, 參, 東井. 南方曰炎天, 其星輿鬼, 柳, 七星. 東南曰陽天, 其星張, 翼, 軫.)"

24 구천九天: 하늘의 중앙과 여덟 방향. 굴원의「이소離騷」에는 "나는 감히 구천을 가리켜 증인이 되게 하였으니, 그것은 단지 영수靈脩(초나라 회왕)를 위한 연고일 따름이네.(指九天以爲正兮, 夫唯靈脩之故也.)"라고 했다.

25 십이진十二辰: 자子, 축丑, 인寅, 묘卯, 진辰, 사巳, 오午, 미未, 신申, 유酉, 술戌, 해亥 등 12개의 때를 말한다.

26 십이지지十二地支: 자, 축, 인, 묘, 진, 사, 오, 미, 신, 유, 술, 해 등 12지十二支의 총칭이다. 옛 사람들은 시간이나 날짜를 계산하는 별칭이나 순서를 나타내는 부호로 사용했다. 세음歲陰이라고도 한다.

심층 이치를 규명하는 데 뛰어난 것은 아니었다. 결코 세밀하고 순수한 논리에 따라 분석을 진행하는 데 뛰어난 것도 아니었고, 완전히 실험적인 결과에 따라 지식을 이끌어내는 것도 아니었다. 그러므로 어떤 사람은 한족漢族을 중심으로 하는 중국인 사유의 특징 하나는 '간략화'이고, 둘은 '비유'나 '상징'·'암시'를 많이 사용하는 것이고, 셋은 사고의 맥락이 '논리'나 '추리'가 아니라 흔히 체험하고 유추하는 것이라고 말한다. 이것은 아마 틀리지 않을 것이다. 하지만 핵심은 다음과 같은 사실임을 이해해야 할 것이다.

고대 중국 한족의 사유思惟에는 일찍부터 이런 '천天'·'지地'·'인人'에 대한 기본 가설이 있었으며, 이 기본 환경에서 출발하여 오늘날 서양 과학적 사유에 익숙한 사람들이 보기에도 상당히 특수한 사고 맥락에 근거하여, 일체 현상이나 사물의 본질과 연관을 추측하고 가설했다. 그런 다음, 그런 가설이나 추측에 따라 눈앞의 세계를 처리하고 대처하여 고대 중국인 자신의 지식, 기술과 사상을 형성했다. 이 기본 가설은 '하늘과 사람'의 관계인데 천인합일天人合一,[27] 천인감응天人感應[28] 같은 기본 가설에 근거하여 출발함으로써 세간 일체의 현상과 사물을 이해하고 판단하는 방법이 바로 '음양오행陰陽五行'이다.

이를테면, 중국의 전통의학과 약학藥學은 음양오행의 이론과 사고 맥락에 따라 진단 및 치료의 기준을 세웠다. 중국 의학과 의약에서 수많은 질병의 증상과 약물은 '음'과 '양'의 학설에 의해 몇 가지 성질로 귀납되었다. 이런

---

[27] 천인합일天人合一: 중국 철학에서 하늘과 사람 관계에 관한 일종의 관점으로 천인지분天人之分설과 대립된다. 이 관점에 따르면 하늘은 의지가 있으며 인간사는 하늘의 뜻을 나타낸 것으로 하늘의 뜻이 인간사를 지배할 수 있고 인간사는 하늘의 뜻을 감동시킬 수 있으므로 이로부터 양자는 일체가 된다. 전국시대의 자사子思와 맹자가 먼저 이런 이론을 명확히 제기했으며, 한대漢代 유학자인 동중서董仲舒가 이 학설을 계승하여 천인감응天人感應으로 발전시켰다.

[28] 천인감응天人感應: 하늘의 뜻과 사람의 일이 서로 감응한다는 의미이다. 중국 철학에서 천인사상에 관한 학설로, 사람의 행위는 하늘을 감동시킬 수 있고 하늘도 사람의 일에 영향을 끼칠 수 있다고 여긴다.

성질은 천지天地 사이의 차고 더운 사계四季의 변화와 같아서 '사람'의 몸에 적용될 때 '차갑다·덥다', '습하다·건조하다'거나 비교적 세밀하게 '덥다·따뜻하다·서늘하다·차갑다' 등의 어휘로 표현되었다. 질병의 증상은 이런 용어에 의해 각각 다른 유형으로 나뉘었고, 또 약물은 '군君, 신臣, 좌佐, 사使'로 비유되어 마치 사회의 정치 관계와 마찬가지로 상호 제약과 지지 관계에 따라 결합하여 사용했다. 그러나 '음양', '뜨거움과 차가움'은 대부분 경험과 감각에 의지한다. '화火를 제거한다'거나 '화火가 올라온다'라는 성질이나 '음기陰氣', '양기陽氣'라는 것 역시 실험으로 판단할 도리가 없이 체험과 감각으로부터 추론할 수밖에 없다. 수많은 서양인은 이에 대하여 매우 이해하기 어려워한다.

마찬가지로 사람의 신체·오장五臟·오관五官·사지四肢와 오행五行·오미五味·오색五色·오음五音 등에 관한 상호 관계, 오행에 각각 귀속되는 각종 현상과 사물은 어떻게 상생하고 상극하는가, 어떻게 다른 환경과 계절하에서 조화를 이룰 수 있는가, 이런 관계는 또 어떻게 사람의 신체 상황과 신체에 대한 치료 방법에까지 확장할 수 있는가는 더욱 서양식 사고의 맥락과 논리로는 이해할 수 없다. 특히 경락학설經絡學說과 '기氣'의 운행과 느낌은 실험적인 생리와 해부학에서 완전히 해석할 방법이 없고, 중국 의학이 의지한 '망望,[29] 문聞,[30] 문問,[31] 절切'[32]과 '증상을 변별하고 분석하여 치료를 실시하다'라는 것도 화학실험과 측량 등의 방법에 의해서는 이해할 수 없다.

---

29 망望: 중국 전통 의학은 장기간 의료 과정에서 질병을 진단하는 네 가지 방법을 귀납해 냈다. 이것이 바로 망望, 문聞, 문問, 절切이다. 망은 의사가 시각을 활용하여 환자의 전신이나 국부에서 기색의 형태 변화를 살피는 것이다.
30 문聞: 의사가 청각과 후각에 의하여 환자의 목소리와 냄새의 변화를 변별하는 것이다.
31 문問: 환자와 그 가족에게 질문하여 질병의 발생과 변화 과정, 그리고 현재의 증상 및 기타 질병과 관련된 상황을 이해하는 것이다.
32 절切: 진맥과 눌러서 진단하는 방법으로 절은 환자의 맥박을 누르고 환자의 피부, 손, 복부, 사지 및 기타 부위를 접촉하여 질병을 진단하는 방법이다.

물론 중국 의학과 의약뿐만 아니고, 사실 고대 중국에서는 수많은 일이 음양오행과 관련이 있었다. 예를 들면, 능묘를 조성하는 데 음양을 봐야 하고 주택을 짓는 데 풍수를 봐야 했다. 이 모두가 음양오행에 배합해야 하는 것이다. 예를 들면, 천지와 조상에 제사 지내고, 제사를 지내는 제단 설치 장소나 사당은 음양오행에 부합하는 방위에 따라야 했다. 명당明堂, 환구圜丘, 천단天壇, 영대靈臺 등도 음양오행과 구궁·팔괘의 원리에 따라야 했고, 모든 연월일에도 음양오행을 배치했다. 따라서 일상의 행동도 음양오행에 알맞아 행하거나 피하는 것에 부합해야 했으므로 하늘의 성신星辰, 지하의 방위方位는 더더욱 음양오행으로 배치하게 되었다. 그러므로 무릇 공간 속의 행위는 모두 이런 음양오행을 떠날 도리가 없었다. 아마 독자들은 필자가 도교에 관한 9강 '외단外丹'과 '내단內丹'의 한 절節을 통해 도교 사상과 기술技術에서 이 음양오행 학설의 핵심적인 의의를 상세히 얘기했던 것을 기억할 것이다.

4. 중국(한족) 문화의 몇몇 측면(다시 계속)

셋째로 거론하고 싶은 예는 일반적으로 사용하는 한자漢字와 그에 따른 고대 사상의 방식에 대한 영향으로, 마지막 주제이다.

필자는 줄곧 한족漢族의 수많은 사고의 방식, 인지의 방식이 모두 한자와 관련이 있다고 생각해 왔다. 전 세계에서 한자만이 아직도 최초 상형문자의 기본 골격을 보존하고 있다. 오래된 이집트 상형문자, 수메르 설형문자 등은 모두 진작 사라졌고 나시족의 문자는 사용 범위가 아주 좁기 때문에 그대로 두고 논하지 않아도 될 것이다. 그렇다면 이런 상형을 기초로 한 문자는 중국인에게 어떤 영향을 끼쳤을까? 예를 들면, 문자 표현에 특이한 감각이 있고, 순수 부호에 대한 연산에는 잘 적응하지 못하면서도, 비유나 상징 같은 형상적 사유에 대한 습관이 추상적인 문제를 형상화하는 사고방식에 뛰어난 것은 모두 관계가 있겠는가?

　고대 중국의 한자는 매우 재미있다. 수많은 글자는 '상형'이었으며, 일日, 월月, 목木, 수水, 화火, 수手, 구口, 도刀 같은 글자는 아주 직관적이다. 그러나 더 자세하고 더 복잡한 서술도 필요하므로 기발하게 약간의 것을 덧붙여서 많은 글자들을 만들었다. 예를 들면, 칼날(도刀)에 점을 하나 더한 것은 칼등이 아니라 '인(刃)'이고, 손(手)을 나무 위에 올려놓으니 '캐다(采)'이고, 소(牛)를 우리 안에 가둬 놓은 것이 '우리(牢)'이다. 그러나 이 정도는 아직 간단하다고 할 수 있으며 루쉰(魯迅)[33]이 일찍이 예로 든 것은 '보寶'이다. 이 글자

---

33 루쉰(魯迅, 1881~1936): 중국 현대 소설가. 자는 예재豫才이고, 본명은 쪼우수런(周樹人)이다. 절강성浙江省 소흥현紹興縣 사람. 그의 작품은 중국의 당시 사회상황을 구체적으로 반영했다. 예술적으로 중외소설의 기교를 융합하여 새로운 국면을 열었으며, 풍자의 방법으로 중국 사회의 병적인 세태와 인성의 약점을 꼬집었다. 청년 시절에는 진화론의 영향을 받았으며, 1902년에 일본으로 의학을 배우러 떠났으나, 나중에는 문예 관련 업무에 종사하며 중국 국민정신 개조에 힘썼다. 1909년에 귀국한 후 항주와 소흥에서 학생들을 가르쳤다. 신해혁명 후, 남경 임시정부와 북경정부 교육부의 관리가 되었으며, 베이징대학과 베이징여자사범대학 등에서 강의했다. 1918년 5월에는 처음으로 루쉰이라는 필명으로 중국 현대문학사상 첫 번째 백화소설 『광인일기狂人日記』를 발표하여, 인성의 어두운 면과 옛날 예교禮敎가 사람들을 억압한다는 본질을 폭로하여 신문학운동의 초석을 수립했다. 1919년 5·4운동 후 『신청년新青年』잡지 관련 업무에 참여하여 봉건문화와 봉건적인 도덕에 맹렬한 공격을 가함으로써 신문화운동의 뛰어난 기수가 되었다. 1920년대에는 『눌함吶喊』·『분慣』·『열풍熱風』·『방황彷徨』·『야초野草』·『조화석습朝花夕拾』·『화개집華蓋集』·『화개집속편』등 작품집이 연이어 출판되었다. 그중에서 중편소설인 『아큐정전阿Q正傳』은 중국 현대문학사에서 걸작으로 꼽히고 있다. 1927년 그는 상해로 가서 열정적으로 마르크스와 레닌에 대해 연구했다. 1927~1935년에는 『고사신편故事新編』의 대부분의 작품과 『이이집而已集』·『삼한집三閑集』·『이심집二心集』·『남강북조집南腔北調集』·『위자유서僞自由書』·『준풍월담准風月談』·『화변문학花邊文學』·『차개정잡문且介停雜文』등의 수필집이 있다. 이 시기의 수필은 각종 사회 문제를 깊이 분석했고 탁월한 정치적 통찰력과 강인한 정신력을 드러내고 있다. 동시에 미명사未名社나 조화사朝花社 등의 진보적인 문학단체를 이끌기도 했고, 『개원芥原』·『분류奔流』·『맹아萌芽』·『역문譯文』등 문예 정기간행물의 편집장을 맡기도 했다. 또한 그는 청년 작가에 대하여 열성적인 보살핌과 적극적인 배양이 있었다. 그리고 대대적으로 외국의 진보 문학작품을 번역하며 국내외의 저명한 회화와 목각을 소개했고, 대량의 고전 문학작품을 수집, 연구, 정리했다. 또한 『중국소설사략中國小說史略』·『한문학사요강漢文學史綱要』을 저술하였으며, 『혜강집嵇康集』을 정리하고, 『회계군고서잡집會稽郡故書雜集』·『고소설구침古小說鉤沉』·『당송전기집唐宋傳奇集』·『소설구문초小說舊聞鈔』등을 집록했다. 1936년 10월에

는 지붕(宀) 하나, 옥(玉) 한 줄, 질그릇(缶) 한 개, 조개(貝) 하나이다. 또한 부缶는 저杵와 구臼가 합쳐서 이루어진 것으로 한자 다섯 개가 한데 합쳐졌는데, 이것이 '회의會意'이다. 그러나 어떤 글자의 모양은 너무 비슷하고 글자를 쓰는 데 또 지나치게 세밀하게 그릴 수는 없어서 회의만으로는 사용하기에 충분치 않았다. 그래서 또 의미의 종류로써 구분하고, 동시에 소리를 더해서 다르다는 것을 표시했다. 그러자 강江, 하河, 송松, 백柏 같은 '형성形聲'이 있게 되었다.

어쨌든 결론적으로, 한자는 글자 모양에서 수많은 의미를 추측해 낼 수 있는 문자이다. 게다가 의미가 많은 글자도 직접적으로 상형象形의 글자에서 증식되어 나온 것이다. '목木'이 나무를 가리키는 것과 마찬가지로 '목木'이 '일日' 가운데 있으면 태양이 동쪽에서 떠오른 것이므로 곧 '동東'이다. '일日'이 태양인 것과 마찬가지로, 만일 태양이 '초草' 가운데 떨어지면 곧 '막莫(모暮)'이다. '수手'가 힘을 상징하는 것과 마찬가지로 손에 방망이를 쥐고 있으면 권력을 장악한 '윤尹'이고, 위엄이 있는 '부父'이다. 만일 아래쪽에 '구口'를 더하면 입은 움직이지만 손은 움직이지 않는 것을 나타내는 것인데 곧 '군君'이다. '인人'은 어떤가? '인人'의 의미가 확장된 글자가 더 많아졌는데 '대大', '천天', '흠欠', '형兄', '개概', '기企', '견見', '와臥' 등과 같이 사람과 관련된 수많은 글자에서는 '인人'의 글자 모양이 나타내는 의미를 알 수 있다. 이와 같이 한자는 사람의 사고와 상상에 영향을 끼쳤고 중국의 지식인으로 하여금 '추측(猜)', '짐작(揣)'의 읽기와 사고 습관을 가지게 하였다.

현재로서는 아직 한자가 중국 문화와 한족의 사유에 미친 영향을 명백하게 설명할 수는 없지만 이런 영향은 결코 서예와 회화 등의 분야에만 있는

상해에서 병으로 세상을 떠났다. 현재 여러 종류의 『루쉰전집魯迅全集』 판본이 보급되고 있다. 루쉰은 20세기 중국의 중요한 작가로 중국 현대소설, 백화소설과 근대문학의 기초를 다진 인물이자 신문화운동의 지도자이다. 또한 문학과 문예운동의 실천을 통하여 중국 현대 격동기의 민중에게 커다란 영향을 끼쳤다

것이 아니다. 몇몇 타민족의 문화와 다른 한족 문화의 현상은 확실히 한자와 관련이 있다. 몇 가지 예를 들어 보자. ① '한눈에 열 줄씩 읽다'[34]라는 느낌의 방식으로 읽고 '글자만 보고 대강 뜻을 짐작하다'[35]라는 해석과 이해 방식. ② 중국의 사상 세계에서는 늘 지시하는 문자 부호는 지시된 현상 세계와 분리될 수 없다고 여겨졌다. 이런 까닭에 추상적인 순부호, 순논리의 사유에 익숙하지 않았다. ③ 고전 문학 속의 근체시近體詩와 변려문騈儷文, 대련對聯의 발달 등. ④ 이와 같이 소리에 기대지 않고 주로 글자 모양에 의지하는 문자 때문에, 각지의 한족이 서로 다른 방언을 사용하더라도 글을 동일하게 식별할 수 있어 각각 다른 민족으로 분열되지 않고 한족의 통일성을 유지할 수 있었다.

5. 중국의 문화 전통은 대체 어떤 것인가?

문화 차이의 문제는 상당히 복잡하다. 위에서는 중요하다고 판단되는 일부를 예로 들었을 뿐이지만, 필자는 결코 한 가지 측면을 가지고 전체를 개괄함으로써 중국 문화에 대하여 완전한 논술을 했다고는 생각하지 않는다.

그렇다면 대체 무엇이 중국 또는 한漢민족의 문화나 전통이라고 말할 것인가? 여기에 특별히 좀 주의하기를 부탁할 것이 있는데 '중국'이나 '한족' 등의 어휘를 관형어로 삼아 '문화'나 '전통'을 수식할 때, 우리는 이들이 동일한 특징을 개괄할 수 있다고 묘사하려 하지만 이것은 매우 곤란하다는 점이다. 우리는 인류를 갖가지 다른 기준으로 분류할 수 있지만 어떤 방법으로도 깊이 있고 정확하게 '문화'의 귀속 문제를 구분할 수는 없다는 것을 알

---

34 "一目十行."
35 "望文生義."

고 있다.

　　예를 들면 ① 인종으로 구분하면 흑인종, 백인종 등이 있으나 이것은 결코 문제를 설명할 수 없으며 한족을 비롯한 중국 인종은 아마도 몽골과 말레이시아 두 인종으로 구성되었을 것이다. 역사에서도 일찍이 상당히 많은 다른 종족의 혈액과 유전자가 유입되었으며 유행가 중에 노래한 "검은 머리카락에 노란 피부"는 보아하니 중국인을 말하는 것 같다. 그러나 또 어떻게 "검은 머리카락에 노란 피부"의 한국인과 일본인을 구분해 낼 수 있겠는가? 그러므로 인종이나 유전자가 근본적인 구분 방법인 것은 아니다. ② 언어나 종교에 따라 구분할 수 있는데 한어漢語를 말하는 사람은 한족漢族이다. 그러나 꼭 그런 것만은 아니다. 한어의 사용자 중에서 아직 수많은 기타 민족의 후손인 사람이 있다. 한자의 사용은 더욱더 고대 조선과 일본을 포함해야 할 것이다. 한자 문화권이란 개념은 사실 한족 문화보다 더 크다. 하물며 한어를 말하는 사람 가운데도 현재 수많은 '소수민족'이 있다. 종교에 관해서는 더 중국과 외국, 한족과 기타 부류를 구분할 수 없다. 한족은 하나의 통일된 종교를 갖지 않았고, 한족 가운데 일부와 기타 일부 민족이 한 종교를 공유했기 때문에, 다른 일부 사람은 또 기타 부류와 한 종교를 공유했으며, 심지어 한족 한 사람이 몇 가지 종교를 믿을 수 있었다. ③ 또 지역으로 구분하면 중국이란 어휘는 당연히 현재의 중국 대부분을 포함하고 홍콩, 마카오와 대만을 포함할 수 있다. 그러나 외국의 수많은 중국인, 그들도 중국의 한족으로 인정하고 그들의 문화가 중국 문화라고 할 수 있겠는가? 따라서 지역도 구분의 기본 증거라 할 수 없다. ④ 다시 계층으로 나눌 수 있는데, 상류층과 하류층, 지식이 있는 사람과 없는 사람, 걸출한 사람과 민중, 부유한 사람과 가난한 사람, 대전통과 소전통, 확실히 차이가 매우 크다. 그러나 이런 계층은 도리어 우리가 말한 '중국 문화'에 공동으로 속한다. 그러므로 '인종', '언어', '신앙', '지역'과 '계층'을 막론하고, 모두 '문화'와 중첩될 수는 없다. 그렇다면 문화란 무엇인가? 앞에서 '문화는 한 민족의 자아와 특색을 표현한다'라고 했다. 그렇다면 어느 곳에서 중국이나 한족의 자아와 특색을 가장 깊이 표현했을까?

비교적 모호한 관점은 "문화는 역사에서 이어져 내려와 한 민족의 마음속에 깊이 뿌리 내려진 것을 가리키는데, 어느 때·어느 지역·어느 계층을 막론하고 생각할 필요 없이 신봉하고 인정하는 것, 또 그들 일상생활의 각 방면에서 시종 표현해 내는 전통 정신이다."라는 것이다. 물론 이것은 지나치게 추상적이다. 그러나 지금 우리에게는 더 좋은 표현과 논증의 방법이 없으므로 중국 문화는 한 문화의 중국을 구성했다고밖에 말할 수 없다. 이 문화 속의 중국에는 일종의 전통이 있는데, 이것은 중국인과 기타 사람들이 다른 가치 표준, 생활 습관과 정신 기질을 갖게 했다. 과거 이런 차이를 '민족성'이나 '국민성'으로 불렀는데 영어의 nationality이다. 국민성이나 민족성은 전통의 집적과 감화 때문에 형성되었고, 동시에 이런 기질과 정신에 대해 자기도 모르게 공감과 친밀감이 있게 되어 한 민족의 형성과 응집의 원인이 되었다. 이런 전통은 구성원 각자의 기억 속에 자연스럽게 가지고 있는 것으로 그들이 변화하는 환경에 응답하는 천연자원이기도 하다.

아마도 이것에 대해서는 여전히 서술과 이해가 상당히 힘들 것이다. 하지만 최대한 여기에서 기술하려고 했다. 이 때문에 위의 10강 중에 필자가 말한 것은 바로 이 대단히 큰 제목인 "대체 무엇이 중국 사회와 문화의 특색인가?"였다. 이 10개의 강좌에서 필자는 고대 중국의 천하 관념은 어떻게 고대 중국인의 자아와 타민족에 대한 태도에 영향을 끼쳤는지 말했다. 또 고대 중국의 가족과 의식으로부터 이야기를 시작하여 유가와 고대 중국 정치학설의 형성을 얘기하면서, 간단하게 노자에서 장자까지 도가의 사상과 영향을 토론하였고, 또 고대 중국과 외부 세계 교류의 경로를 토론했다. 물론 그것은 불교가 중국에 들어온 경로에서부터 말하기 시작했다.

그 밖에 또 불교와 도교의 사상·방법·기술과 영향을 간단히 소개했는데 그중 특별히 관음신앙과 선종사상에 중점을 두었다. 그 이유는 전자가 중국 민간에 미친 영향은 실로 컸을 뿐만 아니라, 관음의 형상과 이야기의 변화는 흥미로워서 다른 문화와의 차이를 반영할 수 있었기 때문이다. 후자는 당연히 불교에서 진정으로 중국화한 하나의 전형인데, 선종은 중국 지식인에 대한 영향이 모든 불교 종파를 초월한 것으로, 타문화가 중국과 같은 이런 자아가 완전한 문화체계로 들어오려면 어떤 순응과 변화가 필요했는지를 반영했다. 마지막으로 필자가 특별히 고대 중국의 두 가지 신앙 세계를 소개한 것은 기타 문화권과 비교해서, 이런 종교의 경계가 상당히 모호하지만 문화의 단계는 상당히 분명한 신앙 양상이 중국에서 특별히 두드러질 수 있기 때문이다.

단지 여기에서 다시 여러분께 상기시킬 필요가 있는 것은, 중요한 것은 결코 필자가 '이야기한다'는 것에 있지 않고 독자가 '듣는다'는 것에 있다는 점이다. 만일 독자가 중국인(한족)이라면 필자의 '이야기한다'를 통해 독자의 기억, 체험과 경험을 '활성화'시킬 수 있기를 바란다. 몸을 돌려 자신의 주위, 자신이 처한 사회, 자신이 익숙한 문화를 좀 체험해 보고 마음속에 '비축한 중국적인 것'을 자극하여, 필자가 '말'한 내용과 함께 '고대 중국(한족) 사회와 문화'라는 이 큰 개념을 재건하는 것이다.

후기

이 『고대 중국 사회와 문화 10강』은 1997년부터 2001년까지 필자가 일본 교토대학, 홍콩진후이대학(香港浸會大學), 홍콩시립대학(香港城市大學)과 칭화대학(清華大學)에서 각각 강의했던 교과목의 강의 기초에서 정리해 낸 것이다. 여기 인쇄한 것은 강의의 전부가 아니다. 강의 중 학생들의 수업 흥미를 일으키기 위해 첨가한 자료를 삭제했고, 일부 역사 관련 구체적인 예증을 삭제했다. 그러나 강의에 비해 더 많아진 것도 있다. 먼저 한층 더 탐구하고 읽을 수 있는 '참고 문헌'이 더 많아졌으며, 그 다음은 한층 더 연구에 필요할 것 같은 '참고 논저'를 늘렸고, 또 매 강講 다음의 '생각해 볼 문제'도 더 많아졌다. 이 작업을 통해 제법 교재 같은 모양새를 갖췄다.

필자는 1997년에 시작하여 이들 몇 개 학교에서 연이어 몇 차례 이런 교과목을 강의했다. 시작할 때는 아주 쉽다고 여겼으나 나중에 점점 그리 간단한 것은 아니라고 느꼈다. 외국 학생의 경우, 고대 중국 사회와 문화 지식의 심오한 내용을 알기 쉽게 표현하여 그들에게 분명하게 말할 수 있으려면 얼마간의 상당한 공력을 들여야 한다. 비록 거기에서 수업을 듣던 사람들이 석사 또는 박사 과정 학생이었다고 할지라도, 언어와 문화의 장막 때문에 강의는 특별히 매끄럽고 간명하게 해야 했다. 그래서 당시 많은 수고를 하여 제목을 선택하고 내용을 구성했다. 중국 학생, 특히 이공계 학생의 경우, 고대 중국 사회와 문화 지식을 그들이 듣기 좋아하도록 강의하는 것은 더욱 쉽지 않았다. 여러분도 잘 알다시피, 지금은 눈앞의 성공과 이익에 급급하고 실용을 중시하는 시대이다. 보기에 기능이 늘지도 않고 또 금전으로 바꿀 수도 없는 고대 사회와 문화 지식들은 약간의 '포장'과 '조리'를 통해서만 그들에게 흥미를 갖도록 할 수 있었다. 따라서 강의 중에 많은 수고를 하여 '양념'을 더했다. 그래서 현대의 수업 방식은 필자로 하여금 도처에서 관련 그림과 영상 자료를 찾지 않을 수 없게 하였는데, 귀를 사용하여 들었던 과목을 들을 수도 있으면서 또 볼 수도 있는 과목으로 바꾸었다.

한정된 수업 시간에 가능한 한 고대 중국 사회 문화의 각 방면을 포괄하기 위하여 필자는 10개의 제목을 선택했다. 독자적으로 이렇게 과정을 설계하여 유儒, 도道, 석釋 등 각 주요 사상, 학설, 종교를 다루면서도 천하 관념, 가족 윤리, 계층 차이 등 문화의 중요 분야를 포함시켰다고 생각한다. 지속적으로 이런 지식에 대해 이해하고 싶은 학생들을 위하여 필자도 선택한 원문헌의 한두 문단을 제시함으로써 피동적으로 수업만 들을 것이 아니라 스스로 음미할 수 있게 했고, 깊이 들어가 연구하려는 사람에게는 비교적 전문적인 논저 선택 목록을 제공하여 일반적인 입문 과목을 수강하는 것에 그치지 않고 연구의 입문이 될 수 있게 했다.

본래 도교의 내용은 두 절節로 나누었으나 그리하면 책 전체가 '11강'이 되겠기에 숫자의 원만함을 추구하는 전통이 몸에 밴 필자는 여전히 습속에서 벗어날 수 없었다. 본래 강의 중 '고대인 눈 속의 문학', '희곡 뒤의 사회생활사' 같은 일부 내용이 있었다. 그러나 기타 내용과 그다지 균형이 맞지 않아서 이 책에서는 삭제했다. 지나치게 형식미를 추구하면 어떤 종류의 책을 쓰건 흔히 긴 것을 절단하고 짧은 것을 이어야 했다. 결론적으로 4년의 첨가와 삭제를 지나고 또 여름방학 동안의 수정을 거쳐 이 책은 이렇게 엮여 나오게 되었다. 필자는 여기에서 특별히 두 명의 젊은 동료와 학생에게 감사하려고 한다. 그들은 칭화대학 사상문화연구소의 리우궈중(劉國忠)과 칭화대학도서관의 황전핑(黃振萍)으로, 그들은 애당초 업무 외적인 일임에도 불구하고 나를 도와 자료를 인쇄하고 도편을 스캔하였고 많은 일을 해 주었다.

거자오꾸앙(葛兆光)
2001년 8월 25일 칭화대학에서

찾아보기

ㄱ 가家 89, 90, 93
　가규家規 93
　가법家法 79
　가보家譜 79
　가비라위국迦毗羅衛國 146
　가야산伽倻山 148
　가정 59, 70, 73, 90, 98, 106
　가족 59, 70, 73, 80, 90, 92, 98
　『각직방외기서刻職方外紀序』 54
　간화선看話禪 145
　갈홍葛洪 244, 274, 277
　감영甘英 27
　강거康居 26, 123
　강거康巨 158
　개겁도인開劫度人 279
　개상介象 264
　개원開元 180
　개인 92, 104
　개자리(首箔) 35
　갠지스 강 147, 154
　거란(契丹) 33
　거북 134
　거울 261, 264, 267
　검 261, 264, 266
　겁수劫數 161
　게송偈頌 175~177
　경敬 102

　경卿 89
　경교 217
　경락학설經絡學說 320
　경문經文 199, 286, 298
　경제 308
　계戒 153
　계季 71
　『계관세음응험기繫觀世音應驗記』 200, 213
　계례笄禮 67
　계씨季氏 100
　계율戒律 154, 159, 286
　고난 152, 153
　고모 63, 65, 70, 309
　고모부 63
　고모할머니 63
　고비(戈壁)사막 126
　「고사도高士圖」 227
　『고승전高僧傳』「망신亡身」 167
　『고승전』「창도唱導」 168, 301
　『고왕관세음경高王觀世音經』 199
　고원 33, 129
　고제苦諦 152
　고종형수 64
　고차庫車 122
　곤륜崑崙 21
　곤륜崑崙산맥 123

　곤명昆明 130
　「곤여만국전도」 45
　「곤여만국지도坤輿萬國地圖」 33
　공空 191, 283, 288
　공감 94
　공도邛都 130
　공자孔子 81, 82, 89, 90, 93, 95, 96, 99~101, 104, 105, 107~109, 111, 163, 219, 288
　공죽장邛竹杖 129
　곽점郭店 220
　관 77
　관례冠禮 67
　관성대제關聖大帝 257
　『관성제군각세진경關聖帝君覺世眞經』 298, 303
　관세음보살觀世音菩薩 195, 197, 198, 200
　『관세음보살구고경觀世音菩薩救苦經』 199
　관음보살觀音菩薩 195~199, 203, 205, 207~210, 290
　관음상 206
　관음신앙觀音信仰 195, 213, 327
　관제묘關帝廟 286
　관학官學 287
　광동廣東 77, 177, 210, 309

광세음光世音 196
『광세음대세지수결경光世音大勢
　　至受決經』 198
『광세음응험기光世音應驗記』 200
광주廣州 33, 40, 128, 134, 177
교주交州 127, 128, 134
교지交趾 52, 134
구九 318
구나발타라求那跋陀羅 190
구리絢履 96
구마라습鳩摩羅什 197
구복九服 19, 48
구성九星 245
구식곡瞿式穀 54
구야九野 318
구전환단九轉還丹 251
구제救濟 160
구족九族 77
구주九州 18, 26, 33, 49, 129, 160, 318
구처기丘處機 257
구천九天 318
국國 89, 90, 93
국가 89, 92, 106
국법國法 93
『국어國語』 104
『국어』「주어周語」 19
군신君臣 313
군주 92
궁관宮觀 298
귀생貴生 162
귀신 218, 257
규슈(九州) 134
규율規律 221, 222
규음闚音 196
규정 92, 93

규칙 94
『균주황벽산단제선사전심법요
　　筠州黃檗山斷際禪師傳心法要』
　　189
그러므로 308
그루트(J.J.M. De Groot) 60, 74, 77
『금강경金剛經』 173, 287, 298
금사강金沙江 129
『금산현지金山縣志』 92
『금석색金石索』 22
금액金液 273
금정金精 265
기氣 221, 248, 251, 252, 320
기공氣功 248
기굉국奇肱國 21
기남沂南 134
「기린송자도麒麟送子圖」 291
『기희록幾希錄』「자서自序」 304

ㄴ 나 151
나로 말하면 308
나무아미타불南無阿彌陀佛 195
나찰귀국羅刹鬼國 212
나천대초羅天大醮 260
낙산樂山 133
낙양洛陽 23, 124, 127, 157
난창강瀾滄江 129
남녀유별男女有別 66, 73, 91
남북조南北朝 36
남북조시대南北朝時代 182
『남양화상돈교해탈선문직료성단
　　어南陽和尙頓敎解脫禪門直了性
　　壇語』 187
남인도南印度 208
남제南齊 200

남종南宗 145, 173, 175
남해 27
남해관음南海觀音 202
남회인南懷仁 41, 42
납길納吉 68
납징納徵 68
납채納采 67
내內 70
내단內丹 242, 248, 249, 251, 252
내세來世 158
내외유별 73
내하교奈何橋 290
네란자라(尼連禪河) 148
네팔 146
노강怒江 129
노군老君 288
노사老死 149
노인의 매미잡기(老者承蜩) 229
노자老子 139, 219, 220, 224, 226, 255, 270, 277, 300
『노자老子』 217, 220~222, 224, 225, 231~233, 249, 285
녹성祿星 256
녹야원鹿野苑 154
『논어論語』「계씨季氏」 89, 109
『논어』「선진先進」 74, 98, 104
『논어』「안연顏淵」 99, 102, 108
『논어』「양화陽貨」 105
『논어』「옹야雍也」 104
『논어』「위령공衛靈公」 104
『논어』「위정爲政」 81
『논어』「자로子路」 101, 313
『논어』「학이學而」 105, 107
농가 309
누란樓蘭 119~122
『능가경楞伽經』 188, 285

능가종楞伽宗 145
니아尼雅 118

ㄷ
다신교 254
다신론多神論 255
다원화 45
『단경壇經』 173, 177, 179~182, 184, 186
단단한 성질과 흰 성질의 분리(離堅白) 219
단사 249
단서丹書 270
단전丹田 251, 252
달관達觀 228
달마達磨 182, 183, 189
담제禫祭 79
답두踏斗 296
당唐 36, 121, 122
당대唐代 28, 35, 121
당시唐詩 285
대공大功 76
대구주大九州 26, 44
『대당서역기大唐西域記』 32
『대동연진보경구환금단묘결大洞煉眞寶經九還金丹妙訣』 275
대렴大斂 78
대리大理 130
대만台灣 210
대범사大梵寺 177
대보귀大寶龜 133
대부大夫 89
대상大祥 79
대세지보살大勢至菩薩 198, 207
대승大乘 157
대우大禹 270

「대우위차도大雩位次圖」 25
대원大宛 26, 123
대월지大月氏 26, 123, 138, 139
대자대비관음보살大慈大悲觀音菩薩 195
대중부大衆部 154
대중화大中華 45
대진大秦 136
대진국 130
대하大夏 27, 123, 130
덕이德異 181
도道 218, 221, 222, 225, 231
도가道家 219, 239
도가道家 사상 217
『도경道經』 278, 279
도교道敎 159, 210, 211, 217, 218, 239, 241, 242, 244, 245, 249, 254, 257, 258, 267, 287, 294, 326
도교 도관道觀 293
『도덕경道德經』 287, 300
도사道士 258, 267, 269
도세道世 51
『도이지략島夷志略』 32
도인導引 249, 271
도장道藏 247
도제道諦 153
도해관음渡海觀音 205
도홍경陶弘景 255, 262
독맥督脈 251
돈오頓悟 185
돈황敦煌 119, 125, 179, 181, 207
돈황敦煌 문서 127, 179, 180, 265
돌궐突厥 33
동경銅鏡 34, 89, 119, 267
동남아시아 27, 28, 134

동중서 83
동진東晉 264
「동진단지리도東震旦地理圖」 36
동질감 79, 91
동한東漢 126, 131, 196, 239, 264
『동현록洞玄錄』 278
두보杜甫 287
「두위제거斗爲帝車」 22
『등진은결登眞隱訣』 262
등현縢縣 134

ㄹ
량치차오(梁啓超) 127, 219
런지위(任繼愈) 124
로프노르(羅布泊, Lop Nor) 117, 119, 121, 123
루쉰(魯迅) 218, 322
리히트호펜(Ferdinand Paul Wilhelm Richthofen, Freiherr von) 117

ㅁ
마갈타 154
마니교摩尼敎 122, 217
마두관음馬頭觀音 200, 202
마랑부관음馬朗婦觀音 203, 204
마왕퇴馬王堆 220
마왕퇴馬王堆 한묘漢墓 95
마젤란(Fernão de Magalhães) 17
마조馬祖 187, 190, 208
마테오 리치(Matteo Ricci) 33, 40, 45
마호廟壕 133
만蠻 47, 48, 52
만력萬曆 40, 45
「만세사표萬世師表」 103
만주족 33

찾아보기 333

말세末世 161
망망 320
망자 79
매제 64
맥적산麥積山 156
맹의자孟懿子 81
맹자孟子 83
『맹자孟子』「등문공滕文公」 83
맹파차孟婆茶 290
멸제滅諦 152
명明 32
명名 98, 101, 102, 149
명경明鏡 174, 176
명경대明鏡臺 174
명당明堂 23, 321
명대明代 28, 40
명도로인冥途路引 266
명정銘旌 78
명제明帝 123, 128, 140
모母 70
모당母黨 66, 91
모뎀(modem) 308
모우도牦牛道 130
「모자고牟子考」 127
『모자리혹론牟子理惑論』 127, 134
모친 66
목간木簡 119
「목련극目蓮劇」 284, 297
『목천자전穆天子傳』 21
몽골 27
『묘법연화경妙法蓮華經』 197
『묘법연화경』「관세음보살보문품觀世音菩薩普門品」 213
묘선妙善 204
묘음조妙音鳥 135
묘장엄왕妙莊嚴王 204

묘지 77
무無 149, 231, 288
무격巫覡 95
무공無功 226
「무극내경도無極內經圖」 250
무기無己 226
무념無念 182, 183
무대無待 226
무량무변겁無量無邊劫 160
무명無明 148~152
무명無名 221, 222, 226
무문無門 188
무복국無腹國 21
무사巫師 96, 97
무상無相 182, 183
무상無常 301
무색계無色界 167
무생無生 162
무성務成 163
무슨무슨 주의 308
무심無心 189, 227, 229, 253
무아無我 151
무제武帝 26, 27
무주無住 182, 184
무주無主 190
무진의보살無盡意菩薩 212
무축巫祝 239
무측천武則天 177
무형無形 221, 222
묵조선默照禪 145
문問 320
문聞 320
문명 35, 310, 311
문명問名 68
문수보살文殊菩薩 195, 205
문자文子 277

『문지옥사경問地獄事經』 158
문창제군文昌帝君 256
문화文化 310, 311
물物 228
미륵불彌勒佛 290
미얀마 127, 130, 131
미찌나(Myitkina) 130
민주 308
밀密 197
밀교密敎 200
밀종密宗 145, 200

ㅂ 바르다마나(Vardhamāna) 147
바모(Bhamo) 130
박국博局 23
박남도博南道 130
『반야경般若經』 285
반야학般若學 283
반야학설般若學說 157
반용班勇 27, 126
반초班超 27
방술方術 239
방위 101
방이지方以智 44
방중房中 243
배화교 217
배휴裴休 189
백백 71
백마는 말이 아니다(白馬非馬) 219
백마사白馬寺 124
백부 70
백의관음白衣觀音 202
백해지百解紙 268
백호白虎 256

『백호통白虎通』「삼강육기三綱六紀」 112
번지樊遲 81
법法 35, 92, 93
『법경경法鏡經』 196
법기法器 261, 266
법문法門 199
법사法事 292, 295
『법원주림法苑珠林』 51
법융法融 190
법해法海 177
법현法顯 124
『법화경法華經』「보문품普門品」 198, 199, 298
법회法會 295, 296
벽곡辟穀 248, 249
보報 159
보권寶卷 297
보뇌환정補腦還精 243
「보문품普門品」 197, 198
보살菩薩 166, 196, 203
보살상 133
보상寶上 198
보응報應 296
보의寶意 198
보타산普陀山 208
보허步虛 258, 296
보현普賢 195
보현보살普賢菩薩 205
복건福建 77, 210
『복기정의론服氣精義論』 276
복문複文 264
복성福星 256
복식 101
봉내封內 48
봉래蓬萊 21

『봉신방封神榜』 255
부父 70
부고訃告 78
부당父黨 66, 70, 91
부량傅亮 200
부록符籙 278
부모 63
부부 67, 68, 92
부의傅毅 123
부의금 77
부자父子 92, 312, 313
부적 240, 263~265
부처(佛) 124, 146, 147, 151, 157, 288
부친 66
부호符號 101
북경北京 308
『북경풍속도보北京風俗圖譜』「괘효도掛孝圖」 62
북극성 23
북도樊道 130
북두성 23
북량北涼 125
북위北魏 161, 199
북종北宗 145
「북종오방편문北宗五方便門」 178
북주北周 125
불佛 35
불가사의不可思議 184
불경 159, 203
불공견삭관음不空絹索觀音 202
불교 33, 35, 36, 117, 124, 126, 128, 135, 136, 148, 157, 162, 175, 184, 211, 217, 283, 287, 290, 294, 326
불교 교의 163

불교 사원 293
「불교의 중국 정복(佛敎征服中國)」 124
『불국전佛國傳』 32
불도 163
불립문자不立文字 184
불법佛法 165, 167, 300
불상 156, 159
불성佛性 174, 176, 182
불순不眴 205
『불조통기佛祖統紀』 36, 51
『불조통기』「동진단지리도」 37
『불조통기』「서토오인지도」 38
『불조통기』「한서역제국도」 37
붓다(Buddha) 146
브라만 147
비유 319

ㅅ 사社 49
사祠 84
『사기史記』 126, 220
『사기』「대원열전大宛列傳」 120, 129
『사기』「맹자·순경열전孟子荀卿列傳」 50
『사기』「태사공자서太史公自序」 110
사농공상 92
사다함斯陀含 165
사당祠堂 67, 73, 93
사마천 120, 220
사무史巫 95
사방대제四方大帝 256
사상四象 245
사상례士喪禮 62

사선팔정四禪八定 189
사성제四聖諦 152
사숙私塾 287
사시四時 315
『사십이장경四十二章經』 124
사예四裔 24
사이四夷 18, 32, 34, 46
사제四諦 152, 154, 283
사조제謝肇淛 44
사종史宗 239
사지四肢 320
사차莎車 123, 138
사천四川 133
사촌동생 309
사촌형 309
사촌형제 65, 70
사합원四合院 309
사희社戲 297
산동 134
산서山西 253, 288
『산해경山海經』 21, 22, 42
「산해여지도山海輿地圖」 33, 40
삼가三家 100
삼강三綱 111
삼계三界 149, 167
「삼교도三敎圖」 289
『삼교론三敎論』 288
「삼교중신도三敎衆神圖」 289
삼교합일三敎合一 36
삼국시대三國時代 196
『삼국지三國志』「장로전張魯傳」 300
삼귀 164
삼독三毒 151
『삼동록三洞籙』 278
삼론三論 145

삼보三寶 35, 160
삼성퇴三星堆 132
삼세三世 152
삼세윤회 298
삼십이천제三十二天帝 253
삼원절三元節 295
삼재三才 245
삼제三諦 189
삼천대천세계三千大天世界 160
삼청三淸 253, 255, 256, 269
삼청전벽화三淸殿壁畫 253
삼친三親 65
삼친육척三親六戚 65
삼학三學 153, 154, 283
삼황고三皇姑 204, 205
상商 98, 133
상喪 84
상례喪禮 60, 61, 67, 74, 75, 77, 78
「상례도喪禮圖」 61
상복 77, 83, 96, 97
『상서尙書』「우공禹貢」 18, 48
상좌부上座部 154
상징 98, 319
상청上淸 255
『상청록上淸籙』 278
상청파上淸派 240
상형 322
상형문자 321
색계色界 167
색채 101
생生 149
생선망태관음(魚籃觀音) 203, 204
생질 64, 65, 70, 309
『서경書經』 163
서광계徐光啓 44

서남통도西南通道 129~131
서복徐福 134
『서양번국지西洋番國志』 32
서역西域 26, 120, 138, 155
서열 91
서왕모西王母 21
서원書院 287
서위西魏 156
「서유극西遊劇」 297
『서유기西遊記』 200, 256
서자庶子 64
서진西晉 196
「서토오인지도西土五印地圖」 36
서하西夏 121
서한西漢 126, 134
석가모니釋迦牟尼(Sāyamuni) 146
석개石介 52
석지반釋志磐 36
선禪 190
선교사 40
선단仙丹 273
선서善書 294
선선鄯善 123
선십宣什 190
선악 140, 159, 288
선약仙藥 243
『선원제전집도서禪源諸詮集都序』 191
선재동자善財童子 205
선정禪定 147, 153, 160, 198
선종禪宗 128, 145, 173, 175, 180, 181, 183, 184, 189
선종사상 327
선초仙草 243
선학禪學 157
『설문해자說文解字』 95

설산雪山 33, 126, 129
설숭契嵩 181
설창說唱 297
섬서陝西 264
섭마등攝摩騰 124, 139
성性 105, 221
성姓 67
성관음聖觀音 200
성도成都 130
성도절成道節 148
성모 209, 210
성복成服 78
『성사승람星槎勝覽』 32
성상星象 316
성씨 66
성정性情 104
세계世界 17, 28, 33, 45
세계관 33, 36, 40, 46
세계지도 41
「세계지도(곤여만국지도)」 40
『세설신어世說新語』「언어言語」 90
소공小功 76
소관韶關 177
소귀小鬼 290
소동파蘇東坡 287
소렴小殮 78
소륵疏勒 123
소상小祥 79
소승 157
소식蘇軾 309
소흥紹興 134
속강俗講 297
『속광세음응험기續光世音應驗記』 200
손경덕孫敬德 199

송대宋代 32, 36, 121
송사宋詞 285
송자관음送子觀音 211
「송자도送子圖」 291
쇼(show) 308
수受 149
수隋 36
수다원須陀洹 165
수메르 321
수복綏服 18, 47
『수서隋書』「경적지經籍志」 166, 258, 278, 279
수성壽星 256
수신修身 90
수월관음水月觀音 202
「수월관음도축水月觀音圖軸」 206
수의 78
수적 개념 316
수주수관음數珠手觀音 202
숙叔 71
숙부 65, 70
순舜 163, 227
순서 101
순자 83
『순자荀子』 96
『순자』「예론禮論」 83
『순자』「정론正論」 49
스벤 헤딘(Sven Hedin) 119, 120
승承 159
승僧 35
승부承負 158, 159, 162
『시경詩經』 108, 163
『시경』「옹雍」 100
시공 161
시리아 27
시마緦麻 76

시베리아 27
시신 77, 78
시아버지 63
시양도始陽道 130
시어머니 63
시자만柿子灣 133
시진時辰 274
『시헌통서時憲通書』「구족오복도九族五服圖」 66
『시헌통서』「상복총도喪服總圖」 66
식識 149
식食 53
식기食氣 242, 248
식반式盤 23
식신識神 158
신腎 252
신강新疆 120
신권神權 211
신귀神龜 228
신귀神鬼 243
신대륙 17
신독身毒 27, 123, 129, 131
신분 91
신선 157, 253, 257
신선의 계보系譜 267
신수神秀 174~176, 181, 190
「신정삼례도新定三禮圖」 75
신주新洲 173
신축神祝 262
신하 92
신회神會 179~181, 186, 187, 190
실實 101
실직 308
실크로드 120
심心 228, 252

찾아보기 337

『심경心經』 198, 298
심재心齋 229, 253
심호흡 249
십十 318
십방상제十方上帝 253
십이十二 318
십이시十二時 245
십이연기十二緣起 150, 154
십이월十二月 246, 318
십이인연十二因緣 283
십이지지十二地支 318
십이진十二辰 318
십일十日 318
십일면관음十一面觀音 200
십일면관음상 209
십자군원정 211
십천간十天干 318
『십팔니리경十八泥犁經』 158
싯다르타 고타마(Siddhārtha Gautama) 146
쌍봉산雙峰山 173
씨氏 67

ㅇ 아나함阿那含 165
아라한阿羅漢 165
아미산峨嵋山 270
『아미타경阿彌陀經』 298
아비지옥阿鼻地獄 159
아시아 27, 54
아우 71
아제르바이잔공화국 26, 120
아프가니스탄 27, 120, 123
『악기樂記』 163
악귀 267, 269, 286, 292
안세고安世高 155, 158

안식安息 27, 138
안장安葬 60
알라라 칼라마(Alārā Kālāma) 147
암시 96, 101, 319
애愛 149, 151
애공哀公 96
애뢰哀牢 130
애제哀帝 138
애착 152
약約 84
『약사본원경藥師本願經』 298
양 319
양관陽關 120, 138
양기陽氣 320
양류청楊柳青 연화 291
양리엔성(楊聯陞) 128
양생養生 248, 271
양자강 128
양주楊朱 242
양지관음楊枝觀音 202
양해梁楷 227
어환魚豢 130
언기焉耆 123
언니 71
엄채奄蔡 138
업장業障 160
에릭 쥐르허(Erik Zürcher) 124
엘리아스(Norbert Elias) 310
여동생 71
여래불如來佛 290
여망呂望 163
여산廬山 167
여의륜관음如意輪觀音 200, 202
여인국(女國) 21
여지荔枝 309
여지도輿地圖 30, 31

여진女眞 33
『역전易傳』「요要」 95
연緣 150
연기 150
연단술煉丹術 243
연운항連雲港시 134
연화年畫 204
열반涅槃 149, 152
『열반경涅槃經』 285
염구焰口 284
염라대왕 257, 290
염부閻浮 51
염송念誦 159
영남嶺南 173
영대靈臺 321
영락궁永樂宮 253
『영보옥감靈寶玉鑑』「총성단도總星壇圖」 259
영보천존靈寶天尊 255
영보파靈寶派 240
『영애승람瀛涯勝覽』 32
『영외대답嶺外代答』 32
영창군永昌郡 130
영혼 숭배 60
예禮 62, 74, 81, 83, 92, 93, 97, 98, 102, 104, 219
『예기禮記』 81, 90, 97, 163, 312
『예기』「단궁檀弓」 108
『예기』「예운禮運」 108
『예기』「왕제王制」 34
『예기』「제의祭義」 82
예루화(業露華) 201
예법禮法 77, 93, 98
예복 97
「예불도禮佛圖」 161
예성芮城 253

예악禮樂 74, 96, 105, 109
예의 83
예참禮懺 296
오경五經 110, 164
오관五官 320
오덕五德 317
오미五味 317, 320
오바상(おばさん) 64
오바아상(おばあさん) 64
오방五方 317
오복五服 18, 76
오복제五服制 75
오사五祀 317
오색五色 317, 320
오성五聲 317
오손烏孫 27
오수전五銖錢 119
오신五辛 251
오음五陰 176
오음五音 320
오장五臟 317, 320
오종칠가五宗七家 145
오중五衆 168, 301
오지상(おじさん) 64
오지이상(おじいさん) 64
『오천문록五千文錄』 278
오행五行 150, 245, 320
옥문관玉門關 138
옥종玉琮 23, 24
옥청玉淸 255
옥황玉皇 269
옥황대제 290
옥황상제玉皇上帝 256
옥황옥황 탄신일 295
왕기王畿 18
왕망王莽 126

왕반王泮 40
왕사성王舍城 154
왕유王維 120, 287
왜냐하면 308
외외 70
외기外氣 248
외단外丹 242, 243, 249
외도外道 147
외삼촌 63, 70, 309
외숙 65
외숙모 63
외조모 63, 70
외조부 63, 70
외종형수 64
외친外親 65
요堯 163
요괴 267
요복要服 18, 47
요임금 233
욕계欲界 167
욕망 151, 152
욕불浴佛 295
용녀龍女 205
용문석굴龍門石窟 161
『우공회소禹貢滙疏』 19
우두마면牛頭馬面 290
우란분盂蘭盆 295
우민국羽民國 21
우애 104
우역禹域 18
우전于闐 123
우즈베키스탄 26
『운급칠첨雲笈七簽』「도인잡설導引雜說」 276
운남雲南 127, 129, 130, 133
웃다카 라마풋다(Uddaka Ramāputta)

147
원元 32
원근遠近 77, 97, 312
원대元代 28
원림園林 309
원시천왕元始天王 255
원시천존元始天尊 255, 279
「원유原儒」 94
원자元子 64
월준越雟 130
위魏 36
위광도魏光燾 119
위기衛圻 48
『위략魏略』 130
위령곡 77
위리尉犁 122
『위서魏書』 130
『위서』「석로지釋老志」 139, 165, 270, 279
위아爲我 242
위처후韋處厚 179
위패位牌 77, 260, 286
유流 47
유有 149, 151
유儒 95
유가儒家 75, 220, 287
유가 학설 59, 89, 94
유금당劉錦棠 119
유럽 27
유리 35
『유마힐경維摩詰經』 196
유명有名 221, 222
유송劉宋 200
유식唯識 145, 160
유식학唯識學 283
유신론有神論 255

유영劉英　140, 155
유자有子　107
유학　35
유형有形　221
육고陸賈　200, 213
육관음六觀音　200
육도六道　152
육도윤회六道輪廻　153, 160
육로　128
육예六藝　109, 111
육입六入　149
육자관음상六字觀音像　209
육조六祖　175
『육조단경六祖壇經』　178
육조六朝 시대　240
육합六合　160
윤대輪臺　123
윤수尹壽　163
윤존伊存　139
윤회輪廻　148, 151, 152, 161, 296
윤희尹喜　270, 277
율종律宗　145
융戎　48, 52
은殷　91, 133
음　319
음기陰氣　320
음악과 춤　99, 101
음양　317, 320
음양오행陰陽五行　219, 315, 319, 321
『음즐문陰騭文』　298
응보應報　140, 159, 162, 288
의례儀禮　98, 99
『의례儀禮』　74, 98
『의례』「사혼소士婚疏」　68
의발　175

『의소경儀小經』　65
의식儀式　59, 75, 80, 93, 94, 98, 99, 102, 218, 296
의식 형태　308
이理　221
이夷　47, 48, 52
이라크　120
이란　27, 120, 138
이메일　309
이모　63, 65, 70
이모부　63
이모할머니　63
이백李白　287
이세민李世民　197
이슬람 성전　211
이심전심以心傳心　184
이십사기二十四氣　246
이십팔수二十八宿　246
『이아爾雅』「석친釋親」　65
이인독李因篤　65
이종매제　64
이종자매　64
이종자형　64
이종제부　64
이종형부　64
이종형수　64
이지李贄　44
이지조李之藻　33, 44, 54
이집트　321
인人　319
인仁　98, 102, 104, 107
인과응보因果應報　152, 285, 293, 294, 298
인도　27, 35, 121, 123, 124, 129, 131, 205
인욕忍辱　160

인장　261, 264, 266
일본　27, 28, 134
임공도臨邛道　130
임기臨沂　134
임맥任脈　251

ㅈ　자공子貢　163
자매　63
자식을 점지하는 마마(送子娘娘)　210, 290
자유　229, 308
자이나교　147
자정自淨　182
자최齊衰　76
『자치통감資治通鑑』　140
자형　64
작은아버지　63
작은엄마　63
장가산한간張家山漢簡「인서引書」　272
장각張角　300
장건張騫　26, 27, 33, 120, 126, 138
장례　59, 60
장로張魯　239
장릉張陵　239
장명등長明燈　77
장모　63, 70
장서남長庶男　64
장석匠石의 도끼 휘두르기(匠石運斤)　229
장수張修　300
장승온張勝溫　206
장안長安　35, 309
장연張演　200

장유 71, 92
장유유서長幼有序 66, 72, 73, 92
장이모우(張藝謀) 308
장인 63, 70
장자長子 64, 71
장자莊子 224, 226, 229, 277
『장자莊子』 20, 242, 249, 271, 285
『장자』「각의刻意」 271
『장자』「달생達生」 236
『장자』「대종사大宗師」 234
『장자』「산목山木」 227
『장자』「서무귀徐无鬼」 227
『장자』「소요유逍遙游」 226, 234
『장자』「응제왕應帝王」 227, 235
『장자』「인간세人間世」 227
『장자』「지락至樂」 228
『장자』「천지天地」 227
『장자』「추수秋水」 235
장제葬制 99
장천사張天師 257
장춘자長春子 257
장타이옌(章太炎) 94
장포章甫 96
장형張衡 239
재齋 258, 259
재단齋壇 260
적적狄 48, 52
적자嫡子 64
적현신주赤縣神州 26, 49, 54
전례典禮 99
전복甸服 18, 47
전세前世 158
전진도全眞道 240
전진칠자全眞七子 257
전진파全眞派 257
절切 320

절강성 134
정正 102
정定 153
정견正見 153, 189
정근正勤 153
정기正氣 276
정념正念 153
정로鼎爐 245
정명正名 101, 102
정명正命 153
「정법화경正法華經」 196
정사正思 153
정실正實 101
정실靖室 260
정심正心 90
정어正語 153
정업正業 153
정일파正一派 239, 240, 257
정절精絶 123
정정正定 153
정치 89
정토淨土 145
정토종淨土宗 294
정화鄭和 28
제悌 71, 72, 105, 296, 312
제祭 49
제가齊家 90
제구諸舅 112
제단祭壇 260
제도 92
제례祭禮 99
『제번지諸藩志』 32
제부 71
제부諸父 112
제사 83, 95~97, 99
제수 64, 71

제수祭需 99
제음祭愔 139
제후諸侯 89
조경肇慶 33, 40
『조당집祖堂集』「마조화상馬祖和
  尙」 188
『조당집』「회양화상懷讓和尙」
  188
『조래석선생문집徂徠石先生文集』
  「중국론中國論」 52
조모 63, 70
「조무상조無常」 297
조문弔問 60, 78
조부 63, 70
조상 73
조선 27, 28
조제雕題 52
「조종도祖宗圖」 72
조지條枝 27
조카 64, 65, 70
족규族規 73, 79
족보 73
종묘宗廟 93
종민種民 278
종밀宗密 191
종법 91, 92
종보宗寶 181
종자매 64
종족 73, 80, 92, 98, 106
종친宗親 65
종형수 64
종형제 63, 65
좌망坐忘 229, 253
쾌주 300
주周 91, 98
주공周公 74, 163

『주례周禮』「하관夏官」 19, 48
주목왕周穆王 21
주문咒文 199
주산군도舟山群島 208
『주역참동계周易參同契』 244
주작朱雀 256
주제朱提 130
주희朱熹 61
죽원정사竹園精舍 154
준제관음準提觀音 200, 202
줄리오 알레니(Giulio Aleni) 53
중仲 71
중국 27, 28, 32, 33, 42, 46, 54
『중국불교도상해설中國佛敎圖像解說』 201
중국불교사 124
『중국불교사中國佛敎史』 124
『중국의 종교 체계(The Religious System of China)』 60
「중국지도」 39
중궁仲弓 107
중앙진인重陽眞人 257
중원中原 27, 121, 133, 134
「중화제국도」 39
증蒸 84
증자 83
지地 319
지구본 38
『지도론智度論』 285
지루가참支婁迦讖 155
지반志磐 51
지부知府 40
지선智詵 190
지옥 158
지의智顗 189
지자智者 190

지자支子 64
지장地藏 195
지장보살地藏菩薩 205
지중해 121
『직방외기소언職方外紀小言』 54
진瞋 151
진秦 316
진晉 36
진경秦景 139
진군眞君 278
『진랍풍토지眞臘風土志』 32
진량陳亮 53
『진량집陳亮集』「상효종황제제일서上孝宗皇帝第一書」 53
「진령위업도眞靈位業圖」 255
진리 154
진소미陳少微 275
진애塵埃 174
「진용秦俑」 308
진홀搢笏 96
질서 92, 94, 97
집제集諦 152

天
차거車磲 212
차사전왕정車師前王廷 138
참최斬衰 75
채蔡 47
채읍采邑 47
처친妻親 65
천天 319
천단天壇 23, 321
「천단기년전도天壇祈年殿圖」 25
천도天道 218
천사도天師道 239
천산산맥 123

천수관음千手觀音 200
천수천안관음千手千眼觀音 200
천인감응天人感應 319
천인합일天人合一 319
천제天帝 270
천주교 209, 211
천지天地 315
「천지삼계십팔불제신도天地三界十八佛諸神圖」 289
「천지수삼관도天地水三官圖」 241
「천지정위도天地定位圖」 25
천진天津 308
천축天竺 124
천태天台 145, 189
천하天下 17, 26~28, 32, 46, 129, 136, 160
천하관天下觀 17, 33
「천하오복도天下五服圖」 20
천흉국穿胸國 21
청기請期 68
청룡青龍 256
청사青詞 258
「체상음양승강도體像陰陽升降圖」 252
초醮 258, 260
『초사楚辭』 20
『초사』「원유遠遊」 243
초상화 72
초혼招魂 78
촉觸 149
촉포蜀布 129
총자冢子 64
「추수秋水」 228
추연鄒衍 26, 44, 49
축법란竺法蘭 139, 196
축법호竺法護 198

축유祝由 262
『춘추春秋』 111
『춘추번로春秋繁露』「사제四祭」 84
출세出世 162
충忠 313
『충경忠經』 90
충후忠厚 160
취取 149
치癡 151
치治 269
치국治國 90
「치허수상致許壽裳」 218
친소親疎 62, 70, 77, 312
친영親迎 68
친족 63, 65, 70, 76, 80, 99
친척 64, 65, 76, 104
칠경七經 163
칠동서 309
칠십이후七十二候 246
『칭위록稱謂錄』 65

ㅋ 카슈미르 27
카자흐스탄 26
칼 힘리(Karl Himly) 119
컴퓨터 인터넷 308
콜럼버스(Cristoforo Colombo) 17
쿠차(龜玆) 123
쿨하다(cool) 308
큰아버지 63
큰엄마 63

ㅌ 타림강 138
타림분지 123

타슈켄트 26
타슈쿠르간 123
타지키스탄 26, 120, 123
타클라마칸 123
탄국撣國 130
탐貪 151
탕용퉁(湯用彤) 124
태극太極 221
『태상감응편太上感應篇』 298, 302
태상노군太上老君 255, 266, 290, 302
『태상노군양생결太上老君養生訣』「복기결복기결氣訣」 275
태일太一 23
태청太淸 255
『태청중황진경太淸中黃眞經』 276
『태평경太平經』 262, 264
터키 120
토카라어(Tocharian language) 119
『통보通報(T'oung pao)』 127
투루판 121, 123
티베트 195, 205, 209

ㅍ 파미르고원 26, 138
파키스탄 27, 120
판관判官 290
팔八 318
팔괘八卦 252
팔동서 309
팔방八方 245
「팔선경수八仙慶壽」 291
팔식八識 283
팔일무八佾舞 100
팔풍八風 245
팩스 309

팽산彭山 133
팽조彭祖 271
펑요우란(馮友蘭) 219
페르시아 만 27
페이샤오퉁(費孝通) 311
펠리오(Paul Pelliot) 127
편작扁鵲 163
편지 309
평등 104
평서評書 296
평천하平天下 90
평탄評彈 296
포도 35
포리蒲犁 123
『포박자抱朴子』「가람遐覽」 264
『포박자』「금단金丹」 244, 274
『포박자』「석체釋滯」 277
포정의 소 잡기(庖丁解牛) 229
표월僄越 131
표형제표兄弟 63
프르제발스키(Przhevalsky, Nikolay Mikhaylovich) 117
핍팔라(畢波羅) 148

ㅎ 하夏 98
하노이(Hanoi) 127
하문廈門 60, 77
하백河伯 235
한漢 27, 28, 121, 122, 316
한대漢代 28, 33~35, 119, 134, 316
『한서漢書』 126
『한서』「동중서전董仲舒傳」 111
『한서』「서역전西域傳」 138
『한서』「예문지藝文志」 111
『한서』「지리지地理志」 '월지粵

찾아보기 343

'地' 134
「한서역제국도漢西域諸國圖」 36
한어漢語 325
『한위양진남북조불교사漢魏兩晉南北朝佛敎史』 124
한유韓愈 287
한자 321~323
한족漢族 310, 311, 315, 319, 321, 323, 325, 327
한혈마 35
해남海南 309
해로 128
해주병解注瓶 263
해탈解脫 151, 161, 176, 177, 185
행行 149
행기옥패行氣玉佩 242
향불 67, 295
향약鄕約 73, 79
향약 족규 92
『향토 중국』 311
허유許由 233
헌원軒轅 270
현顯 197
현공사懸空寺 288
현녀玄女 273
현무玄武 256
현빈玄牝 275
현세現世 158
현음성보살現音聲菩薩 196
현장玄奘 124
『혈분경血盆經』 284
혈연 104
형 71

형문시荊門市 220
형부 71
형성形聲 323
형수 64, 71, 309
형제 63, 70, 92
혜慧 153, 154
혜능慧能 175, 176, 177, 179, 181, 182, 186
혜사慧思 189
혜원慧遠 167, 300
혜조慧稠 190
호북성湖北省 173, 220
호칭 63, 66
호현戶縣 264
혼령 204
혼례 59, 67
혼백魂魄 158
『홍명집弘明集』「이혹론理惑論」 164
홍백희사紅白喜事 67
홍인弘忍 174, 175
홍콩 77
화상석畫像石 22
『화양국지華陽國志』「남중지南中志」 131
화엄華嚴 145
『화엄경華嚴經』 205
『화엄경』「입법계품入法界品」 208
화이도華夷圖 29
화하華夏 34
화하 문명 35, 36
환구圜丘 23, 321

환단還丹 245
환상幻想 175
환생 149
활대대회滑臺大會 180
황권皇權 94, 211, 314
황매黃梅 173
황복荒服 18, 47
황제黃帝 124, 242, 273, 277
『황제구정신단경결黃帝九鼎神丹經訣』 273
황지국黃支國 134
황천黃泉 158
『회도증광현문繪圖增廣賢文』 303
회리會理 130
회양懷讓 선사 187
회回 자 18
효孝 71, 72, 81, 83, 105, 296, 312, 313
효경孝敬 160
『효경孝經』 90, 287
후복侯服 18, 47
후스(胡適) 94, 128, 179, 180, 219
후한後漢 123
『후한서後漢書』 126
『후한서』「군국지郡國志」 131
『후한서』「양해전襄楷傳」 140
훈계 94
흉노匈奴 33
흑백무상黑白無常 290
희생물 101
희천希遷 190

WTO 308

고대 중국 사회와 문화 10강

2014년 6월 5일 초판 1쇄 인쇄
2014년 6월 10일 초판 1쇄 발행

지은이 거자오꾸앙(葛兆光)
옮긴이 이종미
펴낸이 김희옥
펴낸곳 동국대학교출판부

주소 100-715 서울시 중구 필동로 1길 30
전화 02-2260-3483~4
팩스 02-2268-7851
Homepage http://www.dgpress.co.kr
E-mail book@dongguk.edu
출판등록 제2-163(1973. 6. 28)
인쇄처 타라티피에스

ISBN 978-89-7801-412-0 03910

값 23,000원